Alfonso XI

LIBRO DE LA MONTERIA

Based on Escorial MS Y.II.19

Edited by

Dennis P. Seniff

Madison, 1983

ADVISORY BOARD OF THE HISPANIC
SEMINARY OF MEDIEVAL STUDIES, LTD.

Samuel Armistead
Theodore S. Beardsley
Diego Catalán
Jerry Craddock
Alan D. Deyermond
Brian Dutton
Charles Faulhaber
Ian Macpherson
Margherita Morreale
Hans-J. Niederehe
Harvey Sharrer
John K. Walsh
Raymond S. Willis

Spanish Series, No. 8
Copyright © 1983 by
The Hispanic Seminary of
Medieval Studies, Ltd.

ISBN 0-942260-27-9

**For Celia,
Andrew and Juliet**

Table of Contents

Preliminary Note

Introduction i

    Medieval Hunting, Surgical, and Legal Treatises and the *Libro de la monteria* i

    Libro de la monteria: Contents of Escorial MS Y.II.19 xi

    Libro de la monteria: Medieval Diffusion xviii

    Previous Editions xx

    Libro de la monteria: The Manuscripts xxiv

    Manuscript Relationships xxxiii

    The Present Edition xxxv

Notes xxxvii

Text 1

Glossary 139

Bibliography 147

Preliminary Note

On the strength of its contribution to Spanish didactic and scientific literature, the *Libro de la monteria* of King Alfonso XI (1312-1350) deserves more scholarly attention than it has received to date. The work is highly significant from several viewpoints. Inasmuch as it describes in detail the activity of the Royal Hunt, the favorite pastime of the nobility, the *Monteria* conveys a vivid picture of daily life in medieval Spain. That the monarch personally took part in the chase reflects the fact that it was legally sanctioned not only as a means of relaxation, but also as a method of staying prepared for war during times of peace.

For the legal historian and sociologist, Alfonso's book is important in that it defines the rights of the hunters connected with the court, rights that were frequently usurped from the lower classes. Also, the medical and pharmacological information contained in the *Monteria* will interest the student of the history of science: it includes a treatise on canine surgery that has been combined with a pharmacopoeia for the treatment of the general infirmities of dogs. Much of this section has been translated from the Arabic. The *Monteria*, like many other medieval Spanish literary and scientific works, owes much to Oriental influence and reflects Spain's position as a critical link between Christianity and Islam. The extensive documentation of place-names of the hunt, or *montes*, is yet another interesting aspect of the *Libro de la monteria:* more than 9000 entries are given in over 1500 locations, a formidable number even by today's standards.

MS Y.II.19 of the Escorial Library provides the basis for this edition. It is unusual in that it is not only the oldest extant codex of the *Monteria*, but also the only one that was augmented by later scribes so that its original text became substantially modified. Interestingly, manuscripts of both the primitive and the expanded versions circulated widely during the High Middle Ages and the Renaissance, reflecting the universal interest in hunting. The Escorial manuscript is here transcribed in its entirety with lost and incomplete text supplied with readings from other codices to provide, for the first time, a linguistically- and textually-reliable presentation of this significant medieval work.

I wish to thank Professors Lloyd A. Kasten of the Wisconsin Seminary of Medieval Spanish Studies, and Robert L. Fiore, Michelle Fuerch, and Wm. Blake Tyrrell of Michigan State University for their valuable comments in the preparation of this book. Special thanks and gratitude go to Professor John J. Nitti of the Wisconsin Seminary of Medieval Spanish Studies, whose energy was inspirational, and to his assistant Ruth M. Richards. I wish also to express my gratitude to the Research Tools Division of the National Endowment for the Humanities for their support of the Wisconsin Old Spanish Dictionary Project, whose computer technology played a role in the production of this edition; to the Dictionary Project's programmers, Jean Anderson and Jürgen Patau; and to Michigan State University for a research grant that expedited the completion of the edition.

Introduction

Medieval Hunting, Surgical, and Legal Treatises and the *Libro de la monteria*

Hunting, the principal method of food gathering for pre-agricultural societies, had become a refined courtly pastime in parts of Western Europe by the twelfth century. Monarchs, noblemen, and courtiers ordered books dealing with the theme to be written in order to establish a social etiquette, disseminate effective techniques of falconry and venery, and promulgate laws governing the well-being of huntsmen. The same texts usually contain information on the nature and care of falcons and hunting dogs, the accoutrement necessary for the chase, and the best locations for large and small game in all seasons.

The earliest comprehensive occidental work on falconry, *Reliquia Librorum Frederici II. Imperatoris de Arte Venandi cum Avibus*, was written by 1248 at the command of Frederick II of Sicily (1194-1250). The prologue to this encyclopedic treatise disregards venatory principles held by Aristotle in his *Liber Animalium:* "in naturis [quorumdam] avium, [discrepare a veritate videtur; propter hoc non sequimur principem philosophorum (i.e., Aristotle) in omnibus. Raro enim aut numquam venaciones avium exercuit…. De multis] vero quae narrat in libro animalium, dicit quosdam sic dixisse; sed id quod quidam sic dixerunt, nec ipse forsan vidit, nec dicentes viderunt."[1] The breadth of Frederick's own scientific views, empirical in orientation, is apparent from his book's six divisions: "1: de divisione generaliter avium—2: de venatione et de ejus particule [*sic*]—3: de mansuefactione falconum cum capello. sequitur dicere de instrumentis per quos redeant ad homines—4: de girofalco ad gruem quae et qualis fit venatio cum eo—5: de falco sacro ad ayrones—6: de venatione fienda ad aves de rivera cum falcone peregrino (to the end:) Explicit liber falconum cum quibus venantur."[2]

Hunting treatises with which Frederick might have been familiar at the time of the compilation of *De Arte Venandi* would have included the Latin *Dancus Rex Guillelmus Falconarius Gerardus Falconarius*;[3] the Provençal *Romans dels auzels cassadors*, composed by Daude de Pradas; and the Catalan *Lo Libre del nudriment he de cura de ocells los quals se pertanyen a casa*.[4] The Emperor's account of the anatomy and habits of birds could have been influenced by the Arabic *Book of Moamyn*, composed before 1200, which also provides information on illnesses in birds of prey, and describes the breeding and care of hunting dogs. Indeed, Frederick held Moamyn's study in such high esteem that he commissioned court philosopher and physician Theodore of Antioch to translate it into Latin; this rendition, *De Scientia Venandi per Aves*, was corrected to its final form by the Emperor himself during the siege of Faenza, 26 August 1240-14 April 1241.[5] Yet *De Arte Venandi* is essentially a personal compendium; Frederick's desire for unbiased objectivity invariably resulted in the subordination of theoretical source material to first-hand investigation and experience. "While…[the treatise] reveals the thorough acquaintance of its author with the existing works on falconry, it is a work of great originality, and reflects the scientific method of its author and his keen critical faculties."[6]

The influence of Frederick's empirical investigations on scientific thought during the Middle Ages was considerable. Albertus Magnus (1193?-1280) cites him in *De Animalibus*, Book XXIII, chap. 40, pars. 10 and 20, on the nature of black falcons and the care of hawks,[7] information that does not appear in *De Arte* but which apparently existed in a separate treatise, now lost. Giordano Ruffo (d. 1252?), an equerry and veterinarian at the court of Frederick II, appears to have been inspired by the emperor himself in producing the *Libro della natura di caualli*, which was probably first written in Sicilian.[8] Ruffo's *Libro*, in turn, provided the basis for Teodorico Borgognoni de Lucca's *Practica Equorum*, composed in the second half of the thirteenth century. The popularity of Teodorico's work was such in the Iberian Peninsula that Castilian, Catalan, and Portuguese translations were made; an example of the first of these appears in the composite *Tratado de la naturaleza y propiedades del caballo*, MS b.IV.31 of the Escorial Library.[9] Even as late as the fifteenth century, the continuing influence of the scientific enthusiasm generated during the reign of Frederick II and evident in *De Arte* may be discerned in works like the German *Das Puoch von Valken, Habichten, Sperbern, Pfäriden vnd Hunden*, a translation by Heinrich Mynsinger (fl. 1421-1465) of Albertus Magnus' *De Animalibus*, Books XXII and XXIII, which deal with the species, diseases, and training of dogs and horses as well as hawks and falcons.[10]

Hunting books were frequently more than just repositories of scientific or veterinary information inasmuch as the legal statutes and moral precepts that they contain served as guides for the aristocrats who had them compiled. As exponents of social control, the venatory texts invariably allude to or cite specifically the extraordinary privileges reserved for the royal huntsmen. The *Libro de la monteria* of Alfonso XI, for example, states that hunting nobles were legally entitled to provisions if they were in need: "Otrosi, que todo montero que fuere en pos de venado leuantado, que pueda tomar vn pan et la bozjna que leuare llena de vjno, fallando lo en el camjno por lo que valiere; et non teniendo dineros, que non aya pena por lo tomar. Et si tomare la noche algun montero..., et acaesçiere en alguna casa en el monte, et non les quisieren dar pan para los canes njn vianda para ellos, non teniendo djneros, que puedan tomar pan para los canes et vianda para ellos, dando peño por ello que lo vala" (fol. 61v).[11]

While such legal pronouncements are found in some texts, the aristocratic pastime was regarded more frequently from the aesthetic or moral perspective, as is evident in the earliest extant works on courtly hunting produced in England and France. Gaston III, Count of Foix, drew heavily on the allegorical *Livres du roy Modus et de la royne Ratio*[12] in creating *La Chasse*, which, as he states in the prologue, was begun on 1 May 1387. Gaston praises the hunt in all its aspects, but particularly for its conduciveness to chastity: "When the hunter rises up in the morning and sees the day...his heart is full of happiness. [After the hunt, he] washes his legs and sometimes his whole body. Once he has eaten and drunk, he is thoroughly warmed and contented, and can lie down in his bed between fine, fresh linen, and sleep wholesomely through the night, without any thoughts of committing sin."[13]

The audience of *La Chasse* was not restricted to France alone. Its popularity in England was such that parts were translated for inclusion in the *Master of Game* by Edward, second Duke of York, written between 1406 and 1413. Theodore Roosevelt, in the foreword to the first edition of the work, has noted that it "is not only of interest to the sportsman, but also to the naturalist, because of its quaint accounts of the 'nature' of the various animals; to the philologist because of the old English hunting terms and the excellent translations of the chapters taken from the French; and to the lover of art because of the beautiful illustrations, with all their detail of costume, of hunting accoutrements, and of ceremonies of 'la grande venerie'—which are here reproduced in facsimile from one of the best extant French manuscripts of the early fifteenth century."[14]

The idealized picture of a chaste, sleeping huntsman in *La Chasse* and the aesthetic representation of Edward's *Master of Game* have a ruder counterpart in the English ballads *The Gest of Robyn Hode*, *The Tale of Gamelyn*, and *Robin and Gandelyn*, which celebrate the infringement of forest laws—poaching—and attack the sheriffs and wardens of the Crown who enforced them.[15] Peasants are depicted as serving their feudal lords well during the hunt, however, in the French *La Chace aus mesdisans*, the poet of this work noting at one point "a great crowd of people approaching rapidly through the wood on foot, loudly shouting and apparelled like a light army. They were carrying swords, lances and darts, and seemed to have the strength of leopards."[16] Such entourages were necessary to arouse game and perform the mundane tasks that were so vital to the success of the activity (e.g., cleaning animals that were killed, and cooking).

In Spain, *Los paramientos de la caza*, composed as early as 1180 by order of Sancho of Navarre, combines diplomatic protocol, legal statutes, and venatory observations in what may be the earliest hunting treatise produced in that country; indeed, it may be the oldest prose work in Spanish. James Harting provides the following observations on Sancho's book:

> No. 224. After dealing with certain preliminaries, and the religious ceremony which always preceded a royal hunting, the *Paramientos*, or Regulations, relate to the weapons to be used in the chase, the costumes to be worn, the distinction between large and small game, the formation of packs of hounds, the order of procedure on a hunting day, the ceremonies and fêtes which brought it to a close. Besides this, there are several sections which relate to hawking. From these it appears that the hawks used in Navarre at this period (1180) were the Falcon, the Goshawk (*Aztor*), and the Sparrow-hawk (*Gavilan*).... The detention, or theft, of a trained hawk was punishable by fine, which was greater for a Goshawk than for a Falcon.... Of this fine half went to the King, the other half to the owner or informer.[17]

For the Castilian monarch Alfonso X (1252-1284), the activity of falconry would provide the scenario for spiritual devotion in the iconographic *Cantigas de Santa Maria*. In *Cantiga* 142, "Como el Rey don Alffonso lançou un falcon a huna garca,"[18] six panels depict the monarch releasing a falcon after a heron, which subsequently suffers a broken wing and falls into a river. In the same sequence, one of the king's men enters the turbulent waters in order to retrieve the bird, only to be dragged under himself three times. The would-be victim calls to the Virgin, and she delivers him from death so that he may proudly present the heron to his king.

At a more mundane level would have been the *Libro del venar* that is attributed to Alfonso. This text, now lost, is mentioned in the *Libro de la caza*, a detailed exposition of the theory and practice of falconry, or *caza menor*, ordered compiled by his nephew, Juan Manuel (1282-1348). The *Caza* may have in turn inspired Juan Manuel's cousin and enemy Alfonso XI (1312-1350), great-grandson of the Wise King and a hunting enthusiast in his own right, to create the *Libro de la monteria*. The *Monteria* deals exclusively with the pursuit of deer, wild boar, bear, and *enzebra* (probably wild ass rather than zebra), or *caza mayor*, and complements the *Caza*'s treatment of its subject in every detail. Together these books provide an extensive examination of the theory and practice of their respective forms of hunting, and are superb examples of the didactic literature of the period.

The prologues to the two works contain eloquent defenses to justify their composition. After a tribute to the scientific, legal, and historical investigations and accomplishments of Alfonso X, the narrator of the *Caza* discusses Juan Manuel's interest in the techniques of falconry developed by his uncle. But times have changed, and Don Juan has developed his own theories and methods of applying them: "Et por que Don iohan entendio que el elos otros caçadores que agora son non an conplida mente la teorica de aq̃ esta arte, Et otrosi por que entendio quelo que mas cunple para esta arte es la pratica, que quiere dezir el vso, fizo la escreuir en este libro lo que el nõ que se vsa en esta arte..." (p. 3).[19] The *Libro de la monteria*, on the other hand, promotes *caza mayor* inasmuch as it asserts that "los rreys et los prinçipes et los grandes señores podrian mas beuir, et auer los entendimientos mas claros...por catar algunas maneras de plazer en que diesen espaçio et folgura al entendimiento. Et que con esto podrian meior sofrir el cuydado et el afan del librar" (fol. 1v). The *Monteria* also justifies the superiority of the hunt of *venados*, or large game, over birds for two basic reasons: "la presion es mayor, tanto es la caça mayor. Et çierto es que mayor presion es vn venado que vna aue; [and because] el cauallero deue sienpre vsar toda cosa que tanga a armas et a cauallería. Et quando non lo podiere vsar en guerra, deue lo sienpre vsar en las cosas que son semeiantes a ella. Et es çierto que de las caças non ay niguna que mas sea semeiante a la gerra que esta..." (fols. 33v-34r).

Structural similarities exist between the two works either by coincidence or design. The *Libro de la caza* expounds on falconry and the nature of falcons in chapters i-x, provides veterinary information for the care of these birds in chapter xi, and describes the best locations for falconry known to Juan Manuel in chapter xii. Likewise, the *Libro de la monteria* describes procedures for hunting large game and the nature of hunting dogs in Book I, provides information on veterinary surgery and useful pharmacological compounds in Book II (in two parts), and catalogues over 1500 areas in Spain, encompassing more than 9000 place-names, for the pursuit of *caza mayor* in Book III. In the *Libro de la caza*, the narrator recalls the many views and opinions of "Don iohan" and other Castilian and Portuguese nobles well-versed in the theory and practice of falconry. Occasional anecdotes appear to indicate the proper care and breeding of falcons and other birds of prey, or to describe the proper release and recall of hawks and notable kills made by them. Other accounts emphasize the presence of Juan Manuel and members of the nobility in the hunting entourage. Yet the bulk of the work recounts Don Juan's personal observations and opinions, with their particular applications being left to the discretion of the individual falconer: "dize Don iohan que todo esto a de fincar enel entendimiento del falconero..." (p. 30); "dize Don Johan que todo esto va de commo el falconero sopiere caçar" (p. 33).

Inasmuch as Don Juan held falconry to be a social good of the first order, those wishing to benefit from it could do so to the degree that their rank and status permitted: "Et dize don iohan que tanto se paga el dela caça e por tan aprouechosa la tiene para los grandes señores e avn para todos los otros si quieren vsar della commo deuen e pertenesçe asus estados..." (p. 46).

The consistent goal of Juan Manuel's treatise is to create a standard for the theory and practice of falconry. To alter or improve it, the narrator tells us, would be a possible but highly unlikely task: "commo fizo escriuir [Don Juan] lo que el vio e oyo en esta arte dela caça, que si alguna cosa viere daqui adelante que se mude o se faga mejor...mas estraña mente que asi lo fare escriuir" (p. 46). The numerous blank spaces, addenda, and corrections that occur in the oldest extant text of the *Libro de la monteria*, Escorial MS Y.II.19, suggest, on the contrary, that the initial compiler of this work would have had no such pretensions regarding its completeness. New information was duly included in Book III, in particular, for some years after the original transcription was completed in the 1350s, apparently following the statement that is found in Book I, chap. 8: "Et sy fuere monte que el señor o el cauallero non aya corrido otra vez, tomen aquellos monteros...et paren mientes do an de estar las armadas, et do a de estar la bozeria et los rrenueuos. Et sepan los nonbres de aquellos logares, por que lo sepan mostrar a aquel señor o cauallero que fuere correr el monte" (fol. 37r). Despite the personal animosity between Juan Manuel and Alfonso XI, they would appear to have agreed on the virtues of the hunting pastime. Don Juan views it as beneficial for the nobility and others, given their positions in society; King Alfonso (or the royal narrator) considers it valuable in that kings, princes, *and* noblemen might take "plazer para dar folgura al entendimiento..." (fol. 1v). From the economic viewpoint, moreover, the *Monteria* emphasizes that the chase is an inexpensive way to stay prepared for war during times of peace: "la guerra quiere costa, et que non se duela de dar el que anda en ella" (fol. 34r).

While the hunting nobles of Castile and other regions were, in effect, the primary beneficiaries of the *Caza* and *Monteria* treatises, they also served as major sources of inspiration and information for the compilers of these texts. The narrator of the *Caza* recalls the expertise in falconry of the Castilian monarchs Fernando III, Alfonso X, Sancho IV, Fernando IV, and Alfonso XI; the Portuguese king, Dinis; Jaime (Jaume) II of Aragon; and the nobles Enrique ("Anrique," son of Alfonso X), Felipe (son of Fernando III), and Manuel (father of Don Juan), among others. Falconers who are cited include Johannete; Sancho Martínez, falconer of Alfonso XI; Ferrando Rodríguez, Prior of San Juan; Remón Durche ("que fue el omne que [Don Juan] nunca vio que mas sopiesse de caça de grua" [p. 43]); and Sancho Ximénez de Lanchares. Regarding the *Monteria*, the reputation of Alfonso XI as a formidable huntsman indicates that he may well have had an active role in its compilation.[20] Some of the king's men cited in the text who would have transmitted information to a central authority include Diego Bravo, Alfonso's *montero mayor*; Gonzalo de Alburquerque; Sancho de Espinosa, (of the famous *Monteros de Espinosa* lineage?); Alvar García; Íñigo López; and Juan Tenorio.[21]

With respect to the treatment of source material, the two works contain some basic similarities. Regarding their materia medica, for example, the compound of incense, mastic, absinthe, and dragon's blood of the *Calamus draco* botanical group that was esteemed at the time for its curative powers has applications in both the *Caza* and the *Monteria*. Wounded wings and legs are to receive the following treatments:

Libro de la caza

(chapter xi)

Et si [the falcon] fuere ferido de grua, por quela ferida dela grua rasga e non entra, muy fonda deuen gela salmonar commo dicho es e despues coser la ferida si fuere tamaña quelo aya mester e echar le ençima dela llaga poluos de sangre de dragon e ençienço e almazaque tanto del vno commo del otro. (p. 65)

Libro de la monteria

(Book II:1, xxii)

Quando acaesçiere en los canes quebrantaduras de braço o de pierna [sin] llaga, ...sea puesta [bidma] en el logar quebrantado, que sea fecha de cortezas de açienço, et de almastica, et grasa, et goma arauica, de cada vno media onça; et acaçia, media onça. Et açauar çecutrin, et sangre de drago, ochaua de onça; bolarmenico, et nuezes de çipres, media onca. Todas estas cosas sean bien molidas et çernidas. (fol. 28r/v)

In general, however, similarities between the pharmacopoeias of the *Caza*, chapter xi, and the *Monteria*, Book II are limited to basic compounds, e.g., *unguento/vngento*.

The exposition of geographical information in the two works suggests, on the other hand, that their compilers may have had access to common source material—notably, that provided by the royal falconers and huntsmen themselves—inasmuch as the language of the *Libro de la caza*, chapter xii, which documents hunting locations of water fowl by bishopric, often resembles that of the *Libro de la monteria*, Book III. The descriptions of sites along the Júcar River illustrate this:

Libro de la caza

(chapter xii)

La tierra de chinchella ha muchas lagunas enque ha muchas anades e en algunas flamenques e comunal mente sinon es billena enel Regno de murçia.... Pero enel Rio de xucar a alguna garça mas non enbuen lugar para la matar con falcones.... (*Obispado de Cartagena*, p. 68)

Libro de la monteria

(Book III)

Las Cabeças de las Fonziellas et el Onbria de la Fuente la Saujna es buen monte de puerco en yuierno. Et es la bozeria en el Rio de Xucar desde o da el Rio de las Fonziellas en Xucar fasta el rroyo que descende de Villar de Teias, que es deyuso del Real. (*tierra de Cuenca*, fol. 210v)

The number of locations contained in the *Libro de la caza* is far smaller than that of the *Monteria:* ninety-two are found in the former, and 1555 in the latter. In its present state Bib. Nac. MS 6376, which contains the only extant version of the *Caza*, treats just three of the fifteen bishoprics (sixteen, including that of Cartagena) detailed at the beginning of chapter xii (p. 68). The codex ends (fol. 217r) on a note which previews material of a chapter that clearly existed in an earlier source text: "pues es acabado de contar las Riberas que don iohan sabe enel obispado de ciguença Dira daqui adelante delas riberas que el sabe enel obispado de osma" (p. 89). As a consequence, hundreds of toponymic references appear to have been lost, and our knowledge of what must have been the bulk of Juan Manuel's falconry manual has been limited greatly.[22]

In addition to the information on hunting locations that was provided by the king's men, the *Libro de la monteria* is indebted to the established legal and scientific thought of the day. The earlier-mentioned privilege that assured noblemen that they would be provided with food and drink while hunting is but one example of the legalistic nature of parts of Book I. Chapter xxxiv describes the punishment ("que gelo fagan sorrabar") that a hunter who is caught stealing the dogs of others would receive, noblemen being excluded (fol. 56v). Chapter xxxvi tells us that *monteros* returning without their masters should lose the "rracion de vn mes, et otrosy, escarmentar gelo de palabra o de feridas" (fol. 57v). Chapter xxxvii deplores the presence of *malos monteros de pie contrafechos* in the Royal Hunt, suggesting that they should be discouraged by breaking the hunting horn over their heads (fol. 57v). Chapter xlvi contains the *Ordenamiento del Fuero de la libertad et de los derechos que deuen auer los monteros*, an extensive legal document that provides a uniform code for the regulation of the venatory activity (fols. 61r-62v).

The following statutes governing falconry and the chase were codified during the reign of Alfonso X, and may have been adopted by Alfonso XI, known as the Lawgiver, during his reign: the *Fuero real,* III.iv.16-17; and the *Siete partidas,* III.xxviii.17-25, III.xxx.18, and especially II.v.20. The last of these pronounces that

> Mañoso debe el rey ser et sabidor de otras cosas que se tornan en sabor et en alegria para poder mejor sofrir los grandes trabajos et pesares quando los hobiere, segunt deximos en la ley ante desta. Et para esto una de las cosas que fallaron los antiguos que mas tiene pro es la caza.... [L]os antiguos tovieron que conviene esto mucho á los reyes mas que á los otros homes, et esto por tres razones: la primera por alongar su vida et su salud, et acrescentar su entendimiento, et redrar de sí los cuidados et los pesares, que son cosas que embargan muy mucho el seso, et todos los homes de buen sentido deben esto facer para poder mejor venir á acabamiento de sus fechos.... La segunda porque la caza es arte et sabidoria de guerrear et de vencer, de lo que deben los reyes ser mucho sabidores; la tercera porque mas abondadamente la pueden mantener los reyes que los otros homes: pero con todo esto non deben hi meter tanta cosa por que mengue lo que han de complir....[23]

In short, the pastime was regarded to be an excellent means of preparing the king for the rigorous life. The inclusion of the *Ordenamiento del Fuero de la libertad de los monteros* in Book I, chap. xlvi, of the *Monteria* is significant in that it establishes the hunting rights and privileges of noblemen as well. Indeed, these aristocrats may have influenced Alfonso XI to enact legislation that would protect them while engaged in the activity and serve as a means to resolve arguments over the division of game.

The investigations of the late Hàkan Tjerneld have shed considerable light on the Arabic sources of Books I and II of the *Monteria*. In a study prepared shortly before his death, he discovered that

> existe una diferencia fundamental entre los libros I-2 y el 3. I-2 pertenecen al tipo tradicional de tratados de condición internacional, especialmente el libro 2, que, en lo esencial, es de origen árabe. No sería estraño que todavía se descubriesen nuevas fuentes de esta compilación. Claro está que, sobre todo en el libro I, se pueden encontrar adiciones, revisiones o interpolaciones españolas.... Pero es muy diferente en lo que se refiere al libro 3, de tipo exclusivamente nacional, que por su extraordinariamente profunda y detallada descripción geográfica de varias regiones españolas, y acotaciones del rey...es la parte verdaderamente original de la Monteria. I-2, o en todo caso una gran parte de 2, puede considerarse una compilación mientras que 3 es original.[24]

In 1945, Tjerneld edited a Franco-Italian version of two treatises on falconry and hunting dogs that were composed before the thirteenth century by the Arab Moamyn and the Persian Ghatrif.[25] When Tjerneld became acquainted with an edited version of the *Libro de la monteria* in 1947, he immediately noticed similarities between the section of Moamyn's treatise on dogs and the second part of Book II of the Spanish work. Making the further discovery of Escorial MS V.II.19 in the same year, he became convinced that the *Libro de cetreria* portion of the codex, fols. 1r-145r, is a Spanish translation of the original Moamyn text written in Arabic, noting that it is also similar to the *Monteria* ("Una fuente," p. 176). Tjerneld had effectively identified the Spanish Moamyn as being a major source of King Alfonso's hunting treatise.

While Tjerneld has shown that the edition of the *Monteria* that he examined was not based directly on the *Cetreria* contained in MS V.II.19 ("Una fuente," p. 186), he has nevertheless established that there is a correspondence between Books IV and V of the latter work and Books I and II of the former. The following table, which is based on his observations ("Una fuente," pp. 180-181), describes these relationships:[26]

Cetreria	Monteria	Cetreria	Monteria
IV,2	II:2,1 & [I,38]	17	10
3	2	.	.
4	3	.	.
5	4	.	.
6	5	24	17
7	6	25	18
8	I,41 (last part)	26	19
9	[I,39-41]	V,1	20
10	"	2	21
11	"	3	22
12	II:2,7	.	.
13	8	.	.
14	[I,38 end]	.	.
15	[I,35]	27	46
16	II:2,9		

Textual Correlation in the *Libro de cetreria* and the *Libro de la monteria*

The following parallel readings, which excerpt material from the chapter on the raising of dogs of the alan variety with the finest colors, show how some of the text of Alfonso's book has been taken nearly verbatim from the *Cetreria*:

Cetreria	*Monteria*
(Book IV, chap. viii)	(Book I, chap. xlv)
Et quando mjnguare la leche a las madres et non touieren leche que les dar, tomen de los liuijanos del buey; et quemen los et fagan los poluo, et mezclen lo	Et quando minguare la leche a las madres, et non touieren leche que les dar, tomen de los liujanos del buey, et quemen los et fagan los poluos. Et mezclen

con aquello que quisieren dar a comer a los cadiellos, ca esto les fara ser rezios. (MS V.II.19, fol. 134r)	lo con aquello que quisieren dar a comer a l[o]s cadiell[o]s, ca esto les fara seer rrezios. (MS Y.II.19, fol. 61r)

Folio 145r of MS V.II.19 contains a statement which suggests that it might have been translated directly into Castilian from Arabic without a Latin intermediary: "En la ffin deste [fifth] libro auje vn capitulo que fablaua de las caças de los moros...et por que viemos que non pertenesçie a Nos, nj Nos yazie en el pro, nol quissiemos trasladar." The same folio bears an explicit stating that the text was compiled in the "era de mill et dozientos et ochenta et ocho años," 1250 of the Christian era, some ninety years before the *Libro de la monteria* was compiled.

The original Arabic version of the *Book of Moamyn*, the source of the pharmacological information in both the *Cetreria* and the *Monteria*, is now lost. It is nonetheless clear from these Castilian texts that the *Moamyn* reflects the use of the medical formulary, an established scientific tradition that predates the thirteenth century. Formularies, alluded to by Tjerneld as "tipo tradicional de tratados de condición internacional" ("Una fuente," p. 193), provided standardized procedure for physicians from the period of Hellenistic Greece until the nineteenth century and are part of the foundation of modern medicine. The formulary, or *aqrābādhīn* as it is known in Arabic, is quite common in eastern scientific literature from the tenth through the thirteenth century. Among the better-known compilations are those of al-Kindī (written c. 850); Avicenna (d. 1037), whose *Canon of Medicine* is one of the most frequently cited medical authorities of the Middle Ages; al-Samarqandī (d. 1222); and Moses ben Maimon, or Maimonides (d. 1204). These pharmacopoeias of herbal compounds and chemical elements ultimately owe their inspiration to the theory of humoral physiology expounded by Hippocrates, Dioscorides, and Galen. In his *De Compositione Medicamentorum* (composed c. 250-350 A.D.), Galen maintains that diseases are caused by imbalances of blood, bile, phlegm, and *sauda*, the melancholy humor. These could be cured only with drugs that are hot, cold, dry, or moist in the body. The *aqrābādhīn* evolved as a catalogue of remedies for these disorders, and was in turn incorporated into larger medical treatises.

Pharmacological compounds used to cure ills in man and beast were often identical; variations did occur, however, and thus there developed a veterinary branch of the *aqrābādhīn*. The gastrointestinal disorder known as the "humors," for example, could be eliminated in humans, according to al-Kindī, through the use of castor oil, liquid storax, and the oils of the feet of sheep and goats, Celtic nard, laurel, wild poppy, lily, pure balm, and sesame.[27] The *Libro de cetreria* alters this prescription for dogs, however, recommending a treatment using the belly of sheep or goat, but only after an earlier concoction based on milled salt and honey mixed with milk has failed; stavesacre (*habarraz*) mixed with egg and rose oil (*olyo rrossado*) should be administered only as a last resort (Book IV, chap. 19). The *Libro de la monteria* continues the tradition of the *aqrābādhīn* as employed in veterinary medicine inasmuch as it reproduces the *Cetreria*'s information in Book II, Part 2, chap. 12 and elsewhere, as Tjerneld has indicated.

The Oriental *aqrābādhīn* had a counterpart in Western Europe: the herbal. Known variously as *Hortus*, *Hortulus*, *Herbarius*, *Hortus sanitatis*, and *Garten der Gesundheit*, these texts circulated throughout the Middle Ages and are storehouses of information on the curative virtues of plants. One popular work was *De Viribus Herbarum*, a poem of two thousand Latin hexameters attributed to one Macer Floridus. The sources of Macer's verses, which describe seventy-seven medicinal plants, include fragments from the works of Dioscorides, Pliny the Elder, and Galen. This material constitutes the basis of the Latin poem composed during the eleventh or twelfth century and first printed in Naples in 1477.[28]

The influence of Macer's herbal is apparent in several medieval works, including the *Regimen Sanitatis Salerni*, the *Herbier de Moudon*, *De Verbena & Lupo Medico et Vulpe*, and Alfonso XI's *Libro de la montería*. In the original version of Book II, Part 1, chap. xvi of the *Monteria*, the poet's authority is cited in the treatment of wounds occurring "en los pies o en las manos por rrancaio o por otra arma semeiante..." (fol. 22r). These are to be cured with *aristolongia rredonda* and *rrayzes de oruga*, the virtues of which are described in chapters 41 and 31, respectively, of *De Viribus Herbarum*: "dize maestro Maçer que aristolongia rredonda y picada y puesta tira toda cosa fincada. E dize [Maçer] que rrayzes de oruga de suso puesta[s] echa huessos quebrantados fuera; y avn estas cosas tyran saetas o espinas...quando no son muncho hincadas."[29]

It becomes a more difficult task to isolate the sources of the surgical techniques described in Book II, Part 1, of the *Libro de la montería*. Medical texts like Theodoric's *Surgery*, composed by a thirteenth-century Catalan monk of the Dominican Order, prescribe postsurgical dressings similar to many treatments discussed in the Arabic formularies and represent a textual tradition on which the treatise in Alfonso's book might have been based. In Theodoric's work, the use of "green ointment" for the treatment of simple head wounds is clearly in the tradition of the *aqrābādhīn*: "If any proud flesh should be generated in the [bound] wound let it be treated with the green ointment, which is made as follows: let verdigris be well pulverized and sieved and mixed with the best mallow ointment; and if you wish it to be sharper, let half an ounce of verdigris be placed in two ounces of mallow ointment.... [O]n the second day...you will place on the wound lint from old linen and thus you will treat it with lint and ointment until you have obtained a beautiful scar [!]."[30]

A Castilian translation of Theodoric's book, *Tedriquo Libro de cirugia y recetario*, the only extant copy of which is contained in Escorial MS h.III.17, may have circulated widely at the time of the compilation of the *Monteria* found in MS Y.II.19 and served as a general model for its surgical treatise. Both works are similar structurally, beginning with the treatment of head wounds and proceeding downward to the legs, and both classify wounds as being either simple or compound. Yet the polemic among surgeons of the day noted in the *Tedriquo* as to whether certain injuries should be bound and anointed (the view of Master Hugo of Lucca) or sewn (the theory of Avicenna), fol. 39r-v and *passim*, occurs only in the paraphrased, augmented version of Book II, Part 1, found in some of the later *Monteria* codices, and not in MS Y.II.19 itself. In the matter of head wounds, for example, the compiler of Book II, Part 1, chap. ii, of the Escorial text indicates that they should only be bound, "por que costura non deue ser fecha en la cabeça" (fol. 23v). The author of the modified treatise, however, favors surgical intervention when dealing with dogs, but not with men: "Commo qujer que en los ombres non se deue coser ferjda de cabeça, por que se puede juntar bjen con átadura..., en los canes non puede ser desta guisa, por que ha menester que toda llaga que can oujere en la cabeça que sea curada [by being sewn]."³¹

It is clear, however, that the postsurgical treatment of these wounds in both versions relies upon the traditions of the *aqrābādhīn* and the herbal:

| *Medication of Simple Head Wounds: I* | *Medication of Simple Head Wounds: II* |
(MS Y.II.19)	(Biblioteca de Palacio MS II.g.3/2105)
[S]ean y echados destos poluos, los quales se fazen asy: tomar cortezas de açienço aluar, dos onças; bolarmenico, quatro onças; corteza de enzjna, vna onça. Estos poluos sean bien molidos et cernidos. Et echen les dellos en cima de la llaga, sy fuere verano dos vezes, sy fuere yuierno vna vez; et con esto guaresçera. (fol. 23v)	[S]ean echados estos poluos que se siguen: fojas de murta, e fojas de enzjna, e fojas de azederas; e fojas de njsporas, e fojas de llanten, e cortezas de palma; e ordjo quemado, e boladura de moljno, e açienço; e sangre de drago, e rrayz de pinta pilen, e rraça. (fol. 26v)

The prescription contained in the second passage quadruples the number of compounds in the first, which suggests that its compiler either had access to alternate pharmacological texts or was trained sufficiently in medical procedures to concoct his own remedies. These differences also indicate that the herbal and the *aqrābādhīn* were flexible enough to accommodate the botanical specimens and chemical elements found in the new geographical areas in which they circulated. That such information can be documented in both manuscript traditions, moreover, reflects the fact that the *Libro de la monteria*, Book II, represents a synthesis of original Arabic and Latin scientific and medical thought adapted to the intellectual and ecological environment of medieval Spain.

Yet Alfonso's treatise is by no means unique among texts of the day in that it is inspired by Galenic theory and employs the Arabic medical formulary and Latin herbal. Juan Manuel's *Libro de la caza*, for example, clearly reveals its debt to humoral physiology in its observation that "por la teorica conosçeran los elementos e commo sonlos vmores conpuestos delos elementos...e quando el falcon enferma entendra qual vmor peca enel" (p. 54). The fact that the materia medica of the *Caza* provides cures like the previously mentioned treatment for a wounded falcon's wing based on incense, mastic, and dragon's blood indicates, moreover, that it has been greatly influenced by the Oriental *aqrābādhīn* or its European counterpart. Similar prescriptions may also be found in other hunting and veterinary treatises of the period: the thirteenth-century Castilian translation of Teodorico Borgognoni de Lucca's *Practica equorum*, the *Tratado de la naturaleza y propiedades del caballo*, and the anonymous *Tratado de las enfermedades de las aves de caza* of the thirteenth or fourteenth century,³² both of which may have influenced the *Libro de la monteria*; and Pero López de Ayala's fifteenth-century *Libro de la caza de las aves*,³³ which the *Monteria* may have influenced.

Libro de la monteria: Contents of Escorial MS Y.II.19

The time-honored information on the care of hunting dogs obtained from the *Libro de cetreria*, the Spanish *Book of Moamyn*, would be incorporated with the first-hand observations of Alfonso XI's huntsmen and other veterinary and legal sources in the royal scriptorium codex housed today in the Escorial Library as MS Y.II.19. Divided into three books with an appended letter dedicated to one Alvar García, this version of the *Monteria* gathers, orders, and synthesizes the collective wisdom of the royal *monteros* on the activity that was at the same time a relief from the tedium of free time, "el afan del librar" (fol. 1v), and a method for keeping prepared for war during periods of peace.

The disordered state of some of the 359 folios of MS Y.II.19 demands that they be reorganized as follows prior to analysis of the text:[34]

I. Table of Contents: Book I (folios 2r-3v).
II. General Prologue (folios 1r-v; 33r-34v).
III. Book I: Forty-six chapters on the theory of hunting *venados*, i.e., large game, and the superiority of this activity over the hunting of smaller animals; methods and procedures for the hunt during different seasons on horseback and on foot; the nature and care of hounds and alans; and the promulgation of the Ordinance of the Rights of Hunters (folios 30r-32v; 83r-v; 92r-v; 35r-62v).
IV. Book II, Part 1: Twenty-five chapters on the wounds that hunting dogs may receive, and how these are to be treated surgically (folios 21r-28v; 84r-87v; 17r-19v).
V. Book II, Part 2: Forty-six chapters on the infirmities from which hunting dogs may suffer, and how to cure these (folios 20r-v; 29r-v; 88r-91v; 4r-16v).
VI. Book III: Twenty-eight chapter divisions in the table of contents describe regions of the hunt, or *montes*, in the kingdom of Alfonso XI; thirty such divisions appear within the text itself (folios 63r-82v; 93r-226v; 228r-231v; 227r-v; 232r-357r).
VII. Addendum, Letter to Alvar García (folios 357v-359r).

The prologue to the *Libro de la monteria*, which is based on syllogistic reasoning, clearly emphasizes the role of the hunter's intellect in attaining the greatest satisfaction and pleasure possible from the chase, "[p]or que toda caça en [que los] omnes toman plazer, conuiene que sepan la rrayz della et el vso della para saber la meior. Ca mas plazer aura omne et menos yerro se fara en ella entendiendo la bien, que non la entendiendo" (fol. 1r). The ability to discern right action from wrong, the prime function of the intellective faculty of the soul, is a favorite concern for many medieval authors: excellence is to be attained in any activity through the use of right reason.[35] This concept, which is ultimately traceable to Aristotle's *Nichomachean Ethics*, was developed by the Stoics and adopted as part of the Thomistic doctrine of eternal and natural moral law. St. Thomas argued that if "a human action tends to the end, according to the order of reason and of the Eternal Law, then that action is right: but when it turns aside from that rectitude, then it is said to be a sin."[36] The *Libro de la monteria* reflects these principles in emphasizing that correct hunting is a way to maintain the clarity and tranquility of the intellect, which is in turn conducive to long life (fol. 1v).

Such deductive reasoning throughout the prologue to the *Monteria* effectively convinces the reader of the excellence of the chase. This stylistic approach, which has been analyzed in a recent structuralist study,[37] gives way, however, to a non-deductive exposition in Book I. The first chapter of this section details the necessary equipment that all hunters should possess, and begins with an admonition that is eminently sensible: dogs should be treated

INTRODUCTION

xiii

well at all times. The hunter must also become adroit in the use of the hunting horn, which can be employed in making thirteen different signals (fol. 31r).

Chapters ii-xviii discuss the training of novice huntsmen on foot and on horseback; techniques of familiarization with animal trails; methods of judging the amount of game in a certain area; preparations to be made for the day of the hunt; understanding the differences in the barking of dogs when they find the scent of game and begin pursuit; hunting on windy days; places to begin the chase (the *bozeria*) and station dogs and hunters to await or pursue game (the *armada*); what to do if dogs do not cease pursuit after dark, or if they continue until after midnight and then stop; and the capture of pursued, frightened game (fols. 31r-32v; 83r-v; 92r-v; 35r-46r).

Chapters xix-xxii and xxv are contrastive in nature: discussed are the hunting of wild boar and bear (the former is declared to be more vicious); the chase in summer, winter, and during any periods of hot weather (windy conditions during the last of these often destroy the scent); hunting at night (preferable during the summer months); and whether to let dogs pursue game relentlessly until it has been killed and eaten (*encarnar derecho*), or to restrain them from eating that which they have pursued and killed (*desencarnar*), despite the fact that at times they may cease pursuit of their own accord (fols. 46r-49r; 50v). Chapters xxiii-xxiv describe the training of the valued trackhounds and the worthy pursuit variety (fols. 49r-50v); while chapters xxvi-xxx and xxxii (fols. 50v-54v; 55r-56r) continue the discussion of the hunting of boar, bear, and deer begun in chapter iv. Chapter xxxv details the pursuit of large game during different seasons; October, November, and December are regarded as the best for bear and wild boar (fols. 56v-57r). Chapter xxxi analyzes the logistics of the chase in difficult terrain (fols. 54v-55r).

A hunter's vade mecum of ethics is presented in chapters xxxiii-xxxiv and xxxvi-xxxvii. This part stipulates that no huntsman should return without his dogs or news of them; that the theft of canines is to be severely punished; that huntsmen should not return without their masters; and that *malos monteros de pie contrafechos* are to be discouraged at all times from joining the royal entourage (fols. 56r-v; 57r-v). These principles culminate in the *Ordenamiento del Fuero de la libertad et de los derechos que deuen auer los monteros* of chapter xlvi, which guarantees the safety of hunters, defines the authority that constitutes a legitimate hunting party (either a titled person, knight, or squire must be present to have a *mayoral del monte*), and regulates the division of game (huntsmen are to receive an amount that reflects the degree of their participation in the overall effort) (fols. 61r-62v).

Preceding the chapter on the rights and privileges of hunters is a long section (fols.57v-61r) prefaced by the rubric announcing "en que manera deuen fazer para auer et criar buenos canes, tan bien de sabuesos commo de sa[bue]sas." Although sequentially chapter xxxviii, six unrubricated spaces and a section that clearly warrants its own division indicate that as many as seven additional chapters could have been created here but were not; that the adjacent *Fuero* is designated as *capitulo xl* and not *xlvj* (fol.61r) reflects this confusion. The following aspects of hounds and alans are examined: how to breed them; how to raise and care for the pups; their most beautiful physical attributes; their most beautiful colors; and how to determine which are the best pups of the litter. This part of Book I, as noted by Tjerneld,[38] derives from the *Libro de cetreria*. However, the text of the *Cetreria* Book IV, chapters ii, viii-xi, and xiv is uniquely adapted in the *Monteria*: the *cadiello* becomes the *alano* or the *sabueso*; dogs no longer commit *forniçio* openly, but are discreetly taken to "vn logar do ellos non vean otros canes" (fol. 58r) for their procreative activities; and the preferred basic colors in dogs are reduced from more than eight to five (white, black, tawny, grey, and several shades of red). The compiler of the *Libro de la monteria* acknowledges his debt to the Spanish Moamyn ("Otrosy, fallamos escripto en vn libro..." [fol. 60v]) in discussing techniques for determining which member of the litter is the best: the bitch is to be separated from her pups, and the one to which she returns first and takes in her mouth will be the healthiest of them all (fols. 60v-61r). While this method is first documented in Book VIII, chapter lxii, of Pliny's *Natural History*,[39] it is impossible to say with any certainty whether the compiler of the Arabic *Book of Moamyn* had this or other Latin texts at his disposal. In all probability, identical or similar sources were used.

The prologue to the *Libro de la monteria* Book II, Part 1, although incomplete in MS Y.II.19, emphasizes that surgical knowledge is of the utmost importance for those involved in the hunt; medication for dogs per se is relegated to Part 2 (fol. 23r). As mentioned earlier, the exposition of the treatment of wounds and broken or dislocated bones begins with the head and proceeds downward through the legs and paws. Chapters i-v (fols. 23r-24v) deal with damage to the head, face, and throat. No head wounds are to be sewn, not even compound ones. Cleaning the affected area, binding it, and applying the recommended medication should be sufficient. Face wounds, however, may be treated surgically, with wine being used as an antiseptic (fol.24r).

Wounds to the chest and sides are discussed in chapters vi-ix (fols. 24v-25v). Chapters x-xii, which deal with wounds to the abdomen and entrails, suggest that damaged and exposed organs should be returned to their locations and secured (fols. 25v-26v). Prudery may have been the cause of the removal of the folio from MS Y.II.19 that contains part of chapter xiii and chapter xiv, which discuss wounds of the genitals. Also lost are chapters xv-xvi and part of the rubric for chapter xvii, on lesions that occur in the extremities.[40]

Chapters xviii-xix (fol. 27r-v) describe the treatment of wounds to the tail. Medication or surgery may be applied to this member to stop profuse bleeding, although the term used to designate the latter cure, *çelurgia*, actually involves cauterization (fol. 27r). Similar treatment is recommended for several other infirmities mentioned in Part 2, but the term *çelurgia* is never again used.

Remedies for the bites and stunning blows inflicted on dogs by bear and wild boar are the topics of chapters xx-xxi. The former type of injury requires immediate withdrawal of the poison with a mixture of crushed onion and salt, whereas the latter demands that the canines be wrapped in sheets boiled in wine every day for five days; a compound of nasturtium and comfrey is to be administered throughout the period (fols. 27v-28r). The treatment of broken limbs without flesh wounds is discussed in chapter xxii (fols. 28r-v; 84r). In chapter xxiii, techniques are provided for aligning limbs with compound fractures, binding them, and applying medication to the wounded area (fol. 84r-v).

Book II, Part 1, terminates in chapters xxiv and xxv (fols. 84v-86r) with methods of caring for compound fractures of the scapula, carpus (*muñeca*), and hind leg. Disjointed members are to be returned to their original locations and compresses applied. The carpus, interestingly enough, receives the most complex treatment discussed thus far (fols. 85r-86r). After this, the compiler mentions several compounds that he has found to be useful in the treatment of superficial wounds (fol. 86r). Inasmuch as the section begins with an elaborate

INTRODUCTION

initial and is extensive enough to warrant treatment as a separate chapter, it has been assigned its own rubric in this edition.

The maintenance of dogs' health is the focus of the introduction to Book II, Part 2 (fol. 90r). Chapters i-vi (fols. 90r-91r) embody a treatise on canine reproduction that discusses the times during which dogs can mate, how one should assist the female when she has difficulty giving birth, hygienic treatment after delivery, methods that may be used for expediting reimpregnation, techniques for invigorating impotent males, and their care "quando se les daña aquel logar faziendo fijos" (fol. 91r). The text is of astrological interest in that it contains the curious observation that dogs can be conceived only twice during the year: on the first of January, when the sun is in Capricorn; and on the first of February, when it is in Aquarius (fol.90r).

Chapter vii (fols. 91r-v; 4r-v) discusses several methods of fattening dogs to prevent illness. Feeding is to occur three or four times daily in the summer, and once a day during fall and winter (fol. 91v). If they refuse to eat, treatments like the following should be administered: "fagan les comer estiercol de omne; et de[stellen] les en las narizes vjnagre bu[el]to con farina de lenteias, et vnten gelas con ello" (fol. 4r). The modern reader may question the efficacy of such remedies.

In chapter viii (fols. 4v-5r), the narrator prudently observes that dogs should be kept clean and separated (fol. 4v). Signs of contentment as well as the treatment of dehydration, shortness of breath, gastrointestinal humors, and the occasional inability to urinate are discussed in chapters ix-xiii (fols. 5r-6v). Combinations of milled salt, honey, milk, rose oil, eggs, lard, and an assortment of botanical items may be used to alleviate these disabilities.

Chapters xiv-xvi (fols. 6v-7v) discuss external afflictions. Bites from flies and horseflies may be treated with rue and hot water. Lesions to the paws and legs caused by running find a remedy in a mixture of ashes, honey, vinegar, oil, wheat flour, and pomegranate peel. Liquid pitch, wood from the elder tree, gall nuts, and vitriol may also be used (fol. 6v; fol. 7r-v). The treatment of rabies is analyzed in chapter xv. In addition to some of the remedies given above, poultices soaked in goat droppings and old wine may be applied to the bites that have been inflicted by rabid dogs (fols. 6v-7r).

Popular beliefs are the basis for chapters xvii-xix (fols. 7v-8v), which describe how dogs may be kept from running away, have their colors changed, and be made longer. While the narrator assures us that he has had no actual experience with the treatments prescribed in this section (fol. 7v), he nonetheless wants to include them so as to make the book complete. A particularly agreeable account is that contained in chapter xix, on how to make dogs longer: "Sabet que quando esto quisieren fazer, conuiene que fagan foyos fondos et metan los dentro; et lo que les quisieren dar a comer, pongan gelo en cima de los foyos. Ca estendijandose para alcançar aquello que aya de comer, fazer se an mas luengos" (fol. 8v).

The remaining twenty-seven chapters of Book II, Part 2, are taken from the *Libro de cetreria* Book V, chapters i-xxvii. The fact that no specific references to *canes* or *perros* are made in this section may indicate that the compiler of the original Arabic *Book of Moamyn* was using a veterinary treatise of the most general nature, if not his own views on the subject. Chapters xx-xxiii (fols. 8v-9v) discuss treatments for the various disorders of and injuries to the eyes. Cataracts may be removed through the application of a compound containing bitter salt, saffron, ground sea shells, honey, and silver. Damage to the eye-socket may be treated with a concoction involving the burning and mixing of two mice and old wool with a bit of spider's web that has touched smoke; if blood flows, cauterization with a hot iron should be performed (fol. 9v).

Chapters xxiv-xxvii (fols. 9v-10r) deal with infirmities of the ears: parasitic infestation, swelling, deafness, and "quando se les doblan las oreias" are discussed. Throat and palatal disorders and cures are detailed in chapters xxviii-xxix (fol. 10r-v). Chapter xxx discusses the removal of bones that become lodged in the throat (fol. 10v). Chapter xxxi provides methods for the elimination of internal parasites through applications of compounds that may include ground horn of roe deer, honey, cardamom, absinthe seeds, head and hide of goat, *canbil* (a sand-like substance), *ibfage* (small, bitter grains), and lentils with oil (fols. 10v-11r). Dysentery and pains of the intestines, stomach, and flanks have recommended cures in chapters xxxii-xxxvi (fols. 11r-12r). The former problem may be treated with aged ewe's cheese and dove mixed with vinegar; the latter disorders should respond to compounds of garlic, hot pitch with oil, urine, honey, salt, green oil, and other such items (fols. 11r-12r).

The discussion of rabies found in chapter xv is amplified somewhat in chapter xxxvii (fol. 12r-v). We are now told that this infirmity is a form of melancholy, and should be treated at an early stage in the following manner: "caten les los fondones de las lenguas et fallar les an y vna landreziella chica que semeia gusano.... Et quando esto vieren, tomen los et saquen les aquellas landreziellas, et con esto meioraran" (fol. 12r). Treatment for bloody urine, or, as the rubric discreetly indicates, during times "quando echan sangre por aquel logar do fazen fijos" is discussed in chapter xxxviii (fols. 12v-13r). A mixture of lentils, coriander, pepper, and oil should be given to eat or placed in the nose (?) (fol. 13r). Intestinal purgation, which is detailed in chapter xxxix, may be accomplished with goat's milk and ox gall, or with tadpoles that have been dried and ground (fol. 13r).

Part 2 concludes in chapters xl-xlvi with an exposition of treatments for various skin irritations and disorders. Lesions, swelling with pustulation or scabs, warts, smallpox, *exidos* (running sores), and mange all have cures in this section. The information given for the alleviation of the last of these is eminently practical: the animal is to be washed and oiled every three days. Alternate remedies involve the use of pepper, sulphur, wax, white pitch, root of lily, resin of juniper, tallow, lard, and other such items (fols. 13r-16r).

The best locations in Alfonso XI's kingdom for the pursuit of bear and wild boar are given in Book III. The prologue to this section states that "agora queremos Uos dezir de los montes que a en nuestro señorio. Señalada miente, de los que Nos sabemos quales son los meiores de osso, et quales de puerco; et quales son montes de yuierno, et quales de verano. Et de los mas dellos, quales son las bozerias, et quales las armadas" (fol. 65r-v). The description provided for the Fuente de Montahed is an excellent example of such a *monte*: "El monte de la Fuente de Montahed es buen monte de osso et de puerco en todo tiempo. Et es la bozeria por la cunbre de Carchena, fasta el Atalaya de Montahed. Et es el armada en la Senda de la Fresneda" (fol. 340r).

The table of contents, folios 63r-64v, divides this section into twenty-eight chapters, each of which discusses *montes* in different geographical regions. The 283 folios of text, however, describe thirty such areas. This is attributable to the fact that the hunting sites of the lands of the Order of Calatrava receive a separate chapter (xvii), as do those of Alcaraz (xxvii). The extra divisions suggest that the table of contents may have been intended to function more as a guide for scribes including new information than as a faithful mirror of the original regional designations.

The area discussed in Book III extends from Galicia in the northwest to Algeciras in the south, and from the Portuguese frontier in the west to lands bordering on the Kingdom of Aragon in the east. The extensiveness of this part indicates that it may be the first comprehensive toponymic survey produced in Castilian. Chapters i-iv (fols. 66r-109v) discuss the hunting locations in the central region of Castilian hegemony: Castilla la Vieja, Aguilar del Campo, Pernia, Liébana, Burgos, San Millán de la Cogolla, and Soria. The focus then shifts northwest and north in chapters v-vii (fols. 110r-137r) for the *montes* of León, Bierzo, Asturias, and Galicia. Chapter viii (fols. 138r-144r) details the locations of Salamanca, Miranda, Montemayor, Béjar, and Granadilla.

Chapters ix-xiii (fols. 146r-198r), moving from west to east, provide sites in Ávila, Cadalso, San Martín de Val de Iglesias, Val de Corneja, Segovia, Manzanares, Val de Lozoya, Buitrago, Ayllón, Sepúlveda, Riaza, Pedraza, and Atienza. Chapter xiv (fols. 200r-213r) documents those places in Moya and Cuenca to the southeast. The region of Madrid (or *Maydrit*) and Alhamín to the west is then examined in chapter xv (fols. 214r-220r). The discussion in chapters xvi-xvii (fols. 221r-246r) centers on Toledo, Calatrava, and Talavera. Chapters xviii-xxiii (fols. 247r-280r) detail places to the southwest: Trujillo, Capilla, Alcocer, Plasencia, Coria, Galisteo, Alcántara, Alburquerque, the lands of the Order of Santiago, Badajoz, and Jerez Badajoz.

Hunting locations in the eastern and southeastern provinces of Jaén, Murcia, and Alcaraz are noted in chapters xxvi-xxvii (fols. 317r-332r). The *montes* of Sevilla, Córdoba, Niebla, Gibraleón, Alcalá la Real, Priego, Rute, Alcalá de los Gazules, Medina, Vejer, Tarifa, and Algeciras are discussed in chapters xxiv-xxv (fols. 281v-316r) and xxviii-xxx (fols. 333r-357r). The extensive number of toponyms of Moorish Spain, Al-Andalus, that is found in these last chapters of Book III may have been collected originally for strategic purposes. The possession of such data would have been necessary in assuring the success of Alfonso XI's two major campaigns in 1340 and 1343 against the Moroccan Merinid power in southern Spain.[41]

The value and importance of Book III has been noted by the Duque de Almazán:

> El libro tercero (a nuestro juicio el más formidable del Códice, por haber sido redactado en el siglo XIV), describe concienzudamente todos los montes de Castilla y León y algunos del Reino de Granada; labor colosal para aquellos tiempos, en que tan difícil era trasladarse de una parte a otra. En este libro se anotan, monte por monte, mancha por mancha, todos los sitios querenciosos, las especies de caza, las mejores épocas del año según el terreno; amenizando de cuando en cuando el quizá farragoso texto con tal o cual anécdota cinegética. Verdaderamente, debes descubrirte, lector Montero, ante la enorme obra de Don Alfonso XI.[42]

The examples of "anécdota cinegética" that the duke mentions contribute relief and humor to the rigid, often monotonous narration of the *montes* of Book III. A particularly agreeable account involves a hound that whelped during the chase: "Et en este monte [Cañamares] acaesçio a vna sabuesa que dezian Bustera, que era de Fernant Gomes, ladrar a un çieruo. Et estaua preñada, et tomol el tienpo de parir. Et desy, asy commo paria vn fijo, [t]omaua le en la boca et ponja le en vn logar, et tornaua a ladrar el çieruo. Et desta guisa pario vnos quatro o çinco. Et desque los ouo parido, torno a ladrar al çieruo; et esto vieron Fernant Gomes et otros monteros. Et desque fue muerto el çieruo, non la podieron tomar, et fuese al logar do estauan los fijos" (fols. 202r-202v). Another such account reflects the danger in pursuing wild boar: "El soto que es entre Priego et Luque es bueno de puerco en verano. Et matamos y vn dia vn puerco que mato dos monteros, et dos alanos, et vn azemjla, et firio vn cauallo" (fol. 334v). The quality of vivid reminiscence that characterizes these asides makes them eminently readable. Always exemplary with respect to the attainment of excellence in the hunt, they are nonetheless expressed pleasantly and enthusiastically so as to impress the huntsman, assure him of the plentifulness of game in the area under discussion, and—in no uncertain terms—illuminate his monarch's prowess.

The realism of these diary-like narrations gives Book III greater appeal. From the perspective of the history of medieval Spanish literature, however, this section gains even more interest in light of several hunting locations that it documents: the Cabeza de Per Abat, the Cabeza del Cid (fols. 157r/163v and 163r, respectively),[43] and the Casa de Johan Royz (fols. 268r/277v).[44] The association of Per Abat with the Cid, Ruy Díaz de Vivar, is particularly interesting in that it may signify that he had a stronger involvement with the epic poem *Poema de mio Cid* than that of merely being the copyist of the unique manuscript of the work. Little can be said, however, regarding the allusion to "Johan Royz." While an extremely common name throughout Spain, this may be a specific reference to the central figure of the *Libro de buen amor*, which, as M. H. Singleton has noted in discussing the authorship of that work, is possibly a pseudonym or "John Doe" name.[45]

Following the text of Book III is a brief epistle (fols. 357v-359r) dedicated to the Galician nobleman Alvar García, "Adelantado de los galeses" (might this instead allude to 'the Gauls' or 'The Welsh'?), who is charged with poor hunting by the "Capitan general de todos los monteros," presumably Alfonso XI. According to the *capitán*, Alvar should abandon his pursuit of fantastic creatures like the "Dragon Negro de la Lana Encant[ad]a" (fol. 357v) and concentrate on correct venery—"con porffia de monteria derecha"—according to the gospel of sanctified huntsmen "Ssant Domjngo Pasqual, et Ssant Johan de la Ffuente Ouejuna..." (fol. 358v).

The allusions to major legendary figures of medieval French, Breton, and Celtic literatures that appear in Book III of the *Monteria* and the letter to Alvar García make the text all the more significant from the comparative viewpoint. Cited in the third book in conjunction with several hunting locations are the Carolingian paladin, Roland, and his sword Durendal;[46] and the abode of the Arthurian magician, Merlin.[47] Of interest in the letter to Alvar are references to the fantastic (e.g., *el Dragón Negro*) and the real (i.e., *los galeses*), a dichotomy that foreshadows the character of later books of chivalry, the prototype of which is *Amadís de Gaula*, first published in 1508 but dating in its earliest version from the mid-fourteenth century, if not before.[48]

Libro de la monteria: Medieval Diffusion

It is difficult to establish the indirect influence of the *Libro de la monteria* on scientific and venatory works produced in medieval Spain and Europe; the aforementioned *La*

Chasse, Master of Game, and *Libro de la caza de las aves* may all be indebted to Alfonso XI's book to some degree. Texts apparently modeled directly on the *Monteria* include the Portuguese *Livro da montaria*, written by 1415 at the command of the monarch João I. The prologue to this book provides specific information about its internal structural divisions: "nos Dom Joham por graça de Deus Rey de Portugal, e do Algarue, senhor de Cepta...trabalhamos com a aiuda de Deus de fazer este liuro da montaria, em o qual a lxx capitulos, diuididos em tres liuros ou partes."[49] Stylistically, the Portuguese treatise is prolix and sententious, and often cites accepted authority when emphasizing that excellence in the hunt can be attained only through astuteness and cognizance:

> assi o disse Aristoteles no liuro terceiro da alma, que o conhecer humanal conhecendo e auendo noticia das cousas per elle conhecidas, se retornaua sobre si conhecendo de si meesmo as cousas per si meesmo conhecidas. Assi porque o homem nom pode fazer nenhum bem sem auer bõo conhecer, he de força que os monteiros ajam em si bõo conhecer: e em como quer que a todollos monteiros em geeral pertença auer bõo conhecimento, pera os que andam a busca compre mais em muytas guisas: e porque a primeira cousa que se ao monteiro requere, assi he o aprazar, e qualquer que apraza nom pode bem aprazar, senom ouuer bõo conhecer.... (pp. 94-95)

This emphasis on *bõo conhecer* recalls the argument set forth in the prologue to the *Libro de la monteria* which states that the intellective faculty must be kept clear in order to be able to discern right action from wrong (MS Y.II.19, fol. 1v and *passim*).

An anonymous *Tratado de montería del siglo XV* found in British Library MS Add. 28709 specifically mentions the *Libro de la monteria* on several occasions. The narrator of the treatise pays homage to the hunter-warrior monarch Alfonso XI and the *Monteria* as a prelude to his own disquisition:

> ...puedo ser retraydo y culpado de presunçion en atreverme a escrevir sobre cosa conpuesta non solamente por vno solo mas por muchos syngulares monteros, a quien el *Libro de la Monteria* mandó conponer aquel muy noble rey, don Alonso de Castilla y de Leon, digno de gloriosa recordacion, el qual vençio sobre Tarifa la santa batalla del Salado yntitulado, y ansy mismo por otros nombrada la de Benamarin, en cuya *Coronica* algun tanto yo he leydo, y hallo que no solamente fue notable conquistador, mas junto con esto pienso que fue el mayor y mejor montero del mundo y mas contino seguidor de los montes y perseguidor de los bravos venados que en ellos habitan....[50]

Five other allusions to Alfonso's book can be found in this anonymous treatise (pp. 127, 133, 161, 167-168, and 245-246). In addition to these references, the text details information on veterinary surgery, the pharmacopoeia, and locations of the hunt in Spain which is similar to that found in the *Monteria*.

A fifteenth-century French hunting text, *Le Livre de l'art de fauconnerie et des chiens de chasse*, ordered by Guillaume Tardif, was believed by its nineteenth-century editor, E. Jullien (Paris, 1882), to bear certain similarities to the *Libro de la monteria*. In his introduction, Jullien notes that in the "*Livre des chiens de chasse*, on y rencontre divers passages se rapprochant singulièrement de la *Montería* (Vénerie) du roi Alphonse XI..." (p. xx). In 1889, H. Werth compared the French text with the *Monteria* and concluded that Tardif had used it for four-fifths of his treatise on hunting dogs.[51] However, Werth's opinion has since been refuted by Tjerneld ("Una fuente," p. 179), who has ascertained that Tardif actually based this section on the text of a Latin manuscript of the *Book of Moamyn*.

Previous Editions

The *Libro de la monteria* was first edited by Gonzalo Argote de Molina, a nobleman of Seville; it was printed in that city in 1582 by Andrea Pescioni. The frontispiece of this work, reproduced in Plate 1, states that the text has been expanded by the editor. The addition, which consists of a discourse on hunting and a pastoral eclogue, has been described by Homero Serís as follows:

> Otros acrecentamientos...son las noticias de los autores que han escrito de montería, del número de los monteros que hubo antiguamente en Castilla, de las franquicias y libertades de los monteros, de los Monteros de Espinosa y de su hazaña, del oficio que los monteros de Espinosa sirven en la casa real, de la montería de osos, lobos, zorras, gatos monteses, tejones, leones, tigres, bisontes, elefantes, avestruces, liebres y conejos. Por último, una descripción de un palacio, más una 'Égloga pastoril' por Don Gómez de Tapia Granadino. Ha ilustrado, asimismo, Argote su libro con unos curiosos y pertinentes grabados en madera representando escenas de cacerías copiadas de los tapices diseñados por Johannes Stradanus, publicados en sus *Venationes*, Antverpiae, 1578.[52]

Argote's literary embellishment of the pastoral eclogue, which describes the forest of Aranjuez and the birth of Princess Isabel, is clearly within the tradition of the Renaissance *topos* of the idealized land of Arcadia: crystalline rivers and verdant countryside. This literary appendage to a work that is relatively objective in its surgical and hunting aspects is gratifying in that it represents a marriage of two traditions separated by several centuries.

The sources of the 1582 edition are never documented. While one possibility is the manuscript of the *Cartuja de Sevilla*, which is now housed in the Biblioteca de Palacio as MS II.g.3/2105, the differences that it exhibits with respect to Argote's book indicate that other codices may have been used as well. Alternatively, Homero Serís has posited that the 1582 work is based on a "nuevo manuscrito" of the Hispanic Society of America (pp. 50-52), since designated as MS B1274; but given that this is only a later copy of the *Cartuja* text, as will be discussed below, it could be assumed that Argote had access to yet another version of the *Monteria*, now lost.

The Seville edition of the *Libro de la monteria* was the only one available for more than two hundred years. In the eighteenth century, however, its textual inconsistencies attracted the attention of several aristocratic bibliophiles. No less a personage than the Conde de Floridablanca, Minister of Carlos III, commissioned the scholar Francisco Cerdá y Rico to create the definitive *Monteria* on the basis of available manuscripts. Cerdá notes in the introduction to his 1787 edition of the *Crónica de D. Alfonso el Onceno* (Madrid: Sancha) that Argote's text is indeed of poor quality: "Aunque antes lo había hecho Argote...en Sevilla, año M. D. LXXXII...no sabemos de qué códices se valdría, por hallar tantas interpolaciones, variantes, y equivocaciones que no conocen los tres MSS. que tenemos para arreglar nuestra edición, que podrá llamarse enteramente nueva" (*Parte I*, p. xii). All of Cerdá's energies in this endeavor would be directed to superseding Argote's work.

The "tres MSS." to which Cerdá refers are Escorial MSS Y.II.16 and Y.II.19, and the Palacio *Cartuja de Sevilla*; all three had been assigned to the Palace Library by the Conde de Floridablanca at Cerdá's insistence. By 1787, Cerdá and his colleague, Eugenio Llaguno y Amírola, had inspected the sources for their edition but appear not to have completed any plans. Some correspondence between them and the renowned calligrapher Francisco Javier de Santiago y Palomares may have occurred during the period 1787-1790 regarding the transcription of the *Monteria* text. It was not until 1794, however, that Palomares received an official commission for this task. In a letter dated 22 September, the youthful minister of the new king Carlos IV, Godoy, Duque de Alcudia, asked Palomares to "cotejar de nuevo con el de la Cartuja el impreso de Argote de Molina, buscando para esto persona que le ayude...."[53] Palomares, replying on 24 September, agreed to obtain "algun exemplar que ya se h[a] hecho muy raro de los que imprimió Gonzalo Argote de Molina para hacer el cotexo y apuntar sus variantes, que presumo serán muchas."[54] He further agreed to undertake the "gustoso trabajo de copiar enteramente el Manuscrito de la Cartuxa...para cotejarle con otro exemplar tambien Manuscrito de la misma obra de Monteria [i.e., Y.II.19] que existe en la R^l. Libreria del M^o. de San Lorenzo. De este modo saldrá un exemplar correcto, y adornado...."[55]

Therefore, the calligrapher's task was twofold: 1) to create an annotated working copy of Argote de Molina's 1582 text; and 2) to use this rough draft in the preparation of a transcription of the *Cartuja* manuscript, which was generally believed to be the oldest, most correct version of the *Monteria*. All materials were then to be delivered to the printer Gabriel de Sancha for publication as the second volume of the historical series on the reign of Alfonso XI, the first having been published by Cerdá y Rico in 1787. Yet these goals were not to be achieved as planned. Palomares, on inspecting his manuscript sources, realized that the *Cartuja* was not the oldest *Monteria* text. In a letter dated 20 February 1795, he informed the Duque de Alcudia of the need to consult "otros exemplares manuscritos mas antiguos que el de la Cartuxa de Sevilla, especialmente à los que se guardan en la Libreria de San Lorenzo del Escorial: uno de ellos [i.e., MS Y.II.19] escrito en vitela de hermoso caracter que tal vez será el que tenia el Rey Autor para su uso, y otro en papel [i.e., MS Y.II.16], que puede ser copia del antecedente hecha en tiempo del Rey D^n Henrique IV°."[56] On the basis of his observations, the calligrapher decided that the two Escorial manuscripts should also be used in the transcription to provide source material, textual variants, and paleographic commentary.

While Palomares is to be commended for recognizing the importance of these other codices, his failure to employ rigorous editorial criteria in creating a new edition of the *Monteria* has led to some glaring inconsistencies. The most fundamental problem involves his alternating usage of MSS Y.II.19 and *Cartuja* as the base text without indicating where or to what degree they are being employed. Y.II.19, in particular, seems to be preferred in Book I and the the latter part of Book III, except in those chapters where textual loss has occurred. In these areas the *Cartuja* appears to have supplied the readings. However, such an eclectic procedure was not without its hazards: the fact that the margins of Book I of Palomares' transcription, folios 2r-5r, contain numerous textual variants taken from MS *Cartuja* but which are designated as being from "Códice I Escurialense," MS Y.II.19, is clear proof that the calligrapher himself was not always certain of the source that he was documenting at any given moment.

Palomares died in 1796, probably having completed his manuscript only months before, and there is no evidence that this was ever delivered to the printer Sancha. Eventually, the text came into the possession of the Biblioteca de Palacio, where it is housed today as MS 1607. The annotated copy of Argote de Molina's 1582 edition of the *Monteria* was in the hands of Pascual de Gayangos by 1877,[57] but I have encountered no notices of its location since that date.

Palomares' personal views on the *Libro de la monteria* appear in his "Observaciones sobre el Libro de la Montería que publicó Gonzalo Argote de Molina...,"[58] a work that must have been completed shortly after was the transcription ordered by Godoy. This commentary, never published, is found among the calligrapher's papers contained in British Library MS Eg. 588, folios 172r-177v. The first observation criticizes Argote's failure to document his sources: "No dice Argote de Molina (y debiera haberlo hecho) de que M.S. se valio para sacar la Copia que sirvió para la Impresion de dicha obra [i.e., the 1582 text]. Acaso como vecino que era de Sevilla se valdria de alguna copia sacada del exemplar primorosamente escrito è iluminado en vitela que donó à la Cartuja de Sevilla el Marqués de Tarifa..." (fol. 172r).

Another observation contains Palomares' main criticism of Argote's *Monteria:* the work's textual inconsistencies. He believed it to suffer from "pesima ortographia, y otros muchos defectos de que daran alguna idea los dos pliegos que he cazado del Codice Cartujano, poniendo al margen las variantes de la impresion de Argote" (fol. 177r), reference being made to his annotation of that edition. Regarding the authorship of the *Libro de la monteria*, Palomares, after close inspection of the manuscripts, could not attribute the work to one particular person: "Sospecho...que lo principal del Libro es del Rey Dn Alonso Xo. Y que sobre el fueron añadiendo estas y otras cosas que ponen en duda de quien sea el verdadero autor" (fol. 176v).

Palomares' labor, carried out under the patronage of Carlos III and Carlos IV through their ministers Floridablanca and Godoy, is a monument to philological endeavor during the period of the Enlightenment. It is a great irony of literary history, however, that such an effort did not achieve its desired goal: the creation of an "enteramente nueva" edition of the *Monteria*, envisioned by Cerdá to supersede the text of Argote de Molina.

José Gutiérrez de la Vega's edition of the *Libro de la monteria* appeared in 1877 as the first two volumes of his Biblioteca venatoria, a series of texts prepared with the huntsman in mind. The first two books of the *Monteria* are contained in the first volume; the third, in the second. The title page of this and the other works in the Venatoria series[59] designates it as a "COLECCIÓN DE OBRAS clásicas españolas de montería, de cetrería y de caza menor, raras inéditas o desconocidas...para ilustración de los cazadores, deleite de los eruditos y gloria de la lengua castellana." Gutiérrez's concern for the "ilustración de los cazadores" must be taken seriously, for the apparent purpose of the Biblioteca venatoria series is the establishment of reading texts of medieval and Renaissance hunting treatises for an interested landed gentry. The textual problems associated with the manuscript sources of these treatises have interested Gutiérrez but little.

While the edition provides few critical guidelines, the sixth chapter of its introductory

"Discurso sobre el *Libro de la Montería*," "Preparativos para esta edición del *Libro de la Montería*," does inform the reader of "las bases de nuestro estudio para esta nueva edición: 1.º El Códice I Escurialense. 2.º El Códice II Escurialense. 3.º El Códice de la Cartuja de Sevilla. 4.º El Códice de Palomares. 5.º El Códice de Llaguno y Cerdá" (I, xcvii). Gutiérrez refers, respectively, to Escorial MSS Y.II.19 and Y.II.16; MSS II.g.3/2105 and 1607 of the Biblioteca de Palacio; and the annotated copy of Argote de Molina's 1582 edition of the *Monteria* prepared by Palomares. From the viewpoint of textual fidelity, however, the Gutiérrez edition is at best an eclectic reading text that shows no true rigor in procedures. Its lack of documentation of a base manuscript is in itself a major shortcoming. Numerous references to MS Y.II.19 as "Códice I.º" lead the reader to believe that it is the base text, when in fact the degree of usage of neither this nor any of the other manuscripts cited in the "Discurso" is ever established. The ambiguity produced by such an editorial omission is made more obscure by occasional citations from the five sources as variant readings to the main text, which suggests that an attempt is being made to create a critical edition. To make matters worse, the documentation of the variants in the footnotes of Book I is misleading: "Códice I.º Escurialense [i.e., MS Y.II.19]" should read "El Códice de la Cartuja de Sevilla [i.e., MS II.g.3/2105]" throughout. This editorial *gaffe* is not repeated in Book III, however, for the footnotes designated "Códice I.º Escurialense" now agree with readings contained in MS Y.II.19. The net result of these vagaries is that the reader constantly has to guess which manuscript provides the text, and which the variants.

A brief inspection of Palomares' transcription, Palacio MS 1607, reveals that Gutiérrez placed more reliance on this codex than he leads the reader to believe in his introductory "Discurso sobre el *Libro de la Montería*." Regarding Gutiérrez's erroneous citation of MS Y.II.19 in the first book of the edition, it is evident that he has merely repeated Palomares' marginal notes, fols. 2r-5r, which incorrectly document variants taken from MS *Cartuja* as being from the Escorial codex. Further consultation indicates that the Venatoria edition is indebted to MS 1607 in several other ways: it 1) uses Palomares' designations "Códice I.º" and "Códice II.º" for the two Escorial texts; 2) repeats in footnotes many of the paleographic, textual, and structural comments on the three ancient *Monteria* texts that appear in the margins of MS 1607, discontinuing this commentary at the same place; and 3) relegates to an appendix the first part of Book I of MS Y.II.19, just as does Palomares' transcription. It is not until midway through Book III that Gutiérrez gives any indication that he is using the eighteenth-century work in more than just an ancillary manner. Noting a point of textual agreement between MSS Y.II.19 and *Cartuja*, he states that "La conformidad que ahora se nota en ambos Códices...prueba el acierto de la corrección del *Códice de Palomares*, que hemos seguido como siempre [!]" (II, 310, n. 2). This excessive dependence on the Palomares text, which in itself is an eclectic composition, removes the Gutiérrez edition one step further from the original *Monteria* manuscripts.

As such, the absence of a rigorous critical apparatus precludes any serious philological studies based on the Gutiérrez *Monteria*. The extreme dependence on MS 1607 and Argote de Molina's 1582 edition leads to a number of textual inconsistencies. No consideration is made of manuscripts besides those found in Spain, although several that are housed in the Bibliothèque Nationale, Paris, are cited in the "Bibliografía venatoria española" of the first volume of the Biblioteca venatoria series (pp. cxlix-clii). The absence of a glossary of terms further undermines the usefulness of the work. Yet the 1877 text, which was reprinted in 1976,[60] is generally accepted as the standard version of Alfonso's book.

Libro de la monteria: The Manuscripts

Nine of the surviving manuscripts of the *Libro de la monteria* were produced before the year 1600, the oldest of which is Escorial MS Y.II.19. A tenth transcription, the composite text of Santiago y Palomares, was prepared at the end of the eighteenth century. The present section examines these codices and tentatively establishes their relationships.

E_1 [61] Biblioteca de El Escorial, Y.II.19 (*olim* V.N.11, III.F.19, and II.Y.19). The base text of the present edition. The alternating red and blue paragraphs, gold initials, and highly decorative illuminations of E_1 combine to produce a work that remains a treasure of the medieval art of manuscript-making despite the ravages of time, the elements, and careless binders.

The original text is written in two-column format in a hand which has been described by P. Zarco Cuevas as fourteenth-century *letra gótica de privilegios*.[62] Numerous additions in different hands frequently expand the text of Books I and III. Dimensions of the writing area of the first two books are normally 193 × 134 mm., individual columns measuring 193 × 59 mm. with space between the columns 16 mm. wide. A column normally contains twenty-two lines of text, with twenty characters per line; see Plate 3. Letters are generally taller than wide, 4 to 7 mm. high. Various shades of brown ink now appear in the text, ranging from a light tea color to a dark chocolate. Textual additions are occasionally written in single-column format and placed at the bottom margin of folios (see fols. 48v, 50v, 73v, 112v, 156v, 163r, 174v, 233v, 237r, 241r-v, 244v, 272v, and 307r). On the basis of internal historical evidence and orthographic comparison with other codices produced in the scriptorium of Alfonso XI, it appears that while E_1 was begun before 1350, the year of the monarch's death, its unemended *privilegios* text may have not been completed until the reign of Peter the Cruel (1350-1369).[63]

The manuscript contains 359 parchment folios; some of these between folios 1-92 and 227-231 became shuffled before it was bound at the Escorial Library. Textual non sequiturs, caused by the removal of entire folios, occur after 3, 92, 62, 22, 26, 227 (two), 317, and 346. Two guard sheets of rag paper and one of parchment precede the text; two of rag paper follow it. Folios have dimensions of 281 × 197 mm., varying from these figures where trimming or deterioration of the parchment has occurred. There are forty-three quires, generally of ten folios each; the first folio has been glued to the following double folio, 2-3. The double folio 245-246 is loose in the codex. There are eighty-eight blank folio sides out of 718 in the manuscript,[64] equivalent to 12.2% of the entire work. No original foliation appears; two sequences in Arabic numerals (one in brown ink, the other in black) have been entered, now agreeing, now disagreeing, until they finally agree with the numeral *356* on folio 359r. Collating symbols, which may have been written by Santiago y Palomares, appear on folios 1r, 33r, 91v, and 92v. The binding is that of the Escorial Library, probably from the period of Juan de París (1576-1580).[65] Deterioration of the leather of the upper-right corner of the front cover has resulted in the exposure of the grey pasteboard support beneath. The dimensions of the entire codex are 290 × 230 × 90 mm.

No catchwords are found in the manuscript. Headings appear throughout most of Book III (fols. 66r-357r), although trimming of the upper margin has resulted in the partial or total loss of many of these. While it is impossible to determine which colors were used originally, the headings appear in reddish-orange ink with the exception of those of the land of Alvarrazin (fols. 212r-216r), which are now black. Rubrics now appear in medium red or maroon ink. Paragraphs appear in red or blue ink, and frequently alternate in sequence; their typical dimensions are 10 × 32 mm. A perpendicular dividing symbol in red or blue ink is invariably found between the last word of text of one chapter and the paragraph or first word of the next rubric. A gilded paragraph appears on folio 11r. Ornamental initials are in red and blue inks and gold leaf, occasionally alternating in color. The dimensions of the space for the initial are generally 25 × 25 mm. when it occurs in tables of chapter headings, and 20-25 × 30-35 mm. when found in the text. Particularly attractive initials are found on folios 20r, 30r, 31r, 33v, 34r, 59r, 65r, 90r, 116r, 268r, 290r, 306r, and 345r. Initials sometimes occur without corresponding text (e.g., the *I* found on fol. 71v), which indicates that the copying of the manuscript in some cases followed the ornamentation process rather than preceding it, as was normally done. Beautiful illuminations, some of which depict animals of the hunt, appear on folios 65r, 172r, and 348r. A delicate chain-link motif in violet ink decorates scribal marginal insertions to the text on folios 34r, 41r, and 62r. Line filler in ornate patterns is found on several folios.

The numerous scribal additions in Books I and III of MS E_1 reflect its accretive nature; that is, new information may have been added for many decades after the original transcription was completed. Seven distinct hands including the *privilegios*, Hand I, correct and expand the text. Hand II, while similar to that of the principal scribe, is of smaller dimensions; see Plate 4. Hand III contributes the greatest number of additions to the original transcription. Significant additions are chapters xxii and xxv of Book I (the titles have been inserted in the margins of the table of contents, fol. 3r/v; the text on 48v/50v), and the epistle to Alvar García (fols. 357v-359r). The letters of this hand are somewhat angular; see Plate 5.[66] Hand IV is cursive, uses jet black ink, and is sufficiently late to correct an addition made by Hand III (fol. 242r, col. 1). Hand IV is found in the section on the *montes* of Santa María de Guadalupe (fols. 243v-246r). Both Hands III and IV may date from the late fourteenth century. Hand V is Gothic minuscule, and may also date from the same period. The ink is now a glossy black, and the text describes the hunting locations in the lands of Alvarrazin and Molina (fols. 212r-213r). Hand VI makes use of the cursive *letra cortesana* of the fifteenth century, expands the original *privilegios* text on numerous occasions, and augments the twelve-line expansion written by Hand III across the bottom of folio 48v; see Plate 5. Vertical portions of some letters of Hand VI, notably *s* and *p*, are quite wispy; whereas curved segments of others, such as *b* and *d*, may display exaggerated loops. Traces of Hand VII, which may be from the fifteenth century, can be seen on the right margin of folio 176r. Statistically, most of the corrections and additions appearing in MS E_1 are made by Hands I-IV.

Regarding ownership of the Escorial codex, the references to "Al*fonso* n*ues*tro señor" and "Don iohan por la *graci*a [de Dios]" (possibly Juan I [1379-1390] or Juan II [1406-1454]) that appear on the verso side of folio 359 indicate that it was indeed a royal possession. An inventory of 1503 documents the manuscript as having been part of the library of Queen Isabel, the Catholic (1474-1506), at the Alcázar of Segovia. A later notice states that it was received at the Escorial Library on 30 April 1576.[67]

Palacio Biblioteca de Palacio, Madrid, II.g.3/2105 (*olim Cartuja de Sevilla*). This exquisite manuscript, while apparently a direct descendant of MS E_1, contains a paraphrased, augmented version of Book II, Part 1, of that codex. Moreover, the marginal and columnar addenda found in Books I and III of E_1 have been uniformly incorporated in the *Palacio* manuscript. The painstaking artistry involved in the production of this MS clearly indicates that it was created to be treasured rather than used as a functional hunting manual, unlike E_1. Matilde López Serrano has described the hand of the manuscript as "clara letra gótica española del s. XIV" (*Estudio preliminar*, p. 16). Brownish-gold ink is found throughout the entire body. The rubricator makes chapter divisions in red ink as well as that of the text. The transcription is in single-column format. The maximum number of lines written on a folio side when purely textual is thirty-three, and twelve when in conjunction with a miniature. The dimensions of the writing area vary from 213-217 × 150-154 mm. to 284 × 195 mm., again depending on whether a miniature is present.

The codex contains 187 folios of fine vellum, 320 × 236 mm., these dimensions varying where trimming of the margins has occured. Two guard sheets of rag paper precede and follow the text. No original foliation exists in MS *Palacio*; however, Arabic numerals are penciled sporadically in the upper-right corner between folios 2 and 187. Catchwords appear three times: *la dehesa* (fol. 52v), *fuente* (fol. 92v), and *el monte delos çieruo[s]* (fol. 182v). Paragraphs alternate in blue and gold. The seal of the Real Biblioteca appears in the lower-left corner and middle of the lower margin, folio 1v. The unique scribal deletion of the manuscript, "e es todo vn monte," is found on folio 181r. A small hand points to the historical reference that appears on folio 182r, "El Colmenar de Pero Ximenes, a do tomaron el Infante de Benamarin quando a la de Tarifa...." A vellum patch, 50 × 31 mm., has been placed on the lower margin of folio 24r.

The craftmanship of MS *Palacio* is evident in its six illuminations, which date from the fifteenth century; these are found on folios 1r (reproduced Plate 6), 15v, 34v, 83v, 91r, and 91v. The illuminations are surrounded by flowered borders, which also appear on the sides of other folios to accompany rubrication for book and chapter divisions. Exquisite gold initials appear on folios 25r, 35r, and 45v. The following folios contain a space, which must have initially been intended to be completed with an illumination: 84r, 93r, 95r, 110r, 112v, 150r, 154v, and 175v. Folio 93r contains the phrase "ystoria de lo suso" at the upper margin of its space, apparently a cue for the illuminator in his depiction of the anecdotal material contained in the adjacent text. Similarly, the word "ystoria" appears in the space on 175v. The explicit "ffinjto libro deo graçias" is found on folio 187v.[68]

E_2 Biblioteca de El Escorial, Y.II.16 (*olim* V.θ.7, III.e.2, and II.Y.16). Apparently a late composite text based on MSS E_1 and *Palacio*, or copies of these, MS E_2 contains the augmented paraphrase of the text of Book II, Part 1 of E_1 found in *Palacio*. Yet it is an abridged version of the *Libro de la monteria* in that it contains only Books I and II and the letter to Alvar García. The hand is Gothic of the fourteenth or fifteenth century; Santiago y

Palomares believed it to have been a copy of E_1 "hecha en tiempo del Rey Dⁿ Henrique IV [1454-1474]."[69] Only the one hand appears throughout; brown ink appears in the body, and red ink in chapter headings. Scribal insertions or deletions appear on folios 11v, 16v, 18r, 28r-v, 29r, 30r, 36r, 38r, 39v, 43r, 48r, and 50v.

The manuscript contains fifty-four folios of *ceptí* paper whose dimensions are 296 × 226 mm. Two folios have been removed between 14 and 15, one between 26 and 27, and three between 42 and 43. Foliation in the codex is sequential from 1 to 54 without regard for loss of text. It is in single-column format, with an average of twenty-three lines per folio side (see Plate 7). Typical dimensions of the writing area are 219 × 174 mm. Two guard sheets of rag paper precede the first folio of *ceptí*. The last folio, 54, has a paper leaf glued to it to inhibit deterioration; two guard sheets of rag paper follow, which are bound to the spine of the codex. The binding is that of the Escorial Library; dimensions of the entire manuscript are 304 × 240 × 26 mm. Folios 31v, 33v, and 42r are blank.[70]

Palomares Biblioteca de Palacio, 1607. The hand of this codex, according to Matilde López Serrano, is "clara letra bastarda española 'Palomares'" (*Estudio preliminar*, p. 28). Black ink is used throughout. Palomares has supplied numerous marginal notes on the textual and paleographic nature of his three source manuscripts; see, for example, folios 2r, 3r, 4r, 5r, 6r, 25r, 199r (which describes MS E_1 as "el codice mas antiguo escurialense"), and 209r. Many of the variants cited in Book I, which are taken from MS *Palacio*, are incorrectly attributed to MS E_1.

MS *Palomares* contains 218 leaves of strong *Romaní* thread paper, the last two and one-half of which are blank; these are preceded by three guard folios of the same material. The dimensions of all folios are 442 × 306 mm. The transcription is in single-column format, and the writing area averages 275 × 145 mm. The outer margin ranges in width from 75 to 80 mm. Chapter titles are in black ink, and are usually preceded by a paragraph that is also black. Sporadic numeration of folios in black ink and in pencil, written in different hands, begins on folio 8 (*olim* 10) and continues through folio 216 (pencil, *215*; ink, *213*). Sheets of tissue-like paper are found between folios 1-2, 40-41, 78-79, 112-113, 170-171, and 184-185. Folios 37v, 66v, 76v, 78r, 217r-v, and 218r-v are blank.

The exquisite illuminations of MS *Palacio* are reproduced in black ink in MS *Palomares* on folios 1v, 184v, 40v, 170v, 113r, and 78v, this sequence reflecting the order in the source codex. The artist, Manuel de la Cruz, has drawn numerous eyes and small hands to indicate the royal discourse of Alfonso XI. The spelling of many words reflects the orthography of the eighteenth century: *fazer* becomes *facer*, *bozina* becomes *Vocina*, and *ouiere* becomes *oviere*. Arbitrary capitalization occurs, as in *Montero*; and the modernization of certain lexical items as *Maydrit* to *Maydrid* tends to disregard original phonetic qualities. The first part of Book II in MS E_1 is relegated to an appendix, as is stated on a small piece of paper pasted over the right-hand margin of folio 67r: "Copia de la Primera parte del Libro segundo del Libro de Monteria del Rey Don Alonso que trata de la Cirugia, segun se halla en el Codice I.º escurialense. Ha parecido conveniente ponerle por apendice, mediante que, a excepcion del Prologo, es diferente del que contiene el Codice de la Cartuxa de Sevilla."[71]

For the remaining descriptions of the *Monteria* manuscripts, I have relied upon microfilm and the reports of scholars who have had the opportunity to examine the codices *in situ*.

H.S.A. The Hispanic Society of America, B1274 (previously owned by the late Archer M. Huntington). This manuscript contains the version of the *Libro de la monteria* that is found in MS *Palacio*, and, indeed, may have been copied directly from it. The hand is italic, perhaps of the first half of the sixteenth century (see Plate 8). The single-column format is used, thirty-one lines being written per folio side. All chapter divisions and initials appear in black ink.

Dr. Theodore S. Beardsley, Jr., Director of The Hispanic Society, provides the following additional information about the codex: "The ink, originally black, has browned on some pages. There is only the one ink throughout the manuscript. The fore edges have the title burned in with large letters...; the upper edges, vertical, inked in (1 cm. high): *Libro de monteria*. All edges are tinted in faded red."[72] The Hispanic Society assigns the date of "14—" to the work.

The following description of MS *H.S.A.* I owe in large part to the kind assistance of Professor Charles B. Faulhaber. The body contains 195 paper folios, which measure 305 × 210 mm.; in total, 3 fly leaves + [i]-cxcv folios (=194 ; 83 skipped) + 1 unfol. + 2 fly leaves are found in the codex. The writing area of the folios averages 230 × 140 mm. No blank folio sides occur. Original numeration of the pages exists, beginning with *ij* on 2r and continuing through *lxxx.ij* on 82r; numeration resumes on 83r with *lxxx.iiij*, and continues through *cxcv* on 194r. The last folio, 195, is unnumbered. No catchwords appear in the manuscript. Rather, alphabetical/numerical collating signatures appear at the lower-right corner of the first six leaves of every twelve-folio quire, $A.-A_6$. (1r-6r) through $R.-R_6$. (186r); only the first folio of signature .*S*. (fol. 193r) is signed. Watermarks depicting a hand and star in various ways appear on several folios; one is similar to that described in Oriol Valls i Subirà, *El papel y sus filigranos en Catalunya*, Monumenta Chartae Papyraceae..., XII (Amsterdam: Paper Publications Society, 1970), no. 1674 (1544). The binding is of dark brown leather, contemporary Mudéjar style, with four ribs and two metal clasps (wanting).

The codex is of interest in that it contains material expurgated in the second half (?) of the sixteenth century. The letter to Alvar García, folios 194v-195r, was judged by the Inquisitor Realiego to be blasphemous, for some passages have been eradicated. On the basis of MS *Palacio*, folio 187r-v, the lost text can be reconstructed as follows:

> 194v: de angeles terrenales, amen.
> 195r: Pero avn a esta, que es la mas con rrazon dizen los euangelistas Sanct Domjngo Pascual, e Sanct Juan de la Fuente Ouejuna, e Sanct Anton de Val de Iglesjas, e Sanct Pero Pelay, que deujeras estar dos o tres djas esperando tienpo para acabar tal aventura commo esta, con porfia de monterja derecha. E qui uiuit e rregnat Deos per omnia saecula saeculorum, amen.

The elimination of this material in MS *H.S.A.* (see Plate 8) has been justified by the inquisitor in a statement that appears at the bottom of folio 195r:

> Estos quatro renglones y medio o casi, que estan testados y borrados en estas dos planas, mando testar

y borrar El señor Inquisidor Realiego, por que de los errores que en ellos se contenian y cosas, se podran seguir inconuinientes y daño, y por tanto fue necessario borrarse.

The words "Deo Gracias" appear at the bottom of folio 194r, and the phrase "DEO GRAÇIAS HENRICUS REX" on folio 195r at the conclusion of the work.[73]

Vienna Oesterreichische Nationalbibliothek, 10968. Professor Walter C. Kraft describes this codex in his *Codices Vindobonenses Hispanici* (Corvallis: Oregon State College Press, 1957) as follows: "*Tratado de Monteros y Monteria (del Rey Don Alfonso XI)*. Paper, 16th cent., 168 fol., 290 × 210 mm. Limp vellum. Semicursive hand, clear. Consists of three parts: Part I (40 chapters) : fol. 2b-25a; Part II (46 chapters) : fol. 25b-43a; Part III (30 chapters) : fol. 43b-168b. Cábrega collection" (pp. 38-39). Professor Kraft's description is slightly misleading: Part II, i.e., Book II, is actually divided into two sections of twenty-two and forty-six chapters, respectively, over the folio ranges 25v-32r and 32v-43r. Like MS *H.S.A.*, MS *Vienna* reflects the textual version of MS *Palacio*, from which it might have been copied directly.

The transcription is in single-column format; as many as thirty-seven lines may be written on a folio side (see Plate 9). The writing area averages 210 × 140 mm. No original foliation exists in the codex, but a later hand has imposed a sequence in Arabic numerals from *1* to *168* at the upper-right corner of the 168 folios. No blank leaves occur. An alphabetical/numerical collating sequence begins with *a.i-a.iiijº* on folios 1r-4r and continues through *z.j.-z.v.* at the beginning of the last quire, folios 161r-165r. Initial letters, ranging in height from 70 to 95 mm., appear on folios 1r, 26r, 34r, and 44v. The explicit "Finjto libro Deo Graçias" appears on folio 168v.

P₁ Bibliothèque Nationale, Paris, Espagnol 216 (*olim* anc. fonds 7814, 1257). Folios 1r-55r of this codex contain a version of the *Libro de la monteria* that reflects the textual tradition of the first two books of MS E_1 before any emendations or additions were made. Besides the *Monteria*, this manuscript contains seventeen other medieval works in poetry and prose that are written in Castilian, Catalan, and Aragonese.[74] The hand of the text is Gothic of the late fourteenth or early fifteenth century. A single-column format is used; average dimensions of the writing area are 188 × 136 mm. Twenty-nine lines of text usually appear on a folio side. The language of the codex is basically Castilian, with numerous Aragonese words: *senyor, senyorjo, yes, muyt, anyo, seyer*, and *quabeça* ('cabeça'). Examples of the hand are found on Plate 10.

The codex has ninety paper folios. A leaf of rag paper, which bears a sticker that reads "ESP. 216," adheres to the interior of the front cover. All folios measure 295 × 215 mm. Three hands have imposed foliation series throughout the *Monteria* section. Catchwords occur on the verso of every tenth folio. Interlinear and marginal scribal insertions appear on folios 4r, 6v, 7r, 12r, 14r, and 19r. No rubrics or other textual divisions exist in the text; yet initial letters, averaging 25 mm. in height, distinguish forty-four paragraphs in Book I, twenty-seven in Book II, Part 1, and forty-seven in Book II, Part 2. Folio 41v is blank. The seal of the *Bibliothecae Regiae* appears on folio 1r. Although the general prologue to MS *P₁* asserts that it "departese en iij. libros" (fol. 3r), the text has only two books.[75]

P_2 Bibliothèque Nationale, Espagnol 286 (*olim* anc. fonds 10222, Colbert 1341). This codex, like MS P_1, reflects the textual tradition of the first two books of MS E_1 prior to emendation; indeed, it may be a direct copy of P_1. The entire corpus is transcribed in a fifteenth-century Gothic hand; a later scribe does, however, provide the marginal insertion "delante" on folio 40v. The writing area of a folio side averages 194 × 136 mm. The text is written in single-column format; twenty-four lines usually appear on a folio side (see Plate 11). Although P_2 is a Castilian text, it exhibits many Aragonese traits: *pluuja*, *seyer*, *yes*, and *anyo*.

The codex has sixty-eight vellum folios, the average dimensions of which are 260 × 188 mm. The catalogue designations "Colbert 1341" and "Regius 10222" appear in the upper-left corner and at the top of folio 1r. The seal of the *Bibliothecae Regiae* appears on folios 1r and 68v. Two protective folios precede and follow the text, the verso of the first of which bears a sticker that reads "ESP. 286;" and the verso of the second of which contains the following statement on the sixteenth-century ownership of the work:

> Ce liure venu de la librairie de feu haulte et illustre Dame Fran[ç]oise de Breze duchesse douairiere de Buillon a este donne à M. Fran[ç]ois Rasse des Neux chirurgien à Paris. Par hault et puissant S^R Messire Charles de la Marck Conte de Mauleurier et cae*tera* Cheualier des deux ordres du Roy Cappitaine de Cinq hommes d'armes des ordonnances Et des Suysses de la garde de Sa Mageste. Au Mois de Nouembre. 1579

Beneath this, a crude box appears containing the name of one "Jac. Aug. Chuani [?]."

No original foliation sequence exists in MS P_2; instead, the words *LIBRO: I* appear in the upper-right corner of 1r, and are repeated in abbreviated form, L^o-I^o, on folios 1v-2r. This L^o-I^o pattern recurs through 41r. On folio 41v, the complete word *LIBRO* again appears, now followed on folio 42r by the numeral II°; the L^o-II° pattern then continues through folio 68r. The word *LIBRO* occurs once more on folio 48v. Another foliation series in Roman numerals, imposed by a later hand, begins on 4r with *ij* and continues through 68r with *lxvj*; yet another hand has written the Arabic numerals *2* and *3* on folios 1r and 2r. Catchwords appear on the verso side of every eighth folio. No blank folios occur in the manuscript.

The invocation "Sancti sp*iritu*s adsit nobis gracia. amen" appears at the top of folio 1r, followed by the title "Aqueste es el Libro de la Ordinacio de la Caça de Monte." The prologue to P_2, like that of P_1, indicates that the work "departese en tres libros" (fol. 3r), although only two are provided. The following explicit appears on folio 68v: "Finito libro sit laus et gloria xristo. Scriptor sum talis, mostrat me littera qualis. Stephanus de Opta dictus, qui scripsit sit benedictus."

The manuscript contains numerous miniatures, strange and wonderful, that depict men with the bodies of snakes, lizards, and other beasts. Unicorns and dragons appear, as do dogs, wild boars, tigers, bears, peacocks, and ducks. A particularly curious fellow on folio 36v has his face on his chest (see Plate 11); such an incredible figure may reflect the medieval conception of the inhabitants of India as popularized by the thirteenth-century *Semejança del mundo*, which had as its major sources the *Etymologiae* of Saint Isidore of Seville and the *Imago Mundi* of Honorius Inclusus.[76] Miniatures and other ornamentation are found on all folio sides in P_2 *except* the following: 1v-2v, 3v-5v, 7r-8v, 10r-12v, 13v-14r, 15r-18v,

20v, 23v, 25r, 26r-v, 27v-28r, 29v, 32r, 33v, 35r, 37v, 38v, 40r-41r, 42r-v, 49v, 51v-54r, 56v, and 68r-v.[77]

P_3 Bibliothèque Nationale, Espagnol 218 (*olim* anc. fonds 7816). MS P_3 contains a version of the *Monteria* that reflects the three-book textual tradition of MS E_1 prior to emendation. However, the fact that P_3 contains some text that is not found in the third book of E_1 (e.g., the *monte* "Ruso Orio" [P_3, fol. 64v]) suggests that it may be the descendant of a modified text that ultimately derived from the original draft of the Escorial codex, or was compiled from this draft and amplified with material from other sources.

The hand throughout the corpus is Gothic of the fifteenth century. The single-column format is used, and each folio side contains an average of thirty-four lines. The writing area has dimensions of 173 × 122 mm.; scribal flourishes on the descenders of *g*, *j*, and *R*, however, frequently exceed these limits (see Plate 12). No rubrics or other original textual divisions occur in Books I or II; yet a fine later hand in black ink provides Roman numerals in the margin between the different paragraphs of these sections to indicate new chapters. In Book III, regions and subregions for hunting are distinguished sporadically by the scribe of the text; to remedy this situation, the later hand provides marginal and interlinear commentary on the *montes* of Soria, Perusa, Rubio Parestos, Morgaviejo, Asturias, Galicia, and Ávila (fols. 62v-84r).

The manuscript contains 185 paper folios with the dimensions 285 × 208 mm. These are preceded by two paper folios and followed by seven. The verso of the first protective folio bears a sticker which reads "ESP 218." On folio 3r are found the catalogue numbers "1958" and "7816." Foliation is in a fairly recent hand, and is in black ink; Arabic numerals *1* through *185* occur sequentially at the upper-right corners of the folios. Sporadic numeration of quires occurs at the lower-right corners, folios 1r-181r: the sequence *1-5* appears on the first five leaves of quires through the folio range 1r-35r, and thereafter irregularly until 137r-141r, from which point it is consistent through 177r-181r.

Catchwords appear on the verso of every tenth folio through 50v, occurring next on 66v and every tenth folio thereafter through 176v. Initials containing floral ornamentation and intricate linear patterns adorn the text of Book I through folio 53v; beyond this, non-stylized capital letters are used to indicate the beginning of new paragraphs. The seal of the *Bibliothecae Regiae*, three *fleurs-de-lis* on a plain field, appears on folios 1r and 185v. An addendum in a later hand occurs on folio 53v. No blank folios exist within the body of the work.

The text of the *montes* of Segura and Riopal, folios 38r-40r, has been transcribed between Parts 1 and 2 of Book II; it is unclear why this illogical positioning has occurred. Another inconsistency is the lack of correspondence between the chapter headings given in the table of contents of Book III and those found in the text of that section. The table, folio 53r-v, eliminates some regions (i.e., Asturias, Galicia, and Salamanca); shuffles others around (e.g., Moya/Cuenca, Miranda, and Béjar); introduces new regions (i.e., "Ferrera"); and subdivides one area to make new chapters (i.e., Ayllón and Pedraza).

The explicit "Finis. Sit Deus benedictus laudabillis gloriosus per infinita seculorum secula. Amen." appears on folio 185v.[78]

P₄ Bibliothèque Nationale, Espagnol 217 (*olim* anc. fonds 7815). This codex, like MS *P₃*, contains the unemended three-book version of the *Libro de la monteria*; indeed, it is structurally similar to that manuscript in that it relocates the text of the *montes* of Segura and Riopal, folios 78v-81r, and is erratic in correlating chapter headings in the table of contents of Book III with those in the text. And like *P₃*, from which it may have been copied, MS *P₄* contains some text that does not appear in MS *E₁* (e.g., the aforementioned "Rusorio," fol. 99r). The hand throughout is humanistic Gothic of the late fifteenth century. The letters are clear and well formed. The single-column format is used, and each folio side contains on an average twenty-eight lines; see Plate 13. Dimensions of the writing area are 174 × 106 mm.

MS *P₄* contains 258 paper folios of the dimensions 275 × 205 mm. These are preceded by one guard sheet of paper and followed by another. The inside front cover bears a sticker that reads "ESP. 217." Two later foliation sequences, both in Arabic numerals, exist in the codex. The first of these is continuous through folio 37r, skips the next one, and resumes on folio 39r with the numeral *38*; foliation is then sequential through 258r, with *257* appearing on this leaf. The second sequence begins on folio 31r with the numeral *27*; this series lags behind the first sequence by three or four units before terminating on folio 67r with *64*. Catchwords appear at intervals of about ten folios; the first occurs on folio 14v, and the last on 248v. Folios 3v-4v, 46v, 59v, 81v-82r, and 83v-84v are blank.

The table of contents of Book I, folios 1r-3r, provides a correspondence between each chapter title and the number of the *carta*, or folio, on which this would appear within the body of the text; a similar foliation system is found in Book II. Thus, one finds the heading "Capitulo primero..." followed by the locational reference "Carta tercera" (fol. 1r). In the text itself, the rubricated heading "carta prima" appears on folio 5r; thereafter, the word "carta" is found on the verso side of folios, and the appropriate ordinal on the following recto. The last occurrence of a complete bi-folio heading is on folios 71v-72r, "carta [+] sepsagesima [*sic*] octava;" the word "carta" alone then appears on folios 72v, 73v, and 74v.

Rubricated titles in Book III provide continuous chapter numeration through folio 166r, and thereafter irregularly through folio 241v. Rubricated glosses in Castilian appear in all three books; glosses in Italian and Catalan also appear throughout the codex, but are found most frequently in Books I and II, folios 7v-75v. Those in Italian are in red ink; whereas the Catalan terms, fewer in number, are generally in black ink and in a considerably later hand. Examples of the former are *le gambe* and *li piedi* (fol. 53v); of the latter, the explanation "azcona...vol dir azaguaya" (fol. 39v; see Plate 13).

The general prologue to the work, folios 5r-7v, is prefaced by the heading "Comenca el libro de la motaria [*sic*], de todo uenado prohemio" (fol. 5r). The phrase "Deo gracias" appears on folios 59r, 78r, and 81r. The stamp of the *Bibliothecae Regiae* appears on folios 1r and 258v. Folio 258v also contains the phrase "Deo gracias," which is followed by the colophon "Duodecima Januarij Nonagesimj annj Jn carçere nominato de la Marquesa Castri de Ouo. Finjt." Given the nature of the scribal hand in the main text, the "Nonagesimj annj" could well be interpreted as the year 1490. It is difficult to ascertain, however, where and by whom the codex was copied; the text may have been penned in Italy, or by an Italian scribe working in Spain.[79]

Other lost manuscripts. In addition to the manuscripts of the *Libro de la monteria* that have been discussed thus far, it must be noted that there are others that have been lost to posterity but for which some notices still exist. For example, Eduardo González Hurtebise has discovered such a reference in the 1413 household inventory of Prince Alfonso (later Alfonso V) of Aragon:

> [F. 242 V.º] 391 (23). —Item un libre scrit en paper, en castella, ab cubertes de paper engrutat, cubert de cuyr vermell, appellat *Libre de caça de mont*, qui comença la rubrica ab letres negres *Aqueste es el libro*, e lo començament del libre ab letres negres *este libro mandamos fazer*, ab un capletra blau e vermell, e feneix en letres negres *capitulo de las postiellas*.[80]

The words "*capitulo...postiellas*" are part of the concluding line of text of Book II, Part 2, of all extant codices of the *Monteria*, which indicates that the lost manuscript contained a two-book version of the work.

In the chapter "Bibliotecas medievais perdidas" of his *Textos medievais portuguêses e seus problemas* ([Rio de Janeiro:] Casa de Rui Barbosa, 1956), Serafim da Silva Neto documents the existence of a "Livro da Montaria, per castelão" in a collection of books "de lingoajem do claro Rey D. Duarte" (p. 118), i.e., dating from the first half of the fifteenth century. However, no further information is given about this manuscript.

Numerous other copies of the *Monteria* doubtless circulated during the late Middle Ages and throughout the Renaissance. Argote de Molina seems to have had access to a text that modified slightly the readings of MSS E_1 and *Palacio*, now adding new information (e.g., several *montes* in Book III, chap. v), now excluding extant material (e.g., the letter to Alvar García) in preparing his 1582 edition. It would come as no surprise, then, if new copies of the *Monteria* were discovered in the future, thereby providing us with even more information about King Alfonso's book.

Manuscript Relationships

In addition to being the oldest extant codex of the *Libro de la monteria*, MS E_1 is the only text available to us that clearly depicts the accretive character of Alfonso XI's hunting treatise. Consequently, it must perforce be at the focal point of any discussion of the *Monteria* manuscripts. Although the product of a royal scriptorium in its original *privilegios* text, E_1 became, in effect, a splendid working copy as more and more information was added to it over the years. Examination of the other *Monteria* codices reveals that some contain the new material, whereas others show no trace of it. At the same time, the ones containing this information also have a paraphrased version of the text of E_1, Book II, Part 1, which reduces its twenty-five chapters to twenty-two but at the same time provides a greater amount of medical data. The presence or absence of the addenda-plus-paraphrase in the different manuscripts is a sufficient condition for dividing them into two distinct families which describe, respectively, the original and expanded versions of the text of E_1.

The Original Version: MSS P_1-P_4. The text of these four manuscripts, which reflects the unemended *privilegios* version of E_1, constitutes a genealogical branch in its own right. Notably absent are the added chapters xxii and xxv of Book I (P_1-P_4), numerous *montes* in Book III (P_3-P_4), and the letter to Alvar García (P_1-P_4). The omission of Book III in P_1-P_2, moreover, provides a significant structural variant with respect to P_3-P_4. Yet it is clear that the scribes of the former pair originally planned to include this section in that they declare their respective texts to be divided "en tres libros" (folio 3r in both works). Briefly, the genealogical affiliation of the Paris manuscripts is perhaps best described in terms of the pairing P_1-P_2 and P_3-P_4, the latter text of each group possibly having been copied directly from its partner.

With respect to MS E_1, P_1 and P_3 apparently either descended from a modified version that ultimately derived from the original draft of the Escorial codex, or were copied from this draft (or an intermediate one) and then amplified with material from other sources. This is suggested primarily by the presence of text in Book III of P_3-P_4 that does not appear in E_1, notably the hunting locations Las Guadamatillas through the Cabeza de la Boca de Piedra Lada (P_3, fols. 130v-131v; P_4, fols. 186v-187v). At the same time, P_3-P_4 exhibit numerous lacunae (e.g., the *montes* of Vejer and Medina [MS E_1, fol. 347r-v]) and transpositions with respect to the *privilegios* text of E_1, which suggests that their sources were deficient.

The Expanded Version: MSS *Palacio*, *H.S.A.*, *Vienna*, and E_2. The numerous addenda that appear throughout Books I and III of MS E_1 indicate that great effort was made to make it the most complete, authoritative treatise of its kind; the work was apparently updated frequently as new information on hunting techniques and locations became available. With the exception of some of the materia medica of Book II, Part 1, the highly functional E_1 appears to have been the principal source of the elegant MS *Palacio*, which, along with its descendants *H.S.A.*, *Vienna*, and E_2 comprise the second genealogical branch of the extant *Monteria* manuscripts. New medical thought, indicative of the use of more recent surgical and herbal source texts, and economy of style account for the reduction of the twenty-five chapters of Book II, Part 1, of MS E_1 to twenty-two in these codices.

All members of the *Palacio* family contain Book III of the emended version of E_1 with the exception of E_2, which states specifically that it is divided "en *dos* libros" (fol. 4r; emphasis mine). There can be little question, however, that Book III was available to the scribe of E_2 inasmuch as it concludes with the letter to Alvar García, fols. 53r-54r, an addendum first appearing in E_1 and subsequently transcribed as part of the main text in MS *Palacio*. Consequently, MS E_2 is a work that is *sui generis* among the codices in this genealogical division, representing a compilation that might have been produced from either MS E_1 in conjunction with *Palacio* or later copies of these two manuscripts. To illustrate the chronology of E_2 with respect to the Escorial and Palacio codices, it suffices to note that it contains the text "et que sepa bjen la tjerra" (fol. 20v), an addition to Book I, chapter xxii, of E_1 that is omitted in *Palacio* and all other manuscripts described above. Conversely, a detailed examination of the text of MSS *H.S.A.* and *Vienna* suggests that each was transcribed individually from MS *Palacio* (or an indentical copy thereof) without the aid of other source material.

The Present Edition

This edition has as its primary goal to offer a reading text of MS E_1, which of all the extant codices of the *Libro de la monteria* is the only one to describe the transition of the work from its original state to a substantially emended form. Given the disordered nature of the Escorial codex, it was apparent that the first step in preparing the edition was to effect a rearrangement of its folios so that it could be read in the proper sequence. Hence, the following reordering was established: folios 2, 3, 1, 33, 34, 30-32, 83, 92, 35-62, 21-28, 84-87, 17-20, 29, 88-91, 4-16, 63-82, 93-226, 228-231, 227, 232-359. On the basis of this reorganization, it became evident that folios had been lost from between 3 and 1, 92 and 35, 62 and 21, 22 and 23, 26 and 27, 227 and 232 (possibly two), and 317 and 318. The corresponding readings have been taken from MSS P_3 and *Palacio*, which best represent the presumed original and emended states, respectively, of E_1 before textual loss occurred. P_3 is used, moreover, because it contains not only the version of Book II, Part 1, that appears in E_1, but also some hunting locations in Book III that may have derived from the original draft of the Escorial manuscript but were never actually transcribed. New information that appears in the other *Monteria* codices has been included as well in order to make the edition as complete as possible; however, no variants for passages common to all manuscripts are provided herein.[81]

All such interpolated material is prefaced with the siglum of the manuscript source that has been used, and is reproduced in italic type. Lost portions of tables of contents and rubrics that have been omitted in MS E_1 are restored, when possible, on the basis of internal evidence in preference to using the other codices. Other editorial intervention is indicated by the use of brackets, and has been justified on the basis of readings in either MS E_1 or MSS *Palacio* and P_3, except that the few scribal errors that occur in E_1 (e.g., the illogical repetition of a word or phrase) have been corrected without comment.

Non sequiturs within the text are indicated by [...]. All folios, including blank ones, are numbered. Words that break over folio sides are joined on the side on which the word begins. The punctuation is modern, and paragraphs are established at regular sense-break intervals. Proper names are capitalized. Scribal abbreviations have been resolved, and potentially confusing word divisions have been eliminated in favor of modern practice. As such, forms with long life throughout the Middle Ages like *desto* and *della* have been maintained, whereas difficult elisions have been separated, e.g., *oado* into *o a do*, 'or to where.' An apostrophe (') has been inserted for clarity in such cases as *d'el* (fol. 357v) and *d'aqui* (fol. 96v).

All graphs are reproduced, including double consonants that have no phonetic value that is different from that of single ones, like *ff* and *ss* in initial position. As the scribe regularly wrote all initial *r*'s as either *R* or *rr*, indicating the trilled [rr], the majuscule single letter is used for proper names, and the lower-case geminate one for common nouns and other parts of speech; when written internally, -*R*- is transcribed as -*rr*-. The graphs *i*, *j*, *u* and *v* are allowed to stand as in the codex. The ampersand, or tironian sign, is transcribed as *et* in the text of E_1, and *e* in that of MSS *Palacio* and P_3. The *ç* is respected throughout, and the cedilla is restored when *c* occurs before *a*, *o*, or *u* with the phonetic value of a sibilant.

Likewise, missing tildes have been supplied where appropriate. Numerals in chapter headings are corrected without editorial comment to provide a sequential ordering.

The paraphrased incorporation of Book II, Part 1, of MS E_1 by the scribes of MSS *Palacio*, E_2, *H.S.A.*, and *Vienna* is of considerable significance in that it not only reflects that continuity in Spain of the Arabic *aqrābādhīn* in conjunction with the Latin herbal, but also describes contemporary trends in veterinary—and human—surgery. For its lexical and scientific interest, the text of MS *Palacio*, folios 25r-31v, has been included immediately after the corresponding section in E_1 terminates.

Notes

[1] Edition of A. Restori, based on a collated reading of MS 717 of the University Library of Bologna and the *editio princeps* by Velser of *De Arte Venandi* (Augsburg, 1596). In "Peire de l'Astor: Recettes de fauconnerie," *Revue des langues romanes*, XXXIX (1896), p. 291. I have observed Restori's editorial emendations, particularly the use of brackets, in citing the Latin text; the parentheses are mine.

[2] Ed. Restori, p. 289.

[3] *Dancus Rex Guillelmus Falconarius Gerardus Falconarius*, ed. Gunnar Tilander, Cynegetica IX (Lund, 1963). See also Tilander's edition of the *Traducción española de Dancus rey y Guillelmus falconarius*, Cynegetica XIV (Karlshamn, 1966).

[4] For the Provençal poem, see *The Romance of Daude de Pradas called Dels Auzels Cassadors* edited with Introduction, Summary, Notes and Glossary by A. H. Schutz. Contributions in Language and Literature, XI, Romance Language Series (Columbus: The Ohio State Univ. Press, 1945). For the Catalan work, see the venatory collection of Nicholas Rigault, *HIERAKOSOPHION: Rei Accipitrariae Scriptores Nunc Primum Editi. Accessit KYNOSOPHION: Liber de Cura Canum*, II, pp. 183-200 (Catalan text) and pp. 201-211 (Latin text) of his series Epistola Aguilae Symmachi et Theodotionis ad Ptolemaeum regem AEgypti (Paris, 1612).

[5] For a discussion of the Latin and Franco-Italian versions of Moamyn's work, see the introduction to Håkan Tjerneld's edition of *Moamin et Ghatrif. Traités de fauconnerie et des chiens de chasse* (Stockholm [Paris]: Editions C. E. Fritze, 1945). For the influence of the Spanish translation, see Tjerneld's "Una fuente desconocida del *Libro de la Montería* del Rey Alfonso el Sabio," *Studia Neophilologica*, XXII (1949-1950), 171-193.

[6] Thomas Curtis Van Cleve, *The Emperor Frederick II of Hohenstaufen* (Oxford: Clarendon Press, 1972), p. 315.

[7] Albertus' commentary on the black falcon also may be seen to illustrate Frederick's reliance on the authority of William, the falconer of the Norman king Roger II (1130-1154): "Hunc falconem Federicus imperator sequens dicta Guilelmi, regis Rogerii falconarii, dixit primum visum esse in montanis quarti climatis quae Gelboe vocantur..." (Ed. Stadler, in *Beiträge zur Geschichte der Philosophie des Mittelalters...*, XVI [Münster, 1921], p. 1465; see p. 1481 for the reference to Frederick's expertise in the care of hawks). C. H. Haskins has observed that this commentary on Roger can, in turn, "be identified in a brief treatise which in several manuscripts follows the Latin text of the so-called 'Dancus'" (*Studies in the History of Mediaeval Science*, 2nd. ed. [Cambridge: Harvard Univ. Press, 1927], p. 349).

[8] In describing Ruffo's work, Van Cleve notes that "It is perhaps correctly described as *Liber Marescalchiae* and contains seventy-six chapters covering every known or suspected

disease and injury of horses, as well as their proper care and training. On its completion in 1252 it was dedicated to the memory of Frederick II..." (*The Emperor Frederick II*, p. 312).

⁹I have been unable to locate an edition of the Latin *Practica Equorum*. For the Spanish version contained in Escorial MS b.IV.31, see the text of Georg Sachs, *El libro de los caballos: tratado de albeitería del siglo XIII*, Revista de Filología Española, Anejo XXIII (Madrid: Centro de Estudios Históricos, 1936). A new edition of this same codex is currently being prepared by M. Alvar Ezquerra of the University of Málaga.

¹⁰To my knowledge, the only extant edition of *Das Puoch von Valken* is the 1863 text of K. D. Hassler in the series Bibliothek des litterarischen Vereins in Stuttgart, LXXI. Commenting on the sources of the work, Hassler states that "Mynnsinger muss eine handschrift von dem tractat des Albertus Magnus vorgelegen haben, welche den titel führt: de Falconibus, Asturibus et Accipitribus, und sich als anhang zu: Reliqua librorum Friderici II imperatoris de arte venandi cum avibus.... Er hat aus diesem schriften des Albertus Magnus oft ganze lange sätze wörtlich oder doch fast wörtlich übersetzt; doch gilt diess allerdings nur von dem ersten, dem inhalt nach dem titel jenes tractats entsprechenden theil seines werkchens" (p. 98).

¹¹All folio references are to this edition of Escorial Library MS Y.II.19.

¹²*Les Livres du roy Modus et de la royne Ratio*, ed. Gunnar Tilander, 2 vols. (Paris: Société des Anciens Textes Français, 1932).

¹³*La Chasse de Gaston Phébus, Comte de Foix*, ed. Joseph Lavallée (Paris: Bureau de Journal des Chasseurs, 1854), *Prologue*. English trans. by Marcelle Thiébaux in "The Mediaeval Chase," *Speculum*, XLII (1967), 260-261.

¹⁴*The Master of Game*, by Edward, second Duke of York, eds. William A. and F. Baillie-Grohman (New York: Duffield & Co., 1909), p. xxv.

¹⁵For the genesis of these works, see J. C. Holt, "The Origins and Audience of the Ballads of Robin Hood," *Past and Present*, No. 18 (Nov., 1960), pp. 95-96.

¹⁶*La Chace aus mesdisans*, ed. Alfred Mercier, in *Annales du Midi*, VI (Toulouse, 1894), pp. 465-494, lines 49-57. English trans. by Marcelle Thiébaux in "The Mediaeval Chase," p. 262.

¹⁷James E. Harting, *Bibliotheca Accipitraria. A Catalogue of Books Ancient and Modern Relating to Falconry* (London: Bernard Quaritch, 1891), p. 112. This book has been reprinted ([London:] The Holland Press, [1963]). Although Harting classifies the *Paramientos* as Spanish, it is impossible to say whether the original language of the work is Navarrese or Castilian; the edition on which he relies is actually a French translation made by one H. Castillon d'Aspet (Paris: Librairie Centrale d'Agriculture et de Jardinage, 1874). Harting, who cites the translator's preface, states that the manuscript of King Sancho's work is housed in the archives of Pamplona, and "With the exception of the English Forest Laws of King Canute (1017-1036), it is believed to be the oldest as well as the most complete code of its kind in existence" (ed. 1891, p. 111). I have been unable to find any documentation for such a codex in the municipal archives of that city.

¹⁸All references are to José Guerrero Lovillo, *Las Cántigas. Estudio arqueológico de sus*

miniaturas (Madrid: C.S.I.C., 1949), *lám.* 157. Guerrero Lovillo's black-and-white reproductions are of the exquisite miniatures contained in Escorial MS T.I.1 of the *Cantigas*. Other allusions to hunting appear in *Cantigas* 15 (designated in Guerrero Lovillo as no. 5, but appearing in sequence after no. 14), 44, and 67 (*láminas* 18-19, 49, and 75, respectively); see also *Cantigas* 232, 242, 352, and 366. I would like to thank Professors John E. Keller III, Connie Scarborough, and Joseph Snow for providing me with this information.

[19] All page references are to the edition of G. Baist (Halle: Max Niemeyer, 1880).

[20] In the *Crónica de D. Alfonso el Onceno, Parte I* (ed. Cerdá y Rico [Madrid: Sancha, 1787]), several accounts are given of the monarch's hunting prowess. In chapter 208, for example, the chronicler notes that King Alfonso "veno a Coria, et a Cáceres et dende a tierra de Troxiello, por correr los montes que eran en estas comarcas" (p. 386). The *Gran Crónica de Alfonso XI*, II (ed. Diego Catalán [Madrid: Gredos, 1977]), chapter 209, contains similar information: herein, the monarch, while sojourning in Niebla, "fue a correr monte a vnos sotos muy grandes que dizen las Rroçinas" (p. 189). In Rodrigo Yáñez's *Poema de Alfonso XI* (ed. Yo ten Cate, 2 vols. [Amsterdam, 1942]; also in Revista de Filología Española, Anejo LXV [Madrid: C.S.I.C., 1956]), Alfonso is described in stanza 277 as a "Caçador rreal montero // muy fiel batallador // En lidiar fuerte braçero // de espada bien feridor" (ed. C.S.I.C., p. 78).

[21] A complete roster of Alfonso's men also includes Juan Alfonso de Fuenteovejuna, Benito, Pero Carrillo, Alfonso Fernández, Pero Fernández de San Martín, Juan de la Fuenteovejuna, Martín Gil, Pero Gil, Gómez, Fernán Gómez, Martín González, Diego Llorenzo, Alfonso Martínez, Fernán Martínez de Baena, Alfonso Martínez de Bavia, Pero Martínez de Oyarve, Pedro de Mendoza, Domingo Pascual, Pero Peláez, Pero Pelay, Pascual Pérez de las Rozas, Garci Ruiz, Benito de San Martín, García de Triova, and Antón de Val de Iglesias.

[22] For a discussion of the toponymy of the *Libro de la caza*, see M. Cardenal de Iracheta's "La geografía conquense del *Libro de la caza*," *Revista de archivos, bibliotecas y museos*, LIV (1948), 27-49.

[23] *Las siete partidas. Partida segunda y tercera*, ed. Real Academia de la Historia (Madrid: Imprenta Real, 1807), II, pp. 39-40.

[24] "Una fuente," p. 193. Further references to this work are given within the text.

[25] *Moamin et Ghatrif. Traités de fauconnerie et des chiens de chasse* (Stockholm [Paris]: Editions C. E. Fritze, 1945).

[26] It must be noted that Tjerneld relies on the edition of the *Libro de la monteria* (2 vols. [Madrid, 1877]) that was prepared by J. Gutiérrez de la Vega as part of his Biblioteca venatoria series. The latter half of chapter 40 in Book I of this version (I, p. 114) should, according to MS Y.II.19, be regarded as a complete chapter; similarly, chapter 41 (I, pp. 115-119) would more accurately reflect that codex if it were divided into four chapters. I have acknowledged these divisions within the text of my own edition, Book I, chapters xli-xlv (fols. 59v-61r).

[27] The *Medical Formulary* or *Aqrābādhīn* of *al-Kindī*, translated with a study of its Materia

Medica by Martin Levey (Madison: The Univ. of Wisconsin Press, 1966), p. 158, prescription no. 146.

28For a comprehensive examination of the biography of Macer—apparently a pseudonym—and the sources, manuscripts, translations, and editions of *De Viribus Herbarum*, see the excellent study by Antal Lökkös, "Les impressions de Macer Floridus parues à Genève sur les presses de Jean Belot, Louis Cruse et Jacques Vivian 1495-1517," in *Macer Floridus*. This pamphlet accompanies the 1970 facsimile text produced by Typographie Genevoise, Geneva, of the second edition of *De Viribus*, originally printed by Jean Belot during the period 1495-1498. All chapter references are to the text of the facsimile edition.

29This text is lost in the oldest extant codex of the *Monteria*, Escorial MS Y.II.19, and has been supplied in the present edition by Bibliothèque Nationale MS Espagnol 218, folio 35r.

30*The Surgery of Theodoric*, translated from the Latin by Eldridge Campbell and James Colton (New York: Appleton-Century-Crofts, 1955), I, p. 104.

31Biblioteca de Palacio MS II.g.3/2105, folio 26r-v. This reading also appears in The Hispanic Society of America MS B1274, folio 24v; Real Biblioteca de El Escorial MS Y.II.16, folio 34r-v; and Oesterreichische Nationalbibliothek MS 10968, folio 26v. MS Y.II.16, apparently a late copy based on descendants of Escorial MS Y.II.19 and the Palacio codex, contains the illogical variant "como qujer que en los *canes*..." (fol. 34r).

32See note 9 for documentation of the translation of Borgognoni's work. For the *Tratado de las enfermedades*, see the edition of Bertil Maler, Filologiskt Arkiv 4 (Stockholm [Lund]: Kungl. Vitterhets Historie och Antikvitets Akademien, 1957).

33For the *Libro de la caza de las aves*, see the edition of J. Gutiérrez de la Vega in *Libros de cetrería de el Príncipe y el Canciller*, Biblioteca venatoria III (Madrid: 1879).

34Complete descriptions of MS Y.II.19 and the other codices of the *Monteria* are given in the section "*Libro de la monteria:* The Manuscripts."

35See, for example, the Portuguese *Livro da montaria*, with its numerous exhortations for the huntsman to possess *bõo conhecer*, or clear understanding, in order to attain excellence in his activity.

36*Summa Theologica*, 1-2, Q21, a1 [meaning part 1 of part 2, question 21, article 1], trans. English Dominican Fathers (New York: Benziger Bros., 1947), I, p. 685.

37Elisabeth Douvier, "L'introduction du 'Libro de la Montería': étude des différents procédés d'expression," *Cahiers de linguistique hispanique médiévale*, no. 1 (March, 1976), pp. 100-125.

38"Una fuente," pp. 180-185.

39Pliny, who may have been influenced by Aristotle's *Historia Animalium*, Book V, chapter xiv, and Book VI, chapter xx, states that "The best dog of the litter is the one which is last in obtaining its sight, or else the one which the mother carries first into her bed" (*The Natural History of Pliny*, trans. John Bostock and H. T. Riley [London: Henry Bohn, 1855], II, p. 316).

[40] Fortunately, the text survives in Bibliothèque Nationale MSS Espagnols 216, 217, 218, and 286. MS 218, folios 34v-35v, provides the supplementary readings for this edition.

[41] As the historian Stanley Payne has noted, "In two major campaigns of 1340 and 1343, Alfonso XI succeeded in breaking [Moroccan] Merinid power on the Spanish side of the straits and occupied nearly all the southern tip of the peninsula save Gibraltar itself. These victories ended the age of African invasions" (*A History of Spain and Portugal* [Madison: The Univ. of Wisconsin Press, 1973], I, p. 145). Alfonso's triumphs would have been based in part on a thorough knowledge of western Nasrid Granada, the topography of which is well documented in the *Libro de la monteria*.

[42] *Historia de la montería en España* (Madrid, 1934), pp. 33-34. The *Historia* also contains the text of the letter to Alvar García as it appears in Biblioteca de Palacio MS II.g.3/2105, folios 186v-187v (*Apéndice G*, pp. 439-440).

[43] Located in the vicinity of Cadalso/San Martín, south of Ávila and northwest of Toledo.

[44] Located in the lands of the Order of Santiago, in Extremadura between Cáceres and Badajoz. For a complete, cross-referenced alphabetized list of place-names in Book III of MS Y.II.19, see Dennis Paul Seniff, "An Edition, Study, and Glossary of Escurialense MS Y.II.19: The *Libro de la monteria*" (Unpublished doctoral dissertation, Univ. of Wisconsin-Madison, 1978), Appendix I, pp. 1069-1454.

[45] Professor Singleton, in the introduction to his *The Book of the Archpriest of Hita* (Madison: The Hispanic Seminary of Medieval Studies, Ltd., 1975), notes that the *Libro de buen amor* "is usually assumed [to be] the work of a single author who gives his name in the poem as 'Joan (or Johan) Rroyz (or Ruyz), Açipreste de Hita.' I do not myself believe it can be proved that the poem is the work of a single author..., and I imagine this Juan Ruiz (possibly a 'John Doe' name) or someone else continued adding material to the original story and perhaps inserted poems and fables in it. The poem is, therefore, for me a work of accretion" (p. v).

[46] Located in the vicinity of San Millán de la Cogolla. At fol. 100r, MS Y.II.19 describes the hunting location of Montonto: "con el caruon de [Montonto], et con el agua de Aguas Biuas, que fue tenprada el espada Durendarte, que fue de Roldan."

[47] Located in the vicinity of Montalbán, southwest of Toledo; cited on fol. 218v.

[48] The following works provide extensive information about the Arthurian legend in Spain and the *Amadís*: W. J. Entwistle, *The Arthurian Legend in the Literatures of the Spanish Peninsula* (London: J. M. Dent & Sons, Ltd., 1925); María Rosa Lida de Malkiel, "El desenlace del *Amadís* primitivo," *Romance Philology*, VI (1952-1953), 283-289; Antonio Rodríguez-Moñino, et al., "El primer manuscrito del *Amadís de Gaula*," *Boletín de la Real Academia Española*, XXXVI (1956), 199-225; and G. S. Williams, "The *Amadís* Question," *Revue Hispanique*, XXI (1909), 1-167. See also Harvey Sharrer's *A Critical Bibliography of Hispanic Arthurian Material, I. Texts: The Prose Romance Cycles*. London: Grant and Cutler, 1978.

[49] João I, *Livro da montaria*, ed. Francisco Maria Esteves Pereira (Coimbra: Imprensa da Universidade, 1918), *Prólogo*, pp. 2-3. Other references to the *Montaria* appear within the text.

[50]*Tratado de montería del siglo XV*, based on British Library Add. MS 28709, ed. Duque de Almazán (Madrid, 1936), pp. 125-126. Further references to this work are given in the text.

[51]"Altfranzösische Jagdlehrbücher nebst Handschriftenbibliographie der abendländischen Jagdlitteratur überhaupt," *Zeitschrift für romanische Philologie*, XIII (1889 [1890]), pp. 19-22.

[52]Homero Serís, *Nuevo ensayo de una biblioteca española de libros raros y curiosos* (New York: The Hispanic Society of America, 1964), I, p. 51, no. 26. Other references to this work are given in the text.

[53]Manuel Godoy, Duque de Alcudia, Letter to Santiago y Palomares, 22 September 1794, MS Eg. 588, folio 164v, British Library, London.

[54]Francisco Javier de Santiago y Palomares, Letter to Manuel Godoy, 24 September 1794, MS Eg. 588, folio 166r, British Library, London.

[55]Santiago y Palomares, Letter of 24 September 1794, folio 166r.

[56]Francisco Javier de Santiago y Palomares, Letter to Manuel Godoy, 20 February 1795, MS Eg. 588, folio 168v, British Library, London.

[57]J. Gutiérrez de la Vega indicates that the work was bequeathed to Gayangos from the estate of Llaguno y Amírola ("Discurso sobre el *Libro de la Montería*," Biblioteca venatoria I [Madrid, 1877], p. cxxiii).

[58]It is my intention to edit both the correspondence and the "Observaciones" of Palomares in the near future.

[59]*Libros de cetrería de el Príncipe y el Canciller* [editions of Juan Manuel's *Libro de la caza* and Pero López de Ayala's *Libro de la caza de las aves*], III (Madrid, 1879); *Discurso sobre la Montería, por Gonzalo Argote de Molina...*, IV (Madrid, 1882); and *Para la enseñanza del perro de muestra*, V (Madrid, 1899).

[60]*Libro de la Montería de Alfonso XI*. Introducción de Jesús E. Casariego, versión y notas de J. Gutiérrez de la Vega, Biblioteca española cinegética (Madrid: Editorial Velázquez, 1976).

[61]The following abbreviations are used for some of the manuscripts, and refer to the city or library in which they are found: E_1-E_2, Escorial; P_1-P_4, Paris; and H.S.A., The Hispanic Society of America.

[62]*Catálogo de los manuscritos castellanos de la Real Biblioteca de El Escorial* (San Lorenzo de El Escorial, 1929), III, p. 39.

[63]Several references to historical figures and events of the reign of Alfonso XI that are found in MS E_1 are useful in determining its date of production. The first of these is to "Martin Gil et a Diego Bravo quando eran biuos" (fol. 83v). The latter's death during the siege of Algeciras, 1342-1344, is documented in the *Crónica del Rey Don Alfonso el Onceno*, Biblioteca de Autores Españoles LXVI (Madrid, 1875), chap. 337. The second reference is to two hunting locations, the first associated with "los moros quando fue desbaratado Abomelique" (fol. 345v), and the second wherein "tomaron el Jnfante de Benamarin quando a la de Tarifa" (fol. 350v). Both allusions are to Abdul Melic, Prince of

the Benimerines, who was killed in a campaign on 29 October 1339, an event that is also documented in the *Crónica* (chap. 200). The third reference is the exhortation "este libro mando fazer el muy noble Rey don Alfonso, que Dios de Santo Parayso. Amen" (fol. 341v), not an *explicit*, that may have been added to the as yet incomplete codex soon after the monarch's death by plague at the siege of Gibraltar in 1350. The dates of death of Diego Bravo and King Alfonso alone indicate that the original *privilegios* text of MS *E₁* would have been written during a period between 1342-1344 until after 1350, possibly until as late as the mid-1350s.

An alternate method of dating this text is through a comparison of its orthography with that of other manuscripts attributed to Alfonso's scriptorium which bear specific production dates. To this end, the *privilegios* hand of *E₁* is quite similar to that of Escorial MSS h.I.6 and Y.II.10, examples of which are found in Z. García Villada's *Paleografía española: album*, Publicaciones de la Revista de Filología Española (Madrid: Fototipia de Hauser y Menet, 1923), II, *lámina* LIX, *facsímiles* 96-99. Internal evidence contained in the *explicit* of h.I.6 and the *incipit* of Y.II.10 indicates that the manuscripts were completed, respectively, in the years 1350 and 1376. It is possible, moreover, that MS *E₁* had a history similar to that of MS h.I.6, which having been ordered during the reign of Alfonso XI was actually "acabado de escribir et de estoriar en el tiempo que el muy noble rey don Pedro su fijo regno..." (fol. 183v).

⁶⁴Folios 16v-19v, 72r-v, 86v-87v, 89r-v, 94v-95r, 103r-v, 106r-v, 122v, 127r-128v, 131r-132v, 137v, 144v-145v, 170r-171v, 183r-184r, 187v, 191r-v, 193v-194r, 198v-199v, 213v, 217r, 220v, 229v-230r, 238v, 240r-v, 246v, 250v-252r, 262v, 267v, 274r-v, 280v-281r, 297v-298v, 302r-303v, 312r-v, 314v, 316v, 321r-v, 322v, 328v, 332v, 336r-v, 343r, and 344v. Other folios, possibly blank leaves of parchment, appear to have been removed from between the following pairs: 201-202, 267-268, 274-275, 278-279, 314-315, and 349-350.

⁶⁵P. Gregorio de Andrés describes the binding of this period as a standardized "cubierta de piel bruñida de una sola pieza, color avellana claro, con tres filetes en seco que forman dos recuadros, cuyos ángulos externos decoran artísticos florones, y en el centro, las parrillas como super-libris, rodeadas de una corona vegetal; toda esta ornamentación en seco; el lomo lleva nervios salientes entre filetes gofrados" (*La Real Biblioteca de El Escorial* [Madrid: Aldus, 1970], p. 73).

⁶⁶The orthography of Hand III reflects García Villada's opinion that "Las letras mayúsculas en la escritura gótica están a menudo adornadas con distintos dibujos y reforzadas por trazos dobles..." (*Paleografía española: texto*, I, p. 284). An example of the *trazo doble* would be seen in the *Ss* of *Ssant* that occurs in the letter to Alvar García, folios 357v-359r, *passim*.

⁶⁷For the 1503 reference, see Clemencín's *Elógio de la Réina Católica Doña Isabel* (Madrid, 1820), p. 466, no. 171 (?); rpt. by Zarco Cuevas in the *Catálogo de los manuscritos castellanos...de El Escorial*, III, p. 461. For the notice of 1576, see Rudolph Beer's *Die Handschriftenschenkung Philipp II an den Escorial vom Jahre 1576* (Vienna, 1903), p. cxiv, no. 185-5; rpt. by Zarco Cuevas in *Apéndice XII* of his *Catálogo*, III, p. 494, no. 348 (he questions the designation of the MS). Notices of MS *E₁* also appear in Escorial MS H.I.5, folios 103r, 192r, and 205r.

Additional information about E_1 is given in the following works: Duque de Almazán, *Historia de la montería en España*, p. 34; José Amador de los Ríos, *Historia crítica de la literatura española* (Madrid, 1863), III, p. 556, n. 1; P. Gregorio de Andrés, *La Real Biblioteca de El Escorial*, pp. 43-44; Nicolás Antonio, *Bibliotheca hispana vetus* (Madrid, 1788), II, p. 165, no. 276, n. 1; Braulio Antón Ramírez, *Diccionario de bibliografía agronómica* (Madrid, 1865), p. 213, no. 527; Anthony J. Cárdenas, et al., *Bibliography of Old Spanish Texts (Literary Texts, Edition-2)* (Madison: The Hispanic Seminary of Medieval Studies, Ltd., 1977), p. 10, no. 188; Francisco Cerdá y Rico, ed., *Crónica de D. Alfonso el Onceno*, p. xii; J. Gutiérrez de la Vega, "Discurso sobre el *Libro de la Montería*," Biblioteca venatoria I (Madrid, 1877), pp. lxvi-lxxx (*passim*), xcviii-ciii, and cxlix, no. 20; Emilio Lafuente Alcántara and Pascual de Gayangos, eds., *El libro de las aves de caça* (Madrid, 1869), *Introducción*, pp. xi-xii, n. 1.; Miguel Lafuente Alcántara, *Investigaciones sobre la montería y los demás ejercicios del cazador* (rpt. Madrid, 1877), p. 114; Matilde López Serrano, *Libro de la Montería del Rey de Castilla Alfonso XI: Estudio preliminar* (Madrid: Editorial Patrimonio Nacional, 1969), p. 16; Augusto Llacayo y Santa María, *Antiguos manuscritos...del Escorial* (Sevilla, 1878), p. 325; Ramón Menéndez Pidal, *Crestomatía del español medieval* (Madrid: Editorial Gredos, 1965), II, p. 420, no. 106; J. Rodríguez de Castro, *Biblioteca española* (Madrid, 1786), II, p. 686; Dennis Paul Seniff, "An Edition...of Escurialense MS Y.II.19: The *Libro de la montería*," pp. lxxii-clii; José Simón Díaz, *Bibliografía de la literatura hispánica* (Madrid: C.S.I.C., 1963), III, p. 271, no. 2553; and Zarco Cuevas, *Catálogo*, III, pp. 39-40 and 504.

[68]The most extensive examination of MS *Palacio* is found in Matilde López Serrano, *Estudio preliminar*, pp. 14-26. Other notices and descriptions are given in Almazán, *Historia*, pp. 34-37 and 439-440; Cárdenas, et al., *Bibliography*, p. 10, no. 189; Cerdá y Rico, ed., *Crónica*, p. xii; Gutiérrez de la Vega, "Discurso," Biblioteca venatoria I, pp. cv-cxix and cxlix-cl, no. 22; Lafuente Alcántara, *Investigaciones*, p. 114; Menéndez Pidal, *Crestomatía*, II, p. 420, no. 106; Seniff, "An Edition," pp. clxiii-clxxi; and Simón Díaz, *Bibliografía*, III, p. 271, no. 2551. Santiago y Palomares provides some discussion on the nature and provenience of the work in his correspondence with Godoy, Duque de Alcudia, and in his "Observaciones sobre el *Libro de la Montería*," MS Eg. 588, folios 163r-177v, British Library, London (see Pascual de Gayangos' *Catalogue of the Manuscripts in the Spanish Language in the British Museum* [London, 1875], I, pp. 181-182).

[69]Francisco Javier de Santiago y Palomares, Letter to Manuel Godoy, 20 February 1795, folio 168v.

[70]Notices and descriptions of MS E_2 are contained in Almazán, *Historia*, p. 34; Amador de los Ríos, *Historia crítica*, III, pp. 553-556 (*passim*), and p. 556, n. 1; Antonio, *Bibliotheca*, II, p. 165, no. 276, n. 1; Beer, *Die Handschriftenschenkung*, p. cxiv, no. 185-4; F. Benicio Navarro, *El Libro de la Montería es el Tratado de Venación de Don Alfonso el Sabio* (Madrid, 1878), p. 23 and *passim*; Cárdenas, et al., *Bibliography*, p. 10, no. 187; Cerdá y Rico, ed., *Crónica*, p. xii; Clemencín, *Elógio*, p. 466, no. 172 (?); Gutiérrez de la Vega, "Discurso," Biblioteca venatoria I, pp. ciii-cv and cxlix, no. 21; Lafuente Alcántara/Gayangos, *Aves de caça*, p. xi; Lafuente Alcántara, *Investigaciones*, p. 114; Llacayo, *Manuscritos*, pp. 324-325; Menéndez Pidal, *Crestomatía*, II, p. 420, no. 106; Rodríguez de Castro, *Biblioteca*, II, pp. 686-688; Seniff, "An Edition," pp. cliii-clxii;

Simón Díaz, *Bibliografía*, III, p. 271, no. 2554; and Zarco Cuevas, *Catálogo*, III, pp. 36, 461 (rpt. of Clemencín's description), 494, no. 347 (he questions the designation of the MS), and 504.

[71]Notices and descriptions of MS *Palomares* appear in Gutiérrez de la Vega, "Discurso," Biblioteca venatoria I, pp. cxix-cxxii and cl, no. 23; Lafuente Alcántara, *Investigaciones*, p. 114; López Serrano, *Estudio preliminar*, pp. 27-29; Menéndez Pidal, *Crestomatía*, II, p. 420, no. 106; Seniff, "An Edition," pp. clxxii-clxxviii; and Simón Díaz, *Bibliografía*, III, p. 271, no. 2552. I wish to express my gratitude to Professors Ian Michael, Eric Naylor, and Harvey Sharrer for kindly providing me with detailed information on the Biblioteca de Palacio *Montería* manuscripts that supplements my own observations.

[72]Letter received from Dr. Theodore Beardsley, Jr., 18 February 1977.

[73]The only previously published description of MS *H.S.A.* appears in Homero Seris' *Nuevo ensayo*, I, pp. 50-52, no. 26. The italic hand of *H.S.A.* may be compared with that reproduced in Plate 52 (1564) of Josefina Mateu Ibars' *Paleografía de Andalucía oriental* (Granada: Univ. de Granada. Departamento de Paleografía y Diplomática, 1973). For the style of binding of MS *H.S.A.*, see Clara Penney's *An Album of Selected Bookbindings* (New York: The Hispanic Society of America, 1967), pl. VIII (1551). Regarding the provenience of the codex, Dr. Theodore Beardsley, Jr., states that "[The Hispanic Society has] absolutely no records on this manuscript except for the assignment of the call number (B1274) in 1972. Mrs. [Marta de] Narváez and I conclude that it came to the Society from the library of Archer M. Huntington after his death in 1955" (Letter of 18 February 1977). A description of the codex also appears in Seniff, "An Edition," pp. ccx-ccxvii, and a notice of it is found in Cárdenas, et al., *Bibliography*, pp. 10, no. 190.

[74]Alfred Morel-Fatio, in his *Catalogue des manuscrits espagnols* (Paris: Imprimerie Nationale, 1892), pp. 38-39, no. 115, provides the following titles for these works:

2. (Fol. 57-57v.º) Diverses recettes médicales, en catalan, commençant par: 'Prin sofre canonat.'
3. (Fol. 59-65vº.) Copie de deux lettres du more de Grenade Benahatin, adressées au roi Pedro Ier et insérées par Pero Lopez de Ayala dans sa chronique de ce souverain....
4. (Fol. 65vº-68vº.) 'Arengas que propuso el rey don Johan (I) en cortes, en la çiudat de Segovia en [1386].'
5. (Fol. 69-72.) 'Dezir que fizo el muy noble...don Pero Lopez de Ayala...,' commençant par : 'La nao de sant Pedro pasa grant tormenta....'
6. (Fol. 72-73.) 'Carta que enbio el Taborlan al rey don Enrrique...'.
7. (Fol. 73-74.) *Cantiga* de la femme d'un ambassadeur envoyé par Enrique III au Tamerlan....
8. (Fol. 74-74v.º) 'Dezir deste mensagero.' Réponse à la *cantiga* précédente....
9. (Fol. 74vº-75vº.) 'D(ezir)' d'Alfonso Alvarez de Villasandino, commençant par: 'La noche terçera de la redençion....'
10. (Fol. 76-84.) Copie de la lettre de l'infant Ferdinand, tuteur du roi de Castille, Juan II....
11. (Fol. 84-85.) 'Carta de quando se gano Antiquera de moros...'
12. (Fol. 85-85vº.) 'Carta que enbio el dicho señor infante (D. Fernando) a los de la iglesia de Burgos....'
13. (Fol. 85vº-87.) 'Carta de las nuevas de quando fueron vençidos los Valençianos....'
14. (Fol. 87-88.) 'Dezir de don Pedro Belaz (Belez) de Guebara un poco ante que finase,' commençant par: 'Señor, tu me libra de toda fortuna.'
15. (Fol. 88.) 'Dezir del arçobispo de Toledo,' Pedro Gonzalez de Mendoza, commençant par: 'Señor, bien fundado.'
16. (Fol. 88 vº.) 'Carta de nuevas de quando mataron en Paris al duque de Orlenes (Orleans), la qual vino a don Ferrant Peres de Ayala....'

17. (Fol. 89.) Note sur la mort de Ferdinand Ier d'Aragon et sur ses enfants.
18. (Fol. 89v⁰-90.) 'Carta de nuevas de Perpynan....'

[75] In addition to Morel-Fatio, *Catalogue*, p. 38, no. 115, notices and descriptions of MS P_1 are found in Cárdenas, et al., *Bibliography*, p. 10, no. 191; Menéndez Pidal, *Crestomatía*, II, p. 420, no. 106; Seniff, "An Edition," pp. clxxix-clxxxiii; and Simón Díaz, *Bibliografía*, III, p. 271, no. 2558.

[76] Chapter 18 of the *Semejança*, which has as its source chapter 12 of the *Imago Mundi*, speaks of "Those Who Do Not Have Heads:" "E otrosy en esta tierra [de Yndia] ay otras gentes que non an cabeças, e an los ojos en los onbros, e han las narizes fazia arriba, e an grandes dos forados en la boca..." (*Semeiança del mundo. A Medieval Description of the World*, eds. William E. Bull and Harry F. Williams [Berkeley and Los Angeles: The Univ. of California Press, 1959], Text *B*, p. 61).

[77] Notices and descriptions of MS P_2 are contained in Almazán, *Historia*, pp. 37-38; Antón Ramírez, *Diccionario*, p. 213, no. 527; Cárdenas, et al., *Bibliography*, p. 10, no. 193; Gutiérrez de la Vega, "Discurso," Biblioteca venatoria I, pp. cli-clii, no. 29; Menéndez Pidal, *Crestomatía*, II, p. 420, no. 106; Morel-Fatio, *Catalogue*, p. 38, no. 114; Eugenio de Ochoa, *Catálogo razonado de los manuscritos españoles existentes en la Biblioteca Real de París* (Paris, 1844), cited in Antón Ramírez, *Diccionario*, p. 213, no. 527; Seniff, "An Edition," pp. clxxxiii-cxc; and Simón Díaz, *Bibliografía*, III, p. 271, no. 2557.

[78] Notices and descriptions of MS P_3 are found in Almazán, *Historia*, p. 35; Antón Ramírez, *Diccionario*, p. 213, no. 527; Cárdenas, et al., *Bibliography*, p. 10, no. 192; Gutiérrez de la Vega, "Discurso," Biblioteca venatoria I, p. cli, no. 28; Menéndez Pidal, *Crestomatía*, II, p. 420, no. 106; Morel-Fatio, *Catalogue*, p. 38, no. 112; Ochoa, *Catálogo razonado*, cited in Antón Ramírez, *Diccionario*, p. 213, no. 527; Seniff, "An Edition," pp. cxci-cxcix; and Simón Díaz, *Bibliografía*, III, p. 271, no. 2555.

[79] In addition to Morel-Fatio (*Catalogue*, p. 38, no. 113), descriptions and notices of MS P_4 are found in Almazán, *Historia*, p. 35; Antón Ramírez, *Diccionario*, p. 213, no. 527; Cárdenas, et al., *Bibliography*, p. 10, no. 194; Gutiérrez de la Vega, "Discurso," Biblioteca venatoria I, p. cli, no. 27; Menéndez Pidal, *Crestomatía*, II, p. 420, no. 106; Ochoa, *Catálogo razonado*, cited in Antón Ramírez, *Diccionario*, p. 213, no. 527; Seniff, "An Edition," pp. cxcix-ccix; and Simón Díaz, *Bibliografía*, III, p. 271, no. 2556.

[80] "Inventario de los bienes muebles de Alfonso V de Aragón como Infante y como Rey (1412-1424)," *Anuari de l'Institut d'Estudis Catalans, MCMVII* (Barcelona: Palau de la Diputació, [1908]), p. 185.

[81] For a close paleographic transcription of MS E_1, see Seniff, "An Edition," pp. 1-989; and for readings from the text of MSS E_2, P_3, and *H.S.A.*, Appendices A-H of that same work, pp. 991-1068.

LIBRO DE LA MONTERIA
QVE MANDO ESCREVIR
EL MVY ALTO Y MVY PODEROSO
Rey Don Alonſo de Caſtilla, y de Leon,
Vltimo deſte nombre.

Acrecentado por Gonçalo Argote de Molina.

Dirigido A la S. C. R. M. del Rey DON PHILIPE
Segundo. Nueſtro Señor.

Impreſſo en SEVILLA, por Andrea Peſcioni.

Año 1582.

Con Preuilegio de ſu Mageſtad.

Plate 1
Libro de la monteria
Edition of Gonzalo Argote de Molina
(Seville, 1582)
Frontispiece

LIBRO DE LA
MONTERIA, ESCRITO, POR
MANDADO DEL MVY ALTO Y MVY
poderoso Rey de Castilla y de Leon, don Alfonso, que vencio la batalla del Salado.
Llamado en sus Cronicas el onzeno deste nombre.

STE libro mandamos fazer nos el rey don Alfonso de Castilla y de Leon, que fabla en todo lo q pertenesce a los monteros de la monteria. E departese en tres libros. El primero fabla del guisamiento que deue traer todo montero quier sea de cauallo: quier sea de pie E en que manera deue pensar de criar sus canes, tambien de Sabuessos: como de Alanos. Otro si en las fechuras q deuen auer para ser mas lindos. Otrosi de las cosas q acaescen de cadal dia, o pueden acaescer en el monte, e que es lo que fagan en cada vna dellas, e del ordenamiento del fuero de la libertad, e de los derechos que deue auer los monteros, porque toda caça en que los omes tomen plazer conuiene que sepan la rayz della, e el vso della, para saber la mejor caçar: ca mas plazer aura ome, & menos yerro se fara en ella entendiendo la bien: q non non la entendiendo. El segundo libro fabla de la fisica de los canes. E este departese en dos partes. La vna de como los deuen curar de la rauia, e de las feridas, e de las quebrantaduras que les acaesciere andando en el menester del monte. E la otra de como los deuen melezinar de todas las dolencias que les pueden

A

Plate 2
Libro de la monteria
Edition of Gonzalo Argote de Molina
(Seville, 1582)
Fol. 1r (p. 11)

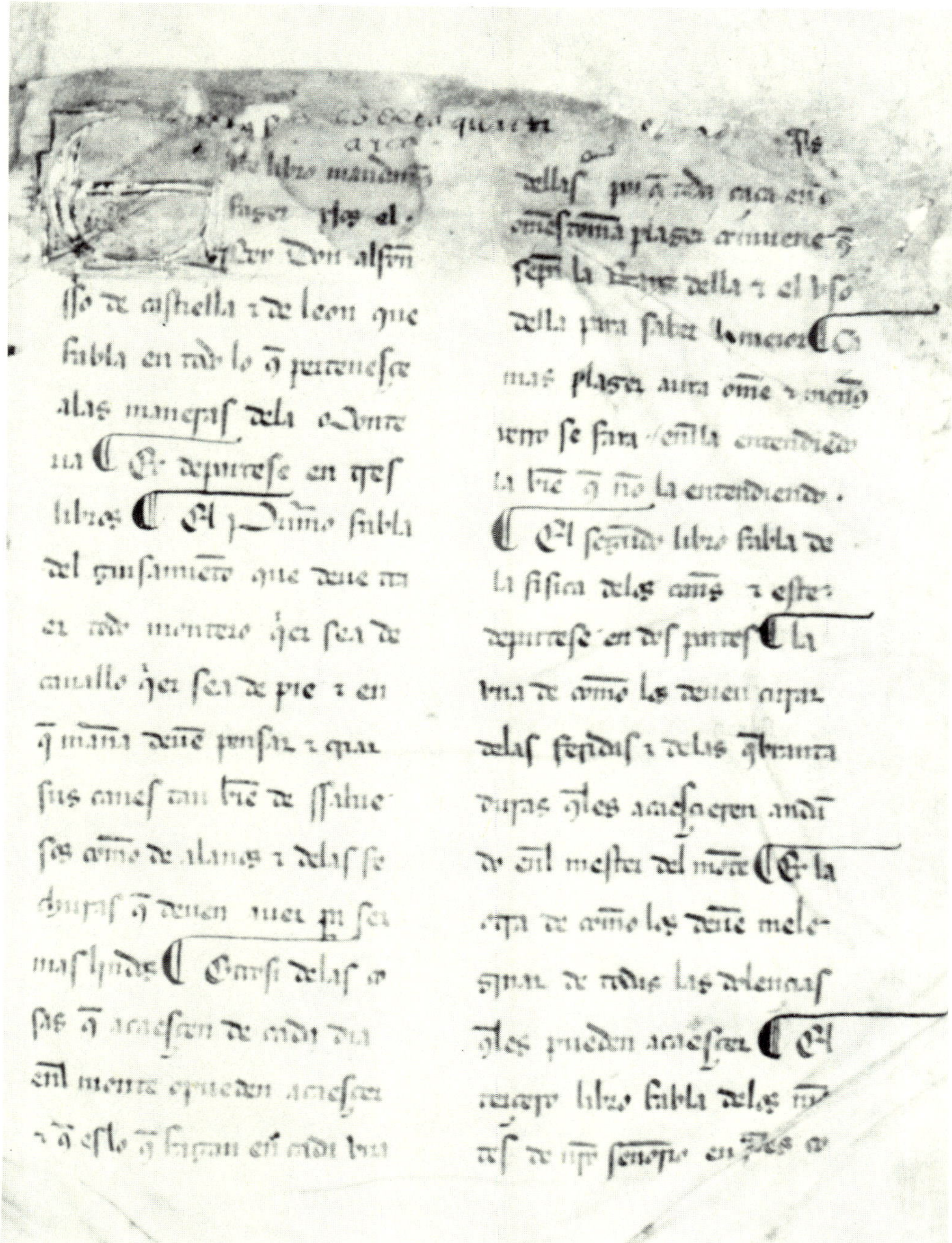

[...] es esta que en-
[...] este
[...] libro mando[...]
fazer Rey d[on] Al-
fonso de castiella τ de leon que
fabla en todo lo q[ue] p[er]tenesce
a las maneras de la caça.
E departese en q[uatr]os
libros. El p[r]imero fabla
del guisamiento que deue a-
uer todo montero q[ui]er sea de
cauallo q[ui]er sea de pie. τ en
q[ue] m[a]n[er]a deue pensar. τ quantos canes an bien de ssalue-
ses como de alanos. τ de las se-
guzas q[ue] deuen auer [e] si se-
mas [que] [...] Otrosi de las cosas q[ue] acaescen de cada dia
en el monte. o pueden acaescer
τ d esto q[ue] fagan en cada vna

d ellas [...] [...]
comiença plaza. o muere que
[...]la tierra della. τ el v[...]
della p[ar]a saber la manera. E
mas plaza aura om[n]e τ meior
verna se fara /en ella entendiendo
la tie[rra]. q[ue] no la entendiendo.
El segundo libro fabla de
la fisica de los canes. τ este
departese en dos partes. La
vna de como los deuen guar[dar]
de las feridas τ de las q[ue]branta
duras q[ue]les acaesceren andando en el mester del monte. E la
otra de como los deue melezinar de todas las dolencias
q[ue]les pueden acaescer. El
tercero libro fabla de las a-
nes de [...] sienpre en dos [...]

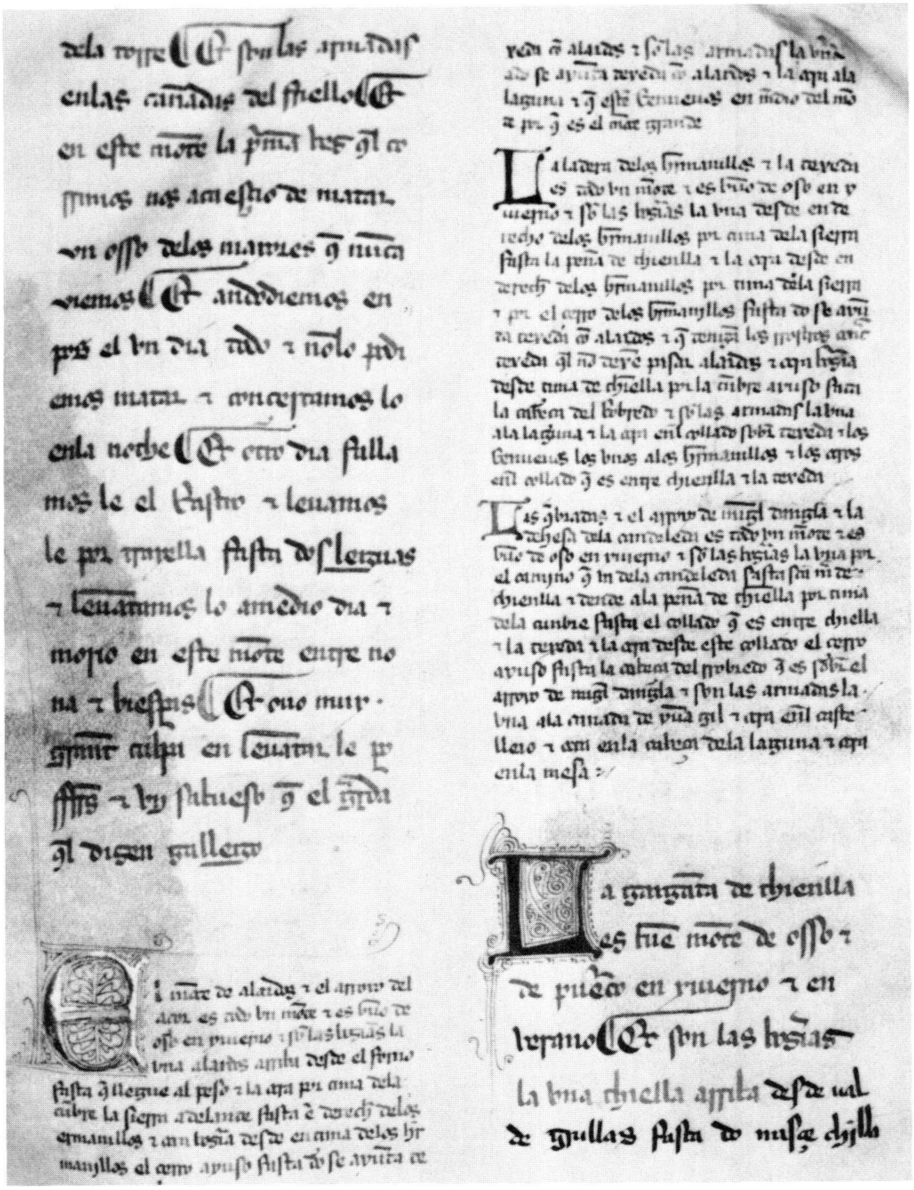

Plate 4
MS *E₁*, Escorial, Y.II.19,
fol. 146v

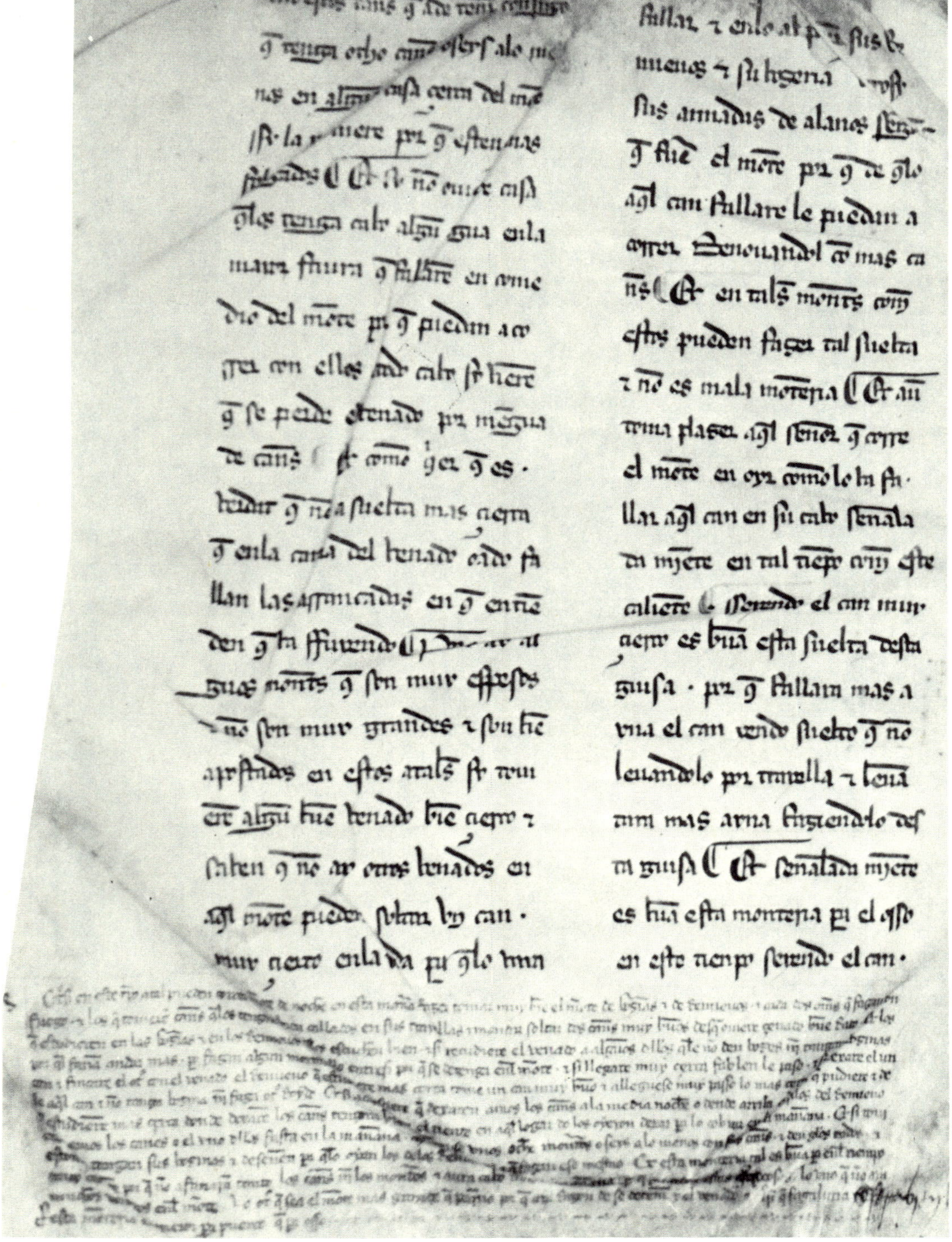

Plate 5
MS *E₁*, Escorial, Y.II.19,
fol. 48v

Plate 6
MS *Palacio*, Biblioteca de Palacio,
II.g.3/2105 (olim *Cartuja de Sevilla*),
fol. 1r

Este libro mandamos fazer Nos el Rey don Alfonso de Castilla τ de Leon q fabla τ todo lo q pertenesçe a las mañas dela monteria τ departese en dos libros. El primero fabla del guysamiento q deue traer todo montero q sea a cauallo q sea a pie τ τ q maña deue pensar τ criar sus canes tan bien de sabuesos como de alanos τ delas fechuras que deue auer pa ser mas lindos. ¶ Otrosi delas cosas que acaesçen cada dia ent monte o pueden acaesçer, τ q es lo q faga en cada vna dellas τ del ordenamiento del fuero dela libertad τ delos derechos que deue auer los monteros. ¶ Por q toda caça τ a los omes vna plaz cōuiene que sepa la Razon della τ el vso della pa saber la mejor. ca mas plazer aura ome τ menos Yerro se fara enlla entendiendola bien q nota τ entendiendo. ¶ E el segundo libro fabla dela fisica delos canes τ este de partese en dos partes. La vna de como los deue curar delas feridas τ delas quebrantaduras q les acaesçiere andando ent monesta el mote τ la otra como los deue melezinar de todas las dolençias q les pueden acaesçer. E la Razon por que fezimos este libro es por q es uerdad q los sabios antigos q fablaro de todas las cosas natural mete fallaro q vna delas cosas por q los Reyes τ los principes τ los grandes señores podrian mas bi uir τ auer los entendimientos mas claros era por caer algunas cosas mañas de plazer τ que diesen plazer espaçio τ folgura al entendimiento τ q ca esto podria mejor sofrir el cuydado τ el afan del librar. ¶ Ca si sienpre estouiese el entendimiento trabaiando τ cuydar nolo podria

fazer seruicio del Rey o del conde su fijo. yo soy cierto del Rey que por detenerte dos dias
por acabar tal auentura que como quier q̅l pesara por non se acertar en ella que te pone
mas culpa por non lo porfiar que lo dexar por otra rrazon. E aun por su fijo el conde eso
mismo. E aun si lo dexaste por mengua de canes tenemos que tal auentura como esta
que se pudiera cobrar por pocos panes que tu diste. E aun que estouiesen cansados leua
do la yda los omes por ojo e los canes consigo tales quales estouiessen fasta muy
cercado el estouiese aque non ouiessen achaque los canes sinon andar con el señalada
mente por la tria que dizes que estaua neuada. E si lo dexaste por tp̃o muy fuerte que
te destoruasse a non fazer ninguna porfia de buenos monteros esta es la escusa con
rrazon que puedes poner que non otra. E si esta fuesse a non poder fazer ninguna por
fia de buenos monteros esta es la escusa. E si esta fue de meras de embiar me dezir como
te auias en coraçon de lo porfiar e que te lo destoruaran esto al tp̃o por saluarte de caer en
tal yerro de montero. pues fallado auias tal auentura e cometiste la a prouar

E dios nos dexe en algun tp̃o seer en el mes de nouiembre en essa tria do anda esse grand
jayan a quien posimos nombre el dragon negro. de la lana encantada por que podamos
cobrar algo de lo que se menguo e podamos dar a ti alguna enmienda de la penitençia q̅
pasaste aquel dia fuerte e aquella mala noche que duro la batalla de entre ti y el /.

DEO GR̃AS.

·HR·

Estos quatro renglones y medio, o casi, q̅ estan testados
y borrados en estas dos planas, mando testar y borrar
el señor Inquisidor Dealiego, por q̅ de los errores que
en ellos se contenian y casas, se podian seguir inconue=
nientes y daño, y por tanto fue necessario borrarse //

Aquj comjença el tercero libro que habla delos montes de todo el señorio de castilla p de leon p algunos delos Regnos de granada :~

~: Prologo :~

asta quj os auemos dicho en fecho dela materia como deuen hazer los buenos monteros en su guysa m̃ p en pensar sus canes como las otras condiciones q̃ deue auer todo aquel q̃ qeyere ser buen montero: p otrosy en saber bien buscar el monte p enla guysa q̃ lo deuen correr como enlas monterias q̃ pueden acaecer y q̃ deuen hazer en cada cosa segun q̃ nos entendimos q̃ cunplia: p que es lo q̃ haga enlas dolencias q̃ vienen alos canes/otrosy enlas heridas q̃ les dan los venados. E por q̃ el monte es de tal maña en q̃ viene muchas aventuras q̃ serian malas de creer aotry q̃ era correr monte o si las no oviese visto. y por q̃ es de tal maña q̃ tantas son las cosas que enel acaecen q̃ no ay hobre enel mundo q̃ pudiese esca vir todo lo q̃ enel puede acaecer: po pusimos eneste libro todas las cosas q̃ pensamos p entendimos q̃ podrian acaecer. E si alguna cosa menguo q̃ aquy no se puso no es marauylla por las Razones que vos avemos dicho. y como quyer q̃ nos pusimos lo q̃ entendimos q̃ se deuja hazer en cada cosa q̃ndo acaeçiere. Pero muchas cosas pueden acaecer q̃ aquy no estan por q̃ el monte es de tal maña como dicho es. E por esto q̃ndo acaeçiere finca en entendimj de buẽ montero q̃ haga enello lo mejor q̃ entendiere segun q̃ fuere el caso escimj. E ahora queremos dezir delos montes que ay en nr̃o seño rio señalada mente delos q̃ nos sabemos quales son los mejores de

Plate 9
MS *Vienna*,
Oesterreichische Nationalbibliothek,
Cod. 10968,
fol. 44v

sabuesos z las sabuesas z quales son las mas lindas colores.

Capitulo xxviij. q fabla de quales fechuras deuen ser los alanos otrosi las alanas z quales son las mas lindas colores.

Capitulo xxix. q fabla delas peruas delos canes quado son pequenyhuelos pa saber quales seran mellores z si ende quere dar acriar a otras perras q no sean sus madres como faran porq los amen E si les mengua la leche como faran porq los amen alas madres como faran como non se muevan:·

Capitulo xl. q fabla del ordenamyento del fuero delos monteros z dela libertat z delos derechos q deuen hauer.

Este libro mandamos fazer Nos el Rey don Alfonso de Castiella z de Leon q fabla en todo lo q perteneçe alas maneras dela monteria. E partese en iij libros. El pmero fabla del aguisamyento q deue hauer todo montero siquere sea de cauallo siquere sea de pie z en q manera deuen pensar z criar sus canes tambien de sabuesos como de alanos z delas ffechuras q deue hauer par aseer mas lindos. Otrosi delas cosas q an esten de cada dia enel monte z pueden acteçer z q es lo q faga en cada una dellas z del ordenamyento del ffuero delos derechos delos monteros. Perq toda caça en q home aya toma plazer conuyene q sepa la raiz della z el osso della por asaber la meior porq mas plazer aura home z menos yerro se fara en ella entendiendo la bien q

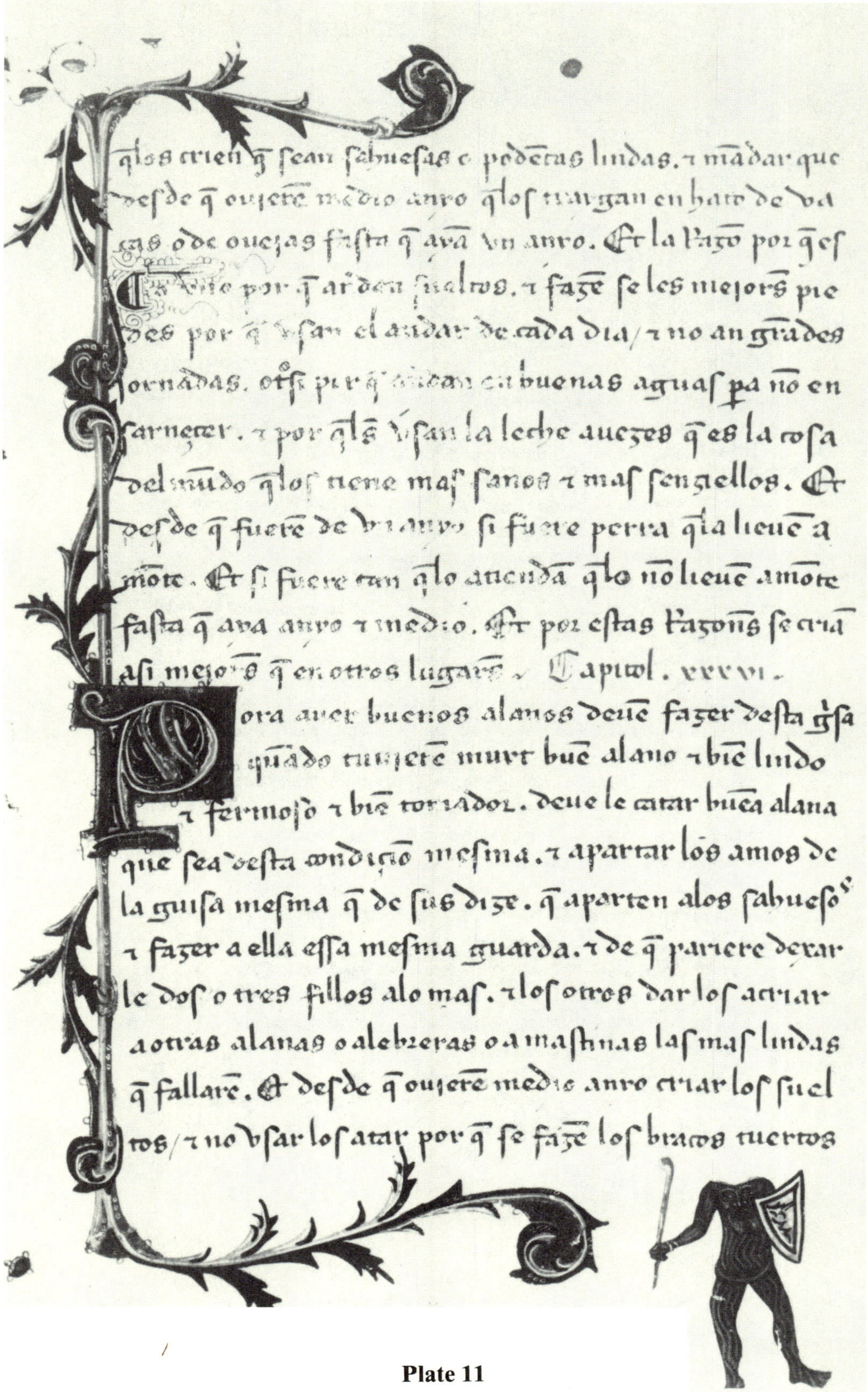

alss crien q sean sabuesas o podencas lindas. τ mādar que
desde q ouiere medio anno q los trayan en hato de vacas o de ouejas fasta q aya vn anno. Et la raço por q esto por q ardē sus ueros. τ fazē se les mejores pie-
des por q vsan el andar de cada dia. τ no an grades
jornadas. Otrosi por q bean en buenas aguas pa no en
carneçer. τ por q les vsan la leche aueces q es la cosa
del mudo q los tiene mas sanos τ mas sengellos. Et
desde q fuere de vn anno si fuere perra q la lieue a
mōte. Et si fuere can q lo atienda q lo no lieue a mōte
fasta q aya anno τ medio. Et por estas raçons se cria
asi mejor q en otros lugares. Capitol. xxxvi.

Para aver buenos alanos deue fazer desta g̃sa
quādo tuuiere muyt bue alano τ bie lindo
τ fermoso τ bie torrador. deue le catar buena alana
que sea desta condiçio mesma. τ apartar los amos de
la guisa mesma q de sus dixe. q aparten a los sabuesos
τ fazer a ella essa mesma guarda. τ de q pariere dexar
le dos o tres fillos a lo mas. τ los otros dar los a criar
a otras alanas o alebreras o a mastinas las mas lindas
q fallare. Et desde q ouiere medio anno criar los sueltos. τ no vsar los atar por q se faze los braços tuertos

Plate 11

MS *P₂*, Bibliothèque Nationale,
Espagnol 286,
fol. 36v

Este libro mandamos hazer Nos el Rey don alfonso de castilla y de leon. que habla en todo lo que perteneste a las maneras dela monteria. E departese en tres libros. El primero habla del apersçamjento que deue traer todo montero asy el de cauallo como el de pie. E en q̃ manera deue pensar y criar sus canes. asy de sabuesos como de alanos y delas hechuras q̃ deue aver para ser mas lindos. Otrosy delas cosas q̃ acaesçen cada dia enel monte o pueden acaesçer. E que es lo q̃ haran en cada vna dellas. E del hordenamjento del fuero delos derechos delos monteros. Por q̃ toda caça en q̃ ome toma plazer conuiene q̃ sepa la Ley della y el vso della para saber la mejor. Por q̃ mas plazer abra ome y menos yerro se fara en ella entendiendo la ley q̃ no la entendiendo. El segundo libro habla dela fisica delos canes. y este departese en dos partes. la vna como los deue curar delas feridas y delas quebrantaduras que les acaesçiere andando enel menester del monte. E la otra como los deue melezinar de todas las dolençias que les puede acaesçer. El terçero libro habla delos montes de nr̃o señorio en quales comarcas son E quales son buenos de ynuierno E quales de verano. E la razon por que hezymos este libro es. Por q̃ es verdad q̃ los sabios antiguos q̃ hablaron en todas las cosas naturalmente. hallaron que vna delas cosas por q̃ los Reyes y los prinçipes y los grandes señores podrian mas beuir E auer los entendimjentos mas claros era por catar algunas maneras de plazer en q̃ ouiesen espaçio y holgura y descanso enel entendimjento. y q̃ por esto podria sofrir mejor el cuydado y el afan del librar. Ca sy syenpre estouiese el entendimjento trabajado en cuydar non lo podria sofrir y enflaqueçeria y podria venir aturbarse. y por esta razon los Reyes y los grandes señores cataron maneras de ap̃çercaço en caças y en otras maneras en q̃ tomauan plazer para dar soltura al entendimjento por las Razones que

canes nin hombres que puedan correr eneste
tiempo. y por esto son peores estos dos meses
y las tres semanas de agosto que ninguno delos
otros meses del año para correr. Otrosi dezimos
que qualquier montero que viniere ala posada
sin aquel S.ᵒʳ o cauallero con que fuere al monte
non viniendo conuenado que aya muerto o
con quan ferido. o non siendo el ferido. o non
le acaesciendo otra ocasion por que non puede
andar. que deue perder la Ration de hun mes.
Otrosi escarmentarlo de palabra y de heridas
en tal manera porque se escarmiente de nunca
lo fazer otra vez. Capitulo tricesimo quarto que
habla en que manera se deuen de deshazer los mon
teros malos de pie contra hechos que en un año
gosan correr monte. y tan poco saben el dia postre
ro como el primero. Capitulo.

Pues nos auemos dicho todas las
maneras que han de auer aquellos
que han dauer y de ser buenos mõ
teros. Queremos dezir en que manera ente
demos que se han a desfazer los malos monteros
de pie contrahechos que en un año usan correr
monte. y en cabo del año saben tanpoco como
el dia primero. E paresçenos que deuen desfazer
assi. leuarle al monte y ponerle en un Rastro.
de osso. o de puerco que sea del dia dante. y
alli en el Rastro ponerle su hazcona en la mano.

. mal monte .

ascona. ppamente lo ol
diz azaguaya. mas aq vol
dir esquielto. o aquella arma que los monteros en mano costumbra atir vso.

Table of Contents of Escorial MS Y.II.19 Book I

[MS *P₂*] *Aqueste es el Libro de la Ordinacio de la Caça de Monte*

[fol. 2r] **[E]stos son los capitulos del primero libro.**

Capitulo primero, que fabla del guisamiento que deue traer todo montero, quier sea de cauallo, quier sea de pie, quando fuere al monte. Et otrosy, de commo deuen pensar et guardar sus canes.

Capitulo ij°, que fabla de commo deue coñoscer et escatimar el rrastro de vn venado todo aquel que quiere ser buen montero.

Capitulo iij°, que fabla qual es el comienço del montero de pie para saber leuantar el venado.

[C]apitulo iiij°, que fabla en quales tienpos es mas graue de leuantar el venado, et commo deuen fazer los buenos monteros en estos tienpos a tales.

Capitulo v°, que fabla qual es lo mas ligero de fazer al montero de cauallo.

Capitulo vj°, que fabla qual es lo mas graue de fazer al montero de cauallo.

Capitulo vij°, que fabla quales tienpos son para buscar et quales para correr.

[fol. 2v] [C]apitulo viij°, que fabla commo deuen enbiar catar el monte grande, et otrosy el pequeño.

Capitulo ix°, que fabla en que manera deuen fazer el dia que quisieren correr monte.

Capitulo x°, que fabla en que manera deuen fazer corriendo monte el dia que feziere viento.

Capitulo xj°, que fabla en que manera deuen fazer los monteros si fallaren la salida del venado de aquel monte que van correr.

Capitulo xij°, que fabla en que manera deuen fazer los monteros quando uan correr monte en que ssaben que ay muchos venados.

Capitulo xiij°, que fabla en las armadas de los alanos et en que guisa los deuen poner en ellas.

Capitulo xiiij°, que fabla commo deuen fazer los monteros si el señor o el cauallero fuere correr monte, et ellos fueren catar otro a oio de aquel.

Capitulo xv°, que fabla en que manera deuen fazer los monteros [fol. 3r] quando [los canes] dexaren algun buen venado çerca de la noche.

Capitulo xvj°, que fabla en que manera deuen fazer los monteros quando los tomare la noche con algun venado, et los canes non dexaren.

Capitulo xvij°, que fabla commo deuen fazer los monteros sy los canes dexaren a la media noche, o dende arriba.

Capitulo xviij°, que fabla commo fagan al venado bueno que ffuere corrido otras vezes et anda espantado.

[C]apitulo xix°, que fabla del departimjento que a de la monteria del osso a la del puerco.

[C]apitulo xx°, que fabla del departimjento que a de la monteria del verano a la del yuierno.

Capitulo xxj°, que fabla en que manera fagan quando corrieren monte en tienpo muy caliente.

[C]apitulo xxij°, en que manera deuen fazer quando quisieren correr monte de noch.[1]

Capitulo xxiij°, que fabla en que manera deue fazer el montero que quiere fazer buen can de trayella.

[fol. 3v] [C]apitulo xxiiij°, [que] fabla en que manera deuen fazer para auer buen can de correr et de rrenouar.

[C]apitulo xxv°, que fabla qual es el encarnar derecho [de]l can: o dar [l]e de comer en el venado, o desencarnar [l]e.

Capitulo xxvj°, que fabla en que manera deuen fazer los monteros al tienpo que los puercos andan con las puercas.

Capitulo xxvij°, que fabla en que manera deuen fazer los monteros quando fallaren ossa con oscaños.

Capitulo xxviij°, que fabla en que manera deuen yr catar osseras.

Capitulo xxix°, que fabla en que manera deuen fazer el dia que fueren [correr] el osso que yaze en la ossera.

Capitulo xxx°, que fabla com[mo] deuen fazer los monteros al tienpo que salen los ossos de las osseras.

Capitulo xxxj°, que fabla commo fagan en las tierras brauas de correr.

Capitulo xxxij°, que fabla de las maneras de la monteria del çieruo.

Capitulo xxxiij°, que fabla que [MS *E₁*] *todo montero non deue venjr a la posada sin traer el can que soltare, o señal d'el.*

Capitulo xxxiiij°, que fabla de la pena que deue auer qual quier montero que furtare can a otro.

Capitulo xxxv°, que fabla quales meses del año son meiores para correr, tan bien en yuierno commo en verano.

Capitulo xxxvj°, del que viene a la posada sin aquel con que va a monte.

Capitulo xxxvij°, que fabla en que manera se an a desfazer los malos monteros de pie contrafechos, que en vn año vsan correr monte et saben tan poco commo el dia primero.

Capitulo xxxviij°, que fabla en que manera deuen fazer para auer et criar buenos canes, tan bien de sabuesos commo de sa[bue]sas.

Capitulo xxxix°, que fabla en que manera deuen fazer para auer buenos alanos.

Capitulo xl°, que fabla de quales fechuras deuen ser los sabuesos et las sabuesas para ser mas fermosos et andariegos.

Capitulo xlj°, que fabla de las mas finas colores en los sabuesos.

Capitulo xlij°, que fabla de las fechuras que deue auer el alano para ser fermoso et tomador.

Capitulo xliij°, que fabla de las fechuras del alana.

Capitulo xliiij°, que fabla de las mas finas colores de los alanos et de las alanas.

Capitulo xlv°, que fabla en las propiedades de los canes, que para saber quando los canes son pequeñuelos qual de rrazon deue ser el meior; et commo criar los buenos et los otros.

Capitulo xlvj°, que fabla del Ordenamiento del Fuero de la libertad [et] de los derechos que deuen auer los monteros.

General Prologue to Escorial MS Y.II.19

[fol. 1r] Este libro mandamos fazer Nos el Rey don Alfonsso de Castiella et de Leon, que fabla en todo lo que pertenesçe a las maneras de la monteria et departese en tres libros. El primero fabla del guisamiento que deue traer todo montero, quier sea de cauallo, quier sea de pie; et en que manera deuen pensar et criar sus canes, tan bien de ssabuesos commo de alanos, et de las fechuras que deuen auer para ser mas ljndos. Otrosi, de las cosas que acaesçen de cada dia en el monte, o pueden acaesçer, et que es lo que fagan en cada vna dellas. [MS *Palacio*] *E del Ordenamjento del Fuero de la libertad e de los derechos que deuen auer los monteros.*² Por que toda caça en [que los] omnes toman plazer, conuiene que sepan la rrayz della et el vso della para saber la meior. Ca mas plazer aura omne et menos yerro se fara en ella entendiendo la bien, que non la entendiendo.

El segundo libro fabla de la fisica de los canes, et este departese en dos partes: la vna de commo los deuen curar de las feridas et de las quebrantaduras que les acaescieren andando en el mester del monte, et la otra de commo los deuen melezjnar de todas las dolençias que les pueden acaescer.

El terçero libro fabla de los montes de nuestro señorio: en quales co-[marcas] [fol. 1v] son; et quales son buenos [de] yuierno, et quales de verano.

Et la rrazon por que feziemos este libro es por que es verdat que los sabios antiguos [que] fablaron en todas las cosas natural miente fallaron que vna de las cosas por que los rreys et los prinçipes et los grandes señores podrian mas beuir, et auer los entendimientos mas claros, era por catar algunas maneras de plazer en que diesen espacio et folgura al entendimiento. Et que con esto podrian meior sofrir el cuydado et el afan del librar.

Ca si sienpre estodiese el entendimiento trabaiando en coydar, non lo podria sofrir; et enflaqueçeria, et p[od]ria venir a toruarse. Et por esta rrazon, los rreyes et los grandes señores cataron maneras de auer folgura en ca[ças] e[t] en otras maneras en q[ue] tomassen plazer para dar folgura al entendimiento, por las rrazones que dicho auemos.

Et por que Nos tenemos que entre todas las caças que pueden ser que la caça de los venados, que es la mas noble, et la mayor, et la mas alta, et la mas cauallerosa, et de mayor plazer, mandamos fazer este libro de todo lo que pertenesçe a ella. La primera rrazon por que dezjmos que es mas noble [es] por que toda cosa que vien por na[turale]za, aquella fallaron los sabios que deue mas durar que las que vienen por premia. Et es çierto que la bondat que fazen los sabuesos en andar con los [fol. 33r] venados que lo faz[e]n por talante de naturaleza que les dio Dios aquel omezillio con ellos, et non por fanbre njn por otra premia que les den, por que lo ayan de fazer. Ca sy quier prouado es, que dando al can ante que entre en el monte medio pan, meior andara con el venado que sy non ouiese comido nada.

Et aun ay otra prueua en esta rrazon: que ay muchos canes que andaran muy bien con el venado, et depues que es muerto non quieren comer en el. Otrosi, los alanos es cierta cosa que non toman por fanbre, njn por premia, saluo por naturaleza derecha que les dio Dios, et ardideza de coraçon sobre todas las anjmalias.

Et aun los muy ljndos dellos con lealtad non tan sola miente tomara el alano lindo qual quier venado a quel pongan, mas sil mandare tomar aquel a qui coñosçiere a un omne armado tomar lo a. Et prouado fue muchas vezes que muchos alanos ayudaron a los que los [c]riauan contra sus enemigos, et se defendieron dellos por ayuda de alanos. Et es verdat que tan bien de sabuesos commo de alanos que sy non fuese por que les faria mal el grant afan sobre el comer, que toda cosa que a ellos pertenesçe de fazer farian meior depues que gouernados que ante.

E asy se prueua que todo lo que fazen en su ofiçio que lo fazen por naturaleza de omezillio que puso Dios entre ellos et los venados, et por talante que an de lo fazer, [MS P₃] *y por bondad de coraçon,* et non por fanbre njn por otra premia ninguna. Ca çierta cosa es, et non se puede negar, que [fol. 33v] toda la bondat que fazen las aues en sus caças, commo quier que les viene algo dello por naturaleza, que lo fazen con premia de enmagrescer las, et de muy grant fanbre, et de dar les malas noches y malas mañanas, et trabaiando mucho con ellas. Et aun con todo esto fazen algunas dellas muy grandes maldades, por de buenos plumages que sean.

Et por esta rrazon dezjmos lo primero, por que lo ordeno Dios segunt natura commo dicho auemos. Et lo otro, por que de buena rrazon mas noble es toda cosa que se faze con bien et con buenas obras, que non la que se faze por premia et con mal de aquel a que la fazen fazer.

La segunda rrazon por que dezjmos que es mayor es por que quanto la presion es mayor, tanto es la caça mayor. Et çierto es que mayor presion es vn venado que vna aue; et por esto dezjmos que es mayor.

La terçera rrazon por que dezimos que es mas alta es por que de todas las ordenes que Dios fizo, es la mas alta la caualleria. Et de todas las caças del mundo non a [otra] mas acostada a la caualleria que esta, njn en que mas ande el omne en abito de cauallero andando a ninguna caça de las otras del mundo mas que en esta, por que anda de cauallo et trae arma en la mano. Et por esto dezjmos que es mas alta.

La quarta rrazon por que dezimos que es mas caualerosa es esta: por que el cauallero deue sienpre vsar toda cosa que tanga a armas et a caualleria. Et quando non lo [fol. 34r] podiere vsar en guerra, deue lo sienpre vsar en las cosas que son semeiantes a ella. Et es çierto que de las caças non ay niguna que mas sea semeiante a la gerra que esta, por estas rrazones: la guerra quiere costa, et que non se duela de dar el que anda en ella. Et andar bien encaualgado, et traer buen arma; et ser acuçioso, et non dormir mucho; et sofrir el comer, et el beuer, et madrugar, et aun trasnochar; et auer mala cama a las vezes, et sofrir a las vezes frio, et a las vezes calentura. Et aun encobrir el miedo quando acaesçiere. Otrosy, quiere porfia para acabar lo que escomençare. Et todas estas cosas a mester que aya, et que sufra todo aquel que quiere ser buen montero. Et por esta rrazon, dezjmos que es la mas cauallerosa.

La quinta rrazon por que dezjmos que es de mayor plazer es por que en todas las otras caças non es el plazer saluo en la vista et en fablar en ella. Et en la caça de los venados es el plazer en el oyr, et en el ver, et en el fablar, et en el fazer. Ca çierto mayor plazer toma omne en lo que el faze por sy, que non en ver lo fazer a otre. Et en esta entendemos que es el plazer doblado, et asy que en esta a quatro plazeres, et en las otras non a mas de dos. Et por esto dezimos que es en ella el plazer mas que en otra caça.

Et aun ay otra rrazon: que toda [caça que] dura el plazer della mas tien[po, tan]to es ella meior. Pues çierta co[sa es] que mas tienpo dura la caça de [los ve]nados que la caça de las aues. Que [sy qujer] prouado es, que muchas uezes d[urara] vn dia todo que andaran los canes [con vn] uenado, que nunca dexaran; et aun a [las ve]zes el dia et la noche, que nunca lo[s per]dera omne de oyr. Et la caça de la[s aues] no[n] es desta guisa, njn pued[e durar]³ tanto tienpo. Et por todas estas rrazones, dezjmos que es la mas noble, et la mayor, et la mas alta, et la mas caua-llerosa, [fol. 34v] et de mayor plazer que todas las otra[s] caças.

MS Y.II.19
Book I

[fol. 30r] Et pues Vos auemos dicho segunt Nos entendimos las rrazones por que el monte es la mas noble, et la mayor, et la mas alta, et la mas cauallerosa, et de mayor plazer que todas las otras caças, queremos Vos dezir lo que deue saber para ser buen montero todo aquel que lo quisiere ser.

Capitulo primero, que fabla del guisamiento que deue traer todo montero, quier seya de cauallo, quier sea de pie, quando fuere al monte. Et otrosy, de commo deuen pensar et guardar sus canes.

Primera miente, guardar bien sus canes et pensar muy bien dellos, et non los ferir nunca mal. Et rrequerir los sienpre con agua, et sacar los sienpre fuera dos vezes en el dia et dos en la noche. Et dar los sienpre a comer en yuierno al sol puesto, et en verano vn poco ante de biesperas, por rrazon que nunca tenga[n] mientes por comer de mañana. Et que guarden que nunca les den pan caliente a comer, por que es cosa que los çiega mucho. Otrosi, deue saber tañer muy bien la bozjna.

Et todo montero quando fuere al monte deue leuar estas cosas. Sy fuere montero de cauallo, [fol. 30v] andar bien encaualgado, et traer buen arma, et bozina; et trayella, et guisamiento para açender fuego, et filo; et aguia para coser algun can, si fuere ferido. Et el montero de pie deue traer bozjna, et buen arma, et trayella; et rrecabdo para açender fuego, et filo, et aguja; et vn pan para algun can, si acaesçiere que lo aya mester esa noche.

Et todos l[os] monteros para saber tañer muy bien la bozjna deuen la vsar con aquellos que la sopieren tañer muy bien, quando estodieren de vagar en las villas, para saber fazer muy bien las monterias todas que deuen fazer en la bozjna, quando fueren al monte, que son estas:

[fol. 31r] Curar de andar para yr al monte.
Et preguntar.
Tañer de rrastro.
Et de poner canes.
Et de corredura.
Et de ladradura.
Et de uista.
Et de traspuesta.
Et de tornado es.
Et de a so pie.
Et de ocisa.
Et de acogida.
Et de senziella, quando non fallan venado.

Cap[itu]lo ij°, que fabla de commo deuen coñosçer et escatimar el rrastro de vn venado todo aquel que quiere ser buen montero.

Otrosi, lo primero que deue saber el montero de pie, si se le leuanta de talante de querer ser montero, si es entender bien su can de que veluntad es. Otrosi, coñoscer bien el rrastro de vn venado: sy es pequeño, o si es comunal, o si es grande. Et otrosi, saber coñoscer los tienpos, ca tienpo puede fazer que sera vn rrastro pequeño, et paresçera grande. Et en el tienpo que es esto es este: en el tienpo que esta la tierra tenprada de lluuias o de nieblas sera el rrastro pequeño, et paresçera grande, por que por la blandura figurase el rrastro [fol. 31v] todo, et algo mas de lo [que] es; et aun en muchos logares rresuala et paresce muy mayor.

Otrosi, en los tienpos secos, que son dos: en el verano por las grandes secas et por las grandes calenturas, et otrosy en yuierno en los tienpos de los muchos yelos. En estos tienpos secos sera el venado bueno, et fara el rrastro pequeño, et el montero deuelo escatimar en esto. Commo quier que non figura todo el rrastro por lo que dicho es, pare sienpre mientes si fuere oso al [a]ncho del dedo, et en la [m]açanjlla de la mano. [E]⁴ si fuere puerco, al ancho de la vña en la entrada aquello que paresçiere; et en el gordo de los pesuños, et qual finca mas los pesuños. Et señalada mjent si viere que fezieren señal los pesuños la cuesta a rriba en este tienpo, entienda que es buen venado.

[Otrosy] en verano, que es el tienpo seco et [poluor]oso, acaesçe que fara el venado [el rrast]ro en tierra seca poluorosa, et [sera e]l rrastro dese dia; et fara viento [que des]fara el rrastro en tal guisa que [dubda]ra el montero si es desa ma[ñana] o non. Et si gelo cobdiçiare el can, [deue] entender que es dese dia, pues [fizo v]iento que aquello desfizo algo del [rrast]ro, et uaya por aquella yda fasta [que co]ñosca en las rramas que quebro, o en la [yer]ua que masco o piso, et poder lo a le[uant]ar.⁵ Otrosi, por que en este tienpo es muy malo de coñosçer el rrastro en todos logares, señalada miente sy es desa noche, pare mientes en las yeruas que masco o piso et en las rramas que quebro. Et sy fuere desa noche, vera la quebradura fresca, o la yerua que masco o piso çomienta. Et sy non fuere desa noche, estara la quebradura de las rramas seca, et la yerua mustia.

Otrosi, a de escatimar mucho el montero quando llueue fasta la media noche et yela depues sobre aquello que a llouido. Et contra el alua viene vna commo njebla, et parase en çima del rrastro vna que paresçe commo tela. O sy llueue toda la noche et serena contra la mañana, mager non yele, faze esta misma tela. Et sy non fuere montero muy bueno, cuydara que aquel rrastro tal que es del [fol. 32r] dia de ante. Et el buen montero deue entender que pues llouio la prima noche, et vio otrosi que elo sobr'ello, et vio depues que contra la mañana que fizo niebla o se[re]no que paro aquella telilla et que es delgada, que este rrastro tal que es desa noche, et que se podra leuantar. Otrosi, quando acaesçe que yela fasta la media noche, et de la media noche adelante rroçia fasta el alua quando se ua a echar el venado. Et por que ua la yda del venado sobre aquel rroçio, et otrosi rroçio algo de la mañana depues sobre el, paresçera al montero que non lo escatimare bien que aquel rroçio que fizo sobre el rrastro que desfizo algo d'el, et cuydara que non es tan fresco. Mas el buen montero deue entender que pues elo la prima noche et llouio de la media noche arriba que mager desfizo algo del rrastro aquella lluuia poca, que es aquel rrastro de la media noche postremera de quando llouio, et que se puede leuantar teniendo buen can si non durare mucho la lluuia depues que amanesçiere.

Otrosi, quando faze blandura sobre ye[lo, es engaño] a los monteros, por que cuydaran que el [rrastro de ante] dia que es desa mañana por que lo e[nblandeçio la] niebla. Et para estremar esto, el [buen montero de]ue fazer asi: lo vno parar mient[es en el can, e lue]go vera que lo huele como frio; [e lo otro deue] yr por el rrastro, et en las onbria[s. Entendera me]ior que es vieio ante que en las sola[nas. Otrosy, pa]re mientes en las rramas que quebr[o; e sy fuere dessa] mañana seran rrazien quebra[das, e sy fuere d']ante dia seran mustias. Pero [que non fazjendo] blandura sobre yelo mas rra[zjente, paresçera] en la onbria que en la solana; et qua[ndo tal rrastro] fallare en la onbria, non tanga [de rrastro fas]ta que lo escatime bien en la sol[ana sy es desse]⁶ dia.

Otrosi, es question entre algunos monteros, et dizen que el rrastro del venado desde que pasa de vn dia que paresçe menor, et otros dizen que paresce mayor. Et amas las partes dizen verdat, que tienpo puede fazer depues que paresçera menor, et tienpo que paresçera mayor. Et declaramos lo Nos asy: que sy el rrastro fue fecho en tienpo que esta la tierra tenprada, et depues sobre el rrastro feziere muy grant lluuia, a este tal ensanchar lo a la lluuia et [fol. 32v] paresçera mayor. Otrosi, si el rrastro fuere fecho en tierra liuiana et veniere depues lluuia o viento grande, a este tal que desfara en el et fazer lo a paresçer menor.

Et aun a otra rrazon si sobre el rrastro que fue fecho sobre tienpo tenprado, et veniere depues muy grant elada: apretar lo a, et fazer lo a menor. Et non posiemos esta rrazon por que por tal rrastro commo este vieio se pueda leuantar el venado, saluo por que escatimen bien los monteros este tal, que qui bien coñosçiere el rrastro vieio meior coñosçera el nueuo.

Otrosi, si acaesçiere que tienen vn venado çierto de ante dia, et la noche ante que lo van correr njeua fasta la prima ora, et queda aquella nieue; et depues que se leuanta el venado a la çena faze otra nieue sobre aquel rrastro que el fizo, en guisa que desfizo la figura del rrastro. Et commo quier que el buen montero entendra que aquella señal que faze es desa noche, non puede entender si ua en la derecha o ssi en la rredruña saluo en esto: pare mientes al cabo que viere las puntas de las rramas acoruadas, entienda que alla llieua el rrostro el venado, et por aquella yda uaya. Et para saber coñosçer el montero estos tienpos a tales, a mester que se leuante vna vez o dos en la noche por ver que tienpo faze.

Otrosi, sy acaesçiere que fueren dos o tres venados en vno, saber bien escatimar qual es el mayor; et para aprender bien esto, deue yr sienpre a la busca con vn buen montero por quel emiende quando feziere algun yerro. [fol. 83r] Et tan bien aquel buen montero commo el otro que lo quiere aprender que lieuen buenos dos canes de busca. Et con esta manera a tal, el que lo ouiere a talante podra ser buen montero. Et en lo que pueden coñosçer meior el rrastro del osso sy es pequeño o comunal, o sy es grande, es escatimar le bien el gordo del vn dedo solo, et el callo [et en la] maçanilla de la mano. Et el del puerco escatimar le bien el ancho de la vna vña, et sy faze los pesuños gordos. Et en esto non podra tomar engaño asi commo tomaria midiendo el rrastro todo en vno.

Capitulo iij°, que fabla qual es el comienço del montero de pie para saber leuantar el venado.

Dezimos que segunt a Nos paresçe que el comjenço del monte para el montero de pie, [MS *P₃*] *el abezar del monte* quando escomiença primero la monteria, que es leuantar el venado por la njeue en tal que non aya neuado sobre el rrastro. Otrosy, leuantar el venado en auiendo llouido el dia de ante.

Capitulo iiij°, que fabla en quales tienpos es mas graue de leuantar el venado, et commo deuen fazer los buenos monteros en estos tienpos a tales.

Dezimos que segunt Nos entendemos que lo mas graue de los monteros de pie, [MS *P₃*] *la theologia de los monteros de pie,* que va en estas çinco cosas. En saber leuantar el osso en el tienpo que sale de la osera. Otrosi, saber leuantar et apartar el puerco en el tienpo que anda con las puercas, et leuar bien el rrastro. Et leuantar bien en tienpo de verano. Et otrosi, leuantar qual quier venado en tienpo seco. Et otrosi, leuantar [fol. 83v] quando llueue o quando nieua sobre la cena del venado.

Otrosi, sy fallare dos rrastros, sab[er] escatimar bien el mayor. Et dezimos que el montero que sopiere bien leuantar en estos tienpos, et que ayudare bien a su can, que commo quier que lo mas va en el can en tales tienpos commo este, que rremedara a Martin Gil et a Diego Brauo[7] quando eran biuos.

Capitulo v°, que fabla qual es lo mas ligero de fazer al montero de cauallo.

Dezimos que el comjenço de la monteria del montero de cauallo, [MS P_3] *el abezar de la monteria del montero de cauallo,* que es correr el monte pequeño. Et el armada que sea grande. Et que sea en tienpo de yuierno, et tener muchos alanos.

Capitulo vj°, que fabla qual es lo mas graue de fazer al montero de cauallo.

Dezimos que lo mas de la monteria del montero de cauallo que es en estas cosas. Saber bien tomar el monte, et entender a do an de estar las bozerias, et los rrenueuos, et otrosy las armadas. Otrosy, lo que cunple de saber tan bien al montero de cauallo commo al de pie es esto que se sigue: entender si fezieron buena suelta o mala, o sy van los canes con venado pesado o liuiano, o sy van çerca d'el, o si alcançan, o sy van lexos d'el, o sy podran alcançar o non, o sy andan con osso, o si tomaron con vanda, o [fol. 92r] sy traen alcançado venado pequeño, o si tomaron con çieruo. Et señalada mjente, entender lo en los pocos canes.

Et para saber entender esto, deuelo coñosçer en estas cosas que aqui dira. Primera miente, sy viere en la dicha de los canes que acuçian en el dezir toda uia mas, et que uan todos por vna ljña, entienda que soltaron bien. A mas: si soltaron leuantandolo de cama a muy poco de rrato desde que ouieren suelto, entendra en la dicha de los canes que uan cerca d'el et que lo alcançan. Et entendra otrosy en la ladradura sy fuere ayuntada et paso, et las bozes groseras et medrosas que van con buen venado, et que lo traen alcançado. Et sy vieren que callan a vezes et que tornan a ladrar de aquella [gujsa] mesma, entienda que es oso, et que lo traen alcançado. Et aquel callar que fazen es con miedo que an del oso quando se para, et los cata; et si viere que la dicha de los canes que non anda por vn tiento segunt dezjmos, et que anda derramada a muchas partes et las bozes de los canes floxas, entienda que soltaron mal.

Et la mala suelta puede acaesçer por vnas destas quatro rrazones. La primera por soltar en la yda quando sale el venado a la çena, et faze vnas arrancadas con rretoçar o con espanto de alguna cosa, cuydando que es el rrastro desa mañana, et que va fuyendo ante el. La segunda es en la yda quando se va echar. Pero que en esta sy el can bueno fuere, et non topa con otro venado de vista, yr lo a ladrar a la cama commo quier que es suelta [fol. 92v] antuuiada, et non [buena]. La tercera rrazon es quando los [monteros] dan los canes en la cama del venado, auiendo muy grant rrato del dia que se a dende leuantado. La quarta rrazon es soltando en la cama del venado, non le dando salida de la cama vnas diez pasadas, para entender a do lieua el rrostro el venado; por que soltando en la cama con quexa, tan ayna puede tomar la rredruña commo la derecha.

Otrosi, tenga mientes si las bozes del can o de los canes fueren mas agudas et muy apresuradas; et que oyere que andan mas tierra, entienda que andan con venado liuiano. Otrosi, sy la dicha del can o de los canes viere que son delgazeras et atreuudas, et que ua la dicha ayuntada, entienda que alcançaron venado pequeño. Et sy fuere la dicha de los canes derramada, cada vno por su cabo, et l[as] bozes del can o de los canes fueren apresuradas et agudas, entienda que tomaron con vanda. Et si viere otrosi que las bozes del can o de los canes fueren muy agudas et muy apresuradas, et que andan mucho et rrebueluen por el monte, entienda que tomaron con çieruo.

Otrosi, para entender si podran alcançar, conosçer lo a en esto: sy viere que el can o los canes que uan diziendo en la dicha, aun que escomiençen las vozes vagarosas et de tarde en tarde, et van acuçiando en el dezir toda via mas et doblando las, entienda que podran alcançar ayna. Et sy viere que aun que en las primeras bozes sean acuçiosos en el dezir, et viere que van seyendo depues las bozes mas lasas et de tarde en tarde, et afloxando en ellas, entienda que non podra alcançar.

Otrosy, quando acaesçe que corren monte en [MS *Palacio*] *algund pinar, o en haedos altos, toman los monteros engaño; que aun que non ljeuen alcançado los canes al venado, rresuena la dicha dellos en [fol. 6r] tal manera que semeja que lo ljeuan alcançado, aun que vaya el venado bien lueñe dellos. E para entender quales lo ljeuan alcançado, aun que non sean muchos los canes, pare mjentes. E los que oyere quel paresçieren quel rresueno que fazen que es todo ayuntado, e que non se departe, entjenda que aquellos lo ljeuan alcançado, e aquellos sigua.*

Otrosy, acaesçe a las vezes que ha algunos canes que estaran ladrando en algunos lugares espessos por do passo el venado, asy commo sy el venado estudiesse y. E para saber sy esta con venado o non, el montero que lo oyere lleguese bjen; e sy toujere can, llegue ally con el e catele la trauiesa. E sy fallare la yda del venado del aquel can en la yda, tanga rrastro e corredura, e pida por canes. E si el otro can estudiere con venado, ayudarlo ha. E sy non estudiere con venado, yra aquel can que puso por la yda, e yrse ha el otro a pos el. E sy non toujere can, lleguesse bjen e fablel; e sy con venado estudiere, luego se esforçara el can e fara mouer el venado. E sy non estudiere con venado luego, el can se verna para el. E entendra que anda errado. E esto tal de lieue sienpre acaesçe las mas vezes quando es vn can solo. E los canes que esto fazen nasçeles de tres cosas. La vna quando son muy nueuos, e los sueltan syn rrazon. La otra desde que son muy viejos de cansançio, o de pesadunbre. E la otra desde que son muy ferjdos e escarmentados, e han tomado mjedo de entrar en la espesura del monte.

Otrosy, todo montero deue segujr bjen los canes que andudieren en çierto, e non se enojar. E señalada mente, saber tomar delantera al venado que va con pocos canes, non yendo alcançado, e seyendo el monte mas grande que pequeño. Otrosy, sy acaesçiere quel tome delantera, que sienpre pare mjentes por se poner entr'el venado e el monte do toujere la mayor creençia por o se podrja perder el venado. E sy viere que el armada que quiere atrauesar es ancha, e toujere alanos consigo, non ha por quel fablar njn destoruarle, que non passe para lo matar ally. Mas sy viere que el armada es estrecha, pareçenos que mejor es fablarle e tañerle la bozjna, sy la toujere, para tornarle a poder de los monteros e de los canes que vernan en pos el, que non tomarle cobdiçia cuydando que lo podrja ferjr ally, e passarse le, e perderlo por ally. Otrosy, sy fuere montero de cauallo, que pare sienpre mjentes de non entrar entre los canes e el venado, por que el rrastro de la bestia faze mucho errar a los canes que non trayen [fol. 6v] alcançado el venado.

Otrosy, qual qujer montero que matare el venado, sy toujere bozjna, que tanga de oçisa. E sy non toujere bozjna, que desseñe de palabra en tal lugar lo mataron, mas non que tanga de acogida fasta que acoja el señor. E despues que oujere tañjdo de oçisa, que pregunte con la bozjna o de palabra por [fol. 35r] ssaber ssy anda otro venado en el monte.

Capitulo vij°, que fabla quales tienpos son para buscar et quales para correr.

Queremos Vos dezir qual tienpo es bueno para buscar, et non tan bueno para correr; et qual es bueno para correr, et non tan bueno para buscar; et qual es bueno para correr, et para buscar. El que es bueno para buscar es quando a llouido o neuado ante dia, et depues queda aquella lluuja o aquella njeue, et faze la noche depues, et el dia que catan viento en tal que non sea mucho. Et la rrazon por que, por que para fallar es buena la lluuja de ante dia, por que amata los rrastros vieios et ffallaran bien el rrastro fresco. Et aquel viento que faze tira la lluuia o la njeue de las rramas, que es vna cosa que enbarga mucho a los monteros para el buscar, quando les cae en cima la lluuia o la nieue.

Et aun que faga el viento en buscando, non les enpesçe pues que non an a soltar en tal que caten que a do entendieren que estan las camas del venado cerca, que caten sienpre al sobre viento. Otrosy, si feziere niebla en tal que non sea muy cerrada y los monteros que buscan saben bien aquel monte que buscan, pueden muy bien buscar et non les enbargara. Et para el correr era grant enbargo, pero seyendo el monte pequeño et la njebla non muy çerrada, sabiendo bien el monte, poder lo an correr et non les enbargara mucho.

Otrossy, el dia que es comunal para correr es que aya llouido ante dia, et la noche que quede et en la mañana, aun que faga niebla alta que puedan veer lexos et vn poco de [fol. 35v] rroçio. Et en lo otro, que sea el dia asesegado sin viento. Ca el buen montero, aun que aya rruçiado en la mañana sobre el rrastro desa noche, bien entendra que desa noche fue. Et commo son las buscas muchas en el monte, conuiene que non le yerren, et que lo leuanten. Ca depues que fuere leuantado con aquel dia blando que faze, aun que feziesen algun yerro los canes, sienpre lo pueden cobrar por rrastro.

Et dar le otros canes. Et este dia tal non era tan bueno para buscar, non lo yendo correr, por que les enbargaria mucho aquel rroçio para le dar çerco para tener lo concertado; por que los de la busca non son sy non çinco o sseys monteros o ocho a lo mas. Et aun que se non engañasen en la yda, sy era fresca desa mañana o non, engañar se yan en el ataio de dar çerco al monte para ser çiertos sy es y el venado o non.

Otrosy, en los tienpos secos, tan bien en verano por las calenturas commo en yuierno por los grandes yelos, es meior para correr que non para buscar. Et la rrazon por que, por que los de la busca non son sy non seys o ocho monteros a lo mas. Et con este tienpo a tal es pequeña marauilla erallo, por bien quel ayude el can; et non puede dar fiuza çierta al sseñor o al cauallero que lo va correr, y puede y fincar el venado en el monte. Et quando lo van correr, que son çinquenta o sesenta o cient monteros, conuiene que los vnos et los otros que lo non yerren et lo leuanten.

Mas el dia fino, que es para todo para buscar et para correr, es auiendo neuado o llouido ante dia para matar los rrastros vieios. Et esa noche que non [fol. 36r] llueua njn njeue, et que faga grant viento para sacodir de los arboles la njeue o la lluuja. Et otro dia que faga el dia muy claro, et muy assesegado sin viento: en este tal non puede poner nigun achaque el buen montero, njn aun el comunal, njn los canes eso mesmo.

Capitulo viij°, que fabla com[m]o deuen enbiar catar el monte grande, et otrosy el pequeño.

Paresce Nos que quando quisieren yr a correr monte que lo deuen enbiar catar desta guisa: ssy el monte ffuere grande, enbiar quatro monteros con sus canes. Et sy el monte fuere pequeño, enbiar dos monteros con sus canes. Et en el monte que fuere grande et fueren los quatro monteros con los quatro canes a lo buscar, que caten los dos monteros a la vna ladera del monte, et los otros dos a la otra ladera. Et que vayan catar luego los dos monteros a do çena el venado luego en fresco; et los otros dos que vayan catar a las çenas vieias do suelen çenar, por que los venados çenan vn dia en vn logar et otro dia en otro. Et por esta rrazon es bien que se cate, tan bien do suele çenar de vieio commo do çena luego en fresco, por non lo errar.

Otrosy, sy fuere tienpo de verano, aquellos que van catar el monte deuen catar las aguas que ay en el monte, por que es la busca mas çierta en el verano para fallar el venado. Et quales quier de los dos monteros que fallaren el rrastro del venado deue fincar el vno allj, et deue el otro catar le la trauiesa; et dar le ataio, et catar el monte enderredor a [fol. 36v] ver sy le fallara la salida. Et sy non le fallare la salida, deue ser çierto que es y el venado. Et sy le fallare la salida, deue llamar al otro a uer sy es aquel el mayor, por que puede auer dos venados et salir se el menor et fyncar el mayor. Et sy fallare la salida del mayor, deue yr por el rrastro adelante et seguille el rrastro fasta el primero monte a que fuere. Et de que fallaren el entrada, deuen poner vna señal en ella, et catar le la trauiesa, et dar ataio al monte enderredor. Et sy non le fallaren la salida, deuen ser çiertos que es y, et esten y fasta que se corra el monte.

Et sy acaesçiere que fuere vn montero por su cabo de los que uan catar el monte, et fallare rrastro de algun buen venado, deue tañer con el pito de rrastro, segunt que fuere el venado, por que el otro montero que lo oyere que de luego ataio sy fallara la salida de aquel venado. Et sy non le fallare salida, pregunte con el pito, et entendra que tiene el venado çierto; et sy la fallare, tanga de rrastro et venjr se a el otro para el. Et sy vieren amos a dos, que es aquel el rrastro del meior venado, yran amos a dos por su yda fasta que lo conçierten en el otro monte. Et faziendo lo desta guisa conçertaran al monte en menos tienpo, et muy mas sin enoio, que non llamandosse por palabra, por que podrien enoiar el venado de mas sy fuese venado que aya seydo corrido otra vez.

Otrosy, quando fallan alguna yda de venado, señalada miente de oso, et non puede coñosçer sy es bueno o comunal. Et para lo coñosçer, por non enoiar al venado, torne por la rredruña et escatimelo bien qual es. Ca si fuese por la derecha, podria enoiar al venado. Et desy entonçe enbien mandado al señor que a de correr el monte, et entre tanto catar cada dia la entrada.

[fol. 37r] Et catar le la salida, et concertar lo muy bien sin enoio por que lo tengan çierto para quando venieren a corrello. Et sy fuere monte que el señor o el cauallero non aya corrido otra vez, tomen aquellos monteros que tienen concertado el monte dos omnes de la tierra, et lieuen los consigo; et paren mientes do an de estar las armadas, et do a de estar la bozeria et los rrenueuos. Et sepan los nonbres de aquellos logares, por que lo sepan mostrar a aquel señor o cauallero que fuere correr el monte.[8] Et sy el monte fuere pequeño a que fueren los dos monteros, deuen lo catar de la guisa que desuso dicho auemos que deuen fazer los quatro monteros que uan catar el monte grande; pero que lo caten mas atentado, et mas ssin enoio. Por que en el monte pequeño es mas ligero de enoiar el venado que en el grande, por que sy topan en el non a rrazon de asesegar asi commo en el grande. Et por esto a mester de auer mas tiento de catar en el monte pequeño que en el grande.

Capitulo ixº, que fabla en que manera deuen fazer el dia que quisieren correr monte.

Primera miente, que sy el monte fuere grande o fuere en tienpo de verano, que partan las buscas ante noche por que leuanten mas de mañana. Otrosy, que vno de los monteros que touieren catado el monte que despierte con la bozina al señor et a los otros monteros que ouieren de yr con el al monte el dia que lo ouiere de yr correr. Et quando fueren correr monte, de auentura que non sea catado, que aquel señor o cauallero que lo fuere correr que despierte con la bozjna a los monteros.

Otrosy, el señor o el cauallero que fuere correr monte deue mandar le-uar [fol. 37v] mucha vianda al monte, lo vno por que yran mas esforçados los monteros, et lo otro por que non sabe commo se le guisara el monte ese dia; o sy le acaesçra que la aura mester alla esa noche.

Otrosy, lo primero que deue mandar esa mañana ante que vaya al monte es que ningun montero non lieue alla ninguna perra preñada njn parada. Et la rrazon por que non es de leuar alla es lo vno que sy fuere preñada non correra bien, et lo otro puede perder los fijos con el afan. Et la que estodiere parada non es de leuar alla, por que los canes que la sintiesen non farian bien en todo ese dia.

Desy, enbiar quatro monteros que madurguen vn poco mas que los otros, et que sean los dos monteros de aquellos de los que fueren catar el monte, por que lo sabran catar meior. Et si fallaren desa mañana el rrastro del venado, deuen tañer de rrastro. Ssy fuere osso comunal, tañer de rrastro quatro vezes; et sy fuere buen osso grande, tañer çinco vezes; et sy fuere puerco comunal, tañer dos vezes; et sy fuere buen puerco, tañer tres vezes en guisa por que lo oya aquel que va correr el monte. Por que desde que el que a de correr el monte oyere a aquel que tañe de rrastro, que mande yr por la yda dos monteros con dos canes, los meiores que touiere.

Et sy fuere monte de osso, aya en cada busca diez canes o ocho a lo menos; et sy fuere monte de puerco, aya en cada busca seys canes o quatro a lo menos. Et uayan con aquel can de leuantar fasta que leuanten en esta guisa. Et el montero que lo leuare tanga de [fol. 38r] rrastro con el pito a las vegadas, por que lieue todos los canes de su busca a pos de sy fasta que leuanten el venado de cama o fallasen las arrancadas frescas, que entendiesen que yua delante dellos.

Et desque qual quier destas fallaren, deuen le dar aquel can maestro primero. Et depues otro a pos aquel, el meior que touieren; et depues el meior de aquellos que ouieren fincado; et depues todos los otros vno a vno por que tengan mientes por aquel can maestro que va delante. Ca sy soltasen todos en vno, enbargarian a aquel can maestro que ua delante, et aun vnos a otros se enbargarian. Et faziendolo desta guisa, soltaran a derechas, et non podra y auer yerro.

Pero sy el monte fuere muy espesso alli do entendiesen que yazia el venado, et que en niguna guisa non lo podiesen andar los monteros, et entendiesen que yazia çerca el venado, deuen soltar aquel can maestro para que lo vaya ladrar. Et desde que oyere que lo ladra en çierto, deuen soltar dos canes de los otros, los meiores que touieren. Et desde que entendieren que lo ladran todos tres, deuen le dar los otros que touieren de aquella busca vno a vno. Et desde que oyeren que estan todos los canes de aquella busca con el venado, o los mas dellos, estonçe tanga ladradura; et le fablen aquellos monteros que soltaron por que lo oyan los monteros, et acorran alli. Ca sy se quexasen ante a tañer ladradura et fablar le, fazer le yan mouer, et andar mas; et tardar se ya de cargar lo de canes por aquella rrazon, et muy ayna se podria per-der [fol. 38v] por aquella quexa del tañer et del fablar.

Et sy por auentura non fallasen tan ayna el rrastro desa noche, et fallasen el del dia de ante, que non dexe de yr por el; mas non tanga de rrastro, por que por aquella yda podra topar en la yda desa noche. Et desde que la fallaren, tanga de rrastro. Et esto se puede fazer muy meior señalada mjente en tienpo de njeue. Et sin esto poner sus buscas sin aquella, las mas aguisadas que entendiere, segunt entendiere que son mester en aquel monte. Et sus bozerias segunt que fuere el monte, et rrenueuos de canes, et monteros que deseñen en todos los logares do entendiere que son mester.

Por que desde que el venado fuere leuantado, et lo oyeren los monteros que fueren por las otras buscas, puedan dar aquellos canes que lieuan al venado et cargar lo de canes. O sy la çena fuere muy luenga, et lo erraren aquellos que fueren en el rrastro, ssienpre vna de las buscas topara en la trauiesa del rrastro del venado, et lo leuantara. Et desque fuere leuantado, sienpre topara en las buscas, et le pueden rrenouar seyendo las buscas puestas commo dicho es. O sy leuantare aquella busca, puede vna de las otras buscas acorrer a rrenouar.

Pero sy aquellos dos monteros tardaren de fallar el rrastro de aquel dia tan ayna, non dexe de ordenar sus buscas por la mañana aquel que va correr el monte en la manera que meior entendiere, segunt fuere el monte, pues el monte finca conçertado de ante dia. Et [fol. 39r] castigar a cada vna de las buscas que sy fallaren, que suelten de la manera que desuso dicho auemos. Et que non dexe niguno su busca, aun que tanga de rrastro en otra busca, saluo sy oyesse que soltasen a buen venado; o tañjendo de rrastro a otro cabo el sseñor, o el cauallero que fuere correr el monte. Et non fallando, que faga vna pregunta acabando la busca. Et deuen poner sus armadas et la bozeria de la manera que el monte fuere, et de la guisa que entendiere que el monte puede ser meior tomado para se correr; que por non fallar el rrastro tan de mañana, non deue dexar aquel que ua correr el monte de ordenar sus buscas para correr el monte por non perder el dia, pues ante dia lo an fallado cierto. Et deuen poner en los mas altos logares del monte omnes monteros que desseñen muy bien, por quel digan sienpre a qual parte anda el venado, o do quiere yr.

Otrosy, deuen poner monteros con canes en los logares del monte do entendiere que el venado a de rrecodir, por quel puedan rrenouar. Et a mester de castigar a los monteros que estodieren desta guisa para rrenouar; otrosy, a los que estodieren para desseñar, que ante que deseñen, tenje[n]do bozjna, que tangan corredura o ladradura sy se ladrare. Por que en tañjendo, fara parar a los que lo oyeren. Et depues deseñen al cabo do fuere, o a do se ladrare, que nunca fablen al venado entre el venado et las armadas. Et los que rrenouaren: que paren mjentes que non suelten al venado de rrostro, njn de trauiesso, [fol. 39v] njn de vista. Por que soltando de vista puede tomar el can muchos yerros, saluo desque fuere passado el venado dellos o tornado lleguen allj; et caten le la yda, et den le aquellos canes que lieuan en ella. Et sy se parare a ladrar, que lleguen et que lo mueuan; et de allj donde se mouiere caten le la yda, et den le aquellos canes que lieuan en ella. Et faziendo lo desta guisa, los que rrenouaren sabran sienpre a que venado rrenueuan sus canes. Et vno de los buenos rrenueuos que puede auer en el monte grande es allj donde se leuanta el venado, por que sienpre tiene allj la mayor creençia. Et otrosy, en los bañaderos.

Otrosy, sy acaesçiere que vn montero o dos fallaren rrastro de algun buen venado, aun que tengan algun can bueno de busca, deuen tañer de rrastro et esperar mas acorro de canes. Et sy los que fallaren el rrastro fueren çinco o seys monteros con sus canes, et non touieren can que entiendan que lo quiera leuantar, deuen tañer de rrastro et pedir por algun can bueno. Et sy esto fezieren, faran commo buenos monteros ante que quexar se a fazer mala suelta arrebatada. Por que sy los que touiesen el vn can non esperasen otros et fuesen por la yda, et lo leuantasen con aquel can et gelo diesen en su cabo, podello ya matar el venado, et perder se ya el venado; et seria marauilla sy se podiese cobrar ese dia.

Et atendiendo dos o tres canes para con aquel, et poniendo gelos todos, aun que matase algunos dellos, sienpre fincarian los otros con el venado. Otrosy, sy los que fallasen el rrastro touiesen tres o [fol. 40r] quatro canes, et non [o]uiese y can de leuantar; et fuesen canes nueuos, cuydando que lo podrian leuantar, andarian en aquel rrastro et dañar lo yan, et perderian el dia. Et quando quisiesen llamar por algun buen can, fallaria dañado el rrastro, o non seria tienpo de lo poder leuantar. Et por estas dos rrazones, deuen guardar todos los monteros de pie estas dos cosas mucho para fazer buena suelta. Et para guardar esto, non deuen tomar cobdiçia a fazer suelta arrebatada, njn auer enbidia vnos de otros para tañer de rrastro, et llamar se commo dicho es.

Otrosy, acaesçe a las vezes que yran los mas canes con algun venado pequeño, o yran errados et fincaran los menos canes con el buen venado; et yra el señor o el cauallero que corriere el monte a pos aquellos [can]es, cuydando que lieuan el buen venado. Et quando esto acaesçe, et algun montero lo viere, deue preguntar con la bozjna por que este quedo el cauallero o el montero que lo oyere. Et sy viere que finca el venado a las espaldas, o se torna, tanga rrastro de buen venado et tornado es. Et sy viere que anda en par d'el, deseñe que este quedo. Et sy viere que ua adelante, tanga corredura et curar de andar. Et sy non touiere bozjna, deseñe lo de palabra. Et sy feziere viento, ponga vna señal al cabo que andodiere. Et desta guisa cobraran sienpre el meior venado.

Ca entre todas las otras cosas en que deuen parar mjentes los monteros de pie que andan dentro en el monte, et los que estodieren [fol. 40v] en los altos del monte para deseñar, sy es tener sienpre mientes por los canes que andan mas en çierto. O sy andodieren canes con dos venados, parar mientes por los que andodieren con el meior venado. Et tan bien en el deseñar commo en tañer la bozina, commo por señal: sy feziere viento, fazer lo sienpre saber siguiendo aquel venado, por que lo oya el señor que corriere el monte et los otros monteros, por que sienpre tomen con el meior venado.

Otrosy, paresce Nos que qual quier que leuantare el venado, por que sabe qual es, deue tañer de rrastro segunt que fuere el venado, et depues corredura. Et sy fuere comunal, por que sepa el señor que corre el monte con que venado corren. Et sy buen venado fuere, deuelo fazer por que tomara plazer el señor que corre el monte desque lo oyere. Et deseñen que den canes a buen venado, et fara plazer al señor que corre el monte et a los que lo oyeren, et acuciaran mas para le dar canes.

Otrosy, quando acaesçiere que algun montero viere el venado, deue le tañer de rrastro segunt quel paresçiere el venado; et de vista, por que entiendan que lo veye. Et deue desseñar al cabo que fuere, et los que lo oyeren entendran que venado es. Et fara plazer al señor que corre el monte, et a qual quier montero que lo oyere.

Otrosy, acaesçe a las vezes que sueltan los monteros que van en vna busca, et vernan a rrenouar los de alguna otra busca. Para esto paresçe Nos que deuen fazer asy: llegar alli al rrastro aquellos que venieren a rrenouar. Et sy vieren que es [fol. 41r] el venado bueno o comunal, tangan de rrastro commo deuen tañer de buen rrastro o de comunal. Et rrenueuen le aquellos canes que touieren, segunt auemos dicho en el capitulo desuso que deuen rrenouar.

Pero si algun can bueno de busca touieren: tengan lo, que non le suelten. Et esto por dos rrazones: la vna, por que con el can que a leuantado çinquenta venados non es bueno de rrenouar asy commo con otro can; lo otro, que en tenjendo lo en la trayella podran acorrer con el sy algun buen venado se descobrier en el monte. Et sy vieren que es el venado pequeño, tangan de rrastro et deseñen que van con venado pequeño aquellos canes que fueron sueltos primero. Et sy el monte todo fuere buscado, que entiendan que non ay otro venado, tangan senziella et pregunten al señor que les manda fazer. Et sy el monte non fuere todo buscado, tornen a el con aquellos canes a catar por otro venado meior.

Pero sy el venado fuere muy bueno, et los canes de la primera suelta fueren pocos, den le aquel can maestro delante de los que venieren con el, por que puede tener muy grant pro; saluo sy estodiere muy cansado, que entiendan que non podra alcançar, guarden lo para lo encarnar de trayella.

Capitulo x°, que fabla en que manera deuen fazer corriendo monte el dia que feziere viento.

Acaesce algunas vezes que faze muy grant viento, que es vna cosa que destorua mucho el oyr. Et quando esto feziere, deuen enbiar [mas canes] en cada busca que si non feziese uien[to, por que las] mas vezes con el viento los monteros [non pueden] oyr los canes, et por que por auentura [non podrjan rre]nouar aquel dia mas canes de los [quel fueron pu]estos primero. Et por esta rrazon, a [menester que a la] primera suelta que aya mas canes que [el dia que]⁹ non feziere viento.

[Et] sy fueren los monteros por rrastro de algun buen venado, deue tornar el vn montero de aquellos que van en el rrastro a lo fazer saber a aquel que corre el monte, et esperar [fol. 41v] en el rrastro fasta que ayan su mandado. Et sy leua[n]taren el venado, deuen poner vna señal en vna lança en el mas alto logar del monte por que lo veya aquel que corre el monte por que lo entienda que an leuantado. Por que con el grant viento, aun que tangan bozjnas et deseñen, non lo podria oyr; et entender lo a meior por la vista de la señal.

Otrosy, en tornar a el vn montero con el mandado es bueno, por que los pueda alcançar ante que se aluengen mucho, et mandar los a commo fagan. Et commo quier que esto auemos dicho desuso que se deue fazer el dia del viento, deue se entender sy el viento se leuantare depues que fuere leuantado el venado. Mas sy el queriendo yr alla faze muy grant viento, todo montero deue escusar de correr monte el dia que feziere muy grant viento, por que es la cosa del mundo que mas estorua el monte.

Capitulo xj°, que fabla en que manera deuen fazer los monteros si fallaren la salida del venado de aquel monte que van correr.

Sy acaesçiere que a do ouiesen ante dia fallado el venado fuese salido dende aquel dia que lo van correr, deuen fazer assy el montero que fallare la salida. Tañer de rrastro por que lo oya el señor. Et sy fuere lexos, enbiar mandado al señor, et esperar alli tañiendo de rrastro. Et el señor o los que alli llegaren deuen fazer desta guisa. Dar seys monteros con seys canes, los meiores que touieren, et que vayan desta guisa: los dos por aquella salida que el salio, tañjendo de rrastro a las vegadas por que lo oya el señor que va correr el monte; et los dos del vn cabo [fol. 42r] faza la mano derecha del rrastro que lieuan; et los otros dos faza la mano ysquierda. Por que sy los que leuaren la yda lo erraren, et boluiere el rrastro contra la mano derecha o contra la mano ysquierda, que lo cobren quales quier de los que van a la mano derecha o a la mano ysquierda de aquellos que lieuan la yda. Et que digan luego "aca va el venado," et llegen alli el meior can que y fuere.

Et deue yr el que a de correr el monte con todos los canes et con todos los alanos a espaldas de aquellos que uan en el rrastro, non muy çerca dellos, por que non les enbargue en leuar la yda nj muy arredrado. Por que sy le dixieren los que van en la yda que tienen çierto el venado, et fuere tienpo en que pueda correr el monte, pueda poner sus armadas et su bozeria segunt dicho es, et correr lo ese dia. Et sy fuere ta[n] tarde desde que [fal]laren el venado, et dixieren aquellos que uan en la yda al que va correr el monte que non lo puede correr ese dia, deue rrecoger todos sus monteros con todos sus canes et yr se el con todos ellos para vna posada, la mas çerca que fallaren de aquel monte.

Et sy fuere tienpo de verano, que caten çerca de algun agua a do posen en tal manera que non fagan enoio al monte, por que lo pueda correr otro dia en la manera que dicho auemos en cima. Que meior monteria es dexar de lo correr, sy muy tarde es, que non poner le los canes tan tarde por que podria venjr la noche, et perder se ya el venado por aquella quexa. Mas otro dia tornar ally al alua, et correr su monte segunt desuso auemos dicho que se deue fazer. Et esta monteria se deue entender seyendo el venado bueno.

[fol. 42v] Capitulo xij°, que fabla en que manera deuen fazer los monteros quando van correr monte en que saben que ay muchos venados.

Quando acaesçe que corren algun monte en que saben çierto que ay mas de vn venado, aun que salga vn venado por vna armada, non deue dexar las armadas saluo aquellos del armada por o saliere, tan bien los caualleros commo los otros que y estodieren, que lo deuen seguir fasta que lo maten. Et todos los otros deuen estar muy quedos en sus armadas fasta que sepan sy ay otros venados en el monte, o tanga el señor de acogida.

Pero sy aquellos por o ssaliere vieren que es muy buen venado, et pidieren acorro de canes, que los acorran con canes los que mas çerca estodieren dellos. Pero sy alguna de las buscas leuare rrastro de algun buen venado, que vaya por su yda adelante. Otrosy, a de guardar aquel cauallero que fuere a pos el venado que saliere por su armada, que sy los canes leuaren alcançado que vaya a par dellos, et se allegue al venado lo mas que podiere para lo matar. Et sy los canes non leuaren alcançado, que dexe pasar todos los canes ante sy por que non los destorue. Et desy vaya en pos ellos, fablandolos por que alcançen.

Et sy fuere omne que sopiere la tierra, faga mucho por tomar delantera al venado para lo tornar a poder de los monteros. Pero sy los que fueron catar el monte non ouieren suelto, et acaesçiere que ayan suelto otros, llegen allj al rrastro aquellos que fueron buscar el mon-te. [fol. 43r] Et sy vieren que es aquel el meior venado, vayan con sus canes a rrenoualle, quier ande en el monte, quier sea salido de aquel monte.

Et sy non fuere el buen venado, tornen al monte a catar la yda d'el. Et sy la fallaren, tangan de rrastro et deseñen que acorran con mas canes para buen venado, saluo sy fuese muy tarde quando la fallasen, por que lo oyesen a dexar de correr para otro dia en la mañana.

Capitulo xiij°, que fabla en las armadas de los alanos et en que guisa los deuen poner en ellas.

Paresçe Nos que en las armadas en que an de estar los alanos que se a de fazer en esta guisa. Por que las armadas son mas anchas et mas luengas las vnas que las otras, sy el armada donde mandare poner los alanos fuere grande, deue los mandar poner en esta guisa: dos alanos a rrayz del monte que corriere, et dos omnes de cauallo con ellos, o a lo menos vno.

Et sy el armada fuere angosta, dos alanos çerca del monte donde a de salir, et otros dos a rrayz del monte do el venado, a la creençia los rrostros contra el monte donde a de salir el venado. Por que sy los vnos erraren de tomar, que lo non yerren los otros; et con cada dos alanos que esten sienpre dos omnes de cauallo o vno a lo menos.

Et por que ay algunas armadas que son cuesta ayuso donde a de venjr el venado, et sera cuesta a rriba a do se quiere acoger, o llano, en esta tal paresçe Nos que deuen poner los alanos al pie del rrecuesto, et castigar que dexen pasar el venado por ssy, por [fol. 43v] que alcançen el alano la cuesta a rriba o en el llano, sy tal fuere el logar.

Ca sy gelo posiesen en medio del rrecuesto, aun que fuese el trecho muy luengo, non a alano en el mundo que podiese tener la cuesta ayuso. Et quando llegase al logar do podria alcançar, yria tan cansado que non ternja fuerça para lo poder tener.

Capitulo xiiij°, que fabla commo deuen fazer los monteros si el señor o el cauallero fuere correr monte, et ellos fueren catar otro a oio de aquel.

Acaesçe a las vezes que enbiara el señor o el cauallero a catar algun monte y en la comarca do estodiere, quier vaya correr el otro monte o finque en la posada. Et sy fuere el monte que fueren catar tan çerca que se pueda correr ese dia, deuen fazer assy: sy ffuere buen osso aquel venado que ouieren fallado, fagan quatro afumadas. Et sy fuere osso comunal, fagan tres afumadas. Et sy fuere buen puerco, fagan dos, por que acaesçria que el monte seria tan lexos que aun que tañiesen de rrastro, non lo podrian oyr. Et de mas, sy feziese algun poco de viento por las afumadas, saber lo yan en punto.

Pero con todo esto, non dexen de enbiar mandado al señor o al cauallero. Et sy fallasen muy tarde, enbien el mandado, et non fagan las afumadas; et poder lo a correr otro dia en la mañana.

Capitulo xv°, que fabla en que manera deuen fazer los monteros quando los canes dexaren algun buen venado çerca de la noche.

Sy por auentura acaesçiere que los canes [fol. 44r] pasen de las armadas, et los monteros los siguen fasta muy tarde, et los canes non dexaren, deuen los monteros tomar sus canes en las trayellas; et si algun can folgado troxieren, tomar con el aquel rrastro. Et sy lo non touieren, yr ellos mesmos por aquel rrastro fasta que sea bien noche. Et en aquel logar poner vna señal. Et sy por auentura poblado ouiere cerca del monte, yr alla.

Et sy fuere tienpo de verano, que caten al agua mas çerca et fincar y. Et pensar bien sus canes, et enbiar mandado al señor que corre el monte, et tornar al alua al rrastro. Et sy acorro de otros canes non ouieren, tomar otro dia en amanesçiendo con aquellos canes mesmos el rrastro. Et el meior montero con el meior can, et yr adelante muy grant pieça. Et llegar sse fasta do entienda que yaze [ç]erca el venado de allj, et apartarsse de allj, et tañer de rrastro.

Et sy por auentura algunos monteros de los que fueren perdidos con sus canes ante dia oyeren a aquel que tañe de rrastro, vernan a el; et el atiendalos, et pongan le los mas canes que podieren. Et sy por auentura non touieren sy non aquellos que ouiessen tomados ante noche: poner gelos, saluo sy estodiesen muy despeados, et seguir sus canes aquellos monteros, et algunos dellos boluer a llamar por canes. Et sy el venado bueno es, non ay al sy non morir sin grant afan, sy los monteros fezieren commo buenos et porfiaren bien.

Pero sy aquel señor o cauallero que ua correr el monte non lo ouiere visto esa mañana, que esperen que non suelten fasta que ayan mandado d'el. Pero sy tar-dare, [fol. 44v] suelten le. Et enbien le vn omne a le fazer saber en lo que estan, et que los acorra con canes.

Capitulo xvj°, que fabla en que manera deuen fazer los monteros quando los tomare la noche con algun venado, et los canes non dexaren.

Sy por auentura los canes touieren fasta grant noche contra el alua, los monteros deuen fazer asy: llegar se los mas que podieren, et fazer fuegos enderredor de aquel logar do se ladrare aquel venado. Et llegar sse los mas dellos de la parte que entendieren que a mayor creençia el venado, por que se podria perder ante, et allj sean los mas fuegos et la bozeria.

Et sy vieren que los canes estan con el venado et ladran bien, non les den grant acuçia de bozes, njn de bozjnas. Et sy vieren que afloxan, fablen los et tangan las bozjnas. Pero que non se allege[n] los monteros mucho, njn los fablen muy de çerca, por que ay algunos canes que de que oyen a omne fablar de noche çerca de ssy, vienen se para el et dexan el venado.

Et sy algunos canes se venieren para ellos, pensar bien dellos, et atar los, et dar los del pan sy lo touieren. Et de que vieren que enflaqueçen aquellos canes que estan con el venado, poner le mas canes. Pero que de los que touieren que guarden, que finquen algunos folgados para otro dia, señalada mjente dos canes buenos de leuantar, o vn can a lo menos.

Et assy commo amanesçier, poner gelos todos, que commo el venado esta cansado de ante dia, por pocos que sean los canes. Et aun que non sean muy descansados, faziendo los monteros commo buenos et ssiguiendo lo bien, [fol. 45r] non aura al sy no[n] morir sy el venado es bueno o comunal, sy tienpo fuerte non los destoruare.

Capitulo xvij°, que fabla commo deuen fazer los monteros si los canes dexaren a la media noche, o dende arriba.

Sy por auentura acaessçiere que los canes tienen fasta la media noche o alguna parte de la noche et dexaren, et non ouieren canes que rrenouar, tomen sus canes et piensen dellos. Et deuen tomar tiento alli do entendieren los monteros que dexaren. Et otro dia de mañana, deuen leuar allj el meior can de fallar que touieren, et apañar los mas canes otros que podieren auer.

Et los dos monteros meiores yr sienpre por la yda, et los otros yr ataiar a uer sy fallaran el rrastro adelante. Et sy lo fallaren, que tang[a]n [de] rrastro a los otros que lieuan la yda. Que sy el buen venado es, non lo fallaran muy lexos. Et aun que lo fallen lexos, sy lo leuantaren non deue correr mucho. Et para tal commo esto, es bueno de guardar algunos canes sienpre para en la mañana. Et que aya entre ellos vn can bueno estremado para fallar, et deuen yr por su yda fasta que lo fallen; et los otros canes muy çerca de aquel can para gelos dar.

Et sy desta guisa fezieren, faran commo buenos monteros. Et de commo el venado estara cansado de ante dia, non ay al sy non matalle, sy tienpo fuerte non los destoruare.

Capitulo xviij°, que fabla commo fagan al venado bueno que fuere corrido otras vezes et anda espantado.

Quando acaesçe que saben de algun venado bueno, [fol. 45v] et [sa]ben el monte en que esta, et a seydo corrido otras vezes, et anda espantado: para le dar canes mas en çierto, deuen fazer asy. Partir mas buscas que para otro venado, et que aya en cada busca tres o quatro canes et non mas. Et destos quatro, que sea el vno bien çierto para leuantar, et los monteros que vayan muy callando.

Otrosy, que lieuen castigados sus canes que non digan en las trayellas, por que los podria oyr el venado et perder se por aquella rrazon. Et qual quier de las buscas que fallare el rrastro desa mañana, tanga de rrastro con el pito, et enbie vno que tanga de rrastro con la bozina arredrado de allj por que lo oyan los monteros; et vayan por el rrastro muy sin rroydo por quel puedan dar aquellos canes en la cama, o en tal guisa por que lo alcancen ayna.

Et sin esto, poner sus rrenueuos en la delantera del monte, los mas espesos que podieren en los logares do entendiere que cunple, segunt que fuere el monte. Por que desque lo troxiesen dos o tres canes alcançado quel rrenueuen et le cargen de canes, lo mas ayna que podieren. Et sy acaesçiere que non sea echado en aquel monte que touieren tomado, et fallasen el rrastro que yua fuera de la bozerja, et que entienda que es desa mañana, deuen esperar allj et rrecoger los mas canes que podieren.

Et enbiar vn montero con bozina a tañer de rrastro, alongado de la yda del venado, por que lo oya el sseñor que fuere correr el monte. Et llege allj, et les mande que vayan en el rrastro diez o doze canes para que leuante en que vayan dos canes maestros de leuantar, o vno a lo me-nos. [fol. 46r] Et todos los otros: que los enbien en rrenueuos a tomar el monte adelante, contra do entendieren que es la mayor creençia del venado.

Otrosy, enbiar monteros a los altos del monte para que deseñen, por que asy commo cunple que en el monte bien tomado que aya pocos canes en la busca para el venado que anda espantado, asy cunple en el monte que non es tan bien tomado muchos canes en la busca, por que los oyran los monteros meior desque fueren sueltos et los sseguiran.

Otrosy, por que en el monte que non es tan bien tomado non pueden los monteros rrenouar, asy commo rrenouarien en el monte que fuese bien tomado.

Capitulo xix°, que fabla del departimiento que a de la monteria del osso a la del puerco.

Queremos Vos dezir el departimjento que a de la monteria del osso a la del puerco, et por quales rrazones es mas graue de fazer. La primera rrazon es por que comunal miente fallaran sienpre el osso en mas brauo monte, et peor de andar que el puerco.

La otra rrazon es por que faze las çenas mas luengas que el puerco. Et es peor de leuantar en que a mester muy meior montero, et meior can para lo leuantar, señalada miente por vna cosa: [por que el] rrastro del puerco se paresce me[jor, e en] mas logares que el rrastro del os[so. E por] esta rrazon, ayudara meior el [montero] al can a leuar el rrastro del p[uerco que]l rrastro del oso; et en el rrast[ro del] oso, el muy buen can, et bien en[carna]do, ayudara meior al montero [que el]¹⁰ montero a el.

La otra rrazon es por que a mester mas canes et mas gente para el monte del osso que para el monte del puerco, por que por muchos canes que anden con el osso nunca se atreuen a el commo al puerco. La otra rrazon es por que desde que es leuantado, commo quier que anda de vagar, anda mas tierra que el puerco et por mas fuertes logares.

La otra [fol. 46v] rrazon es por que los monteros de pie non se atreuen tanto a se llegar a el para lo mouer quando se ladra, njn para lo ferir commo al puerco, commo quier que de su naturaleza es mas ardit el puerco que el osso. Et aun por esso es mas ligero de matar que el osso, por que el viene buscar la muerte con ardideza.

Et por estas rrazones el montero que aya vssado la monteria del osso tener la [ha] por mayor, et por mas graue de acabar. Et terna por menor, et mas ligera de fazer la monteria del puerco que la del osso. Otrosy, lo por que puede conosçer en que vera sy es ossa apartada de las que non traen fijos, o osso comunal es en vna cosa, et non en otra: que pare mientes, et alli do estercolare sy viere que faze las aguas ayuntadas, entienda que es ossa. Et en esto se puede coñoscer, et non en al.

Capitulo xx°, que fabla del departimiento que a de la monteria del verano a la del yuierno.

Queremos Vos dezir el departimiento que a de la monteria del verano a la del yuierno, et que es lo que deuen fazer los buenos monteros en este tiempo a tal. Lo primero, an de madurgar mas en el tienpo del verano que en el del yuierno por que el tienpo es caliente, et con el rroçio de la mañana leuara la yda meior el montero, et leuantara meior el can.

Otrosy, partir mas buscas que en el yuierno por que fallen mas ayna, et buscar el venado a las aguas, et a las onbrias. Et man-dar [fol. 47r] a cada vna de las buscas que donde entiendan que podria yazer el venado que tomen sienpre el viento, por que en este tienpo del verano es el tienpo seco et es muy malo de fallar el rrastro. Et tomando el viento, segunt que auemos dicho, tomaran los canes el viento del venado. Et por aquel viento que tomare, o leuara al montero a la trauiesa del venado o a la cama. Et es la busca mas çierta para en tienpo seco que ninguna otra.

Otrosy, guardar mas canes por que sy acaesçiere que erraren los primeros, o dexaren con la siesta, tengan canes para cobrar el venado por que ante que escaliente el dia aya acabado su monte, o traya tan cansado el venado que se non pueda perder. Que commo quier que es el dia del verano mayor que el del yuierno, a en el menos tienpo para correr monte que en el dia del yuierno. Et por esto, a mester tomar el monte mas por la mañana, et auer mas acuçia que en otro tienpo.

Otrosy, deue leuar mas alanos para fazer las armadas mas allegadas que en otro tienpo, por que den cabo a ssu monte mas ayna. Otrossy, por que los canes de su naturaleza son muy calientes, deuen les dar en este tienpo menos afa[n], et traer los mas guardados; et correr con ellos en la tierra mas fria, et de meiores aguas que fallaren.

Et por estas [dos] rrazones, todo montero para fazer buena monteria quando acaesçiere que ouiere acabado su mo[n]teria por la mañana en este tienpo non deue tomar cobdiçia en ese dia para yr correr otro monte, assy commo lo podria fazer [fol. 47v] en los dias de yuierno. Et aun en este tienpo a tal para fallar mas ayna el venado, pueden fazer la suelta del can en su cabo para que lo vaya fallar, segunt desuso auemos dicho en el otro capitulo mas conplida miente.

Otrosy, en este tienpo a tal deue mandar leuar agua en las azemjlas, por que a muchas tierras secas que por mengua de agua se podrian perder los canes, et nunca podrian fazer bien. Et en el meior tienpo quando fuese mas mester fallesçerian, et aun fuera de los canes es muy buena para los monteros que se acorreran della, sy la ouieren mester. Otrosy, los meiores rrenueuos que pueden ser en este tienpo sy es [MS *P₃*] *en los vañaderos* y a do sopieren que ay agua en el monte.

Capitulo xxjº, que fabla en que manera fagan quando corrieren monte en tienpo muy caliente.

Por que en verano es el tienpo muy caliente, et los canes non son tales en verano commo en yuierno, njn pueden fazer bien aun que quieran asy commo en yuierno, paresçe Nos que el que quisiere correr monte en este tienpo a tal, señalada miente de osso, que deue fazer asy. Enbiar dos canes muy buenos en cada busca; et sy fallaren, soltar el vno dellos. Et a pos aquel, los otros canes que fueren en la busca. Et tener el otro en la trayella, por que sy algun yerro ouiere en la suelta de aquel can primero, que lo pueden cobrar con el otro que non soltaren. Et acaesçiendo algun yerro en la suelta, que aquel montero que finco con el buen can [fol. 48r] que faga mucho por cobrar la yda del venado. Et desque la fallare, tanga de rrastro; et ssienpre le acorreran, o de alguna de las buscas, o de los rrenueuos con çinco o sseys canes para soltar con aquel can maestro.

Ca commo quier que en el verano es el tienpo muy caliente, et los canes non pueden fazer bondat commo en tienpo del yuierno. Pero es la busca muy çierta en este tienpo, señalada mjente del osso, quando lo Dios quiere deparar por la mañana con el rroçio ante que venga la siesta. Por que sienpre come en colmenas, o en frutas, o en panes. Et fartase mucho, et echase çerca. Et por esto, deuen enbiar dos canes maestros en cada busca.

Otrosy, que parta mas buscas en este tienpo que en otro por que fallen con el rroçio de la mañana ante que entre la siesta, ssegunt auemos dicho en el capitulo que fabla del departimjento que a de la monteria del verano a la del yuierno.

Otrosy, el señor o el cauallero que corriere el monte deue fazer mucho por tener consigo diez canes, o ocho a lo menos; et nunca los deue soltar, njn se deue quexar para los encarnar por la mañana fasta que veya que el venado anda ferido, o tan çerca de la muerte que se non puede perder. Et guardar los por que sy viere que se pierde por mengua de canes, que acorra con ellos para lo cobrar. Que commo quier que esto de guardar canes en todo tienpo es buena monteria, pero señalada miente mucho mas lo es en este tienpo caliente.

Otrosy, [fol. 48v] sin estos canes que a de tener consigo, que tenga ocho canes o seys a lo menos en alguna casa çerca del monte, ssy la y ouiere, por que esten mas folgados. Et sy non ouiere casa, que los tenga cabo algun agua en la mayor friura que fallaren en comedio del monte, por que puedan acorrer con ellos a todo cabo sy vieren que se pierde el venado por mengua de canes; et commo quier que es verdat que non a suelta mas çierta que en la cama del venado, o a do fallan las arrancadas en que entienden que va ffuyendo.

Pero ay algu[n]os montes que son muy espesos et non son muy grandes, et son bien apostados en estos a tales: sy touieren algun buen venado bien çierto, et saben que non ay otros venados en aquel monte, pueden soltar vn can muy çierto en la yda para que lo vaya fallar, et en lo al poner sus rrenueuos et su bozeria. Otrosy sus armadas de alanos, segunt que fuere el monte, por que de que lo aquel can fallare, le puedan acorrer rrenouandol con mas canes.

Et en tales montes commo estos pueden fazer tal suelta, et non es mala monteria. Et aun toma plazer aquel señor que corre el monte en oyr commo lo va fallar aquel can en su cabo. Señalada mjente en tal tienpo commo este caliente, sseyendo el can muy çierto, es buena esta suelta desta guisa por que fallara mas ayna el can yendo suelto que non leuandolo por trayella, et leuantara mas ayna faziendolo desta guisa. Et señalada mjente es buena esta monteria para el osso en este tienpo, seyendo el can [fol. 49r] muy çierto commo dicho es.

Otrosy, por que en este tienpo ay muchos montes ssecos, que el señor o el cauallero que fuere a monte que mande leuar sienpre vn azemjla con agua para acorrer a los canes con ella, o a los monteros sy mester fuere, segunt que lo auemos dicho en el capitulo que fabla del departimjento que a de la monteria del verano a la del yuierno.

[MS E_1] **Capitulo xxij°, en que manera deuen fazer quando quisieren correr monte de noch.**[11]

Otrosi en este tienpo a tal, pueden correr monte de noche en esta manera: fazer tomar muy bien el monte de bozerias et de rrenueuos, et cada dos omnes que fagan vn fuego; et los que touieren canes que los tengan bien callados en sus trayellas, et mandar soltar dos canes muy buenos desque ouiere çenado buen rrato. Et los que estudieren en las bozerias et en los rrenueuos que los escuchen bien, et si r[r]ecudiere el venado a algunos dellos que le non den bozes njn tangan bozinas, por quel farian andar mas.

Pero fagan algun mormullo entre si, por que se detenga en el monte. Et si llegare muy çerca, fablen le paso; et si dexare el un can et fincare el otro con el venado, el rrenueuo que estudiere mas çerca tome un can muy bueno et alleguese muy passo, lo mas çerca que pudiere, et de le aquel can, et non tanga bozjna njn faga otro rroydo.

Et si acaesçiere que dexaren amos los canes a la media noche o dende arriba, aquellos del rrenueuo que estudieren mas çerca donde dexaren los canes tengan bien el tiento en aquel logar do los oyeron dexar para lo cobrar en la mañana. Et si toujeren amos los canes o el vno dellos fasta en la mañana, ayuntense vnos ocho monteros o seys a lo menos con sus canes, et den g[e]los todos; et estonçe tangan sus bozinas, et deseñen para que lo oyan los de los rrenueuos. Et que fagan eso mesmo.

Et esta monteria tal es buena para en el tiempo muy caliente, por que non afanaran tanto los canes njn los monteros, et aura cabo mas de mañana. Pero que guarden estas quatro cosas: lo vno, que non aya muchos venados en el monte; lo otro, que sea el monte mas grande que pequeño, por que aya rrazon de se detener y el venado; et otrosi que faga luna, et que sepa bjen la tjerra.[12] Esta monteria es meior para puerco que para osso.

Capitulo xxiij°, que fabla en que manera deue fazer el montero que quiere fazer buen can de trayella.

Por que lo mas del monte es en los buenos canes, deuen fazer mucho los buenos monteros por fazer buenos canes, señalada mjente para auer buenos canes de trayella para leuantar por que es lo primero de lo que se a de fazer en el monte. Et por esto a mester de ser lo mas çierto, et que non aya yerro en ello.

Para esto, paresce Nos que el que quisiere fazer buen can de trayella que lo deue fazer asy: mandar que lo lieuen sienpre a la busca mas çierta que ouiere en el monte, et que vaya en la conpaña que fuere el meior montero en que fuere el can mas çierto de leuantar. Et desde que fallare el rrastro del venado, vaya adelante por la yda aquel can meior. Et lieue a pos el aquel can nueuo que quiere fazer, en guisa que entre aquel can bueno que lieua la yda et aquel can nueuo que quieren fazer non entre otro can ninguno nin nigun montero.

Et desque entendieren que es la cama del venado muy çerca, que entiendan que non puedan errar de lo leuantar, pase aquel montero que lieua aquel can nu-euo [fol. 49v] delante de aquel que lieua la yda con el, et leuante lo con el en guisa que entienda el can que lo leuanto el. Et den le aquel can maestro que lieuan primero, et depues todos los otros canes que van en aquella busca, ssaluo aquel nueuo que tengan en la trayella. Et pasen la cama con el, et falaguen lo mucho allj pasante la cama del venado, et den le alguna cosa de comer; et lieuen lo en la trayella, et fagan mucho por que quando moriere el venado que llege allj para lo encarnar de trayella.

Et sy quisiere comer d'el, den le del coraçon; et ssy non quisiere comer d'el, por que ay algunos canes que aun que sean buenos non quieren comer del venado, tomen el figado del venado et tuesten lo, et den gelo con vn poco de pan et comer lo a. Et encarnandolo muy bien desta guisa vnas çinco o seys vezes dende adelante, podello an muy bien soltar. Pero que guarden que las primeras çinco o seys vezes que lo soltaren que sea en monte pequeño, et que sea el venado bueno por tal que non aya rrazon de errar de se encarnar.

Otrosy, sy fuere can que entiendan que quiere ser bueno de trayella, et es muy quexoso en ladrar a menudo en la yda del venado, et por feridas non se quiere castigar njn por poner le la trayella entre los braços, que es cosa quel castiga el ladrar, njn por enboçalle njn por leuar le la trayella muy corta, tenjendo la mano muy a rrayz del pescueço, deuen le fazer assy: dar le a vn buen montero, et en quanto estodiere el señor en alguna villa, que vaya con el a los montes mas fuertes do entendiere que el señor non quiere correr para que se mueuan dende los ve-nados [fol. 50r] a los otros buenos montes, et leuanten con el los mas venados que podiere. Et non le suelte, njn le faga plazer njnguno. Et tanto leuante con el fasta quel enoie, et le canse en aquello. Et sy viere que se emienda de aquel quexo, falagelo et fagan mucho bien. Et desde que viere que ua vsando aquel callar, lieue lo a la busca con los otros segunt dicho auemos en cima, que deuen fazer al can para fazer lo bueno de trayella. Et sy por esto non se emienda deste quexo, non fallamos rrazon por que se parta dello, saluo sy sse emendare contra la veiez desque fuere cansado.

Otrosy, dezimos que los canes que Nos fallamos que leuanta[n] mas callado et mas sin quexa el venado que son los de los ballesteros de monte, por que son bien castigados, non por que ellos son ljndos njn buenos en ssy. Mas dezimos lo que el que quisiere fazer buen can de busca: que tome de los ljndos, et que los de acostunbrar a los ballesteros quanto para buscar.

Et otrosy, dezjmos que los canes que Nos fallamos que meior porfian en andar, seyendo bien dados al venado, que son los de las montañas de las tierras muy fragosas. Et la rrazon por que es por que vsan de correr montes grandes, et non lieuan alanos njn omnes de caually al monte; et a rrazon de andar mas el venado, et lo matan sin omnes de cauallo et auençjmjento de canes, et con mayor porffia.

Capitulo xxiiijº, que fabla en que manera deuen fazer para auer buen [can] de correr et de rrenouar.

[fol. 50v] Para fazer buenos canes para correr, ca todos non pueden ser buenos de leuantar, deue fazer assy aquel que lo troxiere: fazer mucho por que llegue con aquel can en la trayella a la muerte del venado, por que lo encarne. Et desque lo ouiere encarnado vnas cinco o sseys vezes desta guisa, non dexe de los ssoltar al venado desde que entendiere que el venado anda cargado de canes, et anda muy çerca de la muerte; et anda en guisa que entiende el montero que non se podra perder.

Et encarna[n]dolo desta guisa otras çinco o sseys uezes dende en adelante, podra soltallo cada dia mas tenprano et en guisa por que pueda andar mas con el venado. Et faziendo lo desta guisa, podran fazer buenos canes tan bien de leuantar commo de correr.

Otrosy al encarnar, quel den de comer ssegunt que aca dixiemos en çima. Otrossy, a de guardar el montero que quisiere fazer buen can, tan bien de leuantar commo de correr, que quando lo vn dia ouiere encarnado bien a su talante et que entienda el que a fecho bien el can, que lo non lieue a monte dos dias o tres, por que lo non canse njn lo enfade en quanto es nueuo.

Et el dia que lo quisiere leuar a monte, que lo lieue a monte çierto, et yra el can folgado et deseoso del monte, et non aura al sy non fazer bien. Et faziendo lo desta guisa, sera sienpre buen can tan bien de leuantar commo de correr.

[MS E₁] **Capitulo xxvº, que fabla qual es el encarnar derecho del can: o dar le de comer en el venado, o desencarnar le.**[13]

Otrosi, queremos dezir que departimiento a de encarnar el can en el venado: o dar le de comer en el, o desencarnar le. El "encarnar derecho del can en el venado" es el que desde que es dado al venado non le dexa fasta que muere el venado, et dan le de comer en el; o sil ponen a algun venado et lo dexa, et le toman en la trayella, et dan lo otra vez a aquel venado mesmo, et tiene con el fasta que muere. Et commo quier que fizo mal en la primera pues lo emendo, es buena encarnadura. Et a lo que deuen dezir "dar le de comer en el venado" es quando el can non es suelto esse dia que muere el venado, et le dan de comer de trayella.

Et lo que es "desencarnar" es quando dan el can a un venado et lo dexa, et le toman en el monte rradio, et vienen le dar de comer en el venado; o quando le dan a algun venado bueno en cama o de vista muy açerca, et va con el muy grant rrato, et lo dexa por otro peor, et lo toman yendo con aquel pequeño, et le tornan a dar de comer en aquel venado bueno que el dexo. O si le dan de comer en el venado despues que es en la villa, o si andando el bien con el venado fasta que muere el venado, et non le encarnan njn le fazen plazer en el; o si es encarnado bien en vn uenado, et estudiere cansado, et lo dan ese dia a otro.

Capitulo xxvjº, que fabla en que manera deuen fazer los monteros al ti-enpo [fol. 51r] **que los puercos andan [con] las puercas.**

En el tienpo del mundo que peor es de leuantar et otrossy de apartar el puerco para le dar canes, ssy es en el tienpo que anda con las puercas, que es desde Sanct Migel de setienbre fasta Sanct Martin, o treynta dias ante o treynta depues, segunt son las tierras. Ca en las tierras calientes escomiençan a andar con las puercas mas tenprano, et en las tierras frias mas tarde; et por que en este tienpo nunca fazen al sy non andar toda la noche con ellas, et nunca assessiegan.

Et para esto, paresçenos que el ssenor o el cauallero que lo ffuere buscar en este tienpo que lo deue fazer asy. Partir sus buscas de seys en seys canes, segunt dicho auemos en çima que lo d[eu]en fazer en la busca del [puerco]. Et en cada vna, que vaya vn can estremado de leuantar. Et que los mande assy que qual quier que fallare el rrastro d'el et de la vanda que uaya por la yda, et que vaya aquel can meior delante, et los otros canes a las espaldas de aquel. Et que vaya fasta la cama.

Et sy el puerco et las puercas estodieren todos en vno, et se les leuantaren delante et fueren todos enbuelta: den le vn can, el mas çierto que touieren. Et lleguen con los otros canes en las trayellas fasta allj donde se mouio la vanda. Et vayan por la yda con sus canes en las trayellas. Et sy vieren que aquel can aparto el puerco et va con el, acorranle con los otros canes et deseñen que den canes a buen venado. Et tanga rrastro de [fol. 51v] puerco apartado.

Et sy vieren que non tomo aquel can con el puerco, deseñen que tomen aquel can que va con vanda. Et cobren ellos la yda del buen puerco con aquellos canes. Et sy vieren que se aparto de alli, et va en su cabo, den le todos aquellos canes que touieren. Et sy vieren que se aparto de allj de otros venados menudos, den le vno de aquellos que lieuan, el meior que touieren. Et desy llegen de cabo con los otros canes, commo dicho auemos en çima, a uer sy lo aparto aquel can.

Et sy vieren que lo a apartado, den le todos los otros canes que touieren et acorran le, que çierto de rrazon faziendo lo desta guisa podran sienpre cobrar el meior venado. Ca el buen venado cada que va en vanda, ponjendo vn can a la vanda, sienpre el finca de espaldas. Lo vno por que el es mas pesado, et lo al por que finca a defender la vanda. Et mas de rrazon es fincar con el el can, que non yr con los otros. Et quando lo el can primero errasse la primera vez, cobrar lo yan con el otro can a la segunda vez. Et faziendo lo desta guisa, podran sienpre cobrar el meior venado.

Et otrosy, tomando el monte segunt dicho auemos en çima. Et en lo que puede conosçer el montero quando fallare algun buen rrastro de puerca de las que andan apartadas, et dubdare que es puerco, pare mientes en estas cosas: aun que faga el rrastro commo algun puerco comunal, sienpre fara las pesuñas mas agudas que sy fuese puerco, et abrira las vñas mas que el puerco. [fol. 52r] Otrosy, alli do estercolare sy viere que faze las aguas ayuntadas, entienda que es puerca. Et en estas tres cosas podra estremar que es puerca, aun que faga el rrastro grande.

Otrosy, el montero que conçertare bien vn puerco en el tienpo que andan con las puercas es de tener por buen montero, por que es mas graue de fazer que en otro tienpo por que faze las çenas mas luengas et asesiega menos que en otro tienpo.

Capitulo xxvij°, que fabla en que manera deuen fazer los monteros quando fallaren osa con oscaños.

Quando acaesçiere que los monteros fallaren ossa con oscaños, deuen fazer asy: soltalle vnos quinze canes, o doze a lo menos. Et la rrazon por que dezimos quel den mas canes a la primera suelta que a otro osso es por que non se puede apartar con pocos canes, asy commo otro venado. Et de los muchos canes, aun que algunos tomassen con algun oscaño, sienpre fincarian los otros con la ossa.

Otrosy, los monteros que venieren a rrenouar deuen fazer asy. Llegar allj al rrastro, et sy vieren que algunos canes apartaron la ossa, o fallaren el rrastro della apartado, den le los canes que touieren; et tangan de rrastro, et deseñen que den canes a buen venado.

Et sy vieren que va la osa et los oscaños todo buelto et van con ellos assaz canes, tengan sus canes en las trayellas et vayan adelante por la yda fasta que veyan que se aparto la ossa con algunos canes, o sin canes. [fol. 52v] Entonçe den le los canes, et deseñen "aca va el buen venado."

Et sy acaesçiere que algun montero, quier sea de cauallo, quier sea de pie, viere yr la osa con algun oscaño, et canes con el oscaño: mate el oscaño lo mas ayna que podiere, et pongalo en logar do non puedan los canes comer d'el; et enderesçe los canes en pos de la ossa, et deseñen que den canes a buen venado. Et faziendo lo desta guisa sienpre cobraran el meior venado, pero que todo montero deue escusar de non correr osa con oscaños, saluo con grant mingua de osso apartado.

Capitulo xxviij°, que fabla en que manera deuen yr catar oseras.

Quando acaesçiere que enbiaren catar monte de osso en el tienpo que estan en las oseras, deuen las catar desta guisa, ally do ellos entendieren que puede yazer. Lo primero, que paren mientes ssy fallaran en aquel monte tresna d'el, aun que sea de vieio. Sy la fallaren, et vieren que el monte es aguisado et espesso para yazer, tengan que es y.

Otrosy, que guarden que a do sospecharen que puede yazer, que furten sienpre el viento en guisa que non vaya el viento dellos al venado. Mas que venga el viento de aquel logar do yoguiere a ellos. Lo otro, que caten sy fallaran arboles descortezados; et otrosy, rramas quebradas de las que ellos apañan para meter en las osseras; et yeruas; et rramas abarridas. Et otrosy, sy fallaren tresna d'el ally enderredor, quier de nueuo, quier de vieio. Et sy fallaren algun ti-ento [fol. 53r] d'el, den le ataio por çima de allj, donde entendieren que yaze enderredor.

Et sy le non fallaren la salida, ayan por çierto que es y. Et sy acaesçiesen que fallasen salida, vayan en pos el fasta que entiendan que se va meter en alguna de las otras oseras, et denle ataio aderredor de aquel logar do se va meter. Et sy non le fallaren la salida, entiendan que es y; et enbien lo dezir a aquel que los enbio catar para que venga corrello, et den le çerco cada dia fasta que venga a corrello.

Otrosy, mager es verdat que los ossos comunal mjente se echan quarenta dias, que es todo enero et diez dias de febrero, ocho dias ante o ocho depues, segunt son las tierras.

Dize el Rey que falla que las ossas que traen fijos que sean de medio año arriba que se non echan. Et la rrazon por que es por que los fijos non las dexan asosegar, et an andar con ellos para les buscar de comer, et fazer les plazer.

Capitulo xxix°, que fabla en que manera deuen fazer el dia que fueren correr el oso que yaze en la osera.

El dia que fueren correr el osso que estodiere en la ossera, deuen fazer assy: enbiar quinze canes, o doze a lo menos, allj do dixieron que entendieran que yazia. Otrosy, enbiar ocho canes a cada vna de las otras oseras de enderredor, o a do entendieren que se podria mudar. Et mandar a los monteros de cada vna de las buscas que a do viere que algun can ventare, que caten bien aquel logar. Et sy fuere logar que non puedan entrar et el can lo cobdiçiare, et fuere can çierto, suelten lo et deseñen que paren mientes [fol. 53v] con que va aquel can. Pero que non tanga fasta que falle el rrastro.

Et sin esto, poner los rrenueuos et otrosy la bozeria poco mas apretada que en los otros tienpos que los ossos andan comiendo, por que assy commo le leuantaren, que sea ayna cargado de canes. Et los canes que soltaren de aquestas buscas que los tenga consigo el que fuere correr el monte para acorrer con ellos a do viere que cunple. Et faziendolo desta guisa, aura sienpre buen monte en este tienpo a tal; que asy commo en otro tienpo es bueno de enanchar vn poco el monte por non errar el venado, assy en este tienpo cunple ensangostalle en la bozeria, et en los rrenueuos, por que sea ayna cargado de canes. Et otrosy, por que es la busca mas çierta que en otro tienpo.

Capitulo xxxº, que fabla commo deuen fazer los monteros al tienpo que salen los ossos de las osseras.

Por que los ossos non son tan buenos de leuantar en vn tienpo commo en otro, et por que lo mas graue de fazer en el monte es saber bien leuantar qual quier venado: por esso, queremos Vos aqui dezir segunt a Nos paresçe en qual tie[n]po es peor de leuantar el osso. Et otrosy, en qual manera lo deuen buscar, et de commo deuen fazer los buenos monteros en estos tienpos a tales, segunt Nos entendemos.

En el tienpo del mundo que peor es de leuantar el osso es quando los ossos salen de la osera, et este tienpo es desde mediado febrero fasta entrante mayo. Et la rrazon por que es esta. Ellos commo salen estan-[t]ios [fol. 54r] de la osera, et otrosy deseosos de andar, fazen las çenas muy luengas, las ydas d'el vnas para vn cabo, et otras para otro, et todas desa noche. Pero que [non] es graue de fallar la çena d'el, et es muy malo de leuantar.

Et para esto, paresçe Nos que en este tienpo a tal que deue fazer asy alli do dizen que anda el osso en tal tienpo commo este: que aquel sseñor o cauallero que fuere correr el monte que deue partir muchas buscas; et en cada busca, que non vaya mas de quatro canes por que non vaya y grant rroydo. Et en cada vna destas buscas, que vaya y vn can muy bueno de leuantar, por que de las muchas buscas conuiene que la vna dellas açierte en la yda mas fresca desa mañana para podello leuantar.

Et que paren mientes sienpre los de la busca de catar en este tienpo sy ouiere berros en aquel monte, o cañahierla, o a los ffontanares, o a los arroyos do ouiere yerua verde, por que es la vianda de que se mas paga en este tienpo. Et el [MS P_1] senyor que tenga sienpre consigo dos canes muy estremados de leuantar.

Otrosy, que tenga consigo diez canes, o ocho a lo menos, sin estos dos. Et sy alguna de aquellas buscas leuantare, acorrera el con aquellos canes que tiene consigo para rrenouar. Et si alguno de las buscas le tañiere de rrastro—por que las çenas commo dicho auemos fazen las luengas—et non touiere can que lo quiera leuar, tan bien acorrera el con aquellos canes que tiene muy buenos, et podello a leuantar.

Otrossy, ssil tañiere de rrastro en dos cabos, yra el con vn can al vn cabo. [fol. 54v] Et enbiara el otro can bueno de leuantar al otro cabo. Et assy, non se errara qual es la yda mas fresca de aquellas dos. Assy, non se escusara de lo leuantar, et en lo al poner sus rrenueuos, et mandar a los de los rrenueuos que en commo oyeren que an suelto en çierto, que acorran allj con sus canes.

Otrosy, poner su bozeria et sus armadas segunt el monte fuere. Et segunt que el entendiere, segunt dicho auemos desuso, que la deuen fazer en qual quier otro monte de osso que uayan correr; que como quier que es graue de leuantar en este tienpo, de que leuantado es, et buenos rrenueuos a, et buena acuçia, morra en antes que en otro tienpo por que traye las manos tiernas, et non podra andar tanta tierra.

Capitulo xxxjº, que fabla commo fagan en las tierras brauas de correr.

Ay en muchas tierras algunos montes brauos de correr en que aura buenos venados, et es tal que non es de prouar corrello, señalada mjente en verano. Et otrosy, aura en derredor de aquel monte algunos montes buenos. Et en tal monte commo este, paresce Nos que deuen enbiar dos monteros con dos canes de busca buenos, et con cada can de aquellos que lieuen dos canes de correr.

Et sy fallaren buen venado, que vayan por la yda y lo leuanten; et que tengan el can de busca en la trayella, et le suelten los otros dos canes de correr. Et que sigan los monteros aquellos canes que soltaren por ver a qual monte va aquel venado, por que lo vengan [fol. 55r] dezir al sseñor que ouiere de correr el monte a qual monte es ydo.

Et sy gelo podieren fazer saber ese dia, sy non a lo menos, que gelo fagan saber esa noche. Et sin esto, que uayan diez monteros o ocho a lo menos, bien ligeros con sus bozjnas. Et que fagan grant rroydo, por que de rrazon algun buen venado saldra de aquellos montes y se verna para alguno de los otros buenos montes. Et aun desta manera lo pueden fazer quando salen los venados a la çena, por que mas ayna saldra con dos canes del monte de noche, que non de dia.

Capitulo xxxijº, que fabla de las maneras de la monteria del çieruo.

[P]ues auedes oydo de las monterias del oso et del puerco. Queremos Vos dezir algo de la monteria del cieruo, pero que es menor que la monteria del osso njn del puerco. Et es vna de las tres mont[er]ias, et conuiene que fablemos en ella. Et como quier que cada vna destas otras monterias es mayor, et mas sabrosa.

Pero en la tierra do non fallase omne ossos njn puercos et fuese en verano, et fallando buenos montes de çieruo quando andan los çieruos gordos, otrosy en el tienpo de la brama que andan en çelo por que estonçe se fazen los canes maestros en el apartar: todo montero los deue correr, et sseñalada mjente por tres rrazones. La primera, por oyr canes.

La segunda, por sacar el correr a los canes nueuos, que es la cosa del mundo que mas saca el correr a los canes.

La terçera, por fazer canes maestros de los que apartan el çieruo. Por que el buen can ma-estro [fol. 55v] que aparta bien el çieruo desque lo sacan de la monteria del çieruo et le ponen en la monteria del osso o del puerco: aquel leuantara bien, et andara et aguardara muy bien al venado quel posieren, que non se le pueda camear con otro venado meior que otro can. Por que tantos son los engaños quel faze el cieruo al apartar, et el affan que toma el can del çieruo en el desaguar, que desde quel sacaren de aquello et le posieren en esto al de lieue nunca le podra engañar qual quier destos otros venados.

Otrosy, aun para fazer muy buenos canes de puerco et de osso es muy grant ayuda la monteria del çieruo. Et la rrazon por que es esta: por que los canes nueuos que vsan de andar con el çieruo, en tal que los cansen en ello et non les fagan mucho plazer en la encarnadura, et los tornan depues al puerco et al osso tienen lo por menos afan. Et andan de meior talante con el en tal que los encarnen muy bien, et les fagan mucho plazer al encarnar. Ca de rrazon paresçe que el can que anda todo el dia con el cieruo que es tan ligero, et trae tamaña delantrera d'el, et non le vee en todo el dia a oio, si non dos o tres vezes.

Et aun que muera el çieruo, non le fezieren grant amor en el que de meior mjente andara con el puerco o con el osso, que es mas pesado. Et de que fuere leuantado, lo vera sienpre a oio; et de mas, fazjendol mucho plazer et encarnandol bien en el. Et por esto, segunt Nos entendemos el comjenço de la monteria—[MS *P₃*] *el abezar de la monteria* para fazer buen can estremado—es vsandol primero la monteria del çieruo segunt [fol. 56r] dicho auemos; et sacar lo dende, et poner lo en la del puerco. Et sy lo quisiere fazer buen can de osso, sacar lo de la monteria del puerco et poner lo en la del osso. Mas a mester que guarde; que desque'l ouiere fecho buen can de puerco, que nunca le muestre çieruo.

Et otrossy para fazer lo mas afinado, que desde quel ouiere fecho buen can de osso, que nunca le muestre puerco njn çieruo. Et syl soltare a puerco et tomare con algun çieruo, a mester que gelo escarmiente bien. Et otrosy, syl soltare a osso et tomare con algun puerco, que aun que muera el puerco, que non le faga plazer njnguno en el.

Et dezjmos Vos dellos que por estas tres rrazones fablamos en esta monteria. La primera, por que entendiemos que era el comienço de la monteria.

La segu[n]da, por que non lo podemos negar que non es vna de las monterias en ssu tienpo, segunt desuso auemos dicho.

La terçera, por la pro que se sigue della para fazer buenos canes para la monteria del puerco et del osso.

Capitulo xxxiij°, que fabla que todo montero non deue venjr a la posada sin traer el can que soltare, o señal d'el.

Paresçe Nos que qual quier montero que soltare el can, quier sea el can suyo, quier de otro que gelo aya enprestado, non deue venjr a la posada fasta que lo trayga, o traya señal o nueuas d'el. Et sy de otra guisa lo feziere, fara commo mal montero; et deue gelo su señor estrañar, et dar le tal castigo et escarmentar gelo de tal guisa por que otra vez non lo [fol. 56v] faga. Que aun que non lo estrañe, por que non se pierdan los canes, dueulo estrañar por fazer buenos monteros.

Capitulo xxxiiij°, que fabla de la pena que deue auer qual quier montero que furtare can a otro.

Paresce Nos que njngun buen montero non deue furtar njngun can a otro montero. Et qual quier que lo furtare non faze commo buen montero, et deue auer pena por ello. Et la pena paresce Nos que deue ser esta al que fuere enfamado, por çierto que lo faze, asy que qual quier montero que a este tal podiere tomar o furtar can en qual quier manera, que lo pueda fazer sin pena.

Et de mas a tal commo este, sil tomaren con algun can furtado: que gelo fagan sorrabar, et que tornen el can a su dueño. Saluo ende sy fuere omne fidalgo, que non aya esta pena fea, et que aya la pena que de suso dize en esta rrazon.

Capitulo xxxv°, que fabla quales meses del año son meiores para correr, tan bien en yuierno commo en verano.

Dezimos en esta manera que los meses que fallamos que son meiores para correr monte en yuierno que son otubre, et nouie[n]bre, et dezienbr[e]. Et la rrazon por que es por que en estos tres meses tan bien los puercos commo los ossos fallan bien de comer, et andan gordos et pesados; et por la mucha uianda que fallan son muy buenos de fallar. Et natural miente huelen meior los canes en este tienpo que en otro, por que es el tienpo mas frio.

Et en los meses de enero, et febrero, et março sy sson. [fol. 57r] Los osos yazen echados lo mas deste tienpo, et quando salen, andan mucho et son muy malos de fallar, et son muy magros. Otrosy, los puercos son en este tienpo mas magros que en todo el año. Et commo non fallan de comer, son peores de fallar que en otro tienpo.

Otrosy en el verano, los meses que son meiores para correr monte sson abril, et mayo, et de dies dias por andar de agosto en adelante, et setienbre. Et la rrazon por que es por que en abril et en mayo es tienpo tenprado para los canes et para los omnes, que non es muy frio njn muy caliente. Et los venados fallan de comer en las yeruas nueuas, et en los panes que comiençan a nasçer, et uan començando a engordar.

Señalada mjente en estos dos meses, los ossos comiençan a entrar en fuerça, et andan en çelo; et fallara omne en vn monte tres et quatro juntados, mas que en otro tienpo.

Pero que en estos dos meses de abril et de mayo, destorua mucho el oler a los canes las flores et las yeruas nueuas. Et en los diez dias por andar de agosto et setie[n]bre, andan los venados muy gordos, et fallan mucho de comer; et falla los el omne muy çiertos, señalada mjente a do vienen los uenados a las huuas.

Et en las tierras tenpradas va entrando la friura, et pueden los canes estonçe muy bien correr. Et en junjo, et jullio, [e] en los veynte dias primeros de agosto, commo quier que uan engordando los venados, es el tienpo tan caliente que sy non es en las tierras frias; ademas, non ay canes njn omnes que puedan correr en este tienpo. Et por esto, son peores estos dos meses et las tres semanas de agosto que ningunos de los otros meses del año para correr monte en las mas de las tierras.

Capitulo xxxvjº, del que viene a la posada sin aquel con que va a monte.

[fol. 57v] [O]trosi, dezimos que qual quier montero que veniere a la posada sin aquel señor o cauallero con que fuere al monte, non venjendo con venado que aya muerto o con can ferido, o non seyendo el ferido o non le acaesçiendo otra ocasion por que non pueda andar, que deue perder la rracion de vn mes, et otrosy escarmentar gelo de palabra o de feridas en tal manera por que se escarmjente de nunca lo fazer otra vez.

Capitulo xxxvijº, que fabla en que manera se an a desfazer los malos monteros de pie contrafechos, que en vn año vsan correr monte et saben tan poco commo el dia primero.

Pues Uos auemos dicho todas las maneras que an de auer aquellos que quieren ser buenos monteros, queremos Uos dezir en que manera entendemos que se an a desfazer los malos monteros de pie contrafechos que en vn año vsan correr monte et en cabo del año saben tan poco commo el dia primero. Et paresce Nos quel deuen fazer asy: leualle al monte, et ponelle en vn rrastro de osso o de puerco que sea del dia de ante.

Et alli en el rrastro, poner le su azcona en la mano, et su trayella, et su bozjna al cuello. Et mandar a dos monteros quel lieuen buen rrato commo dicho es, quel tomen el azcona et la trayella, non muy mesurada mjente, et quel quiebren la bozjna en la cabeça. Et que de allj adelante non vse mas de la monteria, et los que lo conosçieren tengan le por omne astroso. Et aun sy de alli adelante se entremetiere a yr con los monteros a correr monte, que non gelo consientan.

Capitulo xxxviijº, que fabla en que manera deuen fazer para auer et criar buenos canes, [fol. 58r] tan bien de sabuesos commo de sa[bue]sas.

Pues [ya] Vos auemos fablado de todas las mas de las cosas que pueden acaesçer en el monte et de las monterias que fagan en cada cosa, queremos Vos dezir commo todo montero deue fazer para auer et criar buenos canes, et ljndos, tan bien de alanos commo de sabuesos. Et la rrazon por que es por que la mayor parte del monte es en los buenos canes.

Et para esto, deuen fazer asy. Quando touieren muy buen can de bondat et que sea muy ljndo, deuel catar la mas ljnda cadiella, et la meior de bondat, et mas fremosa que podiere auer. Et apartar los amos en vn logar do ellos non vean otros canes fasta que entie[n]dan que esta ella preñada. Desy mandar la guardar muy bien, que la non lieuen a monte njn la dexen andar suelta, por que non tome niguna ocasion.

Et desde que pariere, dexar le vnos dos o tres fijos, o quatro a lo mas, por que los criara meior et saldran mas rrezios. Et los otros mandar los dar a otras cadiellas que los crien, que sean sabuesas o podencas ljndas. Et mandar que desde que ouieren medio año, que las traygan en hato de vacas o de oueias fasta que aya vn año. Et la rrazon por que es lo vno por que andan sueltos, et fazen se les meiores pies por que vsan el andar de cada dia, et non an grandes jornadas.

Et otrosy, por que andan por buenas aguas para non esscarnesçer;[14] et por que los vsan la leche a vezes, que es la cosa del mundo que los trae mas sanos et mas senziellos. Et desde que fuere de vn año, sy fuere perra, que la lieuen a monte. [fol. 58v] Et sy fuere can, que lo atiendan que lo non lieuen a monte fasta que aya año et medio. Et por estas rrazones, se crian asy meior que en otros logares.

[MS E_1] Capitulo xxxixº, que fabla en que manera deuen fazer para auer buenos alanos.[15]

Para auer buenos alanos, deuen fazer desta guisa: quando touieren muy buen alano, et bien ljndo, et fremoso, et bien tomador, deuel catar vna alana que sea desta condiçion mesma. Et apartar los amos de la guisa mesma que desuso dize que aparten a los sabuesos, et fazer a ella esa mesma guarda. Et de que pariere, dexar le dos o tres fijos a lo mas. Et los otros dar los a criar a otras alanas, o a lebreras, o a mastinas, las mas ljndas que fallaren.

Et desde que ouieren m[e]dio año, criar los sueltos et non vsar los atar, por que se fazen los braços tuertos. Pero guardar los del andar lo mas que podieren mientre son tiernos, et rrequerir los con leche por que los trae sanos et senziellos. Et quando ouieren medio año, despuntar los bien las oreias, por que desde que son fañados traen las sienpre meior et mas enfiestas. Et criar los desta guisa fasta que ayan vn año, et de vn año adelante traer los con sigo en palaçio para acostunbrar los, et enponer los en el tomar. Pero guardar los de grant afan fasta que ayan dos años o año et medio a lo menos, que non los lieuen a monte.

[MS *E₁*] Capitulo xlº, que fabla de quales fechuras deuen ser los sabuesos et las sabuesas para ser mas fermosos et andariegos.

[fol. 59r] Ia oyestes segunt Nos entendiemos en que manera deuen fazer para auer buenos canes, tan bien de sabuesos commo de alanos. Otrossy, en la manera que los deuen criar fasta que sean para seruir se dellos, et que puedan sofrrir el affan del monte. Agora queremos Vos fablar de quales fechuras deuen ser los sabuesos et las sabuesas para ser mas fermosos, et otrosy de qual talle para ser mas andariegos. Et otrosy los alanos et las alanas, de qual talle deuen ser para ser mas ligeros. Otrosy, de quales fechuras deuen ser para ser mas fermosos, et mas tomadores.

Primera mjente, el sabueso para ser fremoso deue auer estas fechuras: la cabeça quadrada, et non aguda de rrostro. Et que aya la nariz vn poco tornada arriba. Et sy fuere prieto, que aya la nariz blanca. Et sy fuere blanco, que aya la nariz prieta; et aya las oreias colgadas, et non muy grandes, et bien apegadas a la cabeça; et los oios tristes, et que cate adelante; et el cuello non muy corto njn muy luengo.

Et que aya los pechos abiertos; et que aya los braços enfiestos, et non luengos njn delgados; et las quartiellas pequeñas; et las manos rredondas, et apodencadas. Et el arca bien colgada, et los costados cortos, et el lomo bueno; et non cargado de carnes en las ancas, et las coruas de las piernas bien anchas et coruas. Et los pies que los aya segunt las manos; et la cola que la aya espigada, et non muy luenga njn muy gruesa; et de cuerpo [fol. 59v] que non sea muy grande njn muy pequeño.

Otrosy, la sabuesa que aya la cabeça de talle de culuebra; et los oios maiores que el sabueso; et que cate a la nariz; et las oreias mas colgadas et mas delgadas que el sabueso. Et el cuello mas luengo, et non tan abierta de los pechos commo el sabueso. Et los braços, et las quartiellas, et las manos; et el arca, et el lomo, et las piernas; et las coruas, et los pies que los aya tales commo el sabueso. Pero que aya mayores caderas, et que sea mas luenga de costados, et la cola non tamaña njn tan espigada commo el sabueso; et tan bien el sabueso commo la sabuesa que non aya el cabello sedeño.

[MS *E₁*] Capitulo xljº, que fabla de las mas finas colores en los sabuesos.

Las mas finas colores que Nos fallamos en los sabuesos son estas: blancos, et amariellos, et rruujos claros; et rruuios escuros, en tal que sean orondados; et prietos que sean orondados. Et la orondadura que sea alfeñada, et aun prietos sin orondadura; pero non ayan sobre oios. Et aun pardos escuros, en tal que ayan en el rrostro et en las manos color de alfeña.

[MS *E₁*] Capitulo xlijº, que fabla de las fechuras que deue auer el alano para ser fermoso et tomador.

Las fechuras que deue auer el alano para ser fermoso son estas: que aya la cabeça de talle de congrio, et bien quadrada, et bien seca; et la nariz blanca; et bien abierto de boca; et las presas grandes; et los oios bien [fol. 60r] pequeños; et que cate bien a la nariz. Et las oreias bien enfiestas, et bien rredondas; pero que esto de las oreias todo ua en el que lo faña en fazer gelas bien taiadas o mal. Et que aya el cuello luengo, pero que se siga bien que non sea muy grueso njn muy delgado. Et que aya los pechos bien abiertos; et los braços, que los aya bien enfiestos, et non delgados; et la quartiella pequeña.

Et las manos rredondas et altas; et el arca colgada et grande; et que non se le parescan las tetas; et que aya el lomo bueno; et non cargado en las caderas, et que se le parescan a mal abes los huesos del espinazo; et la cola que sea mas contra gruesa que contra delgada; et que sea bien espigada, et que la traya bien. Et las coruas que las aya bien anchas, et bien arregaçadas. Et los pies que se sigan con las manos, et que sea de buen cabello et blando, et de cuerpo que non sea muy grande sin rrazon. Et el alano que estas fechuras ouiere sera fermoso, et de rrazon deue ser tomador.

[MS *E₁*] Capitulo xliijº, que fabla de las fechuras del alana.

El alana que sea mas aguda de rrostro, et que non aya tamaña boca commo el alano. Et que aya los oios pequeños, et vn poquillo longetes. Pero que cate a la nariz, et que sea mas luenga de costados, et que aya mayores caderas; et que non sea tan abierta de los pechos, et en todo lo al que sea de las fechuras del alano.

[MS *E₁*] Capitulo xliiijº, que fabla de las mas finas colores de los alanos et de las alanas.

[fol. 60v] Las mas finas colores que Nos fallamos de los alanos et de las alanas son los blancos, et los grises escuros, et los prietos; et aun blancos manchados, en tal que ayan dos o tres manchas; et que sean grises, o prietas; et que las ayan en la cabeça, et sobre la cola. Pero tan bien de sabuesos commo de alanos, por non ser muy ljndos de fechuras njn de colores, acaesçe a vezes que ay algunos que son buenos de bondat.

Enpero mas de rrazon es comunal mjente de los que fueren ljndos, et ouieren buenas fechuras, et buenas colores salir mas dellos buenos que non de los otros. Et a do se ayunta la bondat, et la fermosura, et ser ljndo es la bondat doblada. Et este tal, njn el su fijo, njn el su njeto non puede ser malo; njn a rrazon de errar. Et aun que faga algun yerro, sy buen montero lo troxiere, tirar lo a dello muy de ligero et tornar lo a a lo suyo, et a lo que el deue fazer.

[MS E_I] *Capitulo xlv°, que fabla en las propiedades de los canes, que para saber quando los canes son pequeñuelos qual de rrazon deue ser el meior; et commo criar los buenos et los otros.*[16]

Otrosy, fallamos escripto en vn libro que fablaua en las propiedades de los canes, que para saber quando los canes son pequeñuelos qual de rrazon deue ser el meior, et que se prueue en estas dos prueuas. La vna es que ante que ouieren nueue dias, et que an ya los oios abiertos, que los pongan en vn corral et fagan vn çerco de paia enderredor. Et que pongan fuego a aquel çerco en manera que non llegue la calentura a ellos, et suelten la madre de guisa que los veya. Et el que tomare primero en la boca et lo sacare de ally, [fol. 61r] dizen que aquel deue ser el meior. Et el que sacare la segunda vez, que aquel sera meior a pos aquel. Et eso mesmo asi, cada vno commo les fuere sacando.

Otrosy, la segunda prueua es que desque fueren bonjellos, que ouieren ya los oios abiertos, que los tomen en la mano et los pesen. Et el que viere que pesa mas, dizen que aquel deue ser el meior. Et esto dizen que estas prueuas que se fallaron çiertas de algunas que las prouaron tan bien en los alanos, commo en los sabuesos, commo en los podencos.

Pues conuiene que los buenos que los dexen a sus madres que los crien, et los otros echen los a otras perras a criar. Et sy los non quisieren criar las otras perras, tomen de su leche dellas et de su saliua et mezclen lo, et v[n]ten las cuestas de los cadiellos con ello. Et depues, lamer los an ellas et oleran aquella leche, et criar los an.

Et quando minguare la leche a las madres, et non touieren leche que les dar, tomen de los liujanos del buey, et quemen los et fagan los poluos. Et mezclen lo con aquello que quisieren dar a comer a l[o]s cadiell[o]s, ca esto les fara seer rrezios. O tomen de la grama, et quemen la et fagan les con ella asi commo dixiemos de los liujanos, ca esto les otrosy enfortalesçer.

Capitulo xlvj°, que fabla del Ordenamiento del Fuero de la libertad [et] de los derechos que deuen auer los monteros.

[fol. 61v] [P]ues Uos auemos fablado de todas las maneras que pertenesçen a la monteria, queremos Vos dezir el Ordenamiento del Fuero de los monteros et de la libertad et de los derechos que deuen auer, el qual Ordenamiento es este.

Primera miente, [por] que anden mas seguros [lo]s que andodieren a monte, que todo aquel que fuere buscar a qual quier que corriere el monte por le ferir, o por le prender, o por le matar, aun que sea su enemigo o este sin tregua con el; o le aya desafiado, et andando corriendo monte lo feriese, o lo prisiese, o lo matase, et le fuere prouado que por la ferida, yaga en la nuestra prision tres meses. Et si lo prisiere, que yaga en la nuestra prision medio año. Et si lo matare, que salga de los nuestros rregnos por vn año, saluo si fuese aquel que corriese el monte omne malfechor et el que lo fuese buscar fuese alguno de las nuestras justiçias.

Otrosi, que todo montero que fuere en pos de venado leuantado, que pueda tomar vn pan et la bozjna que leuare llena de vjno, fallando lo en el camjno por lo que valiere; et non teniendo dineros, que non aya pena por lo tomar. Et si tomare la noche algun montero o monteros con algun venado, et acaesçiere en alguna casa en el monte, et non les quisieren dar pan para los canes njn vianda para ellos, non teniendo djneros, que puedan tomar pan para los canes et vianda para ellos, dando peño por ello que lo vala.

Otrosi, por que el correr del monte es en dos maneras. La primera es de vn señor, o vn cauallero, o vn escudero que corre monte con su conpaña, et es el el mayoral del mon-te. [fol. 62r] La segunda manera es de dos o tres escuderos, o mas, que se ayuntan en vno et corren monte a conpañja.

Et si fuere monte que el señor, o el cauallero, o el escudero corriere con su conpaña, deuen auer los monteros estos derechos. El montero que tañiere con la bozjna de mañana, curar de andar para yr al monte, el qual a de ser vno de los monteros que touieren catado el monte segunt que auemos dicho en el ix° capitulo, que fabla en esta rrazon: que aya vna puesta del venado que muriere ese dia, si fuere puerco o çieruo; et si fuere oso el venado que muriere, que aya vn manjar de la mesa del señor o del cauallero que corriere el monte. Otrosi, el que leuantare el venado, si fuere puerco o çieruo, que aya la cabeça d'el et los pies. Et si fuere oso, que aya el cuero d'el et que gelo conpre el señor.

Otrosi, depues de la suelta primera el primer montero que rrenouare, si fuere puerco o çieruo, que aya vna puesta d'el; et si fuere oso, que aya vn maniar de la mesa del señor o del cauallero que corriere el monte. Et si fuere montero de pie el que firiere primero el venado, si fuere puerco o çieruo, que aya vna puesta d'el; et si fuere oso, quel de el que lo leuanto el terçio de lo que valiere el cuero.

Otrosi, si fuere monte de dos o tres escuderos o mas que se corriere a conpañja, el que tañiere curar de andar para los llamar en la mañana que aya vna puesta del quarto de la pierna. Et el que leuantare el venado, que aya la cabeça et vna puesta del quarto de delante, si fuere puerco; et sy fuere çieruo, que aya el cuero d'el; et si fuere oso, que aya la cabeça et los pies et las manos. Et el que rrenouare la primera vez, otrosi que aya vna puesta. Et el que rre-nouare [fol. 62v] la segunda vez que aya otra puesta.

Et si acaesçiere que ayan dexado todos los canes, tan bien los que leua[n]taron commo los que rrenouaron, et algun montero que veniere depues cobrare aquel venado con su can: que este a tal que aya vna puesta del quarto de delante, et otra puesta del quarto de la pierna. Et el que lo feriere primero, que aya vn quarto de los de delante, si fuere puerco o çieruo; et si fuere oso, que aya el cuero d'el.

Otrosi, el que diere la segunda ferida, si fuere puerco o çieruo, que aya vna puesta del quarto de delante. Et sy fuere oso, que aquel quel dio la primera ferida, que a de auer el cuero, quel de la terçia parte de lo que valiere el dicho cuero [al que dj]ere la segunda ferida.

Otrosi, quando acaesçiere que dos monteros fueren a vn venado para lo ferir, et el vno dellos fuyese, non queriendo ayudar al otro su conpañero: que si le fuere prouado por otro alguno que lo fizo asi, que non aya nigun derecho del venado. Et de mas, que non se asiente por vn mes a comer con los ot[ro]s monteros en cuya conpaña andodiere.

Otrosi, si fuere vn venado de vna tierra a otra et fueren canes con el, que aquellos de aquella tierra a do llegaren los canes, si non moriere el venado, que piensen bien los canes et los enbien a cuyos fueren. Et sy non fueren coñosçidos, que los pregonen por que vengan por ellos.

Et si moriere el venado, que encarnen los canes en el; et los piensen bien, et tengan el venado quatro dias para los monteros quel soltaron, faziendo lo saber a las vezindades por que vengan por ellos et por el venado. Et si non encar[naren los cane]s que venieron con el [vena]do, q[ue pe]che[n] al dueño c[uyos fue]re[n] los canes por cada ca[n çinquanta] marauedis por la de[sonrra que fizo]¹⁷ a los canes.

Et si a los quatro dias non venieren, que se aprouechen del venado, et que guarden el cuero nueue [MS *Palacio*] *dias. E que fagan a pregonar los canes por que vengan sus dueños por ellos. E sy estos a tales negaren los canes, non los querjendo dar, que pechen por cada can çient marauedis. E sy negaren el venado, que pechen por el el doblo de la quantia que lo apreçiaren, en buena verdat, aquel que lo leuanto.*

Aquj se acaba el primero libro.

Table of Contents of MS Y.II.19 Book II, Part 1

[fol. 21r] **Estos son los capitulos de la primera parte del segundo libro.**

Capitulo primero, que fabla de quando acaesçiere que el can fuere ferido en la cabeça tan sola miente en la carne. Esta es llamada llaga sinple: en qual manera [deue] ser catado et curado, et con quales melezinas.

Capitulo ij°, que fabla quando acaesçiere ser ferido el can en la cabeça, et fuere la llaga conpuesta: qual cura le deuen fazer.

Capitulo iij°, que fabla quando fuere ferido el can en el rrostro: de qual manera deue ser catado et curado.

Capitulo iiij°, que fabla de quando acaesçiere el can ser ferido en la garganta et pasare adentro: en qual manera deue ser curado et guardado.

Capitulo v°, que fabla quando el can acaesçiere ser ferido en la garganta et non pasare adentro: de qual manera deue ser catado.

Capitulo vj°, que fabla de quando acaesçiere el can ser ferido en los pechos et pasare adentro: de qual manera deue ser curado et guardado.

[fol. 21v] Capitulo vij°, que fabla de quando el can fuere ferido en los pechos et non pasare adentro: en qual manera deue ser catado.

Capit[u]lo viij°, que fabla de quando acaesçiere el can ser ferido en los costados o en otra parte del cuerpo et pasare adentro: de qual manera deue ser curado et guardado.

Capitulo ix°, que fabla quando acaesçiere el can ser ferido en los costados o en otra parte del cuerpo et non pasare adentro: de qual manera deue ser curado et guardado.

Capitulo x°, que fabla de quando el can acaesciere ser ferido en el vientre et le salieren las tripas fuera: en qual manera deuen ser tornadas a su propio logar; et en commo deue ser cosido, et curado et guardado.

Capitulo xj°, que fabla de quando acaesciere el can ser ferido en el vientre et pasare adentro, et non le salieren las tripas: de qual manera deue ser curado et guardado.

Capitulo xij°, que fabla de quando acaesçiere el can ser ferido en el vientre et non pasare adentro: de qual manera deue ser curado.

[fol. 22r] [C]apitulo xiij°, que fabla de quando el can fuere ferido en el vergaio: de qual manera deue ser curado.

Capitulo xiiij°, que fabla de quando acaesciere el can ser ferido en los testiculos: de qual manera deue ser curado et guardado.

Capitulo xv°, que fabla de quando el can acaesçiere ser ferido en las piernas o en los braços a por luengas o al traues: de commo deue ser curado.

Capitulo xvj°, que fabla de quando acaesçiere el can ser ferido en los pies o en las manos por rrancaio o por otra arma semeiante et jncharen los pies: en qual manera deue ser curado et guardado.

Capitulo xvij°, que fabla de quando acaesçiere el can ser ferido en los pies [o en las manos] por rrencaio o por otra arma semeiante et non le jncharen los pies: en qual manera deue ser curado et guardado.

Capitulo xviij°, que fabla quando acaesçiere el can ser corta la cola et saliere mucha sangre della: en qual manera deue ser curado.

[fol. 22v] Capitulo xix°, que fabla de quando acaesciere el can ser corta la cola et non le saliere dende sangre: en qual manera deue ser curado.

Capitulo xx°, que fabla de quando el can acaesçiere ser mordido de oso: qual melezjna sera y puesta fasta que la poçoña sea fuera.

Capitulo xxj°, que fabla de quando el can acaesçiere ser brocado de osso o de puerco sin llaga njguna: en qual manera deue ser curado.

Capitulo xxij°, que fabla de quando acaesçiere en los canes quebrantadura[s] de braço o de pierna sin llaga: en qual manera deue ser curado et guardado.

Capitulo xxiij°, que fabla de quando acaesciere el can quebrantadura del braço o de la pierna con llaga: en qual manera deue ser curado.

Capitulo xxiiij°, que fabla de quando acaesçiere al can ser salida el espalda por ferida o por achaque de topadura: commo deue ser tornada a su propio logar, et de qual manera deue ser curado et guardado.

[MS *E₁*] *Capitulo xxv°, que fabla quando les saliere a los canes la muñeca o la pierna: de qual manera deue ser tornada a su logar et curado.*

[MS *P₄*] *Capitulo genera, que habla como se deuen curar toda ferida simple; en qual quier menbro, que sea rremedio muy probad[o].*

MS Y.II.19
Book II, Part 1

[MS *P₃*] *Aqui comjença la primera parte del segundo libro, y fabla de la çurugia de los canes: que es lo que les deuen hazer en las feridas y en las quebrantaduras y en las salliduras general mente. Y departese en .xxv. capitulos.*

Pues que en el libro ante deste hablamos en la manera del monte, e otrosy en la manera de la criança de los canes e de las fechuras que deuen aver para ser mas lindos y mas fermosos, queremos Nos dezir en este libro segundo de la fisyca de los canes. Y este departese en dos partes.

La primera, de commo los deuen curar de las feridas y de las quebrantaduras que les aca-esçieren, [fol. 32v] *por que es vna cosa que acaesçe de cada dia segund el menester en que ellos andan. E cunple muncho a todo montero saberlos curar de las feridas, pues syn ellos non se puede hazer ninguna buena mon-teria.* [fol. 23r] *Et commo quier que en la fisica anda la çelurgia, [e]t deuiera ser ordenada ante que la çelurgia. Pero por que la celurgia cunple mas de cada dia para el mester del monte, posiemos primero la cirurgia. La segunda parte deste libro fabla commo deuen melezinar a los canes de las dolençias que les acaesçieren para los guaresçer dellas, et otrosi para traer los sanos.*

Capitulo primero, que fabla de quando acaesçiere que el can fuere ferido en la cabeça tan sola miente en la carne. Esta es llamada llaga sinple: en qual manera deue ser curado, et con quales melezjnas.

Quando acaesçiere que el can fuere ferido en la cabeça en la carne tan sola miente, que es llamada llaga sinple, primera miente el maestro o el buen montero deue fazer asy: trasquilar en derredor de la llaga vn dedo, et depues alinpiar la llaga que niguna superfluydat non finque en ella. Et depues, tomar del vjno que sea cocho en ello rruda, et tomiello, et espligo; et sea lauada la llaga muy bien con ello.

[fol. 23v] Et depues, sea enxuta con vn paño de ljno blando, et depues sea juntada la llaga con fazeruelos o con venda conuenjente al logar de la llaga. Et sean y echados destos poluos, los quales se fazen asy: tomar cortezas de açienço aluar, dos onças; bolarmenico, quatro onças; corteza de enzjna, vna onça. Estos poluos sean bien molidos et çernidos. Et echen les dellos en cima de la llaga, sy fuere verano dos vezes, sy fuere yuierno vna vez; et con esto guaresçera.

Capitulo ij°, que fabla quando acaesçiere el can ser ferido en la cabeça, et fuere llaga conpuesta: qual cura le deuen fazer.

Otrosy, quando acaesçiere llaga en la cabeça del can que sea conpuesta, que sea en carne et en hueso que traspase adentro, primera miente el maestro o el buen montero deue fazer esto: tresquilar en derredor de la llaga vn dedo, et meter el dedo dentro. Et sy ouiere hueso quebrado, sea luego sacado; et depues, catar que ninguna superfluydat non finque y.

Et depues, juntar los labros de la llaga con legadura conuenjente al logar, por que costura non deue ser fecha en la cabeça. Et depues, sean y echados de los poluos sobredichos de la llaga sinple. Et depues, sea y puesta estopada de vjno caliente en que sean cochas las cosas sobredichas; et sea bien espremida et puesta sobre la llaga, et depues sea atada en la manera que vieren que es mester por que el ay-re [fol. 24r] non corronpa el logar.

Et asy sea catado en verano dos vezes, et en yuierno vna vez. Et asy guardando lo, guarescera sy Dios quisiere sy la tela non fuere rrota.

Capitulo iij°, que fabla quando fuere ferido el can en el rrostro: de qual manera deue ser catado et curado.

Quando acaesçiere el can ser ferido en el rrostro a por luengas, primera miente el maestro o el buen montero deue fazer asy: alinpiar la llaga muy bien, et que njnguna superfluydat non finque y; et depues sea cosida en manera que aya de punto a punto vn dedo trauieso.

Et despues, sea lauada con el vjno sobredicho et echados y de los poluos sobredichos, sy fuere verano dos vezes, sy fuere yuierno vna vez. Et con esto guarescera.

Capitulo iiij°, que fabla quando el can acaesçiere ser ferido en la garganta et pasare adentro: en qual manera deue ser curado et guardado.

Otrosy, quando acaesçiere el can ser ferido en la garganta, primera miente el maestro o el buen montero deue fazer asy: tresquilar en derredor de la llaga vn dedo, et guardar que niguna superfluydat non finque y; et sea cosido commo dicho es, et echar [l]e de los poluos sobredichos.

Et poner le estopada de vino caliente, bien espremida commo dich es desuso en la llaga de la cabeça, et atalla con legadura conueniente al logar por que el ayre [fol. 24v] non lo corronpa. Et con esto guaresçera.

Capitulo v°, que fabla quando el can fuere ferido en la garganta et non pasare adentro: commo lo deuen curar.

Primera miente, el maestro o el buen montero deue fazer asy: tresquilar enderredor de la llaga vn dedo. Et depues, sea cosida en la manera que dicha es desuso, et sea lauada [MS *P₃*] *la llaga con* vjno caliente en que sean cochas las cosas sobredichas. Et depues, sea enxugada la llaga et echados de los poluos sobredichos de las llagas sinples, sy fuere verano dos vezes, sy fuere yuierno vna vez; et con esto guaresçera.

Capitulo vj°, que fabla de quando acaesçiere el can ser ferido en los pechos et pasare adentro: de qual manera deue ser curado et guardado.

Otrosy, quando acaesçiere el can ser ferido en los pechos et pasare adentro, primera miente el maestro o el buen montero deue fazer asy: meter el dedo dentro en la llaga quanto podiere, et escorrille de la sangre, que non finque y.

Et depues, tresquilar la llaga aderredor commo dicho es, et alinpiar la que niguna superfluydat non finque y. Et coser la sy mester fuere commo dicho es, et echar le de los poluos que son fechos de aquestas cosas: tomar cortezas de açienço aluar, dos onças; et rruda montesina, vna onça; et çumaque, dos onças; et arrehan, dos onças; bolarmenico, quatro onças. Sea [fol. 25r] todo molido et cernido muy bien.

Et destos poluos sean echados en aq[ue]lla llaga a la mañana, et a la noche, lo que entendieren que cunple en la llaga; et sea atado con legadura conuenjente a tal que conuenga al logar de la llaga. Et con esto guaresçera, sy Dios quisier.

Capitulo vij°, que fabla de quando acaesçiere el can ser ferido en los pechos et non pasare adentro: de qual manera deue ser curado et guardado.

Quando acaesçiere el can ser ferido en los pechos et non pasare adentro, primera miente el maestro o el buen montero deue fazer asy: trasquilar la llaga en derredor della vn dedo et alinpiar la, que non finque dentro ninguna superfluydat.

Et sea cosido, si mester fuere, en la manera que dicho es; et sea lauada la llaga con vjno caliente en que sean cochas las cosas sobredichas. Et depues, enxugar la con vn paño de lino blando; et echalle de los poluos sobredichos commo dich es, et con esto guarescera.

Capitulo viij°, que fabla quando acaesçiere el can ser ferido en los costados o en otra parte del cuerpo et pasare adentro: de qual manera deue ser curado et guardado.

Otrosy, quando el can acaesciere ser ferido en los costados o en otra parte del cuerpo et pasare adentro, el maestro o el buen montero deue fazer asy: tresquilar derredor de la llaga commo dich es, et meter [fol. 25v] el dedo dentro en manera que pueda salir la sangre que dentro yoguiere. Et depues, alinpiar la llaga en manera que niguna superfluydat non finque y, et depues sea cosida la llaga en manera que aya de punto a punto vn dedo trauieso, et echados y de los poluos sobredichos.

Et despues, sea y puesta estopada de vjno caliente bien espremida, et depues sea atada con legadura conuenjente al logar. Et con esto guaresçera, sy Dios quisier.

Capitulo ix°, que fabla de quando el can acaesciere ser ferido en los costados o en otra parte del cuerpo et non pasare adentro: de qual manera sera curado.

Quando el can acaesçiere ser ferido en los costados o en otra parte del cuerpo et non pasare adentro, primera mjente el maestro o el buen montero deue fazer asy: trasquilar enderredor de la llaga commo dicho es; et alinpiar la, que niguna superfluydat non finque y.

Et depues sea cosida, sy mester fuere, et sea lauada con el vjno sobredicho; et sean y echados de los poluos sobr[e]dichos commo dicho es. Et sea catado en verano dos vezes, et en yuierno vna vez; et con esto guaresçera.

Capitulo x°, que fabla de quando el can acaesciere ser ferido en el vientre et le salieren las tripas fuera: en qual manera deuen ser tornadas a su propio logar; et de commo deue ser cosido, et curado et guardado.

Quando el can acaesçiere ser ferido en el vientre et le salieren las tripas fuera, primera miente [fol. 26r] el maestro o el buen montero deuen fazer asy: tomar el can et echar lo papa arriba en manera que este en vago, et quel tengan bien en manera que este muy quedo. Et el maestro o el buen montero tome et ponga la mano ysquierda dentro en la llaga en manera que la ensanche quanto podiere, por que las tripas puedan entrar mas ligera mjente. Et con los dos dedos de la mano derecha, rretorne las tripas a su propio logar.

Et depues, sean cosidos aquellos tres cueros que son en manera que el çifat, que llaman el cuero en que rretienen las tripas, que finque del vn cabo menos de costura. Et sea cosida la llaga, que aya de punto a punto vn dedo trauieso, et sean fechos estos poluos: tomen la foia de la xara, quatro onças; et corteza de z[ire]a, dos onças; almastica, vna onça; cortezas de açienço aluar, dos onças; et azeche, dos onças; bolarmenjco, quatro onças. Et sea molido et çernido muy bien, et echen dellos en la llaga, ssy fuere verano, dos vezes en el dia, sy fuere yuierno vna vez. Et sea puesto en çima de los poluos estopada de vjno caliente que sea bien espremida, et cocho el vjno con las cosas sobredichas. Et sea legado con legadura conujnjente al logar por que el ayre non corronpa las partes de dentro. Et con esto guarescera, si Dios quisier.

Capitulo xj°, que fabla de quando el can acaesciere ser ferido en el vientre et pasare adentro, et non le salieren las tripas: de qual manera deue ser curado et guardado.

[fol. 26v] Otrosy, quando acaesçiere el can ser ferido en el vientre et pasare adentro, et non le salieren las tripas fuera, primera miente el maestro o el buen montero deue fazer asy: tresquilar la llaga commo dicho es, et alinpiar la que niguna superfluydat non finque en ella. Et depues sea cosida, sy mester fuere, et sea lauada la llaga con el vino sobredicho; et sean echados de los poluos sobredichos. Et sea atada con legadura conuenjente al logar, et sea catado en verano dos vezes et en yuierno vna vez. Et con esto guaresçera.

Capitulo xij°, que fabla de quando acaesçiere el can ser ferido en el vientre et non pasare adentro: de qual manera deue ser curado et guardado.

Quando acaesçiere el can ser ferido en el vientre et non pasare adentro, primera miente el maestro o el buen montero deue fazer asy: trasquilar aderredor de la llaga, segunt dicho es. Et depues sea cosida la llaga, si mester fuere, en la manera que dicha es. Et echen le de los poluos sobredichos, si fuere verano dos vezes, sy fuere yuierno vna vez.

Capitulo xiij°, que fabla quando acaesçiere el can ser ferido en el vergaio: de qual manera deue ser curado et guardado.

Otrosy, quando acaesçiere el can ser ferido en el vergaio, primera miente el maestro o el buen montero deue fazer asy: coser el cuero segunt viere que es mester, et sea lauada con el vino sobredicho mansa miente. [MS *P₃*] *E despues sea enxuta la llaga muy quedo con paño muy blando, e sean echados de los poluos sobre dichos; e con esto guaresçera.*

Capitulo .xiiij°., que habla de quando acaesçiere el can ser ferido en los testiculos: de que manera deue ser curado.

[fol. 35r] *Quando acaesçiere el can ser herido en los testiculos e salleren fuera, primera mente el maestro o el buen montero deuen hazer asy: tornar los testiculos a su propio lugar mansamente, y alinpiar la llaga de toda suziedad. E sea luego cosida la bolsa de los testiculos mansa mente commo vieren que es menester. E despues sea lauada la llaga con del vino suso dicho, en verano dos vezes y en ynvierno vna vez. E con esto guaresçera.*

Capitulo .xv°., que habla de quando acaesçiere el can ser ferido en las piernas o en los braços a la larga o al traues: commo deue ser curado.

Quando el can acaesçiere ser herido en las piernas o en los braços a la luenga o al traues, primera mente el maestro o el buen montero deue hazer asy: sy acaesçiere el can ser ferido en las piernas o en los braços al traues, sea alinpiada la llaga, que njnguna superfluidad no rreste. E sea trasquylada en derredor, y sea cosida sy menester fuere; y sea lauada la llaga con el vino sobre dicho. Y echar ençima de los poluos sobre dichos. Y sea atado, sy menester fuere, y sanara.

Capitulo .xvj°., que habla de quando acaesçiere el can ser ferido en los pies o en las manos por rancaxo o por otra arma semejante y hincharen los pies: en que manera deue ser curado e guardado.

Quando acaesçiere el can ser herido en los pies o en las manos por rancajo o por otra arma semejante, e hincharen los [pies] o las manos y le ardieren, y estouiere el rrancajo dentro, primera mente el maestro o el buen montero deuen hazer asy: tomar armonjac con mjel mesclada, e ponga enplasto dello en la llaga sobr'el rrancajo. Y sy con esto no sallere, tomad rrayzes de cañas picadas e con miel mescladas, e sean puestas ençima de la llaga sobre el rrancajo. Y [sy] todas estas cosas fueren ayuntadas en vno, sera la obra dellas mas fuerte, y salira mas ayna. E sy la granola descortezada fuere de suso puesta, es detiramjento marauilloso.

E sy con esto no sallere, dize maestro Maçer que aristolongia rredonda y picada y puesta tira toda cosa fincada. E dize que rrayzes de oruga de suso puesta[s] echa huessos quebrantados fuera; y avn estas cosas tyran saetas o espinas, e afrillas, e jaegas quando no son muncho hincadas. E [fol. 35v] *para el ardor del pie o de la mano, sea vntado con vnguento blanco defuera de la llaga. E quando el rrancajo fuere sallido, sea curado commo las otras llagas.*

Capitulo .xvij°., que habla de quando acaesçiere el can ser ferido en los pies o en las manos por rancaxo o por otra [fol. 27r] **arma semeiante et non le jncharen [los pies]: en qual manera deue ser curado et guardado.**

Otrosi, quando el can acaesçiere ser ferido en los pies o en las manos et non le jncharen los pies, primera miente el maestro o el buen montero deue fazer asy: prouar de sacar le el rrancaio si podiere, en manera que sea sin gran dolor del can. Et lo mas mansa miente o podiere. Et sy non podieren salir, sean y puestas las melezjnas sobredichas que dize en el capitulo sobredicho. Et depues que fuere salido, sea curado commo las otras llagas.

Capitulo xviij°, que fabla quando el can acaesçiere ser ferido en la cola et saliere mucha sangre della: en qual manera deue ser cu[rado] et guardado.

[Q]uando acaesçiere el can ser ferido en la cola et saliere mucha sangre della, primera miente el maestro o el buen montero deue fazer asy: poner y claras de hueuos por que es melezjna que rretien la sangre, et que este tercer dia que non se desate sy la sangre non saliere.

Et sy por auentura la sangre tornare a salir et el maestro o el buen montero viere que non puede rrestañar, sea y puesta melezjna aguda, la qual llaman asenico soljmado. Et sy por auentura con esto non quisieren rrestañar, sea tornado a otra de çelurgia: queme el logar con fierro caliente. Et depues, sea curado con manteca de vacas fasta que el fuego sea fuera. Et depues sea curado commo [fol. 27v] las otras llagas.

Ca[p]itulo xix°, que fabla quando acaesçiere el can ser ferido en la cola et non le saliere sangre della: commo deue ser curado et guardado.

Quando acaesçiere el can ser ferido en la cola et non le saliere sangre, el maestro o el buen montero deuen fazer asy: tomar rraça, et momja, et calanfonja, et saen al catar, et açienço, et almastica, de cada vno vna onça; et bolarmenico, et tan, de cada vno dos onças. Sea todo fecho poluos, et moljdo et çernjdo muy bien; et sea lauada la llaga con vjno que sea cocho con xara, et tomillo, et espligo. Et depues, sea enxuta la llaga con vn paño blando muy sotil mjente. Et depues, sean y echados destos poluos sobredichos en verano dos vezes, et en yuierno vna vez. Et con esto guaresçera.

Capitulo xx°, [que fabla de] quando acaesçiere al can ser mordido de oso: qual melezjna deue ser y puesta fasta que la poçoña sea fuera.

Quando acaesçiere el can ser mordido de osso, primera miente el maestro o el buen montero deue fazer asy: tomar cebolla maiada con sal bien, et depues sea metido en la llaga del can dos vezes al dia, de cada dia, fasta que la poçoña sea fuera. Et depues, sea lauada la llaga con del vjno en que sean cochas rrosas, et flor de maçanjlla, et rruda del monte, et asensio, et foia de xara, et tan, et arrehan. Et sea lauado con ello dos [fol. 28r] vezes al dia. Et sean y echados de los poluos sobredichos, asi faziendo de cada dia fasta que sea sano.

Capitulo xxj°, que fabla de quando el can acaesçiere ser brocado de oso sin llaga njnguna: commo deue ser curado.

Otrosy, quando acaesçiere el can ser brocado de osso sin llaga ninguna et non se podiere leuantar, primera miente el maestro o el buen montero deue fazer asy: tomar vna sauana, et sea feruida en el vjno sobr[e]dicho que dize en la cura del osso, segunt dicho es con las dichas yeruas. Et sea el can enbuelto en ella vna vez cada dia fasta el quinto dia, et den le a beuer de cada dia por la garganta vn poco de consuelda et de mastuerço, et ayudar lo a a leuantar et a guaresçer.

Capitulo xxij°, que fabla quando acaesçiere en los canes quebrantaduras de braço o de pierna [sin] llaga.

Quando acaesçiere en los canes quebrantaduras de braço o de pierna [sin] llaga, primera miente el maestro o el buen montero deue fazer asy: tomar el braço o la pierna quebrada, et estiralla de amos cabos equal miente en tal manera que los huesos sean egualados en su derecho. Et depues, tome el maestro o el buen montero vna toca que aya tres dedos en ancho, o mas, segunt que la quebrantadura fuere; et sea enbeuida en claras de hueuos. Et sea puesta en derecho del mienbro quebrantado muy egual miente. Et depues, otra enxuta en çima.

[fol. 28v] Et depues, sean y puestas sus tabliellas enderredor aquellas, que entendieren que son mester. Et sean y puestos tres cañutos con sus cuerdas en manera que venga la vna cuerda con el vn cañuto primera mjente en medio de la quebrantadura, et el otro cañuto en çima, et el otro en fondon. Et esta melezina mantenga ix dias; et fagan en manera que el can que este muy quedo, que non se mueua a ningun logar por que los huesos sean meior rrestabrados.

Et depues de los nueue dias, sea tirada aquella melezjna muy quedo. Et sea lauado el mienbro quebrantado con vjno caliente, et con sal. Et depues, sea y echada bidma que sea fecha de rretama con claras de hueuos. Et esta dicha bidma tenga quinze dias. Et despues sea tirada muy quedo, et sea lauado el mienbro quebrantado con el vjno sobredicho. Et sy mester ouiere otra bidma, sea puesta en el logar quebrantado, que sea fecha de cortezas de açienço, et de almastica, et grasa, et goma arauica, de cada vno media onça; et acaçia, media onça. Et açauar çecutrin, et sangre de drago, ochaua de onça; bolarmenico, et nuezes de çipres, media onça. Todas estas cosas sean bien molidas et çernidas.

Et sean encorporadas en claras de hueuos con vn poco de farina de trigo çernida; et sea muy bien batido, todo en vno, fasta que este njn muy espeso njn muy rralo. Et depues sea tendida esta dicha melezjna en estopas, et sea puesto en çima del [fol. 84r] logar de la quebrantadura, et sea atado segunt dicho es. Et tenga la fasta que ella mesma se tire por sy. Et depues sea lauado el mienbro con el vjno sobredicho, et sea enxuto el mienbro con vn paño de ljno. Et depues que sea enxuto, sea y puesto vn enplastro de dia palma para esforçar el logar. Et quanto mas quedo podiere estar el can, mas ayna et meior guaresçera.

Capitulo xxiij°, que fabla de quando acaesciere al can quebrantadura del braço o de la pierna con llaga: en qual manera deue ser curado et guardado.

Quando acaesciere al can quebrantadura en el braço o en la pierna con llaga, primera miente el maestro o el buen mo[n]tero deue fazer asy: tomar el mienbro quebrantado, et tirar le muy mansa miente fata que sean egualados los huesos et su logar. Et depues, tome el maestro o el buen montero vna toca de tres dedos en ancho, o mas, segunt que la quebrantadura fuere. Et faga vn forado en ella, asy commo fuere boluiendo. Et el forado sea en derecho de la llaga.

Et depues, sea puesta en çima otra toca segunt dicho es en çima en el mienbro de la quebrantadura sin llaga, et que sea foradada en derecho de la llaga. Et depues, sean puestas sus tablillas et sus cañutos segunt dicho es en çima. Et esta dicha melezjna tenga y fasta nueue dias.

Et depues, sea tirada muy mansa miente, et sea lauado el mienbro quebrantado con vjno caliente et [fol. 84v] con sal. Et depues sea enxuto con vn paño de ljno blando, et sea puesta y vna bidma de rretama con claras de hueuos, et tenga la y quinze dias. Et depues sea tirada mansa miente, et sea lauado con vjno caliente et con sal.

Et sy mester fuere, sea y puesta otra melezjna que sea fecha de cortezas de açienço aluar, et de almastica, et grasa, de cada vno vna onça; et saen al catar, ochaua de onça. Bolarmenico, dos onças. Sea encorporada con farina de trigo, çernida en tal manera que non sea muy espeso njn muy rralo. Et sea puesto con estopas en el logar de la quebrantadura, et sea foradada la estopada en derecho de la llaga.

Et esta dicha bidma tenga fasta que ella por sy se tire. Et en cima de la llaga, sea puesto de cada dia dos vezes de la melezjna que dizen alcatenes. Et sea y puesto azeche con ello. Et depues que la llaga fuere sana et la bidma tirada, sea lauada la llaga con el vino sobredicho. Et sea puesto el enplasto de dia palma para esforçar el logar de la quebrantadura.

Capitulo xxiiij°, que fabla de quando acaesçiere al can ser salida el espalda, o entre abierta por ferida o por achaque de topadura: commo deue ser curado.

Quando acaesçiere al can ser salida el espalda o entre abierta, primera miente el maestro o el buen montero deue fazer asy: tener el can bien firme miente, et el maestro o el buen montero tenga la mano ysquierda en el logar da-ñado. [fol. 85r] Et con la mano derecha rretorne el mienbro a su propio logar, quanto meior et mas conplida miente podiere. Et depues, sea y puesta vna bidma de claras de hueuos et de rretama.

Et sy ferida y ouiere, faga en manera el maestro o el buen montero que la llaga que finque descobierta, et sea sana con la melezjna que de suso es dicha de los alcatenes con el azeche. Et sobre todo esto, que guarden que el can que este muy quedo por treynta dias, o mas, fasta que este sin dolor. Et sea guardado que se non desate con la boca, njn lo coma. Et depues, sea y puesto el enplasto de dia palma para esforçar, et que sea buelto con ello espicanarte et vn poco de almastica.

Capitulo xxv°, que fabla quando les saliere a los canes la muñeca o la pierna: de qual manera deue ser tornada a su logar et curado.

Otrosy, quando acaesçiere a los canes ser salida la muñeca o la pierna, primera miente el maestro o el buen montero deue fazer asy: fazer estar el can muy quedo, et vn omne que eche la mano en çima del braço faza la espalda. Et el maestro tire con la mano ysquierda de la mano del can quanto podiere, et con la mano derecha encase la muñeca en su propio logar. Et sea puesta en çima vna bidma de claras de hueuos, et tenga la y çinco dias. Et depues sea tirada, et caldeado el braço con vino caliente et con sal. Et depues sea tirada [fol. 85v] et puesta vna bidma de açienço et de almastica, de cada vno vna onça. Bolarmenico, dos onças; nuez de çipres, media onça. Et sea todo molido et çernido.

Et destos poluos tomen los que entendieren que seran mester, et sean encorporadas con claras de hueuos et con farina de trigo çernida. Et sea tendido en estopas, et sea puesto en çima del logar dañado. Et esta dicha bidma tenga doze dias; et depues sea tirada mansa miente, et sea lauada con vjno caliente et con sal commo dicho es.

Et sea enxuto con paño de ljno blando, et depues sea y puesto para esforçar el logar enplasto, que sea fecho desta guisa: tomar galuano, et serapino, et apapanac; et albaxad, et caranfonia, de cada vno vna onça. Et estas gomas sobredichas sean echadas a rremoio en vn poco de vinagre por vn rrato bueno. Et depues, echen las a rretir en vna olla pequeña. Et desque fueren rretidas, tomen açienço et almastica, de cada vno media onça; goma gargante, et nuez de çipres, de cada vno ochaua de onça. Et estos dichos poluos sean molidos et çernidos, et echados con las gomas.

Et desque fueren rretidas, encorporallas bien mansa miente con el espatula, et depues sea tirado del fuego. Et sea ayuntado y media onça de termentina. Et depues, sea colado por vn trapo en vn bacin de agua. Et depues, el maestro o el buen montero vnte las manos con vn poco de azeyte, por que se le non pegue; et depues, souelo fasta que salga [fol. 86r] el agua dello.

Et depues, tienda en vn trapo o en vn valdres lo que ent[e]nd[i]ere que cunple. Et pongalo sobre el logar dañado. Et guisen que el can que este muy quedo por veynte dias, o mas sy mester fuere, fasta que el dolor sea partido et que pueda fincar bien la mano o la pierna sin dolor. Et sea guardado, que non se lo coma.

[MS *P₁*] *Capitulo genera, que habla como se deuen curar toda ferida simple en qual quier menbro, que sea rremedio muy probad[o]*.¹⁸

Otrosy, lo que fallamos de cada dia que es bueno para las feridas que non entran en el cuerpo del can, et que fallamos que es prouado, es el tomiello, et la xara con su foia, et la corteza de la rrayz del enzjna, tanto de lo vno commo de lo al. Et esto todo sea cocho en el vjno mas fuerte que fallaren, et sea bien cocho fasta que mingue las dos partes del vjno en que lo coxieren.

Et cada que ouieren acatar la ferida del can: lauar la con este vjno, et depues guardar lo muy bien fasta acabado. Et desque esto fuere acabado, cozer mas vjno desta guisa que dicha es; et guardar el can del frio, et lauar lo con este vjno fasta que sea guarido.

[fol. 86v]
[fol. 87r]
[fol. 87v]
[fol. 17r]
[fol. 17v]
[fol. 18r]
[fol. 18v]
[fol. 19r]
[fol. 19v]

Table of Contents
of
Biblioteca de Palacio MS II.g.3/2105
Book II, Part 1

[fol. 25r] Comjençan los titulos de la primera parte del .ij. libro

Capitulo primero, que fabla de las llagas que son fechas en la cabeça: qual es symple, e qual conpuesta.

Capitulo .ij°., de la llaga sinple que es fecha en la cabeça tan sola mente en la carne.

Capitulo .iij°., que fabla de llaga que es fecha en la cabeça con espada o con semejante cosa que taja el cuero e el huesso.

Capitulo .iiij°., que fabla de llaga de cabeça que es fecha con piedra, o con palo, o con otra cosa semejante syn quebrantamjento del tiesto e rronpe el cuero.

Capitulo .v°., que fabla de llaga que es fecha en la cabeça con piedra, o con palo, o con cosa semejante, tajante el cuero e quebrante el casco.

Capitulo .vj°., que fabla de llaga que es fecha en la cabeça, non rronpiente el cuero e quebrante el casco.

Capitulo .vij°., que fabla de llaga que es fecha en el rrostro con espada o con otra cosa semejante.

Capitulo .viij°., que fabla de toda llaga sinple que sea fecha en toda o qual quier parte del cuerpo.

Capitulo .jx°., que fabla de llaga que salga alguna quantidat del cuero e de la carne, e caya en tierra.

Capitulo .x°., que fabla de llaga de nerujos que son tajados e fincan descubjertos.

Capitulo .xj°., que fabla de llaga de la garganta de que saljere mucha sangre.

Capitulo .xij°., de llaga que sea fecha en los pechos e passare adentro.

Capitulo .xiij°., que fabla de llaga del vjentre que salleren las trjpas fuera.

Capitulo .xiiij°., que fabla de llaga que sea fecha en el cuerpo con cuchiello o con cosa semejante, e passa adentro.

[fol. 25v] Capitulo .xv°., de llaga que sea fecha en los testiculos, e salleren fuera.

Capitulo .xvj°., que fabla de llaga que sea fecha en los braços o en las piernas de espada o de cosa semejante, e corta el huesso.

Capitulo .xvij°., que fabla de xara o de otra cosa que entra en los pies a los canes, e passa el cuero e la carne.

Capitulo .xviij°., que fabla de mordedura de osso o de otro venado.

Capitulo .xjx°., que fabla de brucadura, que es apretadura de osso.

Capitulo .xx°., que fabla de quebrantadura de braço o de pierna con llaga.

Capitulo .xxj°., de quebradura de braço o de pierna syn llaga.

Capitulo .xxij°., quando los canes oujeren saña de que pierdan el cabello e finca el cuero bermejo.

MS II.g.3/2105
Book II, Part 1

[fol. 26r] Comjença la primera parte del .ij°. libro

Prologo

Pues que en el libro ante deste fablamos en las maneras que pertenesçen a las monterjas, e otrosy en la crjança de los canes e de las fechuras que deuen auer para seer mas ljndos e mas fermosos, queremos dezjr en este segundo ljbro de la fisica de los canes. E este departese en dos partes. La prjmera, de commo los deuen curar de las ferjdas e de las quebrandaduras que les acaesçieren, por que es vna cosa que acaesçe de cada dja segund el menester en que ellos andan. E cumple mucho a todo montero saber los curar de las ferjdas, pues syn ellos non se puede fazer njnguna buena monterja.

E commo qujer que en la fisica anda la çirugia, e deujera ser ordenada ante la fisica. Pero por que la çirugia cunple mas de cada dia para el menester del monte, pusiemos prjmero la çirugia. E a pos ella, commo deuen melezjnar a los canes de las dolençias que les acaesçieren para los guaresçer dellas, e otrosy para los traer sanos.

Capitulo prjmero, que fabla de las llagas que son fechas en la cabeça: qual es sinple, e qual conpuesta.

La cabeça es llagada en muchas maneras. Ay llaga sinple, e ay llaga conpuesta. La llaga simple es la que non llega al tiesto. La conpuesta es la que llega al tiesto, e avn a las vezes qujebra el tiesto e llega a la tela del meollo. E ay llaga que qujebra el hueso con rrotura del cuero, e syn rrotura del cuero, e cada vna dellas ha menester su obra.

Capitulo .ij°., de la llaga sinple que es fecha en la cabeça tan sola mente en la carne.

Commo qujer que en los ombres non se deue coser ferjda de cabeça, por que se puede juntar bjen con atadura e ha entendimjento para estar [fol. 26v] quedo, en los canes non puede ser desta guisa, por que ha menester que toda llaga que can oujere en la cabeça que sea curada desta guisa. Lo prjmero, sea tirado el cabello enderredor de la llaga quanto dos dedos, e sea aljnpiada de los cabellos o de otra cosa alguna que sea de sacar; e sea cosida, tomando bjen del cuero e vn poco en la carne. E el aguja sea quadrada, e non muy delgada; otrosy, el filo non muy delgado.

E sean y dados tantos puntos quantos cunplieren, auiendo de punto a punto vna pulgada; e non sean muy apretados los puntos njn muy floxos, por que los apretados fazen dolor, e los floxos viedan de juntar la llaga. E ençima de la llaga sean echados estos poluos que se siguen: fojas de murta, e fojas de enzjna, e fojas de azederas; e fojas de njsporas, e fojas de llanten, e cortezas de palma; e ordjo quemado, e boladura de moljno, e açienço; e sangre de drago, e rrayz de pinta pilen, e rraça. E cada vna destas melezjnas conplira por sy, para lo que es dicho; pero quantas mas fueren ayuntadas en vno, tanto faran mejor obra.

E sobre los dichos poluos sean puestas estopas de vjno callente rremojadas e bjen espremjdas. E estopa seca sobre las dos estopadas de vjno. E sea atado con vna faxa. E esto sea fecho cada dja vna vez. E sy el atadura estudiere queda, sera mejor de catarse de terçer en terçer dja.

Capitulo .iij°., que fabla de llaga que es fecha en la cabeça con espada o con semejante cosa que taja el cuero e el huesso.

Quando llaga fuere fecha en la cabeça que tajare el cuero e el huesso, ha menester que el maestro o el montero que la catare que ponga dentro el dedo mostrador en la llaga. E sy oujere hueso desenparado de los otros huesos, luego sea sacado e todas las otras cosas que se deuen sacar, en manera que la llaga finque limpia. E en tjrar el cabello, e en la costura, e en la obra sea fecho commo dicho es de suso en la llaga simple, saluo que sea guardado el can de rroer huesos e de los quebrar por rrazon que se agraujara la tela, e en la fuerça que y tomase vernja daño al meollo.

Capitulo .iiij°., que fabla de llaga de cabeça que es fecha con piedra, o con palo, o con otra cosa semejante syn quebrantamjento del tiesto e rronpe el cuero.

Por que es rregla derecha que toda cosa cascada es menester que podrezca, por tanto non es menester que luego sea y puesta melezjna que enxugue.

Otrosy, non es menester que pongamos y melezjna [fol. 27r] que mucho podresca, por non fazer daño en la carne sana. Esta ferjda a tal sea curada con vnguento prjeto, que es conpuesto asy: rresina de pino, e çera, e pez, tanto de lo vno commo de lo al rretido, e sea colado; e con este vnguento sea catado dos vezes al dia. Eso mjsmo faze çera, e aluayalde, tanto de lo vno commo de lo otro rretido, e sea colado. E con este vnguento sea catado dos vezes al dja.

E sy fizjere mucho venjno, sea catado con este vnguento: tomar mjel, quatro onças; anzarote, vna onça; farjna de yeros, medja onça; e sea moljdo, e çernjdo, e ayuntado con la mjel. E ay algunos que fieruen la mjel e despues echan los poluos. E con este vnguento sea catado dos vezes al dja, e despues que la llaga fuere ljnpia sean puestas melezjnas que fagan creçer carne, las quales seran dichas en su lugar en la llaga con perdimjento de sustancia.

E sy mucho creçiere la carne, sean y echados estos poluos que se siguen: tomad alumbre de piedra, e vn poco de alujn, e sea todo moljdo e çernjdo, e sea echado en la llaga de cada dia fasta que la carne demasiada sea menguada. E muchas vezes estos poluos encueran la llaga. E sy con estos non encorare, sean echados los poluos que seran dichos en su lugar.

Capitulo .v°., que fabla de llaga que fue fecha en la cabeça con piedra, o con palo, o con cosa semejante, tajante el cuero e quebrante el casco.

De llaga que sea fecha en la cabeça con palo o con cosa semejante que taje el cuero e quebrante el casco: lo primero, sea metido el dedo mostrador en la llaga; e sy algund hueso oujere de sacar o otra cosa alguna, sea sacado en manera que la llaga finque ljmpia de toda cosa.

E por que en lo sacado non se puede dar punto, sea curada la llaga con azeyte rrosado dos vezes al dja fasta que la carne de la tela sea ayuntada con el casco. E despues sea curada con poluos creçientes carne, los quales seran dichos en su lugar. E en tjrar el cabello, e en poner las estopadas con vjno, e en el atar, sea fecho commo en la llaga sinple.

Capitulo .vjº., que fabla de llaga que es fecha en la cabeça, non rronpiente el cuero e quebrante el casco.

Lo prjmero, deuese tirar el cabello del lugar doljente, e grand parte en derredor; e luego sea y puesto vjno en que sea ferujda sal, buena quantia. E de tal vjno sea puesto en la cabeça con estopas bjen espremjdas segund dicho es por tres djas, vna vez al dja. E despues sea y puesto [fol. 27v] este enplasto que se sigue: tomad açienço, e almastiga, de cada vno quarta de onça; granos de laurel, e vayas descortezadas, e comjnos, e matahalua, de cada vno media onça. E sea todo moljdo e çernjdo, e sea tomada media ljbra de mjel, e sea puesta la mjel al fuego; e cuega vn rrato, e despues sean y echados los poluos dichos. E fierua vn poco con ellos, e despues sea tendido en estopas; e sea puesto en la cabeça, e estopa seca en çima. E sea atado, e este y fasta .jx. djas.

E despues, sea y puesto otra vez por otros .jx. dias, e despues con vjno callente cada dja fasta que se cunplan treynta djas; e sea guardado en el comer, que non rroya hueso njn lo quebrante, por que non venga daño segund dicho es en la ferjda de cuchiello.

Capitulo .vijº., que fabla de llaga que es fecha en el rrostro con espada o con otra cosa semejante.

De llaga que sea fecha en el rrostro con espada, o con cosa semejante: lo prjmero, sea trasqujlada la llaga enderredor quanto dos dedos, e sea cosida segund dicho es en la llaga sinple de ferjda de cabeça. E sean y echados estos poluos que se siguen: tomar açienço e almastiga, tanto de lo vno commo de lo otro; teli armjn, tanto commo de amas. E sean moljdos e çernjdos, e destos poluos sean echados en la llaga vna vez al dja. E de suso sea puesta estopada de vjno callente, e otra seca de suso que cubra bjen el estopada del vjno. E sea atado con vna toca que sea de vna mano en ancho, e tan luenga que ande tres o quatro vezes en derredor.

E por que los canes non han entendimjento para se guardar, e con las manos o rrascandose en algund lugar tjrarja el atadura, e quebrarja los puntos, e abrjrja la llaga onde fincarja feo: sea atado el cuerpo e las manos en alguna tabla, en manera que non pueda venjr el daño dicho. E este fecho es en el jngenjo del maestro quel catare, que por esto a tal es dicho quel "jngenjo del maestro al arte ayuda."

Capitulo .viijº., que fabla de toda llaga sinple que sea fecha en toda o qual qujer parte del cuerpo.

Ia dixjmos que la llaga simple es la que corta el cuero e la carne tan sola mente. Lo primero, sea trasqujlada segund dicho es, e aljnpiada de los cabellos e de otra cosa; e sea cosida segund dicho es. E sean echados los poluos que son dichos en la llaga sinple de cabeça. E sean puestas ençima estopadas de vjno segund dicho es.

Capitulo .jxº., que fabla de llaga que salga alguna quantidat del cuero e de la carne, e caya en tierra.

[fol. 28r] Esta llaga a tal es llamada llaga conpuesta, por que son de fazer y dos cosas: la vna creçer la carne perdida, la otra encorar. E para la primera, que es creçer la carne, ha se de fazer en esta manera que se sigue, por que las melezjnas que son ayudadoras de cresçer carne han de seer desecantes con tempramjento, e han de seer desecantes en el primero grado, por que han de secar la humjdat estraña e que non deseque la humjdat natural.

E son estas que se siguen: açienso, e farjna de ordjo, e farjna de yeros, e farjna de atramuzes, e anzarote, e azeche quemado, todas en vno; o cada vno por sy faze la obra, o quantas mas dellas fueren ayuntadas tanto es mejor. O vnguento fecho en esta guisa: tomad çera, dos onças; azeyte de oljuas, seys onças; verde de los escudos, medja onça. Sea rretjda la çera con el azeyte; e despues que fuere rretida, echad el verde bjen moljdo e çernjdo, e coladlo por vn paño de ljno; e guardadlo para do fuere menester, que es muy buena melezjna para creçer carne.

E sy la carne fuere mucho creçida, echad y alumbre de piedra con vn poco de alujn, que sea moljdo e çernjdo. E despues que la carne fuere egual, sean echados poluos para encorar, los quales son estos que se siguen: balastias e alarguez, e cortezas de mjlgranas, e cabeças de rrosas, tanto de lo vno commo de lo al; e sean moljdas e çernjdas, e sean echados en la llaga fasta que encuere.

Capitulo .xº., que fabla de llaga de nerujos que son tajados e fincan descubjertos.

De llaga de nerujos que sean tajados e fincan descubjertos: lo prjmero, la llaga sea cosida segund dicho es, e sean puestas ençima de la llaga estopadas de vino en que echen vn poco de azeyte de oljuas, por que ha manera de amansar dolor. E en la llaga sean echadas [estas] melezjnas que se siguen, por que los canes son trabajantes e han menester melezjnas mas fuertes que los cuerpos vmjdos. Las quales melezjnas son estas: galuano, e aluxaque, e sean rretidas con azeyte e con çera. E sean y echados estos poluos que se siguen: ferujon, e cortezas de açienso, e sean moljdos e çernjdos; e sean echados en la decoçion dicha. E fierua vn poco con ello, e despues tjrarlo del fuego, e ayuntad y vn poco de trebentjna, e coladlo.

E con este vnguento sea catado vna vez al dia, e de suso sienpre estopadas de vjno segund dicho es. E sy el vrujon fincare [fol. 28v] descubjerto lo tajado, del que lo non puedan meter so el cuero en su lugar, sea puesto sobr'el de cada dia la tutia lauada, moljda e çernjda, e con azeyte buelta tibio; e en esta manera sea la llaga de los nerujos curada.

Capitulo .xj°., que fabla de llaga de la garganta de que sallere mucha sangre.

De llaga de la garganta que fuere corta la vena organal e sallere mucha sangre: por que podrja seer que cosiendo la llaga que saldrja tanta sangre que morria el can, por tanto sea curado en esta manera que se sigue. Luego, sea puesto el dedo mostrador en la vena donde salle la sangre, e tengalo quedo; e mjentra y toujere el dedo, fagan esto que se sigue, por que non pueden tener tan prestas las cosas para quedar sangre: batan vna o dos claras de hueuos mucho batidas fasta que se faga mucha espuma; e sean endereçadas pildoras de estopa, la qual estopa sea picada con vn cuchiello en vn madero ljnpio. E desta estopa sean formadas pildoras, vna tamaña commo la cabeça del dedo pulgar, e otra mayor vn poco; e dende adelante otras mayores.

E la menor sea puesta sobre la boca de la vena, e la vn poco mayor sobre la primera; e tenjendo toda vja el dedo sobre las pildoras, e sobr'estas dos otras muchas fasta que la llaga sea bjen llena dellas. E todas estas pildoras que son estopadas: todas sean mojadas en las claras de los hueuos e sean puestas en la llaga, en manera que la llaga finque bjen enformada. E sea atada con vna toca que pueda andar vnas quatro vezes en derredor, en manera que non se pueda desatar. E con la primera atadura, este fasta çinco dias, o fasta siete.

E despues que la sangre fuere quedada, sea curada la llaga commo dicho es en la llaga que fabla de perdimjento de carne e de cuero. E el can que esta llaga toujere mjentra fuere en el mjedo de la sangre coma cosas blandas, que las non aya de mascar, por que podrja venjr por ello peligro.

E sy la llaga fuere en la garganta syn corronpimjento de sangre, sea curada commo las otras llagas con la costura e con los poluos segund dicho es en la llaga sinple.

Capitulo .xij°., de llaga que sea fecha en los pechos e passare adentro.

De llaga que fuere fecha en los pechos e passare adentro: lo prjmero, la llaga sea trasqujlada commo dicho es en las otras llagas, e sea metido el dedo dentro fasta que pase a lo hueco; e el can sea las piernas ergujdas, por que la parte llagada finque baxa. E con el aullar del can, [fol. 29r] e con estar asy baxo el lugar ferjdo, saldra la sangre sy alguna finco dentro. E mjentra sallere la sangre, este el dedo fasta que la sangre quede o que salga poco a poco. E esto faganlo en lugar do non de ayre. Despues, sea cosida la llaga, e sean echados los poluos que son dichos en la llaga sinple de cabeça, e sean y puestas [estopadas] de vjno en que sea cocho çumaque, e fojas de murta, e fojas de oljua, o qual qujer dellas. E con la primera atadura, este fasta tres dias. Despues sea catado commo dicho es, de terçer en terçer dia fasta que sea guarjdo. E sy la llaga fuere en los pechos et non passare, sea curado commo dicho es en la llaga sinple.

Capitulo .xiij°., que fabla de llaga del vjentre que salleren las tripas fuera.

Lo prjmero, sy fuere luego tomado ante que las tripas sean enfrjadas, sean tornadas a su lugar propio. E han se de tornar en esta manera: tengan el can de las manos e de los pies faza arriba, en manera que el vjentre finque en hueco. E el que las oujere a tornar, meta el dedo mostrador de la mano ysqujerda dentro en el vjentre, fasta que passe a lo hueco del vjentre. E con los dedos de la mano derecha, meta las tripas pocas a pocas, e meta los dedos con las tripas fasta que passe a lo hueco. E asy poco a poco, fasta que las tripas sean dentro.

E sy la llaga fuere angosta que las non pueda meter, sea ensanchada, que la llaga comunal abierta es mejor por rrazon que sy mucho angosta fuere, non podran entrar las trjpas; e sy mucho ancha, saldran muchas tripas por ella.

E sy las tripas fueren enfrjadas e con ventosidat, sean caldeadas con vjno bermejo, que es lo mejor en que sea cocha flor de mançanjella fasta que la ventosidat sea tirada dellas. E sean tornadas a su lugar propio segund dicho es, e sea cosida la llaga ante que el can dexen segund que estaua quando las tripas le pusieron dentro.

E por que son tres cueros en el vjentre, la costura ha de ser asy: metan el aguja por el cuero primero; e por el segundo; e por el terçero, que es el çifaque. E del otro cabo de la llaga en el derecho que esta el aguja, dexe de meter el aguja en el çifaque, que es el cuero mas çercano de las trjpas, e pongala por el cuero de medjo e por el cuero de ençima. E asy faga de la otra parte, en manera que el çifaque sea trauado vna vez del vn cabo, e otra del otro; e sean y dados dos nudos, e sean tan apretados por que el cuero de ençima llegue con el otro. E tantos puntos sean dados en la llaga en la manera dicha quantos cunplan, aujendo de punto a punto vn dedo.

E sean y [fol. 29v] echados los poluos que son dichos en la llaga sinple, e sean y puestas estopadas de vjno callente segund dicho es en las otras llagas. E guarden el can de saltar de alto a baxo, njn de baxo a alto, njn en otra manera; njn de correr fasta que sea bjen guarjdo, que sera cabo treynta dias.

Capitulo .xiiij°., que fabla de llaga que sea fecha en el cuerpo con cuchiello o con cosa semejante, e passa adentro.

Quando el can fuere ferjdo en qual qujer parte del cuerpo e passare adentro, sean y fechas todas las cosas que dixiemos en la llaga de los pechos que passa dentro al cuerpo, saluo que [non] sea y metido el dedo.

Capitulo .xv°., de llaga que sea fecha en los testiculos, e salleren fuera.

Sy acaesçiere llaga en los testiculos e salleren fuera de la bolsa en que estan: lo primero, sean tornados a su propio lugar e la llaga sea cosida segund dicho es en las otras llagas, e los poluos e las estopadas segun dicho es en la llaga sinple.

Capitulo .xvj°., que fabla de llaga que sea fecha en los braços o en las piernas de espada o de cosa semejante, e corta el huesso.

Lo primero, sea catado sy ay algund huesso desenparado. Luego sea sacado e sea cosida la llaga segund dicho es. E sy todo el huesso fuere quebrado, sean y echados estos poluos que se siguen: tomar açienso, e almastiga, e grasa, de cada vno quarta de onça; sangre de dragon, ochaua de onça; rraça, media onça; e sea todo moljdo e çernjdo. E estos poluos echen en la llaga, e de suso estopadas de vino callente segun dicho es en las otras llagas.

E sea atado con vna toca, e sea apretado sobre la tajadura; e ande la toca dos o tres vezes sobre la cortadura. E despues, suba faza arriba vna vez, e deçienda otra vez faza ayuso. E deçienda buena quantidat ayuso de la quebradura segund el mjenbro fuere; e sean y dados tantos paños, por que las costiellas que fueren y puestas que non llaguen el mjenbro.

E sean y puestas tablas de pino muy delgadas, e tan anchas commo el pulgar, tantas quantas cunplan; e sean atadas con vna cuerda, en manera que esten bjen firmes. E la primera atadura este fasta çinco dias, e despues sea desatado e atado en la manera dicha; e asy de çinco en çinco dias, fasta que sea sano. Pero sy crjare mucho venjno, sea catado cada dja e sea y puesta esta melezjna que se sigue: [fol. 30r] tomad mjel, quatro onças; anzarote, media onça; e sea la mjel ferujda. E commo firujere, sea y juntado el anzarote, moljdo e çernjdo, e con este vnguento sea catado vna vez cada dia. E despues que fuere ljnpia la llaga, sea tornado a catar commo primero fasta que sea sano; e guarden que el can non coma cosa que aya de estrjbar sobr'el braço, por que farja daño al consoldamjento del huesso.

Capitulo .xvij°., que fabla de xara o de otra cosa que entra en los pies a los canes, e passa el cuero e la carne.

Sy xara o otra cosa entrare a los canes en las manos o en los pies, sy sallere lo que es entrado, sea y puesto piedra sufre e ferujon, todo moljdo e çernjdo; e echenlo con azeyte, e cuega en vna cuchara fasta que se torne prieto. E con esta melezjna sea catado cada dia fasta que sea sano.

E sy lo que entro en el pie non sallere, sea y puesta esta melezjna que se sigue: tomad farjna de çeuada, e sea amasada con agua, e echad y azeyte; e fierua fasta que se torne espesso. E despues, echad y farjna de yeros vn poco e vn poco de açafran; e commo fizjere podre, saldra el rrancajo que entro; e quando fuere salljdo, sea y puesta la melezjna de la piedra sufre dicha fasta que sea guarjdo.

Capitulo .xviij°., que fabla de mordedura de osso o de otro venado.

Quando al can acaesçiere mordedura de osso o de otro venado, deuenle curar desta guisa: lo primero, sea y puesto fojas de puerros que non sean mudadas de su lugar majadas con sal, buena quantidat por tres dias, vna vez cada dja. E sy los puerros non fallaren, pongan çebolla en su lugar.

E despues, sea curado con este vnguento que se sigue: çumo de llanten colado, quatro onças; mjel, dos onças; e sea todo encorporado en vno. E cuega fasta que mengue las dos partes, e con esta melezjna sea catado dos vezes al dia fasta que sea guarjdo.

Capitulo .xjx°., que fabla de brocadura, que es apretadura de osso.

Quando acaesçiere al can brocadura, que es quebrantadura quando lo toma el osso e lo aprieta: lo prjmero, el can sea enbuelto en vna sauana de agua frja, e este asy vn dia e vna noche. E quantas vezes bafeare la sauana, tantas vezes sea mudada la sauana con el agua bjen esprimjda cada vez; e despues sea catado cada dja con vjno e con sal, paños mojados con ello e bjen esprimjdos. E sea [fol. 30v] enbuelto en ellos, asy commo en la sauana del agua. Esto fagan otros tres djas.

E sy el can se sintiere bjen en que ande alegre, vsen este dicho vjno fasta que sea guarjdo. E sy despues destos dias non se sintiere bjen, que esto paresçe en el gesto del can, sea cocho con vjno esto que se sigue, o algo dello: tomjello, e xara, e fojas de oljua, o arrehan, o alguna dellas; e sea puesto este vino dicho commo dicho es de suso fasta que sea guarjdo.

Capitulo .xx°., que fabla de quebradura de braço o de pierna con llaga.

Sy quebradura de braço o de pierna acaesçiere al can con llaga: lo primero, tengan bjen el can, e vn omne tome del braço o de la pierna con ambas manos vn poco en çima de la quebradura, e otro omne esso mismo tome de yuso de la quebradura. E tiren ambos comunal mente, e el que lo oujere a enderesçar eguale los huessos con ambas manos, en manera que los ponga en su propio lugar.

E sy los huessos estudjeren fuera del cuero, pongalos dentro en su lugar segund dicho es. E sy el lugar por o salleren fuere tan pequeño que non puedan entrar, sea rrasgado el cuero fasta que se puedan tornar. E tenjendo los dos ombres el mjenbro quebrado, non lo dexen segund lo tenjan.

E el que los huessos enderesço tome vna toca en que aya vna braçada en luengo e de tres dedos en ancho, e enbueluanla en claras de hueuos que sean mucho batidas. E esprjmanla vn poco, e pongan el cabo della sobre la quebradura, e trayala a derredor tres o quatro vezes sobre la quebradura. E despues, subala contra arriba buena quantidat de la quebradura segund el mjenbro; e despues, desçiendala ayuso otra buena parte de yuso de la quebradura.

E asy trayendola arriba e ayuso en manera que aya y tanto de paño, por que las tablas que fueren y puestas en çima que non puedan fazer daño en lo sano; las tablas sean puestas tantas quantas cunplan en manera que sean tan anchas commo el pulgar. E que non llegue la vna a la otra, e que sean de caña hexa, e muy delgadas.

E sea atado con vna cuerda de cañamo, e comjençe de la quebradura; e suba arriba çerca del cabo de las tablas, e desçienda fasta ayuso, otrosy fasta çerca del cabo de las tablas.

E con esta atadura, este fasta çinco dias. E despues sea tirada la cuerda, e la tabla que esta sobre la llaga, e las otras tablas esten en su lugar, tenjendolas alguno. E ally do la llaga, sean cortados los paños con tiseras o con gañjuete fasta que paresca la [fol. 31r] llaga; e sea alinpiada con paño delgado, e sea y puesta esta melezjna que se sigue: mjel, dos onças; anzarote, quarta de onça. E sea moljdo e çernjdo, e sea encorporado con la mjel; e esta melezjna sea puesta en la llaga, e asy sea catado de çinco en çinco dias.

E sy fizjere mucho venjno, sea catado vna vez al dia. E la prjmera atadura de la toca e de las claras de los hueuos este fasta .xv. dias. E a los qujnze djas sean tomadas estas melezjnas que se siguen: açienso, e almastiga, e nuez de çipres, de cada vno quarta de onça; teli armjn, medja onça; e sean moljdas et çernjdas. E sean echadas en dos claras de hueuos que sean batidas mucho primera mente. Et con estos poluos sean de cabo batidas mucho, echados pocos a pocos.

Despues sea y echada farjna de trigo çernjda, poco a poco; e toda vja meçiendo, fasta que el enplasto sea njn muy blando njn muy espeso. Despues sea tendjdo en vn paño, e sea puesto sobre la quebradura en manera que sobre buena quantidat en lo sano, saluo que finque la llaga descubjerta; e sea atado commo dicho es, e sea catada la llaga con la melezjna dicha segund dicho es. E este enplasto este fasta que el se tire. E despues que se tjrare, sea catado con vjno e con sal fasta que sea sano.

Capitulo .xxj°., de quebradura de braço o de pierna syn llaga.

Quando acaesçiere al can quebradura de braço o de pierna syn llaga, sean fechas todas las cosas que de suso es dicho en quebradura con llaga, saluo que non sea desatada la primera ligadura fasta los qujnze dias. E despues de los qujnze djas, sea y puesto el enplasto dicho commo dicho es.

Capitulo .xxij°., quando los canes oujeren saña de que pierdan el cabello e finca el cuero bermejo.

Sy esta enfermedat acaesçiere a los canes, sean vntados con esta melezjna que se sigue: almartaga, aluayalde, azarcon, de cada vno quarta de onça; tuere, media onça; alfeña, vna onça. Sea todo moljdo e çernjdo. E sea tomada vna libra de vnto, e sea el vnto en su cabo majado en vn mortero.

E despues que estudjere blando, ayunte[n] y dos onças de azogue; e magenlo con el vnto fasta que el vnto se torne cardeno, e el azogue sea bjen encorporado; e despues sean y ayuntados los poluos dichos. E toda vja majando, vaya[n] echando en vinagre poco a poco; e toda vja majando fasta que se faga commo [fol. 31v] vnguento blando. E despues ayunten y vn poco de folljn, e encorporenlo bjen con ello. E con este vnguento sea vntado vna vez al dia, fasta que sea sano.

Acabase la primera parte del segundo libro.

Table of Contents of MS Y.II.19 Book II, Part 2

[fol. 20r] **Estos son los capitulos de la segunda parte del segundo libro.**

Capitulo primero, que fabla de los tienpos en que se engendran los canes.

Capitulo ijº, que fabla de commo les deuen fazer quando non podieren parir.

Capitulo iijº, que fabla de lo que les deuen fazer con que les alinpien las madres.

Capitulo iiijº, que fabla de lo que les deuen fazer quando quisieren que se enpreñen ayna.

Capitulo vº, que fabla de lo que les deuen fazer a los maslos quando enflaqueçieren que non podieren fazer fijos, et quisieren fazer que se esfuerçen para ello.

Capitulo vjº, que fabla de lo que les deuen fazer quando se les daña aquel logar faziendo fijos.

Capitulo vijº, que fabla de las cosas que deuen dar a comer a los canes, et de commo los deuen engordesçer.

[fol. 20v] Capitulo viijº, que fabla de la guarda que les deuen fazer.

Capitulo ixº, que fabla de coñosçer las señales sy son alegres quando los sacan a caça o sy an sabor della.

Capitulo xº, que fabla de commo los deuen melezjnar quando los sacaren a caça en tienpo del estio, et les fezieren lazrar, et sacaren las lenguas; et rrefolgaren apriesa, et non fallaren agua en aquellos logares o andan.

Capitulo xjº, que fabla de commo los deuen melezjnar quando los sacaren a caça et les acaesçiere cansaçio depues que ouieren caçado.

Capitulo xijº, que fabla de commo los deuen purgar el acreçimiento de los vmores.

Capitulo xiijº, que fabla de lo que les deuen dar a comer quando non podieren verter las aguas.

Capitulo xiiijº, que fabla [MS E_1] *de commo los deuen melezjnar* quando los mordieren las moscas et los tauanos.

Capitulo xvº, que fabla de commo [fol. 29r] los deuen melezjnar de las mordeduras de los perros, o sy rrauiaren por ello.

Capitulo xvjº, que fabla de commo los deuen melezjnar quando se les quemaren las vñas andando a caça, o les jncharen las piernas por correr o por lazeria que ayan.

Capitulo xvijº, que fabla de las cosas naturales que dixieron los antiguos et las fallaron por prouamientos: de commo fazen estar quedados a los canes en las posadas, que non fuyan.

Capitulo xviijº, que fabla de commo les tiñen las colores.

Capitulo xixº, que fabla de commo faran a los canes que sean mas luengos.

Capitulo xxº, que fabla de commo [los] deuen melezjnar de las enfermedades de los oios.

Capitulo xxjº, que fabla de commo los deuen melezjnar de las nuues vieias que son de grant tienpo.

Capitulo xxijº, de commo los deuen melezjnar de la lagrima de los oios.

[fol. 29v] Capitulo xxiijº, de commo los deuen melezjnar de las quebrantaduras de las cuencas de los oios.

Capitulo xxiiijº, que fabla de commo los deuen melezjnar de los gusanos que se les fazen dentro en las oreias.

Capitulo xxvº, que fabla de com[m]o los deuen melezjnar de la jnchazon de las oreias.

Capitulo xxvjº, que fabla de commo los deuen melezjnar de la sordedat.

Capitulo xxvijº, que fabla commo [los] deuen melezjnar quando se les doblan las oreias.

Capitulo xxviijº, que fabla de commo los deuen melezjnar de la enfermedat que les acaesçe en las foetas [o] en las gargantas.

Capitulo xxixº, que fabla de commo los deuen melezjnar de las llagas que se les fazen en los paladares.

Capitulo xxxº, que fabla de commo les deuen melezjnar del hueso que se les traua en las gargantas.

[fol. 88r] Capitulo xxxjº, que fabla commo los deuen melezjnar de los gusanos que se les fazen dentro en los cuerpos.

Capitulo xxxijº, que fabla commo deuen melezjnar los del dolor que se les faze en las tripas.

Capitulo xxxiijº, que fabla de commo los deuen melezjnar de la enfermedat que an dentro en los cuerpos o en las yjadas.

Capitulo xxxiiijº, que fabla de commo los deuen melezjnar del dolor quel dizen disontorie.

Capitulo xxxvº, que fabla de commo los deuen melezjnar de la jnchazon que se les fazen en fondon de los vientres.

Capitulo xxxvjº, que fabla commo los deuen melezjnar de la enfermedat que se les faze en fondon de los vientres, et rreñen asy commo quando an tos.

Capitulo xxxvijº, que fabla commo los deuen melezjnar de la malenconja.

Capitulo xxxviijº, commo los deuen melezjnar quando mean sangre.

[fol. 88v] Capitulo xxxixº, que fabla commo los deuen melezjnar quando los quisieren purgar.

Capitulo xlº, que fabla commo los deuen melezjnar de las [ll]agas et de las crietas.

Capitulo xljº, commo los deuen melezjnar de las jnchazones.

Capitulo xlijº, commo los deuen melezjnar de las postiellas que semeian cabeças de priegos.

Capitulo xliijº, que fabla de commo los deuen melezjnar de las berrugas o de los nudos que son de manera de landras.

Capitulo xliiijº, commo los deuen melezjnar de las veruelas.

Capitulo xliiiijº, que fabla commo los deuen melezjnar de las exidas.

Capitulo xlvjº, que fabla commo los deuen melezjnar de la sarna.

[fol. 89r]

[fol. 89v]

MS Y.II.19
Book II, Part 2

[fol. 90r] Ia dixiemos en la primera parte deste segundo libro todo lo que pertenesçia a lo que tañe en la çilurgia. Agora queremos Vos dezir en esta segunda parte que es lo que fagan a los canes en sus dolençias para los guaresçer, et otrosi para los traer sanos. Et por que entendiemos que esto conplia mucho de saber a todo aquel que quiere ser buen montero, posiemos lo en este libro por que non fincase njnguna cosa por poner de las que pertenescian al oficio de la monteria.

Capitulo primero, que fabla de los tienpos en que se engendran los canes.

Dezimos asy que las sazones en que se engendran los canes son dos. Et a los del vn tienpo dizen "los tenpranos," et a los del otro tienpo dizen "los tardios." Pues el tienpo en que se engendran los tenpranos es del primer dia de enero, quando es el sol en la meytad de Cap[r]icornio. Et el tienpo en que se engendran los tardios es el primero dia de febrero, quando es el sol en la meytad de Aquario.

Pues quando qual quier destas sazones veniere, dexen las folgar algunos dias, que non caçen njn corran fasta que se paren. Et depues que fueren paradas, aparten las con los canes en la manera que desuso dicho auemos. Otrosi, es a saber que las perras traen sesenta dias, et quantos mas las touieren en los vientres tantos dias traen de mas de los sesenta.

Capitulo ij°, que fabla de lo que deuen fazer a las perras quando non podieren parir.

[fol. 90v] Quando quisieren parir et non podieren, et vieren que non ay al sy non fazer les echar los perreznos, tomen de las violetas et cuegan las con del agua. Et fagan los beuer de aquel agua, et echar los an. Et si non, tomen de la çenjsa et amasen la con del vjno aguado; et pongan gela en aquel logar por do an de parir fata que llegue a la madre. O tomen el loboro negro, et muelan lo et mezclen lo con carne, et den gelo a comer.

Capitulo iij°, que fabla de lo que deuen fazer a las perras con que se alinpien las madres.

Depues que ouieren parido las perras, sy quisieren dar les con que se alinpien las madres, tomen de la farina de las lenteias et amasen la con del agua. Et depues, fagan della panes et sequen los. Et depues, cuegan dellos con de los puerros. Et depues que fuere cocho, cuelen lo et echen de aquel caldo a las perras por las narizes. Ca con esto se les alinpiaran las madres.

Capitulo iiij°, que fabla de lo que les deuen fazer quando quisieren que se enpreñen ayna.

Si quisieren que se enpreñen ayna, conuiene que las tengan vn dia todo fasta la tarde que les non den a comer. Et depues, den les a comer vn poco de leuadura. Et depues, metan les tres granos de sal por aquellos logares do an de parir. Et depues, aparten el can quel quisieren echar con ella segunt que desuso auemos dicho.

Capitulo v°, que fabla de lo que deuen fazer a los maslos [fol. 91r] **que non podieren engendrar et enflaquesçieren, et quisieren que se esfuerçen para ello.**

Dezimos asy que quando les acaesçiere esto, conuiene que tomen de vna melezjna quel dizen arquintiduz, et de la pimienta, et de la rruda, tanto de lo vno commo de lo al, et vn poco de açafran. Et muelan lo todo, et rroçien lo con vjno añeio; et metan y agua caliente, et fagan gelo beuer. O tomen de los entremuçes por cortir, et cuegan los con agua et con carne de carnero o de gallinas o de puerco, et depues den les del caldo, et esforçaran.

Capitulo vj°, que fabla de lo que deuen fazer a los perros quando se les daña aquel logar faziendo fijos.

Sabet que quando esto les acaesciere, et se escarme[n]taren, conuiene que les caldeen aquellos logares o se dañaren. Et depues, aferuie[n]ten de la rruda con del azeyte, et vnten gelas con ello. O tomen de la cera o del azeyte, et fagan dello vngento, et vnten los con ello.

Capitulo vij°, que fabla de [MS *E₁*] *las cosas que deuen dar a comer* **a los canes, et de commo los deuen**

engordesçer.

Dezjmos asi que esto que diremos en este capitulo, de commo les an a dar a comer, et commo los an de engordeçer, es vna de las maneras por que las pueden guardar de las enfermedades que les acaesçen. Pues conuiene que les den a comer en el verano et en el estio tres vezes o quatro al dia. Et esto por que los dias son luengos et calientes, et den [fol. 91v] les el pan rremoiado con agua fria, et non los den mucho. Ca sy non, camiar lo yen. Et el camiar los enmagresçe, et los faze demudar. Et si les dieren leche a beuer o en migas, ser les a bueno.

Et con lo primero que les dieren a comer, den les comjnos molidos, ca esto les faze auer buen fuelgo et les saca la ventosidat. Et depues, den les lo que les fincare de su comer. Et vna de las cosas que meior es para dar les a comer sy es la carne çeçina. Et echen les azeyte en el agua que les dieren a beuer, ca el azeyte los faze delgados, et fuertes, et correr bien.

Et den les a comer en el otoñada et en el yuierno vna vez cada dia quando fuere el sol puesto, o ante vn poco. Ca sy madurgasen con ellos a caça non les faziendo esto, serien flacos et tristes, et non caçarian bien.

Et den les a comer en esta sazon migas en caldo de carne de oueia o de huesos, et den gelo tibio. Ca sy caliente fuese, fazer les a camiar. Et lo meior que pueden dar a comer a los canes vieios quando son cansados o tristes que non pueden caçar es que les den huesos o migas. Ca esto les fara meiorar. Et quando les quisieren engordesçer, tomen de los berros et cuegan los con del agua fasta que fieruan bien. Et depues, cuelen aquel caldo et metan les en ello de la farina, tanta quanta entendieren que los fartara. Et den gelo a comer tibio. Et den les huesos cochos et frios, et fagan les esto cinco dias o seys. Ca con esto les enblandesçeran los [fol. 4r] cuerpos, et cobraran en sus carnes. Et sy les dieren a comer carne [de] puerco con su cuero, engordesçeran ayna con ello. O si non, [tomen] liuianos de bueys et cuegan los con del agua; et depues fagan los menudos, et fagan les migas con de aquel caldo et con aquell[a] carne. Et den les dello vna lib[ra] cada dia, et engordesceran con ello.

Otrosy, engordescen los pulmones del buey cochos sin migas, et sin otra cosa. O sy non, [tomen cabeças] de oueias et pies de [oueias], et cuegan las con del agua con su cuero et con su pelo, et den les de aquel caldo a comer, mas non les den de los huesos. Et esto les faz engordescer ayna. O den les a comer cada dia quatro onças de manteca o cinco. Et sy les dieren algunos dias de los datiles a comer, seer les a bueno.

Et quando ouieren grant fanbre de manera que pierdan el ladrido por ello, et quisieren fartar los et engordesçer los de manera que les non fagan mal, tomen de vna melezjna quel dizen amomo, et descortezen la et muelan la; et tomen del azeyte, tanto de lo vno commo de lo al, et mezclen lo en seuo salgado. Et den les dello tres dias, que non les den otra cosa sy non esto. Et quando ouieren fastio que non quisieren comer, fagan les comer estiercol de omne; et de[stellen] les en las narizes vjnagre bu[el]to con farina de lenteias, et vnten gelas con ello. Et sy enflaqueçieren por les dar poco a comer, den les a comer cada dia manteca caliente, vn poco ante de la ora que les an a dar a comer. Et non les [fol. 4v] saquen a caçar fasta que tornen a caçar en la fuerça que ante auien.

Capitulo viij°, que fabla de la guarda que les deuen fazer.

Dezimos asy que pues auemos dicho en el capitulo desuso las cosas que les an a dar de comer et commo los deuen engordeçer, queremos dezir en este capitulo commo los an de guardar por tal que seamos sabidores de guardar los de las enfermedades que les acaesçen. Et que sean bien enseñados que quando los llamaren que vengan, et quando los echaren que vayan; et que sean bien estables en su bondat et aturadores en la caça o en que quier que los mester ayan. Et queremos dezir commo los an de atar, et en que logares an de yazer.

Et dezimos que conuiene que los aten lue[n]ge vnos de otros. Ca el estar que estan çerca vnos de otros les faze oler mal los fuelgos, et les faze ensarnesçer, et les faze auer muchas enfermedades. Et trayan las manos sobr'ellos toda uia llana miente, et freguen les los cuerpos con paño blando de lana. Ca esto les faze pro, et les faze ser bien mandados et falagueros. Et quando los enrridaren a la caça, yran mas ayna. Et los logares o ouieren a dormir sea[n] çerca de aquellos logares o yazen aquellos que los criaren. Ca esto les faze otroquesi ser falagueros.

Et en aquellos logares o yoguieren, pongan les y rropa o otra cosa blanda, ca con esto fuelgan mucho et son mas alegres por ello. Et desaten los vna vez [fol. 5r] o dos cada dia quando los sacaren a rribera, et otra miente toda via esten atados. Ca quando andan desatados todo el dia, cansan por ello et pierden el agudez, et non son tan alegres.

Et quando los sacaren a rribera, non los saquen todos en vno si non cada vno por su cabo. Et sy estodieren muchos dias que non salgan a caça, saquen los de dos en dos a rribera. Ca con esto se alegraran, et seran ledos, et ser les a segunt sy los sacasen a caça.

Capitulo ix°, que fabla de coñosçer las señales sy son alegres quando los sacan a caça, o sy an sabor della.

Destas son las señales que Uos veran: andar muy alegres, et mesçran los rrabos, et enfestaran los cuellos a rriba. Et cataran a diestro et a sinjestro, et vsmaran mucho, et conseguiran el rrastro de la caça, et vsmaran los logares o estido. Et conuiene que quando fueren açerca de sus caças, que segunt vieren que estan alegres, aquel que los trae que asy los enrride.

Et enrride los falagando, ca estonçe auran sabor de la caça et tomar la an. Et los que an vsado de caçar en las peñas et en los logares fuertes son mas fuertes de pies et de piernas. Et quando tomaren la caça, den les del coraçon della, ca por esto auran mayor sabor de la caça et seran mas alegres.

Capitulo x°, que fabla de commo los deuen melezjnar quando los sacaren a caça en tienpo del estio, et les ffezieren lazrar, [fol. 5v] et sacaren las lenguas; et rrefolgaren apriesa, et non fallaren agua do andodieren.

Dezimos asy que quando les esto acaesçiere, conuiene que les quebranten dos hueuos en las gargantas, ca esto les toldra la sed. Et sy esto non les fezieren, poder les ye acaesçer por auentura los dolores de la tisica. Et quando fueren venidos de caça, den les otros dos hueuos mezclados con vjno; o mezclen del vjnagre con del agua, et metan y de las vaynas de las lenteias moljdas, et vnten les con ello las cuestas et los pescueços. Et rrocien les todos los otros logares de sus cuerpos con esta melezjna.

Et depues tomen dos hueuos, et mezclen los con ollio rrosado, et fagan gelos tragar, o rremoien las vaynas de las lenteias en del vinagre et destellen les dello en las narizes. Et sy les prisiere calentura, por esto sangren los en las venas que en las oreias an, et non les saquen mucha sangre. Ca sy non, fazer les ye mal al viso. Et sy tomaren dos hueuos et los mezclaren con del almori, et gelos echaren en las narizes, fazer los a pro.

Capitulo xj°, que fabla de commo los deuen melezjnar quando los acaesciere cansaçio depues que ouieren caçado.

Sabed que quando les acaesciere cansaçio, et demostraren bondat en sus caças, conuiene que les rroçien los rrostros con vinagre en que fueron rremoiadas vaynas de lanteias. Et depues, safumen los [fol. 6r] con pelos de piernas de cauallos, et cubran los con mantas, et enbueluan los bien fasta que suen. Et depues dexen los folgar, et alinpien los.

Et depues tomen de las azederas, et magen las et mezclen las con dos hueuos, et con de la manteca, et den gelo a comer. Et depues fagan les beuer dos libras de vjno añeio, poco mas o poco menos. Et echen les en ese vjno un poco de pimienta molida.

Capitulo xij°, que fabla de commo los deuen purgar del acreçimjento de los humores.

Dezimos que quando los quisieren purgar del acreçimjento de los vmores, conuiene que los dexen vn dia que les non den que coman, et depues echen les en las gargantas de la sal molida, et aprieten les las bocas fasta que la tragen.

Et depues que fueren purgados et linpios, den les miel et leche mezclado a beuer. Et depues den les a comer commo solien. Et sy les dieren a comer vientre de oueia o de cabra, fazer les a purgar. Et sy non se purgaren por esto que dixiemos, tomen del habarraz, et muelan lo et mezclen lo con vn hueuo; et metan y del ollio rrosado, peso de dos dineros de plata, et batan lo bien et echen gelo por las narizes. Es esta melezina les faze pro, mas enmagreçelos.

Capitulo xiij°, que fabla de lo que les deuen dar a comer quando non podieren verter las aguas.

Sabet que quando les acaesçiere que non podieren verter las aguas, conuiene que les den a comer estiercol [fol. 6v] de omne rremoiado en leche de cabras, et sanaran.

Capitulo xiiij°, que fabla de commo los deuen melezjnar quando les mordieren las moscas et los tauanos.

Quando les mordieren las moscas, tomen de la rruda, et quemen la et destienpren la con del agua, et fagan les dello beuer; et vnten les con dello las mordeduras de las moscas. Et sy les mordieren los tauanos, destellen les en las mordeduras agua caliente.

Capitulo xv°, que fabla de commo los deuen melezjnar de las mordeduras de los perros, o sy rrauiaren por ello.

Sy mordiere un perro a otro, tomen del alquitran et vnten les las llagas con ello. Et sy rrauiaren por mordedura que les faga otro perro, entender lo an por estas señales. Et es que los veran andar a vn cabo et a otro amodorridos, et tornar los oios en aluo; et catar mucho en fito a los que pasan ante ellos, et non coñosçen a sus dueños. Et an poco miedo, et agraueçe les que quier que les fagan.

Et quando les acaesçiere qual cosa quier destas a alguno de los perros, tomen de la foia de la rruda, et magen las et mezclen las con miel et con sal molida; et fagan les dello enplastro, et pongan gelo sobre las llagas. Et sy, meioraren con esto; et sy non, tomen de las foias de la rruda, et magen las et mezclen las con azeyte et con vinagre, et fagan les dello enplastro, et pongan gelo sobre las llagas. O tomen lana su-zia, [fol. 7r] et lauen la et pongan gela desuso, et dexen gela estar y vij dias.

Et sy, meioraren con esto; et sy non, tomen del seuo del ansar, et mezclen lo con de la mjel, et pongan gelo desuso tres dias. Et sy, meiorare con esto; sy non, tomen vnto añeio de puerco, et rritan lo et afiruienten lo, et fagan les enplastro dello; et pongan gelo sobre las llagas. Et sy, meioraren con esto; et si non, tomen del estiercol de las cabras, et mezclen lo con vino añeio, et pongan gelo sobre las llagas.

Capitulo xvj°, que fabla de commo los deuen melezjnar quando se les quemaren las vñas andando a caça, o les yncharen las piernas por correr o por lazeria que ayan.

Dezimos asy que quando se les quemaren las vñas andando a caça, tomen de la cenjsa et amasen la con de la miel. Et pongan gelo sobre las vñas. Et sy se les jncharen las piernas por correr o por lazeria que ayan, tomen del vinagre et del azeyte et mezclen lo todo en vno; et calienten lo, et caldeen les las piernas con ello, et los logares jnchados. Et sy se despearen, amasen de la farina del trigo, et fagan les dello enplasto et pongan gelo desuso.

Et sy, meioraren con esto; et sy non, tomen de las cascas de las milgranas, et muelan las et mezclen las con de la sal molida, et con del vinagre, et pongan lo en vn tiesto caliente. Et quando fuere tibio de manera que lo puedan sofrir, metan les los pies en ello.

Et sy, meioraren con esto; et sy non, [fol. 7v] vnten les los fondones con del azeyte, et lauen gelos con del aqua caliente. Et fagan les esto tres dias, et vnten les los pies con alquitran, ca con esto se les toldra el despeamiento, et es les bueno para todas sus enfermedades. Et sy les fezieren collares de vn arbol quel dizen sambucus, et los troxieren tres dias vno en pos otro, fazer les a pro.

Et sy, meioraren con esto; et sy non, tomen de las agallas et del azeche, tanto de lo vno commo de lo al, et muelan lo et ciernan lo. Et depues, echen en ello del vinagre fasta que se destienpre; dexen lo estar fasta que se espese, et escaliente lo, et depues metan les las palmas en ello. Et esto es bueno a los canes.

Capitulo xvij°, que fabla de las cosas naturales que dixieron los antigos et las fallaren por prouamientos: de commo deuen fazer estar quedados a los canes en las posadas, que non fuyan.

Pues que dixiemos lo que conujno a dezir en los otros capitulos, queremos dezir en este capitulo las cosas que dixieron los antigos que fallaron por prueuas. Et Nos non la prouamos, mas queremos lo poner en este nuestro libro por tal que sea mas conplido, et que non mingue en el njnguna cosa de que se podrien aprouechar.

Et dezimos asy que quando les quisieren fazer que esten quedos en las posadas et que non fuyan, tomen vna cañauera que sea tan luenga commo el rrabo del can que quisieren fazer que non fuya; et trasquilen le los perros del rrabo,[19] et metan los dentro en la caña. Et [fol. 8r] depues pongan la caña en la posada en logar que este so techo. Ca esto les fara estar quedos, que non fuyran. O tomen los por los rrabos et tiren gelos, et mesen los de los pelos quantos les podieren mesar, et metan los en otra tal caña commo dixiemos, et pongan aquella caña en vn logar qual quier de la posada.

O tomen vna cañauera verde et tierna, et tomen vna piedra quel dizen caraue, et alinpien con aquella piedra la caña. Et depues, trayan les la caña de los rrostros fasta los cabos de los rrabos. Et depues enbueluan la caña en vn paño, et encubran la dellos que la non veyan. Et quando el sol se quisiere poner, metan gela entre los pies de manera que lo non entiendan. Et depues, pongan la caña en vn logar de la posada de manera que la non veyan. Et el que esto feziere non fable mientre lo feziere, ca esto les fara que fuyan.

Capitulo xviij°, que fabla de commo les tiñen las colores.

Dezimos asy que quando les quisieren camiar las colores de blanca a prieta, tomen de la cal et del escoria de la plata, tanto de lo vno commo de lo al, et muelan lo et amasen lo con de la miel; et vnten los con esto treynta dias, cada dia vna vez, et con esto se faran prietas. Et quando quisieren fazer a los blancos que les nascan pelos prietos, tomen del azeche, et del çumo del estiercol de los asnos, et del seuo de las cabras, tanto de lo vno commo de lo al, et cuegan lo todo en vno.

Et depues, vnten con ello los logares [fol. 8v] do quisiere[n] que nascan pelos prietos, et fagan les esto diez dias, ca nasçran los pelos segunt quisieren. O tomen pan cocho con vinagre e con agallas, et mezclen lo con del agua; et depues cuegan lo otra vegada, et vnten les con ello. Ca con esto se faran de los pelos blancos prietos.

Capitulo xix°, que fabla de commo faran a los canes que sean mas luengos.

Sabet que quando esto quisieren fazer, conuiene que fagan foyos fondos et metan los dentro; et lo que les quisieren dar a comer, pongan gelo en cima de los foyos. Ca estendijandose para alcançar aquello que aya de comer, fazer se an mas luengos.

Capitulo xx°, que fabla de commo deuen melezjnar los de las enfermedades de los oios.

Agora queremos dezir en este capitulo los melezinamjentos de los oios et las sus enfermedades, por que son los primeros mienbros et estan en el mas alto logar del cuerpo. Et depues, seguiremos adelante en dezir los melezjnamientos de todos los otros mienbros ordenada miente, fasta que sean acabados. Et dezimos asy que quando se les fezieren nuues en los oios, conuiene que tomen de la sal amarga et de las veneruelas chiquiellas de la mar, et queme[n] las et del a[çafran], de cada vno peso de dos dineros de plata. Et muelan lo et çiernan lo et mezclen lo, todo en vno. Et echen les destos poluos en las nuues [fol. 9r] de los oios, cada dia dos vezes, vna en la mañana et otra en la tarde.

Et sy, meioraren con esto; et sy non, tomen de la miel en que non tanxo fumo. Et mezclen le con ella vn poco de açafran molido, et vnten les con ello las nuues. Et sy, meioraren con esto; et sy non, tomen del açafran et de las veneruelas chiquiellas de la mar, de cada vno peso de dos sesinas et media de vn djnero de plata, et muelan lo et mezclen lo con de la miel, et vnten les las nuues con ello.

Capitulo xxjº, que fabla de commo los deuen melezjnar de las nuues vieias que son de grant tienpo.

Dezimos asy que quando ouieren nuues que sean de grant tienpo, conuiene que tomen de la miel, peso de medio dinero de plata; et del açafran, peso de vn dinero de plata; et de la fiel del buey, peso de vn dinero et tercio de plata; et muelan lo et mezclen lo con vn poco de çumo de finoio, et vnten les las nuues con ello.

Capitulo xxijº, que fabla de commo los deuen melezjnar de la lagrima de los oios.

Quando les lagrimaren los oios, conuiene que les destellen agua tibia en ellos. Et depues tomen de la farina et de las aluuras de los hueuos, tanto de lo vno commo de lo al, et mezclen lo et fagan les dello bidma, et pongan gela sobre los oios, ca esto les estoruara la lagrima.

Capitulo xxiijº, que fabla de commo los deuen melezjnar de las quebra[n]taduras de las cuencas de los oios.

[fol. 9v] Sabet que quando les rresquebraiaren las cuencas de los oios, conuiene que tomen dos mures et de la lana suzia, et quemen lo todo en vno. Et tomen vn poco de la tela del araña, de la que tanxo fumo, et muelan lo todo bien; et echen gelo en las rrescrebaduras. Et sy les corriere sangre de aquellos logares con esto, calienten vn fierro et quemen gelas, ca rrestañara la sangre.

Et lo que les tiene pro a los mas de los dolores de los oios, et a las mas de las enfermedades que an en ellos, es que tomen del estiercol fresco de las galljnas, et mezclen lo con del vinagre; et fagan les dello enplasto, et pongan gelo sobre los oios.

Capitulo xxiiijº, [que fabla] de commo los deuen melezjnar de los gusanos [MS *E₁*] *que se les fazen dentro en las oreias.*

Dezimos asy que quando se les fezieren gusanos en las oreias, conuiene que tomen del esponja; et quemen la et muelan la, et fagan les enplasto della, et pongan gela sobre las oreias.

Capitulo xxvº, que fabla de commo los deuen melezjnar de la jnchazon de las oreias.

Quando les jncharen las oreias, conuiene que tomen de las cascas de las milgranas et cuegan las con del azeyte et con del vinagre; et dexen lo atibiar, et depues destellen dello en las oreias jnchadas. Et sy, meioraren con esto; et sy non, caldeen les los logares jnchados con del vinagre.

Et sy, meioraren con esto; et sy non, tomen de los poluos del espongia quemada, et pon-gan [fol. 10r] gelos desuso; et otrosy, les echen de los poluos quando ouieren llagas en las oreias. Et sy, meioraren con estos melezjnamjentos; et sy non, quemen les aquellos logares enfermos con vn fierro caliente.

Capitulo xxvjº, que fabla de commo los deuen melezjnar de la sordedat.

Las señales de la sordedat son que los veran andar perezosa mjente, et tristes, et medrosos, et quieren mucho comer. Et dezimos asy que quando les esto acaesçiere, que les sangren en las venas que an en las oreias, et saquen les de la sangre tanta quanta entendieren que auran mester. Et esto les fagan si fueren gordos. Et si fueren magros, tomen del ollio rrosado et del vjno, de cada vno dos onças, et mezclen lo et echen les dello en las narizes, cada dia vna vez.

Capitulo xxvijº, que fabla commo los deuen melezjnar quando se les doblan las oreias.

Dezimos asi que quando se les doblan las oreias, conuiene que tomen del salnjtrio, et queme[n] lo, et muelan [lo], et cuegan lo con mjel et con vjnagre fasta que mingue la tercera parte de todo, et vnten les los logares doblados con ello.

Capitulo xxviijº, de commo los deuen melezjnar de la enfermedat que les acaesçe en las foetas o en las gargantas.

Si les acaesçiere enfermedat en las gargantas o en las foetas, conuiene que tomen de la miel et de la manteca, de cada vno vna onça, et den gelo a comer, o fagan gelo tragar. [fol. 10v] Et sy ouiere la enfermedat en los paladares, tomen vn pedaço de la piedra del alunbre, et vn pedaço de terrazo, et del escoria de la plata al tanto; et quemen lo et muelan lo, et mezclen lo con del vinagre, et de la miel, et paladeen los con ello.

Capitulo xxixº, que fabla de commo los deuen melezjnar de las llagas que se les fazen en los paladares.

Quando se les fezieren llagas en los paladares, tomen de la sal et de la mirra, et de las agallas et del pargamjno del paper quemado, tanto de lo vno commo de lo al; et muelan lo et mezclen lo con del vinagre, et depues freguen les las llagas con ello.

Capitulo xxxº, que fabla de commo los deuen melezjnar del hueso que se les traua en las gargantas.

Sy les trauare hueso alguno en las gargantas, echen les dentro del azeyte, et aprieten les las bocas; et abaxen gelas ayuso contra los pechos, por tal que se quexen et que echen los huesos. Et sy esto non les touiere pro, tomen del agua tibia et mezclen la con del azeyte, et fagan gelo tragar poco a poco. Ca esto les afloxara los huesos, et gelos fara echar. Et sy les prisiere[n] sangusuelas en las gargantas, safumen los con las luziernegas.

Capitulo xxxjº, que fabla commo los deuen melezjnar de los gusanos que se les fazen dentro en los cuerpos.

Dezimos asy que sy se les fezieren gusanos dentro [fol. 11r] en los cuerpos, conuiene que tomen del cuerno del cieruo; et quemen lo et muelan lo, et mezclen lo con de la miel, et den gelo a comer. Ca esto les matara los gusanos. O tomen de vna melezjna quel dizen çaradion, et de la semiente del asensio, tanto de lo vno commo de lo al; et cuegan lo con del agua, et cuelen le et echen les dello por las narizes.

Et sy, meioraren con esto; et sy non, tomen vna cabeça de cabron, et cuegan la con su pelo, et cuega tanto fasta que se desfaga. Et depues, tomen de vna melezjna quel dizen canbil, et semeia arena; et muelan la et echen della en la cabeça, et en el caldo, et den gelo a comer, ca con esto echaran los gusanos.

Et sy, meioraren con esto; et sy non, dexen los estar vn dia que les non den que coman. Et otro dia tomen de vna melezjna quel dizen ibfage, et son vnos granjellos menudos et amargos, et destienpren esta melezjna con de la leche, et den gela a comer. Et a la posiesta, den les a comer lenteias con azeyte.

Capitulo xxxijº, que fabla de commo los deuen melezjnar del dolor de las tripas.

Sy ouieren dolor en las tripas, conuiene que los cubran con mantas que sean escalentadas a fuego. Et depues maien vna cabeça de aios, et mezclen la con pez blanda et con azeyte, et depues calienten lo con vn fierro rrosio. Et sy les enflaqueçieren los estomagos o endelgadeçieren, et non se les molieren bien lo que comieren, et lo echaren tarde o mucho ayna, den les a [fol. 11v] come[r] huesos de vaca cochos con vinagre. Et sy les yncharen los vientres, o se les feziere ventosidat en los cuerpos, den les a beuer vn poco de vinagre.

Capitulo xxxiijº, que fabla de commo los deuen melezjnar de la enfermedat que an dentro en los cuerpos o en las yjadas.

Quando se les feziere alguna enfermedat de dentro en los cuerpos o en las yja[das], tomen vn pedaço de muela de moljno, et calienten le bien en el fuego. Et depues pongan le en vn tiesto et echen de las orinas sobr'el, et fagan les beuer de aquellas orjnas. Et depues tomen vino et vinagre et mezclen lo en vno, et moien les con ello las yjadas con vna peñola, et los logares que son enderredor de las yjadas.

Et depues, tomen de la boñjga de las vacas et de vna melezjna quel dizen çaradic, et amasen lo con del vinagre et del agua, et pongan gelo sobre las yjadas et atenlo.

Capitulo xxxiiijº, que fabla de commo los deuen melezjnar del dolor quel dizen disontoria.

Dezimos asy que quando se les feziere en los cuerpos vn dolor quel dizen disontorie, den les a comer queso de oueias añeio; et sy, meioraren con esto; et sy non, tomen vna paloma torcaza et cuegan la con del vinagre, et den gela a comer.

Capitulo xxxvº, commo los deuen melezjnar de la jnchazon que se les fazen en fondon de los vientres.

[fol. 12r] Sabet que quando se les feziere ynchazon en fondon de los vientres, conuiene que tomen de la sal, et destienpren la con del vinagre, et pongan gelo sobre aquellos logares.

Capitulo xxxvj°, que fabla de commo los deuen melezjnar de la enfermedat que se les fazen en fondon de los vientres, et rreñen asy commo quando an tos.

Quando les acaesçiere esta enfermedat, conuiene que tomen vn poco de sal; et cuegan la en vna libra de azeyte verde, et mezclen le con ello vn poco de miel, et echen les dello en las narizes. Et sy, meioraren con esto; et sy non, tomen del vjno et de la miel et del oregano et del azeyte, tanto de lo vno commo de lo al; et cuegan lo et cuelen lo, et echen les dello en las narizes.

Capitulo xxxvij°, que fabla commo los deuen melezjnar de la malenconja.

Sabet que quando se les feziere la malenconia quel dizen rrauia, aueriguar se les a la fuerça desta enfermedat por las señales que dixiemos en el xv° capitulo ante deste. Pues quando quisieren saber el comienço desta enfermedat por tal que los melezjnen ante que los acresca mas, luego que vieren que començaren a descoñosçer, caten les los fondones de las lenguas et fallar les an y vna landreziella chica que semeia gusano, et torna contra blancor, et esta apegada en las rrayzes de las lenguas.
Et quando esto vieren, tomen los et saquen les aquellas landreziellas, et con esto meioraran. Et sy non [fol. 12v] guaresçieren con esto, tomen de las rrayzes de las rromazas montesinas et muelan las bien. Et depues, mezclen las con agua caliente et cuelen lo. Et den les de aquel agua caliente a beuer; et sy, meioraren con esto; et sy non, tomen de los figos montesinos, et muelan los bien et mezclen los con del seuo añeio, et den gelos a comer.
Et sy, meioraren con esto; et sy non, tomen de vna yerua quel dizen caçuz, et esta yerua non a mas de vna rrayz sola que se ua derecha ayuso, et es asy commo soga, et apegas a las paredes, et sube contra a rriba. Pues tomen esta yerua, et magen la et den gela con aquello que les dieren a comer en la mañana quando saliere el sol. Et sy, meioraren con esto; et sy non, tomen del estiercol de las galljnas vna partida, et del vjno añeio ocho tanto,[20] et vn poco de mirra; et mezclen lo todo en vno, et fagan gelo beuer, o den gelo con lo que les dieren a comer.
Et sy, meioraren con esto; et sy non, tomen de vna melezjna quel dizen galdunje, et mezclen la con seuo añeio et con pan, et den gelo a comer. Et sy, meioraren con esto; et sy non, tomen de vna melezina quel dizen fenemjaman, et es vn arbol que a çient rrayzes; et cuegan la con del azeyte, et den g[e]la a comer.

Capitulo xxxviij°, de commo los deuen melezjnar quando echan sangre por aquel logar do fazen fijos.

Dezimos asy que si les acaesçiere alguna de las enfermedades que les faze mear sangre, conuiene que tomen dos [fol. 13r] libras de lenteias, et cuegan las con del azeyte et con del çumo del culantro. Et metan y xxv° granos de pimienta et vn poco de azeyte. Et depues, den gelo a comer o echen les dello por las narizes.

Capitulo xxxix°, que fabla commo los deuen melezjnar quando los quisieren purgar.

Quando les quisieren purgar, conuiene que les den leche de cabras, et vnten les los onbligos con fiel de buey. O tomen de los rranaquaios de los rrios, et sequen los et muelan los et mezclen los con del agua; et den gelos a beuer, ca esto les purgara.

Capitulo xl°, que fabla commo los deuen melezjnar de las llagas et de las crietas.

Dezimos asy que quando ouieren crietas o llagas, conuiene que tomen vn tiesto de terrazo, et metan le en el fuego fasta que se escaliente bien; et depues muelan le con del vjnagre fuerte, et vnten les con ello las llagas o las crietas. Et sy, meioraren con esto; et sy non, tomen de los aios, et de la miel et del vinagre fuerte, et mezclen lo et cuegan lo fasta que mingue la tercera parte, et fagan dello enplasto. Et pongan gelo sobre las llagas o sobre las crietas.
Et depues tomen de las cascas de las milgranas, et sequen las et muelan las. Et echen les de aquellos poluos sobre las llagas, et sobre las crietas. Et sy, meioraren con esto; et sy non, tomen de la rresina del cuerno [fol. 13v] cabra et del seuo del ansar, et mezclen lo et pongan gelo desuso. Et sy se les fezieren gusanos en las llagas, destellen les en ellas vinagre mezclado con agua.
Et depues tomen de la cal et de la pez, tanto de lo vno commo de lo al, et fagan les dello enplasto, et pongan gelo desuso. Et sy non sopieren en que logar es la llaga, pongan los al sol, et paren mjentes en qual logar se allegan mas las moscas, et alli es la llaga. Et depues que fallaren el logar de la llaga, caldeen gelo con agua caliente.
Et depues tomen de la boñjga de las vacas, et mezclen la con vinagre tenprado con agua; et calienten lo, et pongan gelo desuso. Et sy fuere la llaga vieia, et ouiere grant tienpo que la an, et non guaresçieren della, et quisieren fazer que cresca la carne nueua en ella ayna: tomen de las rrayzes del lilio, et del alcarçena et del opopanac, tanto de lo vno commo de lo al, et muelan lo bien et echen les de aquellos poluos en las llagas. Et sy, meioraren con esto; et sy non, tomen de la pez, et enblandezcan la et pongan gela desuso.

Capitulo xlj°, commo los deuen melezjnar de la jnchazon.

Dezimos asy que quando se les fincharen algunos logares por postiellas o por llagas, o por algunas de las otras cosas que son segunt estas: tomen de los somizos de los rramos de los salzes, et cuegan los con del agua, et caldeen los aquellos logares jnchados con ella. Et sy fueren todos los cue[r]pos jnchados, caldeen les todos los cuerpos. Et sy finca-re [fol. 14r] alguna cosa de la jnchazon, tomen de la miel et de la manteca, et mezclen lo et den les dello a comer.

Et sy fuere la jnchazon sin postiellas, tomen de las veneruelas chiquiellas de la mar; et quemen las et muelan las, et pongan les de aquellos poluos sobre los logares jnchados. Et quando se les hincharen los cuerpos, et se les fiziere encontrado, et les acresçiere mucho esta enfermedat: tomen de la quina et del escorat, et del meollo de las cañjellas del çieruo et del azeyte, de cada vno vna onça et media; et de la miel et de la cera, de cada vno dos onças; et de la mirra, tres onças; et muelan lo que se podiere moler dello, et mezclen lo todo en vno et cuegan lo. Et quando fuere todo bien destenprado et mezclado, vno con otro, vnten les las cuestas con ello diez dias, et den les a comer farinas.

Capitulo xlijº, commo los deuen melezjnar de las postiellas que semeian cabeças de priegos.

Sabet que sys les fezieren las postiellas que semeian cabeças de priegos, tomen de las cañaueras verdes et fregen gelas con ellas, et depues lauen gelas con vinagre mezclado con agua. Et depues tomen de la orrura del plomo que finca quando lo funden, et de vna melezjna quel dizen çayaquin, et del pargamjno et del papel, tanto de lo vno commo de lo al; et quemen lo todo et fagan lo poluos, et echen les dellos en las postiellas.

Et sys les fezieren las postiellas menudas, tomen de la tierra et amasen la con orinas de mula. [fol. 14v] Et vnten les las postiellas con ello. Et sys les fezieren las postiellas grandes et rredondas, tomen del estiercol seco del omne, et de los cascos de las calabaças et del pan de çeuada, tanto de lo vno commo de lo al; et quemen cada vna destas cosas sobre sy, et muelan lo et mezclen lo todo en vno, et pongan gelo sobre las postiellas.

Capitulo xliijº, que fabla commo los deuen melezjnar de las berrugas et de los nudos que son de manera de landres.

Quando se les fezieren berrugas o nudos de manera de landres, freguen les aquellos logares o fueren, et fagan les enplastos de seuos calientes; et pongan gelos de suso. Et quando enbla[n]deçieren, tomen cascos secos de milgranas, et de la sal, tanto de lo vno commo de lo al, et muelan lo et çiernan lo; et mezclen lo con vinagre et con azeyte, et fagan les dello enplasto, et pongan gelo caliente sobre aquellos logares.

Et sy, meioraren con esto; et sy non, tomen del aloe et de la xenabe, tanto de lo vno commo de lo al, et muelan lo et pongan gelo sobre aquellos logares, ca esto gelo abrira. Et quando fueren abiertas, tomen de las foias de las açelgas, et de las foias del salze, et del escoria del fierro; et aferuienten lo bien con del agua, et caldeen les aquellos logares con ello.

Capitulo xliiijº, que fabla commo los deuen melezjnar de las veruelas.

Quando se les fezieren veruelas, tomen de los puerros et de la pimienta, et de los [fol. 15r] hueuos con sus cascas. Et de los tiestos del terrazo molido, et del vjno añeio, et de la miel et de la manteca; et muelan lo que se podiere moler destas cosas. Et depues, mezclen lo todo en vno et cuelen lo.

Et tomen depues dello tanto quanto entendieren que auran mester, et echen gelo por las narizes, et vnten les las veruelas con las fezes que fincaron. Et sy, meioraren con esto; et sy non, tomen veynte granos de pimienta, et muelan los et amasen los con de la miel; et fagan lo de manera que sea rralo, et echen gelo en las narizes.

Capitulo xlvº, que fabla commo los deuen melezjnar de los exidos.

Quando se les fezieren exidas, tomen xx granos de pimienta et de la manteca, vna onça, et vn poco de asensio; et muelan lo todo et mezclen lo, et den les dello en lo que les dieren a comer. Et sy, meioraren con esto; et sy non, tomen del aneldo et del culantro seco et de la pimienta, tanto de lo vno commo de lo al, et muelan lo et mezclen todo en vno, et den gelo con lo que les dieren a comer.

Et sy, meioraren con esto; et sy non, tomen del cuerno del çieruo, et quemen lo et muelan lo bien; et destienpren le con agua caliente, et echen gelo en las narizes.

Capitulo xlvjº, que fabla commo los deuen melezjnar de la sarna.

Dezjmos asy que quando ouieren sarna, conuiene que les fagan estar al sol el dia que feziere calentura depues que fueren pasadas las dos partes del [fol. 15v] dia, et vnten los con azeyte. Et depues tomen de vna melezjna quel dizen tayafin, et muelan la et echen les de los poluos sobre la sarna. Et dexen los estar asy ese dia que gelo fezieren, et depues metan los en el baño et lauen los con agua tibia.

Et depues que los aduxieren del baño para sus posadas, lauen los otra vez con agua caliente, a tal que la puedan sofrir. Et depues que se enxugaren, vnten los con azeyte, et echen les otra vegada de los poluos que dixiemos. Et fagan les este melezjnamjento segunt dixiemos, cada tercer dia vna vez. Et sy, meioraren con esto; et sy non, tomen del oro pimente m[e]dia onça. Et de la liguya, et de la piedra sufre et de la çera, de cada vno vna onça; et muelan lo que se podiere moler destas melezjnas. Et cuegan lo todo bien con del azeyte, et lauen los logares bien de la sarna fasta que se alinpien.

Et quando fueren enxutos aquellos logares, vnten los con desta melezjna que dixiemos, et aten los al sol. Et dexen los y estar ese dia todo el dia, et fagan les esto tres vezes cada tercer dia vna vez. Et sy, meioraren con esto; et sy non, tomen del estiercol blanco dellos, et de la sal por moler, tanto de lo vno commo de lo al; et mezclen lo et metan con ello del alquitran blanco, et fagan lo feruir. Et depues, vnten con ello los logares de la sarna; et aten los al sol, et dexen los y estar todo el dia quando esta melezjna les fezieren.

Et sy, meioraren con esto; et sy non, tomen del aluayalde et de la rresina [fol. 16r] del enebro. Et de la rresina del cuerno cabra, et del seuo de las vacas, et de la manteca, et del vngento del esquinant, tanto de lo vno commo de lo al, et mezclen lo todo en vno; et calienten lo, et vnten les los logares de la sarna con ello.

Et si se les mesaren los logares de la sarna, et quisieren fazer que les cresca el cabello en aquellos logares, tomen de las rrayzes del lilio, et muelan las et mezclen las con seuo de lobo fasta que sea tan espeso commo miel. Et despues, vnten les con ello los logares do quisieren que cresca el pelo.

Et quando les cresciere la sarna et se les fezieren postiellas, et ouiere y postiellas de manera de berrugas, aten les todas aquellas berrugas con sedas de cauallo. Et quando se les taiaren et cayeren, melezinen las con melezinamientos que dixiemos en el capitulo de las postiellas.

[fol. 16v]

Table of Contents of MS Y.II.19 Book III

[fol. 63r] **Estos son los capitulos del terçero libro, et son de los montes que a en el nuestro señorio. Et son ordenados desta guisa:**

Capitulo primero, de los montes de tierra de Castiella Vieia.

Capitulo ij°, de los montes de tierra de Aguilar de Canpo, et de Pernia, et de Lieuana.

Capitulo iij°, de los montes de tierra de Burgos, et de Sanct Millan de la Cogolla.

Capitulo iiij°, de los montes de tierra de Ssoria.

Capitulo v°, de los montes de tierra de Leon, et del Vierzo.

Capitulo vj°, de los montes de tierra de Asturias.

Capitulo vij°, de los montes de tierra de Gallizia.

Capitulo viij°, de los montes de tierra de Salamanca, et de Miranda, et Monte Mayor, et Beiar, et de Granadiella.

[fol. 63v] Capitulo ix°, de los montes de tierra de Auila, et de Cadahalso, et de Sanct Martin de Val de Ygleias, et de Val de Corneia.

Capitulo x°, de los montes de tierra de Segouia, et de Maçanares, et de Val de Loçoya.

Capitulo xj°, de los montes de tierra de Buytrago.

Capitulo xij°, de los montes de tierra de Ayllon, et de Sepuluega, et de Riaça, et de termjno de Pedraza.

Capitulo xiij°, de los montes de tierra de Atiença.

Capitulo xiiij°, de los montes de tierra de Moya, et de Cuenca.

Capitulo xv°, de los montes de tierra de Maydrit, et de Alhamjn.

Capitulo xvj°, de los montes de tierra de Toledo, et de Calatraua, et de Talauera.

[MS *E₁*] *Capitulo xvij°, de los montes de tierra de la Orden de Calatraua.*

Capitulo xviij°, de los montes de tierra de Trogiello.

Capitulo xix°, de los montes [fol. 64r] de tierra de Capiella, et de la Puebla de Alcoçer.

Capitulo xx°, de los montes de tierra de Plazençia.

Capitulo xxj°, de los montes de tierra de Coria, et de Galisteo, et de Alcantara, et de Alborquerque.

Capitulo xxij°, de los montes de tierra de la Orden de Sanct Yago.

Capitulo xxiij°, de los montes de Badaios, et de Xerez Badaioz.

Capitulo xxiv°, de los montes de tierra de Seuilla, et de Niebla, [et] de Gibra Leon.

Capitulo xxv°, de los montes de tierra de Cordoua.

Capitulo xxvj°, de los montes de tierra del Obispado de Jahen, et del Regno de Murçia, et tierra de Alcaraz.

[MS *E₁*] *Capitulo xxvij°, de los montes de tierra de Alcaraz.*

Capitulo xxviij°, de los montes de Alcala la Real, et de Priego, et de Rute.

Capitulo xxix°, de los montes de Alcala de los Gazules, et de Medjna, et de Beier.

[fol. 64v] Capitulo xxx°, de los montes de termjno de Tarifa, et de Algezira.

Prologue to MS Y.II.19 Book III

[fol. 65r] Et fasta aqui Uos auemos dicho en fecho de la monteria commo deuen fazer los buenos monteros en su guisamiento et en pensar sus canes, commo en las otras condiçiones que deue auer todo aquel que quiere ser buen montero. Et otrosy, en saber bien buscar el monte et en la guisa que lo deuen correr, commo en las monterias que pueden acaesçer; et que deuen fazer en cada cosa, segunt que Nos entendimos que conplia. Et que es lo que fagan en las dolençias que vienen a los canes, et otrosi en las feridas que les dan los venados; et por que el monte es de tal manera en que auienen muchas auenturas que serian malas de creer a otre que non sopiese que era correr monte, o sy las non ouiese visto. Et aun por que es de tal manera que tantas son las cosas que en el acaesçen, que non a omne en el mundo que podiese escriuir todo lo que en el puede acaesçer. Pero posiemos en este libro todas las cosas por que pasamos de fecho, et entendimos que podrian acaesçer.

Et si alguna cosa minguo que aqui non se puso, non es marauilla por las rrazones que Uos auemos dicho, et commo quier que Nos posiemos lo que entendimos que se deuia fazer en cada cosa quando acaesçiere. Pero muchas cosas pueden acaesçer que aqui non estan, por que el monte es de tal manera commo dicho es. Et esto tal quando acaesçiere finca en entendimjento del buen montero, que faga en ello lo meior que entendiere que cunple de fazer segunt que fuere el acaesçimiento. Et agora queremos Uos dezir de los montes que [fol. 65v] a en nuestro señorio. Señalada miente, de los que Nos sabemos quales son los meiores de osso, et quales de puerco; et quales son montes de yuierno, et quales de verano. Et de los mas dellos, quales son las bozerias, et quales las armadas.

MS Y.II.19
Book III

[fol. 66r] **Capitulo primero, de los montes de tierra de Castiella Vieia.**

La Ordunte es buen monte de osso et de puerco en yuierno et en verano. Et son las bozerias la vna desde Maça Redonda, el somo adelante fasta Colandos, et la otra desde Brañas fasta la Raygada. Et son las armadas la vna en Fayo del Cost, et la otra en Sel de la Dueña, et la otra en Pandiello.

El monte de Sopeñano es bueno de puerco en verano. Et son las bozerias la vna desde en çima de la Peña de Ouarco, la peña adelante fasta el Pico de Elia, et la otra desde Leçena fasta Medianas. Et son las armadas la vna desde la casa de Seyes fasta en çima de la peña, et la otra desde Medianas fasta en Escaleras.

Los montes de Montisia son estos:

La Trapiella es buen monte de osso et de puerco en verano. Et son las bozerias la vna desde Sel del Espina fasta Salzediellos, et la otra desde Salzediellos fasta Reconquiello. Et son las armadas la vna Entre Amas Mestas, et la otra en Sel del Arbol.

Ritüerto et Aze Bueno es buen monte de puerco en verano. [fol. 66v] Et son las bozerias la vna desde el Collado de Fuente Preuedo fasta la Puerta de Rio Pando, et la otra desde Cornedo fasta el Vado de Llan de Ueçeda, et a Sel de la Euia; et a Llan del Toio, et al Uado del Agua Sal. Et son las armadas la vna en el Lomo de Sanct Pelayo, et la otra en el Azeual de Molleda.

Los montes de Espinosa son estos:

El monte de Çerneia es buen monte de oso et de puerco en verano. Et son las bozerias la vna desde Buste Fierro fasta Enserrota, et la otra desde Fozeio fasta en çima Caçerneia. Et son las armadas la vna en la Puente de Entre Amas Mestas, et la otra en la sierra delante de la Forca.

El monte de Losedo es bueno de oso en verano, et de puerco en yuierno el año que ay grana. Et son las bozerias la vna en el Çerro de Busuarzena fasta en Buste Fierro, et la otra desde Buste Fierro, que desçenda fasta Nocequero. Et es el armada a la Breña del Arbol.

El monte de Vallosera, et de Rio de la Couilla, et de Corte la Madre es todo vn monte; et es muy rreal monte de oso en verano, et en yuierno al tienpo que non faze njeue, et de puerco eso mesmo. Et son las bozerias la vna desde [fol. 67r] Llan de la Peña fasta en çima de Hoy de Coue, et la otra desde Buste Cortezas fasta la Sierra del Texuelo, et la otra desde Rio Torcado fasta en Val del Escaño. Et son las armadas la vna en la Maça del Toro, et la otra en los Prados de Canpiello.

El monte de Rio Seco es bueno de osso et de puerco en verano et en yuierno, et en tienpo que ay grana. Et son las bozerias la vna desde Molareios, çerro arriba fasta Foyuelos de Rio Seco; et la otra desde Busquadriña en la Fruente, et a Duerna Bues. Et son las armadas la vna en Buste la Lama, et la otra en Lago de la Mofrexnosa, et la otra a la Maça del Toro.

El monte del Alar es muy rreal monte de osso et de puerco en verano et en yuierno quando non faze njeues. Et son las bozerias la vna desde las Crespas del Alar fasta en Bus Conpuest, et la otra desde las Crespas del Alar fasta la Piedra de Busmor, et la otra desde la Piedra de Busmol fasta Henal, et la otra desde la Mesa fasta la Canal de Hoz Mayor. Et en Henal que esten monteros con canes de rrenueuo. Et son las armadas la vna en Henal, et la otra en Buhaleio, et la otra en la Façuela.

El monte de Trioua et de Canales es buen monte de osso et de puerco en verano. Et son las bozerias la vna desde la Piedra de Busmor fasta Bustazneros, et la otra [fol. 67v] desde Bustazneros fasta Entre Amos Castros, et la otra desd'el prado fasta en Buste Lario, et la otra desde Buste Lario fasta el rrostro de Peña Nera. Et son las armadas la vna en fondon de Çerriella, et la otra en la Breña de Busmor.

El monte de Lunada es buen monte de osso en verano. Et son las bozerias la vna desde Cuete Cazguedo fasta en çima de Argomedo; et la otra desde Cuete Categuero fasta el Tapete, et al Texuelo; et la otra desde Argomedo fasta la Foz de Lunada; et la otra desde la Foz de Lunada a Tienda, et a Valnera, et al Colladiello del Corro. Et son las armadas la vna a la Fuente de Valnera, et la otra a Fontazana.

El monte de Rio Emiera et la Çamjna es buen monte de oso en verano. Et son las bozerias la vna desde Val Mala a Hoçeio; et la otra desde Hoçeio, por los Picos de la Çamjna fasta las Breñas de Breñal, et de las Breñas de Breñal fasta los Pontones de Riba Farta; et la otra desde Breña Escobal fasta Porçiles, et de Porçiles fasta faza Montosa. Et son las armadas la vna en la Breña de Cabuzal, et la otra en la Breña de Secadiella.

El monte de Val de Çio es buen monte de oso et de puerco en [fol. 68r] verano. Et son las bozerias la vna desde las Coljnas fasta Sender del Puerco; et dende a faza Vaqueriza, et al Sillar de Mungujon, et a Monter de Papo. Et son las armadas la vna en Sedelago, et la otra en el Collado de Breña Segur.

Los montes de Ssoua son estos:

La Mossa es buen monte de osso et de puerco en verano. Et son las bozerias la vna desde el Çedro, el çerro adelante fasta Terraslada, et la otra desde Senderisiensto fasta Hoz Herrada. Et son las armadas la vna en Bustaguyion, et la otra en Entre Amas Ssierras.

Gascon es buen monte de puerco en verano. Et son las bozerias la vna desde Moruenco fasta en Tasangue, et la otra de Fresneda fasta Coua Oueya. Et son las armadas la vna en Bustaguyjon, et la otra en Entr'amas Ssierras.

El Desueby es buen monte de osso et de puerco en verano. Et son las bozerias la vna desde Bustryan a Boleraguyon, el çerro adelante; et la otra desde'l Portiello de la Foz, el çerro adelante fasta el Portiello del Amuesta. Et son las armadas la vna en la Cabreriza, et la otra en el Llano de la Torta.

[fol. 68v] Ies es buen monte de puerco en verano. Et son las bozerias la vna en Trabunar, el çerro arriba fasta en Caruña; et la otra desde la Moñeca, el çerro arriba fasta la Peña de Aia. Et son las armadas la vna en Bolon, et la otra en los Picos.

Otrosi, los montes de Ruesga son estos:

El monte de Bustablado es buen monte de osso et de puerco en verano. Et son las bozerias la vna desde Ljnares fasta en Alisas, et a Moia Varcas et a Bustortex, et a Cerro del Paiar et a en cima de Val del Arco, et a Vega de la Varzeniella; et la otra en Sillar de Cortezuelas.

Iasson es buen monte de osso et de puerco en verano. Et son las bozerias la vna desde los Collados fasta Hoyo de Masayo. Et son las armadas la vna en Coagero, et la otra en Mediaduero.

Luzno es buen monte de osso et de puerco en verano. Et son las bozerias la vna desde Ramales fasta en la Faça, et la otra desde Fozezina fasta el valle. Et es el armada en el Ardauaño.

[fol. 69r] El monte de Vrdafege es bueno de puerco en verano et en yuierno. Et son las bozerias la vna desde la Piedra del Alcoba fasta en la Fruente. Et es el armada el Cerro de Urdafege arriba.

Los montes de Trasmiera son estos:

Couadal es buen monte de puerco en verano et en yuierno. Et es la bozeria desde Lorada, el cerro arriba fasta Angostina. Et es el armada en la defesiella, et fasta Fornedo el camjno arriba.

Desmaya es buen monte de puerco en verano et en yuierno. Et es la boz[er]ia desde Vadanjl fasta Busmartin. Et es el armada a Langa de Mira.

La Paul es buen monte de puerco en verano et en yuierno. Et es la bozeria desde la foz a Collado del Forno, el cerro adelante. Et es el armada entre la Paul et Sobarzo en los prados.

El monte de Anaz es bueno de puerco en verano et en yuierno. Et son las bozerias la vna desde en çima de Noja fasta Peña Ferrera, et la otra desde Angostina a Breñal. Et son las armadas la vna en Merija, et la otra en Pigueços.

[fol. 69v] Los montes de Paz son estos:

Ryo Cauado et Vereçediello es buen monte de oso et de puerco en verano et en yuierno, en tienpo que non faze nieue. Et son las bozerias la vna desde Forniellas, el çerro adelante fasta Çerro Peñoso, et la otra desde Çerro Peñoso a Sel de la Vega. Et son las armadas la vna a Buste Ranedo, et la otra a Sel de la Vega.

Uida Çieruo et el Duesso es buen monte de osso et de puerco, en verano et en yuierno, al tienpo que non faze njeue. Et son las bozerias la vna desde el Duesso, el cerro adelante fasta Ssel de la Vega; et la otra desde Canfier, el somo adelante fasta en cima del Carriello; et la otra desde en cima del Carriello fasta la Fruente. Et son las armadas la vna en la Fruente, et la otra en Sel de la Vega.

Lon de Haron et Buste Cabañas es buen monte de oso et de puerco en verano et en yuierno. Et son las bozerias la vna desde en çima del Carriello ata la Fruente, et que tengan los rrostros contra Buste Cabañas; et la otra desde en cima del Carriello al Tasquerun; et del Tasquerun a Vuscenplimjn. Et son las armadas la vna en la posadiella, et la otra a las Cueuas de Vi-lla [fol. 70r] Vid.

El monte de Llueña es bueno de osso et de puerco en verano. Et son las bozerias la vna desde la Breña de Sel de Godjña fasta en Caruña, et la otra desde Caruña fasta en Buiz Nueuo, el somo adelante; et la otra desde la casa de Rio Bastonorio, el somo adelante fasta la Casa de Valladar, et de la Casa de Valladar fasta en çima del Escudo. Et dende fasta en çima de Sierra Llana; et desde en çima de Sierra Llana, los prados adelante fasta Peña Trilsel. Et dende fasta en çima del Marfoio de Salas, et desde el Marfoio de Salas fasta la Parada. Et son las armadas la vna en Vega de Arenas, et la otra en Sanct Andres de Llueña.

Rio d'Arangos es buen monte de oso et de puerco en verano. Et son las bozerias la vna desde Haedo de Cunbriales fasta en Cotil de Fresno, el camjno adelante, et desde Cotil de Fresno fasta en Çerro de la Pesquera; et la otra desd'el Haedo de Cunbriales fasta Auellanedo, el somo adelante, et de Auellanedo fasta en somo del Çerro de la Corria. Et son las armadas en Vega Escobosa.

Los montes de Carriedo son estos:

Pysueña et Lon de Guarda es buen monte de osso et de puerco en verano. Et son las bozerias la vna desde Cuete del Azeuo fasta Sierra Luenga, el somo adelante, [fol. 70v] et desde Sierra Luenga fasta en los Paules, et de los Paules fasta el Çerro de Redondiella; et la otra desde en çima del Çerro del Azeuo fasta Breñal, et dende fasta la Breña de Busmangas, et desde la Breña de Busmangas fasta en Colladixo. Et son las armadas la vna en Çerro Bustillo, et la otra en la Vega de Buxurde.

Alones es buen monte de puerco en verano et en yuierno. Et son las bozerias la vna desde la breña del collado fasta en Cabixas, et la otra desde la breña del collado fasta en Cue Mayor. Et son las armadas en Entr'amos Rios.

Monte Lerana es buen monte de puerco en verano et en yuierno. Et son las bozerias la vna desde las Malladas fasta Lon de Lerana, el çerro adelante, et la otra desde Lon de Lerana fasta Auiença. Et es el armada en Coterio.

Los montes de Sotos Cueua et de la so sierra son estos:

La Engaña es buen monte de osso et de puerco en yuierno et en verano. Et son las bozerias la vna desde Rio Tortiello fasta Sel de la Peña, et la otra desde Aguza Lanças fasta en somo de la Faya del Cauallero, et la otra desde Somo Sierra fasta [fol. 71r] en çima de la Formaza, et la otra desde la Mesa del Cauallero fasta en çima del Sebraduero. Et son las armadas la vna en la Cañada del Pardo, et la otra en Sel de la Faya, et la otra en la Canal de la Vedul.

Argomedo es buen monte de osso et de puerco en verano. Et son las bozerias la vna desde Loma Rasa fasta Bustazneros, et la otra desde la Peña de los Condes fasta la Verçosa, et la otra desde Pedra Jueles fasta Foyo Lago. Et son las armadas la vna en la Garma de los Orrios, et la otra en Lon de Guarda, et la otra al Rio de Val Moljn.

Ual Mayor es buen monte de osso et de puerco en verano. Et son las bozerias la vna desde en çima Foyuelos de Rio Seco a Piedra Trauesaña; et la otra desde Piedra Trauesaña al Candanal, et del Caudanal a la Cueua Costeriza, et dende a Fozeio, et de Fozeio a Peña Vrria, et de Peña Vrria a Çerro Estacas, et de Çerro Estacas a Peña Osera. Et son las armadas la vna en Gandariella, et la otra en el Collado de las Tapas, et la otra en Canpo Mayor, et la otra en el Rio de Quintanjella.

La Mofosa es buen monte de osso en verano. Et son las bozerias la vna desde Sedar de Gonçalo a Piedras Cauadas, et de Piedras Cauadas a la Cruz [fol. 71v] de Piedra Trauesaña; et la otra de la cruz a Piedra Trauesaña, et a la Peña de Cueual Cabrerizo; et la otra desde la Peña de Cueual Cabrerizo fasta la Peña de Royo Açetor, et de la Peña de Royo Acetor fasta la Moñeca. Et son las armadas la vna en Cabañjella, et la otra al Prado de Lodareios, et la otra a la Garma de Redondo, et la otra en Lama Redonda.

[MS P_3] *Ysedo es buen monte de osso e de puerco en verano e en ynuierno. E son las bozerias la vna desde la Peña de Rio Cocho fasta el Çerro de los Caraueos; e la otra desd'el Çerro de los Caraueos fasta ençima del arroyo, e dende fasta la Peña de Arrija, e de la Peña de Arrija a la Peña Eruosa, e de la Peña Eruosa a la Peña de Santa Gadea. E son las armadas la vna en los Prados de Santa Gadea a las Cabañas, e la otra al Ebro de Rio Concho a los prados, e la otra a la Canal de Arrija.*

[fol. 72r]
[fol. 72v]

[fol. 73r] **Capitulo ij°, de los montes de tierra de Aguilar de Canpo, et de Pernia, et de Lieuana.**

Mon Mayor es buen monte de osso en verano. Et es la bozeria por çima de la cunbre de la sierra, desde en çima de los llanos fasta ençima de Candonoso. Et son las armadas la vna en el Llano de la Mata de Rio Serna, et la otra en el Canpo de Nauas.

El monte de Costunbria es bueno de osso en verano, et a las vezes ay puerco. Et son las bozerias la vna desd'el Calero fasta la Peña de la Cueua, et la otra desde los Torçedos fasta Amoroso. Et es el armada en el Calero.

El monte de Agudedo es bueno de puerco en verano. Et es la bozeria desd'el Pico fasta Rebol Dehesa, que non passe al monte de Lastriella. Et es el armada en el Canpo de Nauas.

[fol. 73v] El Haedo de Castriello es buen monte de osso en verano. Et es la bozeria desde la peña de sobre Yruega fasta Oter Velloso, que non passe contra el monte de Lastriella. Et es el armada en Oter Velloso.

El monte de Peña Luenga es buen monte de osso en verano.

[MS P_3] *El Aro es buen monte de osso en verano.*

El monte de Yjar es bueno de osso en verano. Et son las bozerias la vna por çima de Yjar a Llan de Santa Maria, que non passe a Val de Redondo; et la otra por çima de Yjar desde Cueuas Res fasta el Collado de Soma Hoz,[21] que non passe a Brañossera. Et son las armadas en el Collado de Soma Hoz.

[M]onte Aguilar es buen monte de osso en verano. Et es la bozeria por çima de la cunbre de la sierra. Et son las armadas la vna en el camjno que va a Val Uerçoso, et la otra en la loma sobre Val Verçoso.

Busca Pero es buen monte de oso en verano.

El monte de las Quintanjellas es bueno de osso en verano.

[L]a Sierra de Olea es buen monte de osso en verano. Et son las bozerias la vna por çima de la cunbre de la sierra, et la otra por Loma Hoyos, que non passe a Ysedo. Et es el armada en el Collado de Soma Hoyos.

[fol. 74r] Auiones es buen monte de osso en verano. Et son las bozerias la vna por la Braña de Llan de Sancta Maria, et la otra por Peña Ruuja. Et es el armada en Somo de Maçandrero.

El Azeueda de Salzediello et Mohedos es todo vn monte, et es bueno de osso en verano. Et son las bozerias la vna desde en derecho de Barriuelos, por la cunbre fasta Brañosera. Et es el armada a la loma entre Brañosera et Salzediello.

El monte de Canal, que es sobre Brañosera, es buen monte de oso en verano. Et es la bozeria por la loma fasta Peña Roya, et dende por çima de la peña fasta Peña Hestia; et dende fasta Canal, por çima de la peña. Et es el armada en Lomançon.

El monte de Baruadiello et de la Peña de Villa Vellaco es todo vn monte, et es buen monte de osso en verano. Et son las bozerias desde la Peña de Sanct Jullian, por çima de la cunbre fasta el Portiello de Valle; et dende por la cunbre fasta en Çildat, et dende por çima de la cunbre fasta el cueto de Cue Morales. Et es el armada a los Llanos del Pico de Hoyuelo.

[fol. 74v] El monte de Mezuz es bueno de osso en verano. Et este non a bozeria, saluo omnes que desseñen en los altos del monte. Et son las armadas desde Poblançon fasta el aldea de Suano.

[E]l monte que es entre Auiada et Maçandrero es bueno de osso en verano. Et son las bozerias la vna por çima de la cunbre de la sierra, que non passe a Val de Redondo njn a Brañossera; et la otra por el Valle de Aujada, que non passe a Pero Ferrero. Et es el armada al yglejuela.

[fol. 75r] En tierra de Canpo ay estos montes:

El haedo de sobre Santa Cruz es buen monte de osso en verano.

El monte de Val de Elias et la Mata de Rio Pudio es todo vn monte, et es bueno de osso en verano. Et son las bozerias la vna por çima de la cunbre de la sierra, et la otra por allende del rrio, que non passe a Ysedo. Et son las armadas a la boca del valle.

El monte de Ladrero et de Val de Çibio, que es en Brizia, es buen monte de oso en verano. Et son las bozerias la vna desde Solfito fasta el Castiello de Brizia, et la otra desde Ranedo fasta en Soto. Et son las armadas la vna a la Fayuela, et la otra entre Villa Mediana et Lomas.

[fol. 75v] Monte Carrales es muy rreal monte de osso en yuierno et en verano. Et son las bozerias la vna en Cueuas fasta Contrixa a la Peña de Truena, et de la Peña de Truena fasta Peña Aguda, et dende a Uallossera. Et son las armadas la vna en las Torres, et la otra en Porçil de Carrales.

El monte de Vielda es buen monte de puerco en verano, et a las vezes ay osso. Et es la bozeria desde el Rio de Moroso fasta Sel de Tiaque, et desde Sel de Tiaque fasta las Calgeruelas. Et es el armada a la Peña del Cueruo.

El monte de Hedino es bueno de puerco en verano. Et son las bozerias la vna desde Fornedo fasta Coteresidre, et la otra desde el Valle de Hedino fasta Fuente Armental. Et es el armada en Coteresidre.

Helguero es buen monte de oso en verano. Et son las bozerias la vna desde Coteresidre fasta los Pontones de Alsa, et la otra desde Coteresidre fasta en derecho del breñal. Et es el armada a Breñal.

El monte de la Çepa es bueno [fol. 76r] de oso en verano. Et son las bozerias la vna desde Rio de la Teia fasta Temuda, et la otra desd'el Rio de la Teia fasta Aguayo. Et es el armada en Gandariellas.

Cuesta los Yeros es buen monte de osso en verano. Et son las bozerias la vna desde en cima del valle fasta Soma Haro, et la otra desde Soma Haro fasta Temuda. Et es el armada a Roson Valle.

El monte de Vallentun es buen monte de osso et de puerco en verano. Et son las bozerias la vna desd'el Rio de Soto fasta la Rayz, et la otra desde sobr'el soto fasta Penjella. Et es el armada a Colladiello.

En Ysedo ay estos montes:

[L]a Selua es buen monte de osso en verano.

[L]os Hoyuelos del Azeuedal Vieio es buen monte de osso en verano. Et es la bozeria por çima de la cunbre, que non passe a la Peña del Mayello. Et son las armadas en la rraña que es entre este monte et la selua.

[fol. 76v] [L]a Peña del Mayello es buen monte de osso en verano. Et son las bozerias la vna por allende del Rio de Ebro, que non passe a Carauedo; et la otra desde Asoma Toro fasta Can Florido. Et son las armadas la vna en el collado que es entre este monte et el Azeuedal Vieio de Hoyuelos, et la otra en Can Florido.

[fol. 77r] En tierra de Pernia ay estos montes, et son los meiores de osso que a en el nuestro señorio:

El monte de la Trapa es bueno de osso en verano.

La Mata de Per Apertun es buen monte de oso en verano. Et es la bozeria por çima de la cunbre, fasta en derecho del aldea del valle. Et son las armadas la vna en los Prados de Per Apertun, et la otra en la loma que es entre este monte et Monte Çiruelo.

Monte Ciruelo es bueno de osso et de puerco en verano. Et son las bozerias la vna por çima de la Sierra de Torisa, commo tiene de enderecho de Sanct Cebrian fasta el Portiello de Ruyçedo; et la otra por medio de la carrera derecha que ua a Per Apertun. Et son las armadas en medio de los prados deste Monte Çiruelo.

El monte de las Roçadas es bueno de oso en verano. Et es la bozeria por la carrera que va de [fol. 77v] Piedras Negras a Val Sadornjn. Et es el armada a los Prados de Rauanal.

El monte de Sanct Felizes es bueno de osso en verano, et a las vezes ay puerco. Et es la bozeria por cima de la Loma de Sanct Xristoual, commo llega fasta Bargaño por la sierra ayuso, fasta Sanct Felizes; et que esten vnos veynte omnes en Cante Bañes, que non passe a Monte Negro. Et es el armada en los prados entre Estallaya et Sanct Felizes.

El monte de Çelada es bueno de osso en verano, et es la bozeria por çima de la sierra en derredor del monte. Et es el armada a los prados cabo Çelada.

El monte de Val de Redondo es bueno de osso en verano, et a las vezes ay puerco. Et es la bozeria por çima de la sierra que comiença de Viarçe fasta de yuso del Barrio de Sanct Johan. Et es el armada entre el monte de Viarçe et el monte de Haediello.

El monte de Cama Sobres, que dizen Forada, es bueno de osso en verano. Et es la bozeria por çima de la loma que viene de los Llaços fasta la Sierra de Labra. Et es el armada a los prados entre Cama Sobres et Piedras Luengas.

[fol. 78r] El monte de Espina es buen monte de osso en verano. Et es la bozeria por el Collado de Vruez, et es el armada en la Foz de Val Buena.

La Dehesa de Rio Çereso et la Hoz de Val Buena es todo vn monte, et es bueno de oso en verano. Et es la bozeria sobre Pedroa fasta la Sierra de Labra. Et es el armada en la foz del Rio de Pieriluengas.

El monte de Val Tornero es bueno de osso en verano. Et son las bozerias la vna desde el Collado de las Camas fasta el Collado de la Sierra de Aluas, et la otra desde el Collado de los Camjnos fasta el Collado de las Camas. Et son las armadas la vna sobre Çerradiello, et la otra sobre Çapardin.

La Defesa de Lores es buen monte de osso en verano. Et es la bozeria por çima de la cunbre, desde el Collado de Velasco fasta el Collado de Tañudo. Et son las armadas la vna en la loma que es entre este monte et el monte de Honçeio, et las otras al rrio.

Las Derroñadas et Honçeio es todo vn monte, et es bueno de osso en verano. Et son las bozerias la vna desde el Collado [fol. 78v] Tañugo al Collado del Palmentoso; et la otra desde el Collado de Palmentoso fasta el Collado de Velasco, et fasta el Collado de la Cueua. Et son las armadas la vna al Portiello de Honçeio; et la otra a las Fuentes de Monte Lores; et la otra Amas Mestas, que son en el Rio de Lores.

El monte de Caloca es bueno de oso en verano.

Monte Serino es bueno de osso en verano. Et son las bozerias la vna desde la Peña de Viado fasta en Caraço, et la otra desde Caraço fasta el Collado Tañugo. Et son las armadas la vna en el Collado Tañugo, et la otra en el Collado de los Gauilanes, et la otra en las Comuñas.

El monte de Leuanza es bueno de osso en verano, et es la bozeria desde Monte Serino fasta Caranzo. Et es el armada al Collado de los Gaujlanes.

El monte de Fuente Tablada, que es cabo el aldea de Sanct Saluador, es buen monte [fol. 79r] de osso en verano. Et son las bozerias la vna por el Pando faza el Azeual, et la otra desde el Collado de Laguna, la cordellera ayuso fasta Ssanct Saluador. Et son las armadas la vna a los prados de sobre Sanct Saluador, et la otra al collado catante a Laguna.

El monte de Lobazeda es bueno de osso en verano. Et son las bozerias la vna por çima de la Sierra de Piedras Negras, fasta Villa Nueua; et la otra del hermita que esta en el Estrada fasta Cantiuañes, faza el Collado de Rauanal. Et son las armadas la vna a los prados entre Bañes et Villa Nueua, et la otra a los Prados de Rauanal.

El monte de Verdeña et de Estallaya es todo vn monte, et es bueno de osso et de puerco en verano.

El monte de Carrezedo es bueno de osso et de puerco en verano. Et es la bozeria por cima de la loma que va de Palantinos a Carrazedo, et es el armada al Moljno del Esgouia.

El monte de Palantinos, que dizen Laguna, es bueno de osso en verano. Et es la bozeria [fol. 79v] por çima de la loma que es entre el monte de Sanct Saluador et este monte. Et son las armadas la vna a los prados que son entre la Vanza et Palantinos, que non pase a Monte Negro, et la otra en el collado que esta entre este monte et Fuen Tablada.

Mon Negro es buen monte de osso et de puerco en verano. Et son las bozerias la vna por çima de la cunbre de la Ssierra de Mon Negro, et por çima la Forcada de Cabro fasta el Estellero; et la otra desde Palantinos, por Sierra la Vara fasta el Pielago de Moia Paños. Et son las armadas la vna al Collado de Mon Negro, et la otra a los Prados del Valle de Mon Negro.

Camjnos, et Relexo, et Rio de Casas es todo un monte, et es bueno de osso en verano. Et es la bozeria por çima de la cunbre de la sierra. Et son las armadas la vna al valle que esta a la boca deste monte, et la otra al Collado de Mon Negro.

Val de Torneros es buen monte de osso en verano.

Tisiego es buen monte de osso en verano, et a las vezes ay puerco. Et es la bozeria desde Resouia fasta Villa Nueua, et dende al erueial, que non pase a Mon Negro. Et son las armadas la vna a los Prados de Sanct Poste, et la otra en la vega del erueial.

El monte de Rauanal de las Llantas es bueno de osso [fol. 80r] en verano.

La Nabeda et el monte de Ventanjella es todo vn monte, et es muy rreal monte de osso. Et son las bozerias la vna por çima del monte fasta el Collado de Ventanjella, et la otra desde Tosante fasta el Monte de Ventanjella, por el camjno que va de Sanct Martin para Tosante. Et son las armadas la vna en el valle çerca Sanct Fuste, et la otra en el camjno que ua a Rosoa. Et la otra a los Prados de la Pedrosa.

El monte de Tosante es bueno de osso en verano, et a las vezes ay puerco. Et es la bozeria por çima de la Sierra de Todos los Cabos. Et es el armada a Sanct Esteuan, que es contra defesa.

Halmonga et la Robra es todo vn monte, et es bueno de osso en verano, et a las vezes ay puerco. Et es la bozeria por çima de la cunbre, el çerro de la peña ayuso fasta en par de Çeruera. Et que esten canes de rrenueuo [fol. 80v] al Colladiello de Robra. Et es el armada a los Prados de Çeruera.

Cabriles et Nieuas es todo vn monte, et es bueno de osso en verano. Et a las bozerias la vna por el carril que sale de Vedrieros fasta çima del Pando, et del Pando fasta çima del Collado de Cabriles, et del Collado de Cabriles por entre la peña et el monte fasta cima del Hoyal. Et desde el Hoyal por çima de Maiada Vieia, et dende por çima de las Hoyatas, asi commo vien el lomo ayuso fasta que tope en el valle. Et que esten rrenueuos en el Collado de Resellar, et otro rrenueuo en la cabeça de la mata. Et son las armadas la vna en el camjno que va en el Valle de Cabriles et Njeuas, et la otra en el Val de Njeuas.

El monte de Mon Lloreynte et las Huelgas es todo vn monte, et es bueno de oso en verano. Et a las bozerias la vna a la cuenca, et la otra a Rio Frio; et es el armada a Robra.

[fol. 81r] En tierra de Alua de los Cardaños ay estos montes:

Ramazedo es buen monte de osso en verano. Et es la bozeria por çima de la cunbre de la sierra, et por el Çerro de Alnes ayuso fasta el rrio. Et son las armadas al rrio.

Ualcayo es buen monte de osso en verano. Et son las bozerias por çima de la Cuenca desuso, fasta Cueto Redondo; et desde Cueto Redondo fasta los prados de sobre Cardaño. Et es el armada a los Prados del Aloscal.

El monte de Harra de suso es buen monte de osso en verano. Et son las bozerias por çima de la Loma de Harra fasta las Cebolleras, et desde las Çebolleras por el Cerro de las Peniellas fasta el rrio. Et es el armada al Carrizal.

Ual d'Opila es buen monte de osso en verano. Et son las bozerias por çima de Taia Fierro arriba, et por las Lanpas fasta la Çelada. Et es el armada a Fuente Pedrosa.

Ual de Armada, que es sobre Cardaniello, es buen monte de osso en verano. Et son las bozerias por çima de la Collada de Val Verde fasta Val de Çereso, por la cunbre de çima del monte [fol. 81v] fasta Tenebregal, et desde Tenebregal fasta yuso al rrio. Et son las armadas a los Prados de Val de Armada.

[fol. 82r] En tierra de Lieuana ay estos montes:

[E]n Val de Prado ay estos montes:

El monte de Ljnares es bueno de osso et de puerco en todo tienpo. Et es la bozeria por çima de la Sierra del Collado de Peñas fasta Reuol de la Cruz. Et es el armada en el camjno del carro que va a Poblançiones.

El Helechedo es buen monte de osso et de puerco en todo tienpo. Et es la bozeria por cima de la sierra, commo tiene de Torizes fasta el Cueto del Prado et a Branjellos, et dende fasta Sierra de Vellizo. Et es el armada en la Trapa, sobre Cañjezo.

El monte de Oria es buen monte de osso et de puerco en todo tienpo. Et es la bozeria desde [MS *P₃*] *Reuol de la Cruz fasta Texeda*. Et es el armada en Brañes.

Hoz de Texeda es buen monte de osso et de puerco en todo tienpo. Et es la bozeria desde [MS *P₃*] *Cueto del Prado* fasta Brañes. Et es el armada al cueto al prado.

El monte de Vedoya es buen monte de osso en yuierno, [fol. 82v] et a las vezes ay puerco. Et es la bozeria desde la Sierra de Onjcha fasta Prima Çeias, et dende al Collado de Caruey. Et es el armada a los Prados de Coia.

En Val de Çerezeda ay estos montes:

El monte de Forada es bueno de osso en todo tienpo. Et es la bozeria por çima de la ssierra desde Collada fasta el salze, et fata el Camjno de Val Mayor. Et es el armada a la Foz de Lego.

El monte de Val Mayor es bueno de osso en todo tienpo. Et es la bozeria por cima de la sierra, desde la Peña Forada fasta los Arados. Et es el armada a la Foz de Lego.

El monte de Vindoey es bueno de osso en todo tienpo. Et es la bozeria por çima de la sierra desde la varga de sobre Carrion fasta Aruz, et de la otra parte fasta el Castiello de Dobros. Et es el armada a los Prados de Aruz, et en la Sierra de Pineda.

El monte de Vagos et de Merezia es buen monte de osso en todo tienpo. Et es la bozeria por çima de la sierra, desde Fuente Quemada fasta el collado de so Uilla Verde. Et es el armada al Vado de Vieio.

[fol. 93r] El monte de Valleias, sobre Barrio, es buen monte de osso en todo tienpo. Et es la bozeria por çima de la sierra, desde Tammayo fasta Cohora. Et es el armada en Cohora, so el varrio.

En Val de Varo ay estos montes:

El monte de Cubo es bueno de osso en verano. Et es la bozeria por çima de la sierra fasta Cueto Agudo, et dende fasta el Prado de la Çelada, que non pase por Vençedo. Et es el armada en la casa de Cubo.

El monte de Boaçedo es buen monte de osso en yuierno. Et es la bozeria desde la Cunbrera fasta la Sierra del Ardovo. Et es el armada al Arroyo de Letra, et de Vegarrende.

El monte Cardeno es bueno de osso en todo tienpo. Et es la bozeria por çima de la sierra, desde la Sierra del Cadobo fasta la Rasa del Maçolio, por que non pase el venado al monte del Çepo. Et es el armada en Lîñares.

El monte del Çepo es bueno de osso en todo tienpo. Et es la bozeria por çima de la sierra, desde el Collado de Val de Açores fasta Priueno. Et es el armada en las Barzienas.

[fol. 93v] El monte de Proueño es bueno de osso en verano. Et es la bozeria por çima de la sierra, desde Ramona fasta el Capet. Et es el armada al Arroyo de las Barzenas.

El monte de los Moljnos es bueno de osso en todo tienpo. Et es la bozeria al pie de la peña desde Fuente de Eua fasta Canpo de Auez. Et es el armada en Fuente de Eua.

El monte de Tarielda es bueno de osso en yuierno. Et es la bozeria por cima de la sierra desde el collado al fayedo, fasta el Castiello de Vuodo. Et es el armada en la fuente fria.

El monte de Collado es bueno de osso en todo tienpo. Et es la bozeria al pie de la peña desde el monte Almogroueio fasta Piedra Quenca. Et es el armada en Helguedo.

[fol. 94r]
[fol. 94v]
[fol. 95r]

[fol. 95v] **Capitulo iijº, de los montes de tierra de Burgos, et de Sanct Millan de la Cogolla.**

La Mata de Sanct Yllan, que es çerca de Sanct Johan de Ortega, es buen monte de puerco en yuierno et aun en tienpo de los panes. Et es la bozeria en el camjno que va de Sanct Johan de Ortega a Val de Fuentes. Et es el armada en Val de Carros.

La Mata de Val de Carros, et el Azeuosa, es buen monte de puerco en yuierno, et aun en tienpo de panes. Et es la bozeria en el Camjno Françes. Et es el armada en Val de Carros.

E[l] monte de Olmiellos et de Ferraya es buen monte de puerco en yuierno, et aun en verano. Et este non a bozeria, et es el armada al Prado de Sancta Maria Madelena.

Corrientes es buen monte de puerco en yuierno, et a vezes en verano. Et es la bozeria desde la casa de Val de Çerranton fasta los rrebollareios que salen de Val de Fuentes. Et es el armada en el Lomo de Mosonçiello.

La Garganta del Haedo es buen monte de puerco en yuierno, et aun en verano. Et es la bozeria desde Alua fasta el camjno que ua entre la defesa et Monte Rey. Et es el armada [fol. 96r] en cima de Val de Aluura.

El monte de sobre Oconciello es buen monte de puerco en yuierno. Et este non a bozeria. Et es el armada desuso de la casa de Val Buena.

El monte que esta sobre Villa Franca es muy buen monte de puerco en verano. Et es la bozeria en el Camjno de Haediello, fasta el llano suso. Et es el armada en cima de Val de Sarçuela.

Ual de Aluura et Val de Carros es todo vn monte, et es bueno en yuierno et aun en verano. Et son las bozerias la vna en el camjno que va sobre Val de Aluura, et la otra desde la Cruz fasta Halereza, et la otra desde Halereza fasta el Herramel. Et son las armadas la vna a Sanct Martin de Vsqueça, et la otra a Val Tinore, et la otra al Prado de Halareça. Et que este rrenueuo sobre Cuesta Orrizo para que lo derriben a la rribera, et a do estan las armadas.

Ual de Ossos, et Vsqueça, et Mata Lardo es todo vn monte, et es bueno de puerco en yuierno. Et es la bozeria desde Halareça fasta el Herramel. Et son las armadas la vna a Sanct Martin de Vsqueça, et la otra a Val Tinore, et la otra al Prado de Halareça.

[fol. 96v] La Cabeça de Sanct Roman, et los Valleios de Val de Puentes, et de Val de Chamuño, et de Val Tinore es todo vn monte; et es bueno de puerco en verano. Et es la bozeria a la Baharaña, et es el armada al rrio.

Tordol Quite con las Teieras es buen monte de puerco en yuierno, et aun en verano. Et es la bozeria al Andaluaro, que non pase a Val de Sosoldo. Et es el armada al Prado de Eros d'aqui.

Los Valles de Hurres es buen monte de puerco en verano.

La Dehesa de Villa Assur es buen monte de puerco en yuierno. Et este non a bozeria; et sson las armadas la vna a la Calera, et la otra al Moljno de Jeruas.

La Garganta de Sancta Cruz del Valle es buen monte de osso en verano et en tienpo de las oseras. Et son las bozerias la vna desde Sanct Millan, por el Collado del Afrecho, fasta la Cabeça de la Trigaza; et la otra desde la Cabeça de la Trigaza, la cunbre ayuso catante a Val Mala, que non passe Ahorañeco; et la otra des-de [fol. 97r] la Guilleça fasta Çiharla. Et son las armadas la vna en Monestarçala, et la otra en Vrquillanda.

El Haedo de Padre Luengo et Monte Agudo es todo vn monte, et es bueno de puerco en todo tie[n]po, et a vezes ay osso. Et son las bozerias la vna desde en çima de Monestarçala, el çerro ayuso fasta Tres Aguas; et la otra en el çerro que es entre el Haedo de Padre Luengo et la Garganta de Sancta Cruz. Et son las armadas la vna al rrio, et la otra al collado que es entre estos montes.

La Garganta de Frexneda es buen monte de osso et de puerco en verano. Et son las bozerias la vna desde Sancta Maria de Oter del Cueruo, la cunbre ayuso fasta Collado Grande; et Collado Grande ayuso fasta Roy Mendia. Et son las armadas la vna deyuso de Tres Aguas, et la otra al Colladiello de Vrdantiguy.

La Garganta de Laguna Verde es buen monte de oso et de puerco en verano. Et son las bozerias la vna desde Sancta Maria del Otero fasta Gaençauala, et la otra desde Gaençauala fasta Oter de Velanchas. Et son las armadas a Tres Aguas.

La Garganta de Peña Aguda es buen monte de puerco en verano, et a ueze[s] ay osso.

[fol. 97v] El monte de Val Gañon es buen monte de puerco en verano.

El haedo de sobre Pineda es buen monte de osso et de puerco en verano. Et es la bozeria desd'el rrio, camjno arriba que va para Yglesia Pinta fasta la sierra, et sierra ayuso fasta Sanct Xristoual del Foyo; et la otra por çima de la cunbre de la sierra, que non passe a Canaleia. Et es el armada en Val de Sanct Lloreynte, et otra en la vaqueriza vieia.

Harañeco es buen monte de osso et de puerco en verano. Et son las bozerias la vna desde Sancho Moro fasta en çima del Collado de Venjaga, et del Collado de Veniaga fasta en çima de Gumençulla, et desde Gumençulla fasta el Canpo de Tracaualla, et dende fasta la Cabeça de la Trigaza; et la otra desde la Cabeça de la Trigaza fasta Robrediello, et dende fasta el Canpo [fol. 98r] del Harregud, et del Canpo del Harregud fasta el Aluar Vieio. Et son las armadas en el Canpo de Veniaga.

Ual de Cabrones et Had Luengo es todo vn monte, et es bueno de oso en verano. Et son las bozerias la vna desde Sancta Maria de Peña Aguda, por el collado et por çima de la cunbre, fasta Sanct Millan d'Arandio; et la otra desde Sanct Millan d'Arandio, el çerro ayuso por el Collado del Afrecho fasta Collado Grande, que es so la Cabeça Trigaza. Et desde este collado, la cunbre del Çerro Luengo ayuso. Et son las armadas las vnas en el Canpo de Forniellos, et las otras en el Lomo de la Rasa.

El Valle de Pegera es buen monte de osso et de puerco en verano. Et es la bozeria el collado arriba de Sanct Mames, et es el armada a oio de Sancho Moro.

Canaleia es buen monte de osso et de puerco en verano. Et son las bozerias la vna Collado de Lomo Çereso arriba fasta la sierra, et la otra sierra ayuso fasta Mantança. Et es el armada en el Çerro de Fuente Nauaias.

Ual de Sosoldo es buen monte de puerco en verano. Et son las bozerias la vna desde Eglesia Çerrada fasta Castro Vieio, et la otra el collado arriba fasta [fol. 98v] en cima de Val de Sosoldo. Et es el armada en Sanct Pedro de Tabladas.

Mata Buena es buen monte de puerco en yuierno. Et es la bozeria por çima del collado, et es el armada en las Cabañas.

Monte Fermoso es muy rreal monte de puerco en yuierno, et aun en verano. Et es la bozeria por cima de la cunbre. Et son las armadas las dos en los prados de sobre Villa Omiel, et la otra en la hermjta que esta del cabo del ssoto, et otras dos en el camjno.

El Foyo Matama es buen monte de puerco en yuierno, et aun en verano. Et es la bozeria por çima de la cunbre, que non pase a Pineda. Et es el armada en las Rasiellas de Val de Peñota.

[L]as Gargantas de Tinjebras es buen monte de puerco en verano. Et es la bozeria por çima de la cunbre, que non pase contra Lo de Pineda; et la otra desde ençima de la sierra fasta el Collado de Fuent Aveia; et la otra desde ençima de la sierra, por el çerro ayuso fasta Peñota. Et es el armada sobre Yglesia Pinta, et la otra a Sancta Luzia, et la otra en el collado enderecho de la Cabeça de Arrevata.

[L]a Dehesa de Sanct Mjllan de Lara, que dizen Monte Palaçio, es buen monte de puerco en verano et algunas vezes ay osso. Et es la bozeria a So Sierra. Et son las armadas la vna a Mata Sarçales, et la otra a Rodeznos del Loco.

[fol. 99r] El Veçedo es buen monte de puerco en verano, et este non a bozeria. Et es el armada en el Canpo de Val Mayor.

La Cabeça de Arrebata es buen monte de puerco en verano. Et este non a bozeria. Et es el armada en fondon de Val Mayor.

Huyerres es buen monte de puerco en verano, et algunas vezes ay osso. Et es la boz[er]ia por çima de la sierra, que non pase contra Lo de Pineda. Et es el armada en Cuesta Verde.

Hortigal es buen monte de puerco en verano, et algunas vezes ay osso. Et son las bozerias la vna desde la Cruzeia fasta el canpiello, et la otra desd'el haediello fasta la Cruzeia. Et es el armada a Fuente Abeia.

Aguas Biuas, que es sobre Villa Serrazin, es buen monte de osso et de puerco en verano. Et es la bozeria por çima de la sierra. Et es el armada en el Collado de Sanct Xristoual.

Rio Cauado es buen monte de osso et de puerco en verano. Et son las bozerias la vna desde Farro Taia, çerro arriba fasta Sanct Millan, et la otra desde Çaualla fasta Urdantege. Et son las [fol. 99v] armadas la vna en Naua Llana, et la otra en Era Grande.

La Garganta de Sabugal, et la Garganta de Sanct Millan d'Arande, et de Rebolla Ruuja es todo vn monte; et es bueno de osso et de puerco en verano. Et son las bozerias la vna el cerro ayuso de Peña Oiaza fasta Sanct Millan d'Arandio; et la otra desde Sierra Corta arriba fasta Canpo Vellido, et la sierra a rriba fasta Sanct Millan. Et es el armada en el helechareio.

La Garganta Poluorosa de sobre Baruadiel de Herreros es buen monte de oso et de puerco en verano. Et son las bozerias la vna al Collado de la Cabeça de Dos Omnes, et collado arriba fasta Sancta Maria del Otero, et la otra desde Sierra Corta fasta Sancta Maria del Otero. Et es el armada en la vega del otero.

La Garganta del Eruela es buen monte de osso et de puerco en verano, et a las vezes en yuierno. Et es la bozeria el collado arriba de Guista Redondo, et rrecuda con la bozeria del Collado de la Cabeça de Dos Omnes; et ayunten se amas las bozerias so Sancta Maria del Otero. Et es el armada a las Ferrerias.

Rio Puercos de Monte Ruujo es buen monte de oso et de puerco en verano, et algunas vezes [fol. 100r] en yuierno. Et son las bozerias la vna a la Cabeça de Dos Omnes, et dende a la Cabeça del Esculca, et dende a la Cabeça de Gaton; et la otra Çerro Texedo arriba, fasta que tope en Gatones. Et es el armada a la Llana de Sanct Pedro del Yermo.

Huerta desuso es buen monte de osso et de puerco en verano. Et es la bozeria por cima de la cunbre de la sierra. Et es el armada al Collado de Neyla.

Montonto, que es entre Baruadiel del Peçe, et Villa Xristo, et Quintanjella es buen monte de osso en verano. Et es la bozeria por el collado arriba, catante a Baruadiello, et fasta sobre Veçares. Et es el armada en el hiherral de sobre Villa Xristo. Et aun dizen mas: que con el caruon deste monte, et con el agua de Aguas Biuas, que fue tenprada el espada Durendarte, que fue de Roldan.[22]

Los Haedos de Toluaños de suso, et de Toluaños de yuso, et de Huerta de yuso es buen monte de oso en verano. Et es la bozeria por cima de la sierra; et es el armada a fondon de los haedos en los valleios que rrecuden a cada vna de las aldeas.

Las gargantas de sobre Quintar es buen monte de osso et de puerco en verano. Et es [fol. 100v] la bozeria por çima de la cunbre. Et es el armada a los prados de sobre Quintanar.

La Ladera de Regomiel es buen monte de oso et de puerco en verano. Et son las bozerias la vna por çima de la cunbre de la ladera, et la otra que non pase a Regomjel. Et es el armada a los prados de entre Cañicosa et Quintanar.

El Pinar de Miranda es muy buen monte de puerco en yuierno et aun en verano, et este non a bozeria. Et es el armada en la Roda de Espeia.

La Dehesa de Sanct Leonarde es muy buen monte de puerco en verano, et es la bozeria [...]

[E]l Pinar de Sant Leonarde es buen monte de puerco en verano.

Mata Ruuia es buen monte de puerco en verano.

[R]io Frades es buen monte de puerco en verano.

[fol. 101r] Rio Mediano es buen monte de puerco en verano.

La dehesa que es entre Cañicosa et Viluestre es buen monte de puerco en verano et aun en yuierno, et en verano ay algunas vezes osso. Et son las bozerias la vna en el camjno que va de Biluestre a Cañicosa, et la otra en el camjno que va de Quintanar a Biluestre. Et es el armada al Espinareio de Cañicosa. Et que esten rrenueuos en las cabeças desta dehesa.

[L]a Cabeça de Carmona, que es sobre esta dehesa, es buen monte de osso en verano. Et este non a bozeria. Et son las armadas la vna a los Prados de Quintanar, et la otra en el Verdinal; et que esten rrenueuos en el camjno que va de Biluestre a Cañicosa.

Cabeça de Arañas es buen monte de osso en verano. Et es la bozeria por çima de la cunbre de la cabeça. Et es el armada a los Prados de Cañicosa.

Monte Caluiello es buen monte de puerco en yvierno, [fol. 101v] et este non a bozeria. Et es el armada al hermita.

La Dehesa de Palacios es buen monte de puerco en verano.

La Cabeça de la Foya es buen monte de puerco en verano.

El Palancar de Facinas es buen monte de puerco en verano, et este non a bozeria. Et es el armada a los prados desta Façinas.

El Haedo de Villa Nueua es buen monte de puerco en verano. Et es la bozeria por la cunbre de encima del haedo. Et es el armada entre el et la Dehesa de Façinas.

El Enzjnar de Cueuas Ruujas es buen monte de puerco en yuierno, et es la bozeria por la cunbre del enzjnar. [fol. 102r] Et es el armada en el camjno que va de Cueuas Ruujas a Burgos.

El monte de Mazareyx es buen monte de puerco en yuierno. Et es la bozeria en el camjno que va de Burgos a Cueuas Ruujas. Et es el armada sobre el Valle de Puente Dura.

El Enzjnar de Puente Dura es buen monte de puerco en yuierno. Et es la bozeria por çima del enzjnar, et es el armada en el camjno que va de Burgos a Cueuas Ruujas.

El monte de Vra es buen monte de puerco en yuierno. Et es la bozeria por çima del çerro, et es el armada al rrio.

Ual de Nebreda es buen monte de puerco en yuierno.

La Dehesa de Cubiel del Canpo: ay algunas vezes puerco en yuierno, et este non a bozeria. Et es el armada a la Cantera.

El monte de Ruujales es buen monte de puerco en yuierno. [fol. 102v] Et este non a bozeria. Et es el armada al Encruzijada de Val Çelamio.

El monte de Sanct Pedro de la Villa es buen monte de puerco en yuierno, et aun en tienpo de vuas. Et este non a bozeria, et es el armada entre el et el Enzjnar de Puente Dura.

El monte de Torreziella es buen monte de puerco en yuierno, et este non a bozeria. Et es el armada en Val de Taias.

El monte de Madrigal es buen monte de puerco en yuierno. Et este non a bozeria; et es el armada en el cabo del valle que va de Torreziella contra Cueuas Ruuias, que non pase al monte de Puente Dura.

[fol. 103r]
[fol. 103v]

[fol. 104r] En derredor de Sanct Millan de la Cogolla ay estos montes:

El monte de Sanct Polo es buen monte de puerco en verano.

El Couillar es buen mon[te] de puerco en verano.

El Villareio es buen monte de puerco en verano.

[fol. 104v] El monte de Maçanares es buen monte de puerco en verano.

La Dehesa de Matute es buen monte de puerco en verano, et algunas vezes en yuierno.

El monte de Tunja es buen monte de puerco en verano.

La Verde: a uezes suele auer y puerco, et ay muchos çieruos, et es muy buen monte para los correr.

[fol. 105r] Monte Caluiello es buen monte de puerco en yuierno.

El Villar es buen monte de puerco en verano.

El haedo de ssobre Sanct Millan es buen monte de puerco en verano.

[fol. 105v] La Garganta de Valuanera es buen monte de oso en verano.

El monte de Villa Farta es buen monte de puerco en verano.

[MS P₃] *El monte de Ruso Orio es bueno de osso e de puerco en verano.*

[fol. 106r]

[fol. 106v]

[fol. 107r] **Capitulo iiijº, de los montes de tierra de Ssoria.**

El Haedo de Neyla et Peña Aguda es todo vn monte, et es bueno de oso et de puerco en verano. Et es la bozeria desde el Collado de Sarrça, por çima de la cunbre, fasta Peña Negra. Et es el armada en el Collado de Huerta desuso.

La Garganta Trigera et el Berrocal es todo vn monte, et es bueno de osso et de puerco en verano.

Urujon et la Garganta de Duruelo es todo vn monte, et es bueno de oso et de puerco en verano. Et son las bozerias la vna por la cunbre de la sierra, et por el Çerro de Entre Amas Cuerdas ayuso; et la otra desde el berrocal fasta Peña Amariella, el cerro ayuso. Et son las armadas la vna a Sanct Ynes, et la otra al escorial, et la otra a la Muñequiella.

La Garganta de Coualieda es buen monte de osso et [fol. 107v] puerco en verano. Et son las bozerias la vna desde la Cobertera, por çima de la cunbre de la sierra fasta Cañad[a] Bermeia; et la otra desde Cañada Bermeia fasta el Orellar de Caplona arriba, fata el Collado de los Canales; et la otra desde el Collado de las Canales fasta el Pinar de Mata Lobos, por el çerro ayuso. Et son las armadas la vna en Faya Vellida, et la otra en el Lapadur, et la otra en las Eruelas; et otra en Cabañares, et otras dos en Mata Lobos.

La Onbria de Sanct Lloreynte es buen monte de oso et de puerco en verano.

Ual de Fierro, que es en çima de Ebros, es buen monte de puerco en yuierno.

[fol. 108r] En el Valle de Ebros ay estos montes:

El Auellanar es buen monte de puerco en verano.

Soto Ruaño es buen monte de puerco en verano.

Foyo Maraño es buen monte de puerco en verano.

[fol. 108v] La Cestierna et la Cueua de Entre Amas Aguas es todo vn monte, et es bueno de puerco en verano.

Aqui se acaban los montes del Valle de Hebros.

Los Poyales de Moña, que son catante Duero, es buen monte de oso et de puerco en verano. Et es la bozeria por çima de la cunbre catante a Duero, los rrostros contra los Poyales fasta en derecho de Salgero; et la otra desde ençima Corua, el somo arriba fasta los Colladiellos, et de los Colladiellos fasta Peñota. Et son las armadas en el camjno mayor que va de Coualeda a Salguero.

En la Garganta de Vinuesa ay estos montes:

Ualle Mala, et Rio Quesos, et Laguna Mala, et Espaçes es todo vn monte; et es bueno de osso et de puerco en verano. Et son las bozerias la vna desd'el Valleio del Ojuelo, por çima de la cunbre de la sierra; et por çima de Rio Quesos fasta Laguna Mala, et desde Laguna Mala la cunbre arriba fasta Vrujon; et de Vrujon por el Collado de la Grua fasta Peñas [fol. 109r] Aluas, et desde Peñas Aluas el çerro ayuso fasta Santa Ynes. Et que esten rrenueuos de canes en el Escalera, et en el Lomo de Rio Quesiellos, et en el Lomo la Carne, et en la Noguera. Et son las armadas la vna ençima de Santa Ynes, et la otra en la Poueda Somera, et la otra en la Naua Castaña, et la otra en Rio Monjçio, et la otra en los camjnos en ffondon de los Colladiellos, et la otra en la Rade de la Calabaça, et la otra en la Llana Vieia.

[R]obredo Llano, et la Llana Vieia, et los Colladiellos, et Rebolla Ruujo, et la Peña Muño Vela, et el Arroyo de la Calabaça es todo vn monte. Et es bueno de osso et de puerco en verano. Et son las bozerias la vna desde en par de Santa Ynes, la cunbre arriba fasta Peñas Aluas, et desde Peñas Aluas por çima de la cunbre; et por las Muñecas de los Monges fasta el Collado de Alueto, et del Collado de Alueto fasta Castiel de Vinuessa, et de Castiel de Vinuessa fasta Portiel de Munocha. Et que esten canes de rrenueuo en el Lomo del Moro, et en el Lomo de Rebollo Ruujo, et el otro en la Lagunjella de Foyo Puerco. Et son las armadas la vna en los Colladiellos, et la otra en el Quintanar, et la otra en la

Rade de la Calabaça, et la otra en los camjnos en ffondon de los Colladiellos.

[MS *P₃*] *Ualle Mala es buen monte de osso y de puerco en verano. E son las bozerias la vna desd'el Valeio del Ouielo por çima de la cunbre de la sierra, e dende al çerro ayuso fasta Remoniçio; y la otra en el Berrocal de Ouielo, la cunbre [fol. 63v] arriba fasta la syerra. E son las armadas la vna en el camjno que va de Vinuesa a Santa Ynes, e la otra al Arroyo de Rio Moniçon.*

El Arroyo de Calabaças y la Peña Nuño Vela es todo vn monte, y es bueno de osso y de puerco en verano. Y son las bozerias la vna por çima de la cunbre de la syerra, y la otra por el Çerro de los Colladillos arriba fasta la syerra; y son las armadas al Quintanar.

Los Colladillos de la Llana Vieja es todo vn monte, y es bueno de osso y de puerco en verano. Y son las bozerias la vna por çima de la cunbre de la syerra, y la otra por el Cerro de los Colladillos arriba, [e] son las armadas al Lomo del Moro.

La Garganta de Robredo Llano es buen monte de osso e de puerco en verano. E son las bozerias la vna por çima de la syerra, y la otra por el Lomo de las Passadillas arriba fasta la syerra, e son las armadas en el Lomo del Moro.

La Garganta de Lomo Pineda es buen monte de osso e de puerco en verano. E son las bozerias la vna por çima de la cunbre de la syerra, e la otra por Lomo la Carne arriba fasta la syerra. E son las armadas a Santa Ynes y las Posadillas.

La Garganta de Rio Quesos es buen monte de osso e de puerco en verano. E son las bozerias la vna por çima de la cunbre de la syerra, y la otra por el Lomo la Carne arriba fasta la syerra. E son las armadas la vna a la Peueda, e la otra en el Vado de Posadillas.

[fol. 109v] Fasta aqui son los montes de la Garganta de Vinuesa.

La Garganta de Raçon es buen monte de osso et de puerco en verano. Et son las bozerias la vna desde Canpo Redondo, por la Vera del Haedo, fasta en par de los moljnos de Raçon; et la otra desde en par del Canalizo, de entre Raçon et Raçonçillo fasta la losa, por allende del rrio, que non passe a Raçonçillo nin a Ujlloslada. Et son las armadas en las Pouedas, que son en çima de los moljnos de Raçon; et la otra en el Canalizo; et la otra en la Rade.

Oconçiello es buen monte de osso et de puerco en verano. Et son las bozerias la vna desde las Couatiellas fasta diuso de los Latares, et la otra desde la Cabeça del Mozediello por las Lastras de Lomo Lobos fasta el Arroyo de la Mata. Et son las armadas en el Algosa.

[MS *P₃*] *La Garganta de Posada de Rey es buen monte de osso e de puerco en verano.*

La Cabeça de Verrun es buen monte de osso et de puerco en verano.

[fol. 110r] **Capitulo v°, de los montes de tierra de Leon, et del Vierzo.**

El monte de Espina es bueno de osso en yuierno et en verano. Et son las bozerias la vna desde Villa Corta fasta ençima de la Cunbre de Val de Faya, que non passe a Siero; et la otra desde Villa Corta fasta el Canpo de Canssoles, que non passe a Torales. Et son las armadas la vna en el Canpo de Canssoles, et las otras al rrio.

El Galliello es buen monte de puerco en yuierno. Et es la bozeria desde la puebla fasta el Valle de Rio Pedroso. Et es el armada en la vega de la puebla, et la otra armada a la casa de Rio Pedroso.

La Verde es buen monte de puerco en yuierno. Et es la bozeria el rrio arriba del Buedo fasta la casa de Domingo Gordo. Et es el armada en la Vega de Rio Pedroso.

Rodiles es buen monte de puerco en yuierno, et algunas vezes ay osso. Et es la bozeria desde Pie de Mora fasta Oter de la Casa, asi commo va el camjno de Tauanera et desçende a Sancta Maria de Caparrosa. Et es el armada en Pie de Mora.

Caparrosa es buen monte de puerco en yuierno. Et es la bozeria Val de Cuende arriba fasta [fol. 110v] el Çepo, et es el armada en Maiada Vieia.

El monte de Miduerna, et de Respenda, et la Mata de Pino es todo vn monte; et es bueno de osso en verano. Et son las bozerias la vna por el camjno que va de Mjduerna fasta Cornon; et la otra desde Cornon, el valle ayuso fasta Fuent Techan; et la otra desde Villa Nueua fasta Respenda, por el camjno que atraujessa ençima; et la otra desde Pino fasta Villal Veto. Et son las armadas por el carril que va de Mjduerna a Respenda [MS *H.S.A.*] *por el camino* por çima de la cunbre.

[MS *P₃*] *El monte de Mjduerna es buen monte de puerco en ynvierno, e es la bozeria en el camjno mayor que va el çerro ayuso fasta Villa Nueua, e commo llega a Miduerna. E es el armada en el camjno adelante.*

Sino es buen monte de puerco en ynvierno. Y es la bozeria entr'el aldea y el monte, por que no passe a Sant Roman; e es el armada en el Valle de Mjduerna.

Ual de Castro, que es so la peña sobre Buardo, et el monte de Conçeio, et el Maço de Villa Nueua es todo vn monte; et es bueno de oso en verano. Et son las bozerias la vna por Entre Monte et Peña, et la otra al rrio. Et que esten canes de rrenueuo en los carriles. Et son las armadas en el valle de entre el monte de Conçeio et el Maço.

El monte de Val de Faya es buen monte de osso en verano, et algunas vezes en yuierno. Et es la bozeria por çima de la sierra fasta la Peña del Cabdel. Et es el armada en el collado.

La Siruiella es buen monte de puerco en yuierno, et algunas vezes ay osso. Et son las bozerias la vna al agua en çima de Guardo, et la otra dende fasta la Puente de Buen Puerto. Et es el armada en medio de la Sierra de Portiella.

[fol. 111r] Ryo de Cama es buen monte de puerco en yuierno. Et es la bozeria el monte de Renedo arriba, fasta en derecho de Canaleias. Et son las armadas a Canaleias.

Ual de Guisenda es buen monte de puerco en yuierno, et aun en tienpo de panes. Et es la bozeria desde Sancta Olalla fasta Quintaniella. Et es el armada sobre Çeuañjco. [MS *P₃*] *E son las armadas por el valle que va desde Ceuanjco a Santa Olalla.*

La Mata de Çerezal es buen monte de puerco en verano, et es la bozeria contra Prado. Et es el armada a Villa Son.

El monte de Prado es buen monte de puerco en verano, et de osso en yuierno. Et son las bozerias la vna contra Peña Coralda, et la otra a los Torales. Et es el armada a Val de la Collada.

La Mata de Monte Agudo es buen monte de osso et de puerco en verano. Et son las bozerias la vna por el carril que va de Sanct Martin a Sanct Guyjelmo, et la otra por çima de la cunbre, que non pase al Texedo. Et es el armada en la Loma de la [Muñeca].

Mata Llana es buen monte de puerco en verano. Et son las bozerias la vna contra Sanct Guyjelmo, et la otra contra Peña Coralda. Et es el armada en la foz contra Robredo.

[fol. 111v] Uega de Frades es buen monte de osso et de puerco en yuierno, et aun en verano. Et es la bozeria por el camjno que va de Sanct Guijelmo fasta la peña. Et es el armada a la collada.

Poluorinos es buen monte de puerco en verano. Et son las bozerias la vna en la Loma de Vega, et la otra desde Perales a la Puente de Almuyo. Et es el armada a Poluorinos.

Montote es buen monte de puerco en verano, et en yuierno a las vezes. Et son las bozerias la vna desde la loma del camjno que va de Carrizal para Buardo, fasta el sendero que se desuia para Val Cuende; et la otra desde este sendero fasta la Granda, por el camjno que viene de Villa Morisca fasta este sendero. Et son las armadas la vna en Rio de Salze, et la otra en çima de la loma contra Val de la Mata.

Ual de la Mata es buen mo[n]te de puerco en verano, et a las vezes en yuierno. Et son las bozerias la vna desde Villa Morisca fasta en çima de la Granda, et otra al camjno que va de Pitones fasta en çima de la Granda. Et desde la vna bozeria a la otra: paradas de alanos por cima de la Granda.

El monte de la Candara es buen monte de puerco en yuierno [fol. 112r] et en verano. Et son las bozerias la vna en el camjno que va de Calaueras para Buardo; et la otra por çima de Val Ceruero, la loma arriba fasta la casa de Villa Nueua. Et son las armadas la vna entre la casa de Villa Nueua et Sanct Pedro, et la otra en derecho de Sanct Pedro contra Tapiales.

El monte del Moro es bueno de osso et de puerco en yuierno et en verano. Et son las bozerias la vna desde la casa de Vega de Ferreros fasta asomante a Val Mayor, et la otra por Rio Seco, et la otra en la carrera vieia que va de Mercadiello a Laguna. Et son las armadas en la Laguna de Villa Paderna.

El monte de Llamas es buen monte de puerco en yuierno et en verano. Et son las bozerias la vna en çima del Cabeço de Llamas contra Vegas; et la otra desde Llamas, el valle a rriba fasta Cohorcos. Et son las armadas desde los Cohorcos fasta la laguna, por esos cabeços do vieren que mas cunple.

Ual de Porçiles, et Val de Castro, et Val de Espinoso es todo vn monte; et es bueno de puerco en verano, et a vezes en yuierno. Et son las bozerias la vna la loma a rriba de Val de Porçiles fasta en çima de la Braña; et la otra en el camjno que va por la loma de entre Çeuañjco et Cohorcos, todo por el Cohorco la loma ayuso, fasta que tope en el camjno que viene de Cohorcos [fol. 112v] para Bonas Ganas; et dende por çima de la Loma de Val de Castro fasta que llege a los Prados de Val Espinoso. Et son las armadas todo el valle de Val Espinoso ayuso, contra Val de Santo.

El monte de Reyello es buen monte de osso en verano, et algunas vezes en yuierno. Et es la bozeria por çima de la peña. Et es el armada entre el [et el] monte de Prado.

El Texedo es buen monte de osso en verano, et algunas vezes en yuierno. Et son las bozerias la vna por çima de la cunbre del Texedo, et la otra contra Rio de Mora, et la otra contra Monte Agudo. Et es el armada a la Fuente de la Collada so Sancta Marina.

Uossante, et Val de Guyda, et Val del Orrio, et Val de Vodjno es todo vn monte; et es bueno de osso en yujerno. Et son las bozerias la vna desd'el pico de sobre la Collada de Santa Maria, por çima del çerro fasta la Collada de Santa Maria, et desde la Collada de Sancta Maria por el camjno ayuso fasta la Collada del Sotiello, et dende fasta la Peña del Arzon; et al otra desde Hozeia fasta Yugueros; et la otra desde la Muñeca fasta los Caueñes de Yeres, et dende a los Torales; et la otra desde enderecho de Çestiernega, por allende del rrio, fasta enderecho de Sant Helizes. Et que esten canes de rrenueuo sobre Val de Guyda. Et son las armadas la vna en la Collada del Sotillo, et las otras en Val Sauero.

[U]al de Ladrones et Coronas es todo vn monte, et es bueno de osso en yujerno. Et es la bozeria desde los Olmos de Fuent Quaiada, por Val de Sant Yuañes, fasta en cabo del valle. Et que esten canes de rrenueuo sobre Coronas, et sobre Val de Ladrones. Et son las armadas la vna a la Muñeca, et la otra a las Caueñes de Yeres, et la otra a los Torales. Et que este otra bozeria por çima de Val de Guyda, por que si passare las armadas, quel tornen a ellas.[23]

Castiello et Monte Momoroso es todo vn monte. Et es bueno de osso en verano, et algunas vezes en yuierno; et ay buenos puercos. Et es la bozeria desde la Collada de Sotiellos con Logrosende, [fol. 113r] fasta los Palaçios del Ama. Et son las armadas la vna entre Momoroso et Sanct Adrian, et la otra en el Valle de Olleros.

Corrales et Foynas es todo vn monte, et es bueno de osso et de puerco en yuierno; pero es meior de verano. Et son las bozerias la vna en el Canpo de Renero fasta Val de Bustos; et la otra desde Val de Bustos, Val de Lorma arriba fasta en Palaçios. Et son las armadas la vna en la Loma de Corrales, et la otra a la Vega del Rey, et la otra a los Olmos de Fuent Quaiada.

Ual de Voreas et Foçes es buen monte de puerco en verano, et algunas vezes en yuierno. Et son las bozerias la vna por çima de Pico de Moro, et guardar le la Vega de Çerezeda, que non pase a Pardomjno; et la otra entre Çaramedo et Robra. Et es el armada desde la Mata de la Riba fasta el Arbol de Colladiello.

Ual de Vieio es buen monte de osso en verano. Et es la bozeria por çima de la Canga; et es el armada a los Prados de Auiados.

La Viesca et Val Coreio es buen monte de osso en todo tienpo, et ay buenos puercos. Et son las bozerias la vna desd'el Castiello de Auiados, por çima de Val de Yllan fasta en Cu[e]to Xalon, et la otra desde Cueto Xalon fasta la Puente [fol. 113v] de Sanct Heliz. Et son las armadas la vna en Regera de Arueial, et la otra a Sanct Eugenio, et la otra al Prado del Espina.

El texedo de sobre Sanct Pelayo es buen monte de osso en verano. Et son las bozerias por cima de la cunbre de la sierra, fasta el Collado de Sanct Pelayo. Et son las armadas la vna a Val de Arenales, et la otra a la loma que es entre San Pelayo et el texedo.

Abrigal es buen monte de puerco en verano et en yuierno, et algunas vezes ay osso. Et son las bozerias la vna desde la Foz de Palaçuelo fasta Sancta Maria de Orugo, et la otra a Peña Vtrera. Et es el armada a Reguera de Arueial.

Formigoso es buen monte de osso en verano. Et sson las bozerias la vna desde la Peña de Sanct Viçeynte fasta la Cueua del Culuebro, et la otra por çima del Puerto del Funtu. Et es el armada a la Collada de Fuentes.

Medianas es buen monte de osso en verano, et ay buenos puercos. Et es la bozeria por cima del Lomo de Riaço fasta Villar de Anbrar. Et son las armadas la vna a los Prados de Lonbera, et la otra a la Vega de Arzonaga.

[fol. 114r] Rio de Muelas es buen monte de osso en yuierno, et aun en verano; et ay buenos puercos. Et es la bozeria guardar le que torne a Medianas. Et son las armadas la vna a los Prados de Rauanal, et la otra a los Torales de Val Heliz.

Los Val[l]es es buen monte de osso en verano. Et es la bozeria por cima del Lomo de los Valles. Et a dos armadas: la vna al Prado del Espina a Regera de Arueial, et otra a la Mata de Sanct Eugenjo.

Traspando es buen monte de osso en todo tienpo, et este non a bozeria. Et son las armadas la vna a Sanct Pedro de Arenas, et otra a Sancta Maria de Maçaneda, et otra a Pielago Negro. Et que esten algunos de cauallo por çima de la Loma de Monpresen.

Buçendin es buen monte de osso et de puerco en todo tienpo. Et son las bozerias la vna por çima de la Loma de Bostifel, et la otra por cima de la Loma de Valle. Et son las armadas la vna en el Valle de Auiados a Sanct Çebrian, et la otra a Çeñera en Curueño.

Maçaneda es buen monte de osso en yuierno, et aun en verano. Et es la bozeria desde en çima de Oter de Ladrones, por çima de la loma fasta el rrio, que non pase a Traspando. Et son las armadas la vna en Oter [fol. 114v] de Ladrones, et la otra a la boca de Val de Curueño, et otras dos al rrio por Venado Furtado, que non pase al monte de Gallinas. Et la primera vez que corriemos este monte, matamos en el vn osso et seys puercos.

Monte Galljnas es buen monte de puerco en yuierno. Et este non a bozeria. Et son las armadas la vna a Sanct Pedro de Arenas, et la otra a la Loma de Pelosas.

Ual de Castro es buen monte de puerco en yuierno, et non a bozeria. Et son las armadas por çima de las lomas.

Ual del Olio et el Monte de Sanct Pelayo es todo vn monte, et es bueno de puerco en yuierno et en verano; et en los yuiernos fuertes ay oso. Et es la bozeria desde la Carrera de Torde Melaz fasta el entrada de Val de Curueño. Et son las armadas la vna a la Mata de Monte Negro, et la otra a la Granda, et la otra entre Bel Monte et Sancta Coloma.

La Pocilga es buen monte de puerco en yuierno, et non a bozeria. Et son las armadas la vna en la vna loma, et la otra en la otra loma, et la otra en la boca del valle.

Ual de Curueño es buen monte de puerco en yuierno. Et es la bozeria entre el et [fol. 115r] el monte de Maçaneda, que non passe a Maçaneda. Et es el armada en la Granda, que es entre la Poçilga et Sanct Pelayo.

Ual Semana, et Val de Cadiellas, et Val de Ponia es todo vn monte; et es bueno de osso en verano, et de puerco en yuierno. Et son las bozerias la vna por çima de la Loma de Val de Cadiellas, et la otra a los Pozos de Coljnas fasta el Çilleron. Et es el armada a Canpo Sagrado; et otras dos armadas al Rio de Vernesga, la vna a la boca de Val de Cadiellas, et la otra a la boca de Val Semana.

Cor de Moros es buen monte de puerco en yuierno et en verano, et a las vezes ay osso. Et son las bozerias la vna entre Rio Seco et Espinosa, et la otra desde la Loma de Rio Seco fasta el Prado de la Villiella. Et son las armadas a los Prados de la Villiella.

Ual Heliz et Pelosas es todo vn monte, et es bueno de puerco en yuierno et en verano. Et son las bozerias la vna por la loma que es entre Fenar et Val Heliz, et la otra desde la Loma de Val Heliz fasta la Loma de Pelosas. Et son las armadas la vna entre Pelosas et Monte Gallinas, et la otra al Ospital de Çelada.

Caramedo et Robra es buen monte de osso et de puerco en [fol. 115v] yuierno et en verano. Et son las bozerias la vna desde Bel Monte fasta en Colleziello, et la otra desde [C]olleziello fasta Vega Tamari. Et son las armadas la vna al Escoyo de Lunga, et la otra al Carçal de Villa Verde.

Fontoria es buen monte de puerco en yuierno et en verano. Et son las bozerias la vna por cima de las armadas fasta en Candañedo, et la otra desde Candeñedo fasta Vega Tamari. Et es el armada en la Loma de Val Semana.

Ual Çerroso es buen monte de osso et de puerco en yuierno et en verano. Et son las bozerias la vna por la Granda de Fontoria, et la otra por çima de Val Semana. Et es el armada en la Loma de Val Porquero, que non passe a Rio Cauo.

Uellisca es buen monte de osso et de puerco en yuierno et en verano. Et son las bozerias la vna por çima de Espinas de Can fasta Val Çerroso, et la otra por çima de Val Semana. Et es el armada entre Çellisca et Val Çerroso.

Las Derroñadas de Vegas es buen monte de puerco en yuierno et en verano, et a las vezes ay osso. Et son las bozerias la vna por la Ribera del Condado, et la otra es guardar [fol. 116r] le toda Val de Sengra, que non pase a Çaramedo. Et es el armada en la Granda de Abeiar.

Abeiar es buen monte de osso et de puerco en yuierno. Et es la bozeria desde la Defesa de Rueda fasta el Camjno de Val d'Aliso. Et es el armada en Auellanares.

Ual de Lobon es buen monte de osso et de puerco en verano et en yuierno. Et son las bozerias la vna desde Naua fasta Val de Falcon, et la otra desde Garfin fasta la boca de Val de Lobon, et la otra a la Frontina de Val d'Aliso. Et son las armadas la vna a las Cruzes de Çellisca, et la otra a la maiada de Marcos Peres, et la otra al Hermita de Val de Falcon.

Ual de Aguado es buen monte de puerco en yuierno et en verano. Et son las bozerias la vna al Canpo de Renero, et la otra a las Merendreras. Et es el armada en Val de Arremata.

Renero es buen monte de osso et de puerco en yuierno et en verano. Et es la bozeria todo Val de Sanct Yuañes, fasta los Olmos de Fuente Quaiada. Et es el armada a Val de Yglesia.

En tierra de Lilio ay estos montes:

Iarga, et Rio de Ferreras, et Rio de Osos es todo vn monte, et es bueno de osso [fol. 116v] en yuierno et en verano. Et son las bozerias la vna desde la Peña de Susaron por la Collada de Baruadiello, et por la Collada de Ferreros, et por la Collada de Tolibia, et por çima de la Pedrosa, et por Canpo Muelle, et a la Muesca de Lenbil, et fasta Castiel Texon. Et son las armadas la vna a los Prados de Siluan, et la otra a Sancta Maria de Pegeruas, et la otra al Escura de Yarga, et la otra en la Collada de Yarga.

El monte de Baruadiello et el de Sanct Martin del Eruaçal es todo vn monte. Et es bueno de osso en yuierno et en verano, et de puerco en yuierno. Et son las bozerias la vna desde la Peña de Susaron fasta la Collada de Ferreros, et desde la Collada de Ferreras fasta Rio Cauo; et la otra entre Peña Forcada et el Castiello de Herreras. Et sson las armadas la vna a Sanct Martin del Eruaçal, et la otra a la Peña Ruuja.

El monte de Troñjsco es buen monte de osso en verano.

Estos son los montes de Azeuedo:

Rio de Ssel es muy buen monte de osso en verano. Et [fol. 117r] son las bozerias la vna desde el Puerto de Pan de Lança fasta la Collada de la Vña, que non pase por Verrunde; et la otra es desde Pan de Lança fasta Collada Fermosa. Et son las armadas la vna en Collada de Herendia, et la otra en la Collada de Çerales.

Loroda es buen monte de osso en verano. Et a dos bozerias: la vna por la Collada de Erendia et por Nabeda, fasta Entrada d'Alien; et la otra por la Peña de Vela, et por Texedo. Et son las armadas en los Prados de Loroda.

Ual Uerga es muy buen monte de osso en verano, et es la bozeria por la Collada de Texedo et a Sanct Pelayo fasta el Agua Salio, et para Tendeña de Riaño fasta la Peña de los Cauallos, et fasta la Collada de Medias. Et son las armadas por Carrera de Val Verga.

Pedroa es muy buen monte de osso et de puerco en verano. Et son las bozerias la vna por Collada Fermosa; et la otra por la Collada del Ponton, que non pase a Ponia. Et son las armadas a los Prados de Estaio.

Uayeñe es muy buen monte de osso en verano. Et son las bozerias por Cueto Cabron fasta en Panda Redonda, et fasta el Vado de Laso. Et son las armadas por la Carrera de Anziles.

[fol. 117v] El monte de Rimoljna es muy buen monte de osso et de puerco en verano. Et son las bozerias por la Collada de Mental, et por la Collada de Cabreriz, et por las Peñas Negras; et guarden le a Cuendabrin. Et son las armadas desde Rimoljna fasta el Vado de Laso.

Los montes de Riaño son estos:

Tendeña es buen monte de osso en verano, et es la bozeria en la peña contra Val Verga. Et es el armada contra o solie estar la Torre de Riaño.

Uayeño es buen monte de osso en verano. Et es la bozeria desde o solie estar la Torre de Riaño fasta Velde, de parte de Enzjnas; et otra a la Piorneda. Et es el armada en el Collado de Sosa.

El monte de Fermolljna es bueno de osso en yuierno et en verano. Et son las bozerias la vna en la peña contra Argoueio, desde el rrio fasta el camjno que va para Cabreros; et la otra en la Panda Rionda, por que si pasare el venado, que lo tornen al monte por esta armada. Et es el armada desd'el Vado del Aso fasta el eglesia que esto sso Rio Moljna.

El monte de Val de Coljna et Sosa es todo vn monte, et es bueno de osso et de puerco en [fol. 118r] verano. Et son las bozerias la vna desde Pantoriel por çima de la cunbre, commo va fasta la Collada de Carande; et la otra desde Pantoriel, por çima de la Collada de Busca Yd, et entra en el Camjno del Pando et va el camjno arriba fasta el Sendero de los Peones. Et es el armada al hermita que es cerca de Val de Coljna, que dizen Sanct Xristoual.

Los montes de Prioryo son estos:

Busca Yd, el del Pando, et Val de las Cortes, et Val de Ferruelo es todo vn monte; et es bueno de osso et de puerco en verano, et a las vezes en yuierno. Et son las bozerias la vna desde la casa del Patudo, por çima de la loma fasta asomante a Texerina; et la otra desde Sanct Martin de Riaço, por çima desa loma que ua por Mental fasta la Colladiella de Mental; et la otra es en las matas de escontra la Ponja. Et son las armadas en los prados entre Me[n]tal et Priorio, çerca vna ermita quel dizen Sancta Olalla.

El monte de Busca Yd, que es entre Priorio et Caminago, es bueno de osso et de puerco en verano, et a vezes en yuierno. Et es la bozeria desde el sendero que va de Priorio para Camjnago por çima de la loma fasta el ca-mino [fol. 118v] que va de Priorio para Siero, et por el camjno adelante fasta la Collada de Miodes; et la otra desde este otro logar fasta çerca de Priorio, de la otra parte contra el Pando. Et es el armada en çima de la Granda, sobre la Puente de la Ponia, fasta el sendero que va de Priorio para Caminago.

El monte de Peña Fiel es bueno de puerco en verano, et sson las bozerias la vna contra Priorio por cima de la loma, et la otra contra Satiorde. Et es el armada en los prados que estan so la Ponia.

Los montes de Morgoueio son estos:

Ual del Osso, et Val del Foyo con el monte de Camjnayo es todo vn monte. Et es bueno de osso et de puerco en verano, et a las vezes en yuierno. Et son las bozerias la vna desde la Loma de Torales fasta el camjno que va para Vergorio, la sierra arriba por la Loma de Val de Foya, et commo va al monte que esta entre Camjno et Vesande; et la otra desde el monte de Camjno, por çima de la Loma de Busca Yd fasta asomante a la peña. Et son las armadas a par de la loma, por o va el Camjno de Morgoueio para Torales.

El monte de Espina es bueno de osso et de puerco en yuierno et en verano. Et es la bozeria en el camjno que va de Rueda para Guardo, desde la loma [fol. 119r] asomante a Espina fasta çerca del Canpo de Cansoles. Et son las armadas la vna en el Canpo de Cansoles, et la otra en el valle al camjno que va de Villa Corta a Cansoles.

Formigoso es buen monte de osso en verano. Et son las bozerias la vna desde la Peña de Sanct Viçeynte fasta la Cueua del Culuebro, et la otra por çima del Puerto de Fontu. Et es el armada a la Collada de Fuentes.

El monte de Conforiçedo es buen monte de oso en verano. Et son las bozerias la vna entre este monte et Tauliza, et la otra en el camjno que va para Lonbera. Et es el armada en los Prados de Tanba.

El monte de Texera es buen monte de osso et de puerco en verano. Et son las bozerias la vna por la Collada de Sanct Çebriano, commo viene al Pico de Mon Ciego, et la otra por la Sierra de Sobre Cueua. Et son las armadas la vna en la Collada de Faya, et la otra en la Foz de Çiso.

Monte de Rey, que es cabo la puebla de Gordon, es buen monte de oso et de puerco en verano. Et son las bozerias la vna desde el Pico de Fontañan, et por la portiella sobre Nozedo, et por los eros fasta la Sie-rra [fol. 119v] de la Varzeniella; et la otra desde el camjno que vien de Sanct Martin de Fuente Febra, fasta la portiella de sobre Nozedo. Et son las armadas la vna en la Collada d'Ordiales, et la otra a Sanct Migel de Lamelerma, et la otra en el camjno que va deste Sanct Migel a la Collada d'Ordiales; et que esten monteros et canes de rrenueuo en la collada que va a la portiella et sobre los serreiones deste camjno que son a las espaldas destas armadas, por que sy el venado pasare, que lo tornen.

Alzedo, et Hozella, et Busbusende es todo vn monte; et es bueno de osso en todo tienpo. Et son las bozerias la vna por el Lomo de Busbusende, et por la Collada de Sanct Anton, et por el Lomo del Llamoso, et a la Collada de Alzedo; et la otra por çima del Otoñal, et que desçenda por sobre la Loma de la Dehesa de Foiedo; et la otra al Escuyo de Fradarello, que es de parte de Fozella. Et son las armadas las vnas en los prados de contra Sanct Anton, et la otra en la Collada de Fozella, et la otra en los Prados de Alzedo.

Fuentes es buen monte de osso en verano. Et son las bozerias la vna desde la Collada del Omero fasta la Gotera; et la otra desd'el Onbro, de sobre Villa Sanpliz, fasta entre amas las colladas. Et es el armada en Alzedo.

[fol. 120r] El haedo que es cabo Consuestre es buen monte de osso en verano. Et son las bozerias la vna desde el Cueto de Sanct Cebriano, por cima la cunbre, fasta la peña que esta entre Sancta Lozia et Consuestre; et la otra desde la Cueua de Sanct Çebriano fata el pielago de cabo Soto de Prado, que yaze cabo Vega de Gordon et cabo Pielaçente. Et son las armadas la vna en la collada que va para Villar de Frades, et la otra en los prados de entre el monte et Consuestre.

La Quintina et Fuente Frea son dos montes buenos de osso en verano, et pueden se correr en vno. Et son las bozerias la vna desde el Collado de la Quintina, por las Mesas, por çima de la cunbre fasta asomante Ajeras; et la otra bozeria por Lomo Bueno, por çima de la cunbre. Et que buelua por Sancta Cruz fasta el valle que se yunte con la otra bozeria. Et son las armadas la vna en el Collado de la Fuente Frea, et la otra en el Valle de Cabronera entre la bozeria et el monte.

La Texera de Val Porquero es buen monte de osso en verano. Et son las bozerias la vna desde el Canpanar de Voziello, por çima del Teleno de la Peña, fasta el Rio de la Foz en derecho de la Cueua de Saludes; et la otra desde la foz cabo el oriella del rrio fasta en derecho de la Eri-ella, [fol. 120v] et fasta Val Porquero. Et es el armada a la Yglesia de Vooziello.

Buçey es buen monte de osso et de puerco en verano, et a las vezes en yuierno. Et son las bozerias la vna desde la peña en que esta la cueua que esta al cabo della a Foz de Cabras, et por ella arriba fasta el camjno que vien de las Breñas d'Aralla, et por el camino que sal contra la Cueua de Çerredo; et la otra desde el camjno que sale para la Cueua de Çerredo fasta la otra bozeria, et sobre la Braña Redonda, et sobre la Brañuela fasta Sancta Cruz, et desde Sancta Cruz fasta la peña que esta sobre los Barrios; et dende el collado ayuso fasta que paresca Bebrimo, et por allende del rrio que desçende por Cabo Ornera, desde el Ponton de Bebriño fasta la Cueua de Paradiella. Et son las armadas la vna en el collado de los prados sobre las breñas, et la otra entre la Quintina et Fuente Fria, et la otra entre el Cabranero et el Collado de la Quintina, et la otra a la Foz del Coruo.

Cabo Luna ay estos montes:

Turze es buen monte de osso et de puerco en verano, et algunas vezes en yuierno. Et son las bozerias la vna desde el Canpo del Escrita fasta el Arbol de Bo-uia, [fol. 121r] et la otra al Valle de Canales, et la otra desde el Prado de la Trelde fasta las Ollas de Mora. Et son las armadas la vna a la Puente de la Pedrera, et la otra al Prado de la Trelde.

Erede es buen monte de osso et de puerco en verano, et algunas vezes en yuierno; et es la bozeria por çima del Puerto del Quartero, et por çima de la loma fasta el monte de los Frades; et dende fasta el Canpo del Escrita. Et son las armadas la vna en Oter de Lago, et la otra al Prado de la Trelde.

Mirantes es buen monte de osso en verano.

Mon Malo es buen monte de osso en verano.

[fol. 121v] Uildedo, et Carrio, et Monte de Larco es todo vn monte. Et es bueno de osso en verano. Et son las bozerias la vna desde la Ruuia fasta Cacauiellos, et desde Cacauiellos fasta la Collada de Oblaneda, et desde la Collada de Oblaneda por Caua Lunal, et a los Collados de Ruy Suarez, et por Val Grueso fasta la Peña del Porral; et la otra por el Collado de Fuentes, et a la Foz de Cacauiellos, et por la Carrera de Mon de Larco fasta la Sierra de Lenienal; et la otra desde Fuen Caliente por los Collados de Guillenas fasta la Cueua del Osso, et fasta el Foyo de Fustandin, et dende por los collados de sobre el Moanedo, que non pase a la Breçosa; et desde Moanedo fasta Oter de Siellas. Et son las armadas la vna en los Prados de Vildedo, et la otra cabo la Mata de Gramedo, et la otra a los Prados de Llauen.

Fayo es buen monte de osso en verano. Et son las bozerias la vna por çima de la Peña de Santa Maria del Quartero fasta el collado de sobre Cosera; et la otra desde Santa Maria del Quartero, so peña, fasta el Teso, de sobre Sancta Maria de Villa Layn; et dende a la Peña del Cueruo en derecho de Langar. Et son las armadas la vna sobre la Eglesia de Laueles, et la otra en el camjno que va de Laueles para Santa Maria del Quartero, ençima del collado.

[fol. 122r] Rio de Pereda es buen monte de osso en verano. Et son las bozerias la vna desde el agua que desçende de Piedras Fitas et se mez con el Rio d'Auelgues et la Oxa arriba, fasta ençima de la casa del Ermjtan, por que non pase a Piedras Fitas; et la otra desde la casa del Ermjtan, el lomo ayuso fasta la Puente de Villa Layn, que non passe a Rio de Moljna; et la otra por sobre Santa Maria de Villa Layn fasta el Collado de Laueles, que se allega a So Peña, et por sobre la Sierra de So Peña fasta el Pozo de las Gralleras. Et son las armadas la vna por el Camjno d'Espinero, et la otra en Buz de Vaqueros.

[fol. 122v]

[fol. 123r] En tierra del Vierzo ay estos montes:

El monte de Alua es buen monte de osso et de puerco en verano. Et es la bozeria en el Castañar de Gallegos, et dende a la Cabeça d'Amoar, et por Castro de Ferreyra fasta en Osmoriños. Et son las armadas la vna en la Torre del Toural, et la otra a las Pereheñas.

Uallina es buen monte de osso et de puerco en verano et en yuierno.

Coyña es buen monte de osso et de puerco en todo tienpo.

[fol. 123v] Las Medulas es buen monte de osso et de puerco en todo tienpo.

Canpa Llana es buen monte de osso et de puerco en verano et en yuierno.

Ual d'Arcayo es buen monte de osso et de puerco en todo tienpo. Et es la bozeria desde Sanct Johan fasta la Peña Palomera, et de Peña Palomera fasta el rrio. Et es el armada al Rio de Ferreros.

Recuenco et Val de Aguera es todo vn monte, et es muy rreal monte de osso et de puerco en todo tienpo. Et son las bozerias la vna desde la Peña del Puerco fasta en çima de las Encrozijadas, et por çima de la cunbre de las Encrozijadas fasta Solanedo, la cunbre adelante, que tengan los rrostros contra Val de Aguera; et de Solanedo fasta la Peña [fol. 124r] del Cueruo, et de Solanedo. Otrosy fasta la Peña Otadera, et la loma adelante fasta el Llano de Enzinjllas. Et que deçenda fasta el Llano de Portiello. Et que esten monteros que deseñen en la Peña Otadera, et con canes para rrenouar; por que sy soltaren en Val de Aguera, que dexen pasar el venado al monte del Recuenco, et que non lo dexen pasar a Val de Aguera. Et son las armadas la vna a Sanct Juljan, et la otra al Rio de Ferreros.

La Solana de las Peñas es buen monte de osso et de puerco en todo tienpo.

Tebra es buen monte de oso et de puerco en todo tienpo.

[fol. 124v] La Sierra de Sanct Pedro es buen monte de puerco en yuierno et en verano. Et es la bozeria desde San[c]t Andres, por cima de la Peña de la Vezerra, fasta las

Cueuas de Castro. Et son las armadas la vna a Torienço, et la otra al Cosso de las Cueuas de Castro, et la otrra a Robrechano, et la otra al Auiado.

Morian es buen monte de puerco en yuierno. Et son las bozerias desde Peñoto, por çima de la sierra, et por Peña Alua fasta en el Coso; et de la otra parte por el camjno que va para Sanct Martino de Primon, et por Villonta al Escrita. Et son las armadas al Agua de Sancta Marina, et al Cosso.

Poyo Bueno es buen monte de osso et de puerco en yuierno et en verano. Et son las bozerias la vna desd'el Agabaçal, por el Camjno del Pero fasta la casa de la Fuent Fria; et la otra del otro cabo del rrio desde Monrredondo por la Pobra, et por el Camjno de Texediello ffata Cotamiella, et desde Peña Luenga fast[a] Sanct Fagunt. Et son las armadas a la Portiella del Viado.

Ual de Ossos, que es cabo Monrredondo, es buen monte de osso en yuierno. Et son las bozerias la vna en la Foz de Monrredondo por cima de la cunbre fasta la Peña del Esculca, et dende commo va al Pra-do [fol. 125r] de Bustarex; et la otra desde la Peña de las Graias fasta el valle de Val de Ossos. Et son las armadas la vna en el Prado de Bustarex, et la otra en el Teso de Mon Redondo.

El monte de la Moljna, que esta deyuso del aldea de Fuente Çauadon, es buen monte de osso en yuierno. Et es la bozeria desde la Peña del Gato por çima de la cunbre fasta la Degollada, et dende a la Moljna, et al Prado de Bustarex; et otra bozeria en el Teso de Robre de Corço, desde el agua fasta çima del canpiello. Et es el armada en este mesmo Prado de Bustarex.

Rio de Lauas es buen monte de osso et de puerco en yuierno.

Mendoñuelo es buen monte de osso en yuierno. Et son las bozerias la vna en fondon del Agua de Ferreros, fasta la Cabeça de Porqueros; et la otra desde Cosso, fasta en çima de la Peña del Çieruo. Et son las armadas la vna al Coso, et la otra a las Redes.

[fol. 125v] Leytoso es buen monte de osso en yuierno. Et son las bozerias por çima de la Sierra de Maçanal, et por Val Bueno fasta la Fuente de Cabrera. Et son las armadas al Camjno de Sanct Yuañes de Montes.

Uçero es buen monte de puerco en yuierno. Et es la bozeria por çima de la casa de don Remiro fasta Val de Picos. Et son las armadas en el Llano de Val de Picos.

Ryo de Selmo es buen monte de puerco en yuierno. Et es la bozeria desde Aguilar de Rastra fasta Sobredo. Et es el armada al prado que dizen Rio Selmo.

Tabladiello es buen monte de puerco en yuierno. Et son las bozerias desde Conpludo, por çima de Mon Padre, et por çima del collado fasta el Camjno Francés. Et son las armadas en Casa Sola.

Uzediello es buen monte de osso en yuierno.

[fol. 126r] Ual Mayor es buen monte de osso et de puerco en yuierno.

Ciruñal[e]s es buen monte de osso et de puerco en yuierno.

Mon Mayor es buen monte de osso et de puerco en yuierno et en verano. Et son las bozerias la vna por la Corona de Mon Mayor fasta el Agua de Bonicas, et la otra desde el Canpo de las Arcas fasta en cabo de los Moljnos de Prada. Et es el armada sobre el Fogedo a Somaiarin en vn camjno que y esta.

El monte de Fogedo es buen monte de osso et de puerco en yuierno et en verano. Et son las bozerias la vna desde las Taiadas fasta el Baruaial, et dende al Moljno del Caluiello; et dende fasta el Cueto de Can de Vacas, et dende al Agua de Caruaio, et de Yrago; et dende al Castiello de Chapuz, et dende a Peña Cabrera; et dende a Amas Mestas, et dende al Agua de Meyruelos, et dende a Peña Vtre-ra. [fol. 126v] Et sson las armadas sobre el Fogedo a So Maiarin en vn camjno que y esta.

La Dehesa de Maiarin es buen monte de puerco en todo tienpo. Et son las bozerias la vna por la cunbre de Almaiarin fasta el Camjno Francés, et la otra a la hoz. Et son las armadas la vna al collado de la puebla, et la otra al Prado de Bustarex.

Las Roçadas es buen monte de puerco en yuierno.

[fol. 127r]
[fol. 127v]
[fol. 128r]
[fol. 128v]

[fol. 129r] **Capitulo vj°, de los montes de tierra de Asturias.**

El monte del Rio de Pindiel es buen monte de osso en verano. Et son las bozerias la vna desde Espalda de Cauallos, fasta la Collada de Bustantin fata los Pozos; et desde los Pozos la collada ayuso, fasta los Corales. Et es el armada en la Collada del Comunal.

Ual Grande es muy rreal monte de osso en verano, et es vno de los grandes montes que a en nuestro señorio. Et son las bozerias desde el Rio de Salas fasta Estada de Rey, et fasta el Soto de Cauallos; et desde el Ssoto de Cauallos fasta la Collada de la Ruuia, et desde la Collada de la Ruuja fasta la Collada Blaneda, et desde la Collada de la Blaneda fasta Tira la Cornal; et desde Tira la Cornal fasta el Palo de la Bouia, et de la Bouia a la casa de Tibi Gratias fasta el Rio de Salas. Et son las armadas la vna en Estada de Rey, et la otra en la Collada de Poblaçion.

Lan de Çerezal es buen monte de osso en verano. Et son las bozerias la vna desd'el Camjno del Esculca por sobre la rregera de Rio de Regayo fasta la Colladiella de Payares, et [fol. 129v] desde la colladiella fasta el Rio de Salas; et fasta el camjno que viene de la Poblaçion, et dende por el Pandiello, arriba de Poblaçion fasta la casa de Tibi Gratias; et dende fasta la Piedra del Esculca. Et es el armada a la casa de Llan de Çerezeda.

El monte de Robres es buen monte de osso en verano.

Uenuque, que es cabo Salas, es buen monte de osso et de puerco en todo tienpo. Et es la bozeria al Llano de Piedras, et al Lamazar, et a las Astas, et a Taça Longa, et a Fontanos, et a la Cabeça de Entre Rios. Et son las armadas la vna a Peña Aosan, et la otra al Peuidal.

Rio de Palacios, que es cabo el Espina, es buen monte de puerco en verano. Et es la bozeria desde el Estellero por cima de la cunbre fasta el Collado de Faedo, et a la Peña del Gallo, et a la Cabeça de Basuredo, et al Arca de Cañales, et al Agua de Trasoras, et al Pico de Cutariello, et a la casa de Palaz, et al Pico de la Cor-ua, [fol. 130r] et al Bustiello. Et son las armadas la vna al Llano de Braña Longa, et la otra en el Camjno del Espina.

Ferrera et la Moljna es buen monte de osso en verano. Et son las bozerias la vna a las colladas, et la cunbre ayuso fasta el rrio; et la otra allende del rrio, que non pase a So Miedo; et la otra por cima de la foz que es sobre la moljna. Et es el armada en Granda Muelle.

Ueduledo, que es cabo Tineo, es buen monte de osso en todo tienpo. Et son las bozerias la vna al Cabeçon de Peña Viada, et dende a Castañera fasta Nenbredo, el çerro ayuso fasta el Agua de Marçia; et la otra por çima del Cerro de la Barrosa fasta el Carril de la Trapa. Et son las armadas la vna en el Carril de la Trapa, et la otra al Lomo de la Trapa con la Barrosa.

Los Valles et Rio d'Ese es buen monte de osso en verano. Et son las bozerias la vna desde Couiella por çima de la cunbre fasta los Braços de Rio Corua, et desde las Buydas de Fonton fasta las Peñas de Fonton, et desde la Ascucha de Fontantiga fasta el Valle de Molleroso, et dende por el Pico de Tolmantos fata la Bidur, et dende a la Collada de Riba d'Ares; et la otra [fol. 130v] desde Vallincorto fasta la Sierra de Çerrediel, et dende al Antigua; et fasta la Alua de Saugo, et dende al Valle de la Cuerua, et desd'el Valle de la Cuerua fasta Brañuas, et de Brañuas a Paradella, et dende al Pico de Fonfaraño, et dende a la Collada del Pico de Fonfarango que se contiene con la Cabeça de Rio d'Ese. Et son las armadas la vna a la Vega de Recorua, et la otra a la Vega de Bosnueuo, et la otra a la Siella del Posadero con la Sepera.

El Rio de Ouellero es buen monte de osso en verano. Et son las bozerias la vna desde'l Collado de Monte Forado, por el camjno que va contra Val de la Vaca et la cunbre ayuso, fasta el Rio de Ouellero; et la otra desde Collado, por cima de la cunbre fasta la Canpa de la Marca. Et son las armadas la vna en Serrato, et dos en el camjno que va de Ual Parayso a Borres, et otra en la casa de Val Parayso; et que esten canes de rrenueuo a la Cruz de las Dorniellas.

[fol. 131r]
[fol. 131v]
[fol. 132r]
[fol. 132v]

[fol. 133r]

Capitulo vij°, de los montes de ti[e]rra de Gallizia.

El monte de Sanct Esteuan et Rio de Palaçios es todo vn monte, et es bueno de osso en todo tienpo, et a uezes ay osso. Et son las bozerias por los Payçaes fasta Val Coua, et que entre al Vado de Çerredo; et dende al Castañoso, et a Palaçios, et dende a la Silua de Llamas, et dende al Heystoso, et al Camjno Françes. Et es el armada en Sanct Esteuan, que esta en medio de amos los montes.

El Texedo es buen monte de osso en verano.

Rio Bueno, que es entre la Puebla de Buron et Fontaneyra, es buen monte de puerco en verano [MS P_3] *e en ynvierno, e a las vezes ay osso.*

[fol. 133v] Salgueyras, que es entre la Puebla de Buron et Fontaneyra, es buen monte [MS P_3] *de puerco en verano y en ynvierno, e a las vezes ay osso.*

Couiledo, que es cabo Fontaneyra, es buen monte de [MS P_3] *puerco en verano e en ynvierno, e a las vezes ay osso.*

El monte de Labio, que es entre Castro Verde et Lugo, es buen monte de puerco en todo tienpo, [MS P_3] *e a las vezes ay osso.*

Soto Merille es buen monte de puerco en todo tienpo.

[fol. 134r] Reca Monde es buen monte de puerco en todo tienpo.

Fraga d'Aranga et Amas Mestas, que es cabo Carauallo Torto, es todo vn monte et es bueno de puerco en todo tienpo.

El monte de la Barrosa es bueno de puerco en todo tienpo. Et son las bozerias la vna desde Bondoia fasta Coçe de Prazo, et la otra de Villariño fasta Moscoso. Et son las armadas la vna a Coçe de Prazo, et la otra sobre Moscoso.

El monte d'Agauia es bueno de puerco en todo tienpo. Et son las bozerias la vna desde Carunque fasta Villa Uid, et la otra de la Cabrera fasta la Puente de Tasanquel[o]s. Et son las armadas la vna a esta Puente de Trasanquelos, et la otra sobre la Yglesia de Felgueyra.

[fol. 134v] Rego de Boy, que es çerca de la Curuña, es buen monte de puerco en todo tienpo.

Ibia de Muron es buen monte de puerco en todo tienpo.

Las Eruedeyras es buen monte de puerco en todo tienpo.

Monte Jalo es buen monte de puerco en verano.

[fol. 135r] El monte de Miranda es bueno de puerco en todo tienpo.

El monte de Caruonera es bueno de puerco en todo tienpo.

[MS *H.S.A.*] *El monte de Labo, que es* Coruia et Riuieyro, es todo vn monte; et es bueno de puerco en todo tienpo.

Entre Sarria et Tria Castela ay estos montes:

La Ladera del Monte de Sanct Maos es buen monte de puerco en yuierno et en verano. Et es la bozeria por çima de la cunbre. Et es el armada en la loma que es entre este monte et Porta Ferreyra.

[fol. 135v] El monte de Porta Ferreyra es buen monte de osso en verano.

El monte de Nande es buen monte de osso et de puerco en verano.

El monte de Auariña d'Abraedo et Rio Samomedi es muy buen monte de osso et de puerco en verano. Et son las bozerias la vna por çima de la cunbre, et la otra en la loma que es entre este monte et el monte de Eribio. Et es el armada en la loma que esta entre este monte d'Auariña d'Abraedo et Rio Samomedi.

El monte de Eribio es muy rreal monte de osso en verano. Et son las bozerias la vna por çima de la cunbre, et que esten rrenueuos en las dos lomas que estan en medio deste monte; et la otra bozeria desde la cunbre, la loma ayuso fasta el Camjno [fol. 136r] Frances que va al Padroño. Et son las armadas en el Camjno Frances que va de Tria Castela al Padroño.

[fol. 136v] En Val Carçel ay estos montes:

Trasmonte, que es cabo Sanct Feyz, es buen monte de osso en verano. Et es la bozeria por el Collado del Azeuo, et por el Xexo de Rio Gontin, et por Castro de Paredes, et dende a la Cabeça de Val de Veriños. Et es el armada en la Sserra.

El monte de Val Escuro, de cabo Perexe, es buen monte de osso en verano. Et es la bozeria por çima de la cunbre de Cabeçadeyros, et por las Lobezeyras; et dende a la Peña de Omne, et al Pico de Cantadoyra. Et es el armada en la Vega de Perexe.

La Ladera de Val de Lobas, que es cabo Villa Faylde, es buen monte de osso en verano. Et es la bozeria por el Antigua de Rallaos, et por los Collados de Val de Lobas, et por Sopeñas. Et es el armada en Chan de Dradas, que es en la Sierra de Trigaes.

El monte que dizen el Morian es buen monte de osso en verano. Et es la bozeria en la Sierra del Villar, et por Piedra Fita fasta en el Puerto de Noz. Et es el armada en las Lagunas del Villar.

[fol. 137r] El monte de Oscascaros de Conssa es buen monte de osso en verano. Et son las bozerias la vna en Ocastro de Oscascaros, et dende a Monte Redondo; et fasta en çima de Val de Bueytre, et por el Camjno d'Asbarreriñas de Peña Furada. Et es el armada en Çorita.

[fol. 137v]

[fol. 138r] **Capitulo viij°, de los montes de tierra de Salamanca, et de Miranda, et de Monte Mayor, et Beiar, et de Granadiella.**

El Çeruero, que esta sobre el escorial, es buen monte de osso et de puerco en la otoñada et en el yuierno. Et son las bozerias la vna desde el Pico del Puerco fasta Naua Redonda, et la otra por el camjno que viene de Naua Redonda al escorial, et la otra de parte del escorial fasta en çima de la sierra. Et es el armada en el Collado de los Veneros en par de Peña Falcon.

El monte de la Palla, que esta sobre Valero, es buen monte de osso en la otoñada et en el yuierno. Et son las bozerias la vna por çima de la cunbre de la sierra contra Nogales, et la otra por çima de la cunbre de Peña Falcon, et la otra por çima de la cunbre contra Valero, et la otra de parte del rrio contra Sanct Yuañes. Et es el armada al Rio de Alagon, en par de Gonçalo Amargo.

El monte del Çiruelo es buen monte de osso en la otoñada et en el yuierno. Et son las bozerias la vna pasante las Açeñas de Texeda fasta en par de Naua Redonda, et la otra aquende del camjno que viene [fol. 138v] del escorial a los Veneros. Et es el armada en el Collado de los Veneros.

El monte de Val Medroso, que es entre Sanct Yuañes et Mon Leon, es buen monte de osso en la otoñada et en el yuierno. Et son las bozerias la vna desde Sancta Maria del Rando, por el cabeço de la sierra, fasta la Yguariza; et desde la Yguariza contra Valero, fasta Sanct Esteuan. Et es el armada en Sanct Esteuan.

El monte de la Sierpe et la Cabeça de Sancta Maria, que esta en par de Sanct Migel, es buen monte de osso en la otoñada et en el yuierno. Et son las bozerias la vna desde Sanct Migel por el camjno que ua a Ljnares fasta en derecho de la Foz de Val Medroso; et la otra por el camjno que viene de Ljnares al endrinal; et la otra por la foz, que non pase contra Miranda. Et es el armada en Val de Sanct Esteuan.

El monte de Fituero, que esta en çima de Sanct Yuañes contra Mon Leon, es buen monte de osso en la otoñada et en el yuierno. Et son las bozerias la vna por çima de la cunbre de la Peña del Fitero, et la otra por el camjno que va de Sanct Yuañes a Salamanca, et la otra por Val de Çapateros ayuso contra Sanct Yuañes, que non pase a la Gallega. [fol. 139r] Et es el armada en la Dehesa de Sanct Yuañes.

El monte de las Onbrias, que esta so el molenjello contra Alagon, es buen monte de osso en la otoñada et en el yuierno. Et son las bozerias la vna por çima de la cunbre del moljniello contra Salgosin; et la otra de parte de Sancta Maria del Llano fasta el Rio de Alagon; et la otra por la carrera que va de Sanct Yuañes a Miranda fasta las Vjñas de la Villa; et la otra desde Alagon, por Val de Parayso arriba fasta los Castaños de Miranda. Et es el armada al Llano de los Castaños.

La Negraleda de Val de Estelleros et Val de Çeresos es todo vn monte, et es bueno de osso en la otoñada et en el yuierno. Et son las bozerias la vna por la Cabeça de Garuançal fasta Salgosin, et a la Cabeça de Pinedas; et la otra por çima de la cunbre de Salgosin fasta Val de Astelleros; et la otra por çima de Val de Çeresos fasta Val Fondo. Et es el armada en çima de Val Fondo.

Ual de Palaçios, que esta so el Rencon de Miranda, es buen monte en la otoñada de osso et en el yuierno. Et son las bozerias la vna por çima de la cunbre de Val de Palaçios fasta Pinedas, et dende fasta el Rio [fol. 139v] de Alagon fasta la vega de en par de Saljnas. Et es el armada en esta vega de en par de Saljnas.

El monte de Saljnas, que es entre Alagon et Frrançia, es buen monte de osso en la otoñada et en el yuierno. Et sson las bozerias la vna desde Alagon commo comiença en par del Rencon fasta el Rio de Frrançia, et la otra de la otra parte del Rio de Frrançia fata en par de las Neuazuelas. Et es el armada a los casares de Saljnas.

El Arroyo del Chingal, que esta entre Sanct Martin et Miranda, es buen monte de osso en la otoñada et en el yuierno. Et son las bozerias la vna por çima de la Cabeça de Maruan fasta el aldeyuela, et la otra desde en par de Sanct Martin fasta en par de la casa de don Diego por la cunbre, et la otra desde Sanct Martin del Castañar fasta Maruan. Et es el armada a los casares que estan so el aldeyuela en par de Frrançia.

La Xara de Sancta Marina, que esta entre Miranda et Garcia Buey, es buen monte de osso en la otoñada et en el yuierno. Et son las bozerias la vna a la Olla de Garçi Buey, et dende fata los castaños, por çima de la [fol. 140r] cunbre; et la otra en par de Sequeros fasta el Rio de Mirandiella Seca; et la otra en par de las casas de Maria Domingo, por çima de la cunbre. Et es el armada a los castaños contra las Vjñas.

El Robredo de Miranda es buen monte de osso en la otoñada et en el yuierno. Et este non a bozeria, saluo omnes que deseñen en los altos del monte. Et es el armada en el llano.

El monte de Quilama es buen monte de osso en la otoñada et en el yuierno. Et sson las bozerias la vna desde Peña Buytrera, por las casas de las Corchas, fasta el castiello vieio; et dende por el llano fasta el Arroyo de Çereso, et por el Llano de Cipdat ayuso. Et es el armada en el collado que esta deyuso del castiello vieio.

La Foz de Maruan es buen monte de osso en la otoñada et en el yuierno. Et son las bozerias la vna por çima de la Cabeça de Maruan fasta el aldeyuela, et la otra desde en par de Sanct Martin fasta en par de la casa de don Diego por la cunbre, et la otra desde Sanct Martin del Castañar fasta Maruan. Et es el armada a los casares que estan sobre el aldeyuela en par de Frrançia.

[fol. 140v] En tierra de Monte Mayor ay estos montes:

La Xara del Colmenar, que esta entre el colmenar et Val de Palaçios, es buen monte de osso en la otoñada et en el yuierno. Et son las bozerias la vna por çima de la cunbre contra Val de Astelleros, et la otra por çima del valle contra el colmenar. Et es el armada en fondon de la xara contra Palaçios, çerca del arroyo.

Ual de Castañar et la Couatiella, que esta entre la Naua et Forcaio, es todo vn monte; et es bueno de osso en la otoñada et en el yuierno. Et son las bozerias la vna por çima de la cunbre contra Val Trauieso; et la otra por cima de la cunbre del colmenar, por el vereçaleio fasta el rrio, et dende fasta en çima de la Cabeça del Asno. Et es el armada a las Eras de Val de la Xebe.

La Dehesa de Aldea Seca et la de la Naua de Aldea del Açipreste es todo vn monte, et es bueno de osso en la otoñada et en el yuierno. Et son las bozerias las sobredichas de Val de Castañar et de la Couatiella, et el armada esa mesma.

[fol. 141r] La Dehesa de Val Escoboso et la Paliza es todo vn monte, et es bueno de oso en la otoñada et en el yuierno. Et son las bozerias la vna por çima de la cunbre contra Val Trauieso; et la otra por çima de la cu[n]bre del colmenar, por el vereçaleio fasta el rrio, et dende fasta en çima de la Cabeça del Asno. Et es el armada a las Eras de Val de la Xebe.

Los Pedrosos, que estan so las Vjñas de Monte Mayor, es buen monte de osso en la otoñada et en el yuierno. Et son las bozerias las sobredichas del monte de Val Escoboso, et las armadas estas mesmas. Pero a mester otra bozeria por çima de Val de Apariçio fasta la carrera que va de Val de la Xebe a Lagunjella, et dende por la carrera fata Val de la Xebe.

La Garganta de Rosnero, que esta sobre la casa de Johan Andres, es buen monte de osso en la otoñada et en el yuierno. Et son las bozerias la vna por çima de la cunbre contra Val Trauieso; et la otra por çima de la cunbre del colmenar, por el vereçaleio fasta el rrio, et dende fasta en çima de la Cabeça del Asno. Et es el armada a las Eras de Val de la Xebe.

El Barrejo, que esta en par del Vado et la Texediella, [fol. 141v] es todo vn monte; et es bueno de osso en la otoñada, et en el yuierno. Et son las bozerias las sobredichas de la Garganta de Resnon, et el armada esa mesma.

Ual de Trosiello es buen monte de osso en la otoñada et en el yuierno. Et son las bozerias la vna por çima de la cunbre de Xergon fata en par de Lagunjlla, et la otra por çima de la cabrera fata en çima de Val de Palaçios. Et son las armadas la vna en çima de la Yglesia de Xergon, et la otra en par del arroyo.

La Dehesa de Villorin es buen monte de osso en la otoñada et en el yuierno. Et son las bozerias la vna desde el camjno que viene del çerro para Lagunjlla, por çima de la cunbre, fata en par de Villoria; et la otra desde en par de las casas del camjno fasta el monte de Monte Mayor. Et es el armada en los Llanos de Villoria.

La Solana de Baños es buen monte de osso en la otoñada et en el yuierno. Et son las bozerias la vna desde en par de la Peña Cauallera fasta las Vjñas de Baños; et la otra por çima de la cunbre de la Peña Cauallera fasta el castañedel, [MS P₃] *el castañarejo de la serrezuela,* et dende por çima de la cunbre fasta [fol. 142r] en par de la vaqueriza del castiello, et dende por [çima de la cunbre] fasta en par de la Cabeça del Castiello, et dende por fondon de Val de la Mantança fasta el Rio de Cravos, et dende el rrio arriba fasta en par del Verdugal. Et es el armada en çima del Verdugal so la Cabeça de Sanct Eruas.

[U]al de Fermosiellos es buen monte de osso en la otoñada et en el yuierno. Et son las boz[er]ias la vna desde en çima de la Cabeça del Castiello, por çima de la cunbre fasta en fondon del alcornocal; et la otra desde en par de Val de Mantança, fasta en çima de las Cabeçuelas del Alcornocal del Abadia. Et es el armada en el alcornocal pequeño entre amos los valles.

La Xara de los Robres de la Cañada es buen mo[n]te de osso en la otoñada et en el yuierno. Et es la bozeria por çima de la cunbre de Val de Fraguas fasta el Guijo Blanco. Et es el armada en çima de la Naua de los Fresnos en el vereçal.

Ual de Fraguas, que esta so Lagunjlla, es buen monte de osso en la otoñada et en el yuierno. Et son las bozerias la vna por çima de la cunbre de la grant cabeça que esta sobre Val de Fraguas, et [fol. 142v] la otra por la cabeça ayuso fata la Xara de los Robres. Et es el armada en çima de la Naua de los Fresnos en el vereçal.

La Dehesa del Arco, et la Vaqueriza, et el Onbria de Fornazjnos es todo vn monte; et es bueno de osso en la toñada et en el yuierno. Et es la bozeria desde en çima de la vaqueriza fasta en çima del castiello. Et es el armada entrada de la xara en par del Castiello de Fornazjnos, so la carrera que viene de Monte Mayor para el Abadia.

La Dehesa del Abadia es buen monte de puerco en todo tienpo. Et son las bozerias la vna desde en par del Aldea Nueua fasta el alcornocal, fasta en par del Abadia; et la otra desde en par del Aldea Nueua, fasta el alcornocal de allende el rrio. Et es el armada a la vega pasante el Rio de [Anbros] contra Val Fermosiello.

[fol. 143r] En tierra de Beiar ay estos montes:

La garganta que esta sobre las Vecedas, que es entre Beiar et el Barco, es buen monte de oso en verano.

La Garganta del Forçino, que esta sobre Veiar, es buen monte de osso en la otoñada et en el yuierno.

El monte del Forcaio, que es cabo Eruas, es buen monte de osso en la otoñada et en el yuierno. Et son las bozerias la vna desde la maiada del Guerrero fasta la Cabeça de Naua Muño, et dende fasta el Collado de las Vacas, et del Collado de las Vacas fasta los Çelliruelos, et dende por çima de la Garganta del Forçino fasta la Peña de Pie Naharron; et la otra desde la Peña de Pie Naharron por Collado Sequiello, fasta el Collado de la Centenera; et la otra desde las Vjñas de la Puente Çentenera, pie [fol. 143v] de Muño Pedro arriba, fasta la Foyuela; et la otra desde la maiada del Gerrero ayuso, todo el pie del Gerrero ayuso fasta las casas de Domingo Migel, et dende fasta las vjñas de los colladiellos. Et es el armada [...]

La Dehesa et la Garganta del Rey, et la Garganta de Dahuron, que es cabo Eruas, es todo vn monte; et es bueno de osso en la toñada, et en el yuierno. Et son las bozerias la vna por el pie de Muño Pedro arriba fasta el Collado de la Çentenera, et dende al colladiello seco, et desde el colladiello seco fasta la del rrisco, et dende fasta en çima de la Peña de Pie Naharron; et la otra desde Pie Naharro fasta los Çeruunales, et dende fasta la Somera, et de la Somera al colladiello fondo, et dende fasta la Cabeça del Moljnero. Et son las armadas la vna a las Fuentes, et la otra al Forçino de Domingo Eruas.

La Cabeça de Eruas es buen monte de osso en la toñada et en el yuierno.

[fol. 144r] La Garganta de Maiada Lue[n]ga, et los Naharriellos, et la Garganta las Aluarranas, que es sobre Eruas, es todo vn monte; et es bueno de osso en la otoñada, et en el yuierno. Et son las bozerias la vna desde la Puente de los Sanctos fata la Cabeça Arquera, et al Collado de la Carcaua, et dende Pie Rodrigo arriba fasta el Collado de la Galljna; et la otra desde el Collado de la Galljna por çima de la sierra fasta el Collado de los Frayres, et dende al Collado del Çapatero, et del Collado del Çapaçero por çima de la cunbre, fasta el Collado de la Çentenera; et la otra desde el Collado de la Çentenera, pie de Muño Pedro ayuso, fasta la Fuente del Forcaio. Et que esten canes de rrenueuo en Castriel Frio, et en el Seellareio de los Freyles. Et son las armadas la vna en la Cabeça del Arquera, et la otra en Maiada Llana, et la otra en el Forcaio de Maiada Luenga, et la otra en el Collado de la Teiera.

La Garganta de Andres es buen monte de osso en la otoñada et en el yuierno.

[fol. 144v]
[fol. 145r]
[fol. 145v]

[fol. 146r] **Capitulo ix°, de los montes de tierra de Auila, et de Cadahalsso, et de Sanct Martin de Val de Yglesias, et de Val de Corneia.**

La Xara de la Torre que es cabo Sanct Johan de la Vera, que es entre la Candeleda et Val Verde, es buen monte de osso et de puerco en yuierno. Et son las bozerias la vna desde las casas del aldea del Pino fasta Hoz, de suso de Sanct Johan el rrio arriba por Sanct Johan, que non pase a Alardos njn a Chienlla; et la otra desde el cañal de Johan Sanch[e]s, fasta la hoz, que non pase contra la Mancha. Et es el armada en el çerro de sobre el Arroyo del Menbriello, et otra armada en el rrañal de çima la Zebriella. Et que esten monteros con canes de rrenueuo para deseñar en las cabeças de sobre las Onbrias del Castañareio, catante Sanct Johan.

Las Cabeças del Frontal, a do son las colmenas de Fernant Yuañes, que es cabo la Candeleda, es buen monte de osso et de puerco en yuierno. Et son las bozerias la vna allende del Rio de Tietar catante al Frontal, desde el Corueion fasta dentro a la Xara de la Huerta, donde cae Candelediella en Tietar; et la otra aquende del rrio desde do cae Candelediella en el rrio, et commo va el rrio ayuso fasta Sanct Johan, que non pase contra la Xara [fol. 146v] de la Torre. Et son las armadas en las Cañadas del Friello.

Et en este monte, la primera vez quel corrimos Nos acaesçio de matar vn osso de los mayores que nunca viemos. Et andodiemos en pos el vn dia todo, et non lo podiemos matar, et conçertamos lo en la noche. Et otro dia fallamos le el rrastro, et leuamos le por trayella fasta dos leguas, et leuantamos lo a medio dia, et morio en este monte entre nona et biesperas. Et ouo muy grant culpa en leuantar le Pero Fferrandes et vn sabueso que el guarda quel dizen Gallego.

El monte de Alardos et el Arroyo del Açor es todo vn monte, et es bueno de oso en yuierno. Et son las bozerias la vna Alardos arriba, desde el Forno fasta que llegue al Peso; et la otra por cima de la cunbre, la sierra adelante, fasta en derecho de los Ennanillos; et otra bozeria desde en çima de los Hermanjllos, el çerro ayuso, fasta do se ayunta Texeda con Alardos. Et son las armadas la vna a do se ayunta Texeda con Alardos, et la otra a la laguna; et que esten rrenueuos en medio del monte, por que es el monte grande.

La Ladera de los Hermanillos et la Texeda es todo vn monte, et es bueno de oso en yuierno. Et son las bozerias la vna desde en derecho de los Hermanillos, por cima de la sierra fasta la Peña de Chienlla; et la otra desde en derecho de los Hermanillos, por cima de la sierra; et por el Çerro de los Hermanjllos fasta do se ayunta Texeda con Alardos, et que tengan los rrostros contra Texeda, quel non dexen pasar Alardos; et otra bozeria desde çima de Chienlla, por la cunbre ayuso fata la cabeça del rrobredo. Et son las armadas la vna a la laguna, et la otra en el collado sobre Texeda. Et los rrenueuos los vnos a los Hermanillos, et los otros en el collado que es entre Chienlla et la Texeda.

Las Quebradas, et el Arroyo de Migel d'Angla, et la Dehesa de la Candeleda es todo vn monte; et es bueno de oso en yuierno. Et son las bozerias la vna por el camjno que va de la Candeleda fasta Sancta Maria de Chienlla, et dende a la Peña de Chienlla por cima de la cunbre fasta el collado que es entre Chie[n]lla et la Texeda; et la otra desde este collado, el çerro ayuso fasta la cabeça del rrobredo que es sobre el Arroyo de Migel d'Angla. Et son las armadas la vna a la Cauada de Yuan Gil, et otra en el castelleio, et otra en la cabeça de la laguna, et otra en la mesa.

[MS *P₃*] *El monte de Alardos, e las Texedas, e las Quebradas, e el Arroyo de Mjguel d'Anglia es muy buen monte de osso e de puerco en ynvierno e en verano. E son las bozerias la vna Alardos arriba, por aquel cabo fasta ençima de la syerra; e la otra por la syerra adelante fasta la Peña de Chilla; e otra por el çerro del Arroyo de Mjguel d'Anglia. E las armadas la vna en la Toñada de Yuan Gil, e otra en el castillo, e otra en la cabeça de la laguna. La primera vez que corrimos este monte, acaesçionos de matar en el dos ossos muy estraños e vna ossa; señalada mente, el vno dellos era el mayor que nunca vimos.*

La Garganta de Chienlla es buen monte de osso et de puerco en yuierno et en verano. Et son las bozerias la vna Chie[n]lla arriba desde Ual de Grullas fasta do nasçe Chjenlla, [fol. 147r] et la otra por çima de la sierra [MS *P₃*] *fasta la quebrada* desde do nasçe Chienlla fasta do nasçe Ruecas, et otra Ruecas ayuso fasta Naharriello. Et es el armada en el Çerro de Ual de Cabras.

El Alcornocal del Rebenton es buen monte de osso et de puerco en yuierno. Et es la bozeria desde la Garganta de Sancta Maria por somo del alcornocal, et es el armada en Robre Llano, camjno de Val Verde.

La Garganta de Sancta Maria es buen monte de osso en yuierno et en verano. Et son las bozerias la vna por çima de la Garganta de Sanct Johan, et la otra por çima de Gargantiellas, et la otra por çima de las Oseruelas de Val Vellido. Et son las armadas la vna en Ruecas, do se ayunta el Rio de Sancta Maria et Ruecas; et la otra en Peña Parda, catante Cañuelas.

La Xara de la Huerta es buen monte de osso et de puerco en yuierno. Et son las bozerias la vna desde el Hermita de Sanct Johan fasta Candelediella; et otra al[lende] el rrio, que non p[asse a la] Xara de la Tor[re]; et la otra desde Val de Buhos por el camjno que va de la Candeleda a Val Verde fasta Alardos, que non ssuba a la sierra. Et es el armada en la cabeça de las veredas que entran al rrencon de Enzjna Fermosa.

[fol. 147v] El monte del Arroyo de la Figera, et de Muelas, et Aruiellas es todo vn monte; et es bueno de osso et de puerco en yuierno et en verano. Et son las bozerias la vna desde el Uado de Aruiellas arriba, et da en el Poyal, et dende al Canchal, et el Canchal ayuso fasta Muelas, et Muelas ayuso fasta la Carrera de la Candeleda; et la otra Aruiellas ayuso fasta el salobrar. Et es el armada al arroyo de la figuera que es en el Camjno de la Candeleda.

[L]a Romerosa, et la Passariella et Cascaioso es todo vn monte; et es bueno de osso et de puerco en todo tienpo. Et son las bozerias la vna desde el Mayello fasta el cañal de don Diego, et dende Tietar ayuso fasta la Romerosa; et la otra Cascaioso ayuso fasta la Cabeça de los Barreros; et otra bozeria desde la Cabeça del Parral, Tietar ayuso fasta la boca de Guadierua, de la parte de Val de Hornos; et otrosi, otra bozeria desde Muelas, por el camjno que va de la Candeleda a Las del Llano fasta Naual Fresno. Et son las armadas la vna en la Romerosa, et otra en el collado que esta sobre Cascaioso.

El Berrocoso et la Parriella es todo vn monte, et es bueno de osso et de puerco en tienpo de las vuas. Et son las bozerias la vna desde el Puerto de Guisando, por la Cabeça de la Cuba, fasta la Lancha de Muño Mingo; et commo tiene la sierra fasta Naua Zebrera, et fasta la Puente de Arenjellas. Et son las armadas en la Cabeça de Saluador Gallego.

[fol. 148r] La Garganta de Guisado es buen monte de osso en tienpo de verano. Et son las bozerias la vna por çima del Çerro de don Guerrero arriba, catante a la Garganta de Sancta Maria, et que tengan los rrostros contra Arenas; et la otra por la cunbre de la sierra fasta el Puerto del Peon; et la otra desde el Puerto del Peon fasta el Pie de la Cabriella. Et es el armada en el Collado de Naua Zebrera.

El Pie de la Cabriella fasta el Collado de la Çentenera es todo vn monte, et es bueno de osso en verano. Et es la bozeria por çima de la sierra. Et es el armada en la Cabeça de la Sarça.

Las Maiadas de don Morante, et la Hoz de Sanct Andres, et el berrocal de sobre la Parra es todo vn monte; et es bueno de osso et de puerco en yuierno. Et es la bozeria por la Cabeça de las Moçellas, et por çima de la cunbre catante a la hoz fata en derecho de Arenas. Et son las armadas la vna en el collado del berrocal que es sobre el aldea de la Parra; et otras dos armadas en el camjno de la cañada.

La Xara del Colmenar de Esteuan Domingo que esta sobre Naual Toro, et el Pozuelo, [fol. 148v] et el Arroyo de Pero Viçeynte, et las Cabeças de Naual Mayello es todo vn monte; et es bueno de osso en yuierno et en verano. Et son las bozerias la vna en el camjno de en çima que ua de Las del Llano a la Candeleda, et la otra desde la Candeleda fasta las Aceñas, el rrio a rriba. Et otra por allende del Rio de Tietar desde en derecho de Naua Solana, fasta en derecho de Sancta Maria de Guadierna, el rrio ayuso. Et son las armadas la vna en el collado que es en el camjno que ua de Las del Llano a Naual Toro, et otras dos entre este collado et Naual Toro, et otras dos armadas en el lomo que esta sobre el Cascaioso.

El Soto de Rio de Muelas, que esta cabo la casa de Migel Martin, es buen monte de puerco en verano. Et es la bozeria en el ataio do sse parte el soto el rrio ayuso, et la otra al arroyuelo que entra en este rrio; et son las armadas en la naua.

El Arroyo del Carnero es buen monte de puerco en todo tienpo. Et son las bozerias en los ataios del soto. Et es el armada en el Cabeço Enzjnoso, la vna que es contra Tietar, et la otra contra Eras de Llano.

[fol. 149r] Las Cabeças de los Veneros es buen monte de puerco en yuierno. Et es la bozeria en el camjno que viene de Rama Castañas a Las del Llano. Et son las armadas en Torre Bermeia.

El Quadro, que es cabo el ygleiuela que es entre el Adrada et Naua Morcuende, es buen monte de puerco en yuierno.

La Çentenera et los Cañamareios es todo vn monte, et es bueno de osso et de puerco en yuierno. Et son las bozerias la vna por la Peña de Arenas, asi commo tiene el çerro ayuso fasta el Collado Vieio; et la otra a la Peña del Çapatero, el çerro ayuso fasta en Mala Moneda. Et son las armadas la vna en las saleguiellas del rrobrediello, et la otra en la era de Mingo Mingez.

[fol. 149v] La Garganta de Arenas et el Arroyo del Sequero es todo vn monte, et es bueno de osso en verano. Et es la bozeria desde la Peña de Arenas, por çima de la sierra, fasta el Puerto del Pico. Et son las armadas la vna en el Collado de la Çentenera, et la otra en el ero que dizen de Domingo Mingez.

El monte de la Ruuieda et de Arguyxo es buen monte de osso en verano. Et son las bozerias la vna desde Cabeça Aguda fasta el Puerto del Fornezjno; et la otra desde el Puerto del Fornezjno, por çima de la sierra, fasta el Puerto del Pico. Et son las armadas la vna en el collado de Domingo Yllan, et la otra en el Çerro del Helechar.

El Almoclon et el Auantera es buen monte de osso et de puerco en yuierno et en verano. Et son las bozerias la vna desde Lança Fita fasta çima del Auantera, et por çima del Euantera fasta la Cabeça del Almoclon; et la otra desde la Cabeça del Almoclon, por çima de la cunbre, fasta la torre del pico. Et son las armadas la vna sobre el arroyo de la figera, et otras dos armadas en el camjno de la cañada.

Del otro cabo de la sierra catante el Burgo del Hondo ay estos montes:

La Dehesa de Naua Losa, et la Garganta del Naharro, [fol. 150r] et la Cabeça de los Maços es todo vn monte; et es bueno de puerco en verano. Et son las bozerias la vna desde el Collado de la Fuente Vrraca, por el camjno que va a Naua Quesera fasta el Rio de Aluerche, catante a la Garganta del Naharro; et la otra por la Cabeça del Eruatun, et por la Cabeça del Peraleio, guardando amos los collados fasta Naua Rouisca; et la otra por çima de las Emelizas fasta la Maiadiella. Et son las armadas la vna en el Collado de los Braços, et la otra en el camjno que va de los Corrales a los Braços.

La Garganta de Sancta Maria es buen monte de osso en yuierno, et algunas vezes en verano. Et son las bozerias la vna por el camjno que va del Burgo del Fondo para Naua Losa, et va el lomo arriba fasta los Ceruales de la Mora; et la otra entre los Espinareios, et viene al camjno que va de Naual Moral a Naua Losa. Et es el armada en çima de la boca de la garganta.

Los Cañales es buen monte de osso en verano, et a las vezes en yuierno. Et es la bozeria desde el Puerto del Fondo, por çima de la sierra fasta en par del Barrialeio. Et es el armada al Forno del Sacapedal.

[fol. 150v] La Cuesta del Vieio es buen monte de osso en yuierno. Et es la bozeria desde la Cabeça del Peraleio, por çima de la Sierra de doña Marina fasta la cañada. Et es el armada al guijo.

El Casteion et el Frontal es todo vn monte, et es bueno de osso en yuierno. Et es la bozeria por somo el Camoço de las Verediellas, et por la Dehesa de los Coneios de Zebreros fasta los Corales. Et es el armada en Naual Colmenar.

La Tejeda et Nauas de Gonçalo Gonçales es todo vn monte, et es bueno de osso en yuierno et en verano. Et es la bozeria por çima de Peñal Buytre, et por los Echos del Obispo commo viene a Mata Mala. Et son las armadas la vna entre Rio Frrio et Peñal Buytre, et la orta en la Cabeça de Gomez Muño, et la otra en la Cabeça de Menga Muñoz.

La Peña del Buytre es buen monte de osso en yuierno, et a las vezes en verano. Et es la bozeria por çima de la sierra, et es el armada a los Espinareios.

Naua Salze, et Val Trauieso, et Dos Arroyos es todo vn monte; et es bueno de osso et de puerco en verano. Et son [fol. 151r] las bozerias la vna desde Naual Mulo por ssomo de la cabeça asoma[n]te a Naua Carros et a Naua Salze, et por la Cabeça del Peraleio fasta la Cabeça de Sancta Coloma; et la otra por çima de la Foz de Val de Bruna, et por la Cabeça de Naua Longuiella, et por Naua Fornjellos fasta la Cabeça del Mjlano, et dende fasta en derecho de las Yglesias de Naual Moral; et la otra desde çima de la Vjña de Naual Moral por la Cuerda fasta en çima de Gargantiellas Fuertes. Et son las armadas en Naua Salze.

Las Cabreras de Naua Luenga es buen monte de osso en yuierno, et en verano. Et es la bozeria por çima de la ssierra, et commo rretorna el lomo ayuso fasta la Pedriza de Pero Sancho. Et es el armada al Forno de Varrialeio.

Et en este monte Nos conteçio vna vez de soltar a vn osso vn martes que saliemos de Sancta Maria del Tienblo. Et nunca le podieron poner canes fasta en estas cabreras que son sobre Naua Luenga, que era ya ora de biesperas. Et depues fallaron le en estas cabreras, et vieron le por oio do yua por la njeue, et posieron le ocho canes, et estodieron con el fasta el primer sueño. Et desque vieron que con la noche non le podieron enpeesçer, et por que se ouieran a perder de frrio los monteros, desçendieron de la sierra a vna casa que fallaron y en medio del monte.

[fol. 151v] Et Alfonso Martines et Pero Pelaez yogueron toda la noche do se ladraua el osso, et cogieron todos los canes asi a la media noche. Et depues en esta noche mesma desque salio la luna, salieron de la casa Yeñego Lopez et Pero Carriello con otros monteros, et fueron se para do estauan Alfonso Martines et Pero Pelaez, et tomaron y el rrastro. Et el miercoles en la mañana, a ora de terçia, posieron le en el rrastro ocho canes, entre los quales era el can de Martin Gil, que dezian Moral, que los leuo bien dos leguas et media por el rrastro, fasta que los puso en la cama del osso. Et dixo aqui Pero Martines d'Oyarue que estonçe que lo non osaran matar, atendiendo a Nos cuydando que yriemos.

Et desque vieron que los non acorriemos con el acorro que les Nos enbiamos, posieron le doze canes quel leuauan alcançado. Et estonçe dizen mas: que lo quisieran matar, si non que non quisiera el pelear. Et posieran le luego treze canes con los doze, que eran por todos veynte et çinco canes, et fueron en pos el fasta quel fezieron pasar el Puerto del Fondo. Et fueron con el estonçe tres canes que todos los otros dexaron, los quales eran Natural, et Abadin, et Frontero. Et esta noche dormieron con el en çima de la sierra Alfonso Ferrandes, et Martin Gonçales, et Benjto, et Gomez; dormieron en la njeue, et estos tres canes con ellos, toda la noche.

Et otro dia, jueues, fueron en pos el. Et tornaron le a las dichas Cabreras de Naua Luenga, donde se leuantara primera [fol. 152r] miente. Et nunca en todo el dia fizo cama. Et en este dia jueues, a ora de nona, posiero[n] le quatro canes. Et Pero Martines d'Oyarue fue con los canes en pos del osso fasta en çima del puerto; et desque fue noche, dexaron los dos canes y tomaron los. Et los otros dormieron con el osso toda la noche. Et esta noche dormieron todos los monteros en Naua Luenga.

Otro dia, viernes, en amanesçiendo tomaron el rrastro en çima del puerto, et fueron por el rrastro por la njeue tres leguas. Et depues que salieron de la njeue Diego Brauo et Martin Gil, nuestros monteros, tomaron el rrastro por vna senda, que nunca el osso salio della dos leguas. Et desque salio della, metiose en vn monte pequeño que non [da]rie en el vn corço. Et alli en aquel monte, le dieron luego doze canes a medio dia. Et paso estonçe dos vezes por la nuestra parada del collado, do Nos estauamos el dia que saliemos de Sancta Maria; et fuese ladrar a las vjñas mesmas de Sancta Maria del Tienblo. Et aqui dixo Alfonso Martines de Bauia que non ouo qui lo matase, ca bien podieran; mas por que los monteros vinjen lueñe vn poco, et muy cansados, non podieron.

Et esta noche dexaron le todos los canes saluo los buenos, Natural et Vaquero. Et fueron con estos canes que yuan en pos del osso fasta el primero sueño los dichos Martin Gil, et Diego Brauo, et Pero Martines d'Oyarue, et Martin Gonçales, et Alfonso Martines, et Pero Pelaez por tomar tiento a qual parte yua el oso para tomar rrastro d'el para otro dia, sabado. Et [fol. 152v] tornaron los monteros esta noche a yazer a Sancta Maria del Tienblo. Et enbiaron dezir a los que fincaron en el Adrada que amanesçiesen y, et ellos fezieron lo asy. Et otro dia, sabado, en amanesçiendo tomaron el rrastro los dichos Martin Gil et Diego Brauo, et leuaron lo desde Alberche fasta en çima de las Cabreras del Quexigar, do se leuanto la otra vez que se passo a Peña Ocaña. Et aqui non lo cobdiçiaua ya can niguno de cansados, si non que lo leuauan los monteros a oio, saluo quando estodieron çerca de la cama que lo cobdiçiaron. Et posieron le luego diez canes, et andodieron fasta el medio dia con el. Et ouieron a dexar, por que estauan cansados saluo Natural, et Vasallo, et Laguna, et otro can manchado que non sabemos de qual montero era.

Et depues desto, veniendo los monteros muy cansados, rrenouaron le muchos canes; et estos auien fincado a las espaldas en manera que estos le troxieron a la muerte. Et morio este dia, sabado, a ora de nona entre la Cabeça Osera et la Sarnosa en vn logar quel dizen la Yecla, que es çerca de las Cabreras.

Asy que duro la monteria deste osso, que non murio fasta çinco dias. Et en estos çinco dias fueron quatro noches, et andodieron canes con el todo el dia, et de las noches ouo y algunas que andodieron toda la noche, et dellas fasta la media noche. Et por que fue esta monteria muy porfiada, posiemos la en este libro por prouar por [fol. 153r] ella que quando a algun venado muy bueno soltaren, o aun comunal, et non acaesçiese ese dia de morir, porfiandolo bien non aura al si non matalle al segundo o al terçero dia, sy acaesçiere faziendo los monteros commo buenos.

Las Cabreruelas et los Bernaldiellos del Burgiello es todo vn monte, et es bueno de osso et de puerco en yuierno; et algunas vezes en verano. Et es la bozeria desde el camjno que va al Tienblo, entre las Cabreruelas et la Mofosa, fasta en çima de la sierra. Et es el armada a Maiada Marca.

El monte de la Mofosa es buen monte de osso et de puerco en yuierno, et algunas vezes en verano. Et es la bozeria desde el camjno que va al Tienblo, entre las Cabreruelas et la Mofosa fata en çima de la sierra. Et es el armada a la maiadiella de Alfonso Ferrandes.

El Çerual es buen monte de osso et de puerco en yuierno. Et es la bozeria desde la [Gargaznata,] por somo de la Maiada del Asno fasta en çima de la sierra. Et es el armada al aldea del Colmenareio.

La Sierra de Eruelas, que esta sobre Sancta Maria del Tienblo, es buen monte de osso; pero que [fol. 153v] es meior de verano que de yuierno. Et son las bozerias la vna entre el et las Cabreras, et la otra por cima de la Cabeça de la Parra. Et son las armadas la vna al Çeruunal, et la otra a Maiadas Vieias.

La Dehesa de Nuño Gonçales, que es cabo Zebreros, es buen monte de puerco en yuierno. Et es la bozeria sobre el rrio, que non pase a la Cabeça de la Gamonosa. Et es el armada en los Bustares.

La Cabeça de Villa Alua es buen monte de osso en yuierno. Et es la bozeria por çima de la cunbre de la cabeça. Et son las armadas la vna a Val de Casiellas al camjno que va del quexigar al Helipar, en derecho de los Fiteros; et la otra al Agotraduero.

Las Ferrerias de Zebreros, que son del otro cabo del rrio, es buen monte de puerco en yuierno. Et es la bozeria desde la Naua del Tesorero a Val de Melendo ayuso fasta el Alua Coua. Et es el armada so la Fuente de Val Sordo.

Peña Falcon es buen monte de osso en yuierno. Et son las bozerias la vna desde el camjno del Helipar a Naua Sserrada, et la otra commo va el camjno de Naua Sserrada [fol. 154r] a Quemada. Et es el armada al Forno del Sotiello.

Ual de Garçia es buen monte de osso et de puerco en yuierno et en verano. Et son las bozerias la vna por cima del Lomo de Robredo Falcones, catante a Val de Garçia, et la otra en el lomo del pinar que es entre Val de Garçia et Naua Serrada. Et son las armadas la vna en el camjno que va por medio del valle al sotiello, et la otra en el camjno que va del valle al Quintanar.

Xaraldeana es buen monte de puerco en verano, et de ossos a vezes. Et son las bozerias la vna desde el Canchar de Naual Villar, fasta el puntal que es en par de Naua la Muela; et la otra, toda la boca de Naua la Muela; et otra por çima del lomo de allende Robredo Falcones, et rrenueuo de canes en el Guyjo de los Colmenareios. Et son las armadas la vna en Naua la Muela, et otra en el forcaiuelo do cae Veçedas en el Arroyo de la Fuesa; et la otra en la Cabeça de la Brama; et otra en el Guyjo de Mantanças; et otra en Peña Pardiella.

La Dehesa del Helipar et el Robrediello es todo vn monte, et es bueno de puerco en yuierno. Et son las bozerias la vna por çima de la Cuerda de las Radas fasta la Cabeça de la Pinosa, et la otra desde el Cerro de Buhana por el camjno que ua [fol. 154v] desde las Nauas al Helipar. Et es el armada en el Collado de la Dehesa del Helipar, et otra armada en el colladillo que es entre el H[el]ipar et Val de Maqueda.

Sierra Llana es buen monte de osso en yuierno. Et son las bozerias la vna por çima de la sierra catante al Valle del Aliseda, et la otra al Collado del Foyo, et la otra en el camjno que va de Val de Maqueda al Foyo. Et son las armadas la vna al Foyo, et la otra a los Prados de Val de Maqueda, et otra en el camjno al Arroyo de Val de Sañaya, et otra en el otro camjno al otro arroyo que dizen la Foz.

Las Cabeças del Alhamineio es buen monte de puerco en yuierno. Et es la bozeria desde el collado, por çima de la cunbre de Val Quemado fasta los Vadiellos; et desde los Vadiellos fasta en çima del Hoyo de la Buytrera. Et son las armadas la vna en Val Trauieso, et la otra en el collado que esta deyuso en çima de la quesera de Domingo Velasco, et otra armada en el colladiello que es en el camjno que ua de Ual de Maqueda al Cofio.

La Buytrera es muy rreal monte de osso en y[u]ierno. Et son las bozerias la vna por çima de la cunbre de la Buytrera, et la otra por allende del Cofio, et la otra al Collado de Sierra Llana. Et son las armadas la vna al Collado de Val de Maqueda, et otras dos en el camjno que va de Val de Maqueda al Foyo.

El Aliseda es buen monte de osso en yuierno. Et son las bozerias la vna en el camjno que va desde la Naua de Villa Escusa a los Palaçios del Quexigar, que non passe a la Sarnosa njn a Cabeça Morena; et la otra por çima del Çerro de Gatones. Et rrenueuos de canes por çima de la cunbre del [fol. 155r] Aliseda. Et son las armadas la vna al portezuelo, et la otra en Cuesta Mala del Quexigar.

Los Fitueros, de sobre el quexigar, es buen monte de osso en yuierno. Et es la bozeria por cima de las cabreruelas contra el Helipar fasta en cima de Val de Puerco. Et es el armada entre el Cofio et Sancta Maria del Quexigar.

La Cabeça de Sserores suele auer osso en yuierno. Et es la bozeria del cabo de Serores, que non pase contra Aluerche. Et es el armada entre Naua Luenga et el quexigar.

Las Cabreras de Sancta Maria del Quexigar, et la Sarnosa, et Cabeça Osera, et el For[no] Vieio es todo vn monte, et es muy rreal monte de osso en yuierno. Et son las bozerias la vna desde el portizuelo [d]e entre amas las cabreras, por çima de la cunbre, et por el Calamochar fasta en derecho del Yelmo; et en el Calamochar que esten monteros que deseñen, por que es la meior atalaya del monte. Et la otra bozeria desde Naua Muño, por çima de la cunbre, fasta en derecho del Forno Vieio, et en el Forno Vieio que esten canes de rrenueuo et omnes que deseñen; et la [fol. 155v] otra por çima de la cunbre de Val de Zate, tenjendo los rrostros contra el Cofio. Et son las armadas la vna al pinareio; et la otra al Pinareio de la Yecla, que esta deyuso de Cabeça Osera.

Otrosy, del otro cabo sobre las Torres ay vn buen monte, et dizen le la Garganta del Puerto del Pico, et es buen monte de osso en verano. Et son las bozerias la vna desd'el Puerto del Pico fasta en Velasco Chico, et la otra desd'el Forno de la Figeruela fasta el Puerto del Pico. Et es el armada en Majadas Vieias.

Et ay otro monte çerca d'el, quel dizen la Xariella de las Torres. Et es çerca del Forno de la Pez, et es buen monte de osso en yuierno. Et es la bozeria por çima de la cunbre de la sierra. Et es el armada al rrio que dizen Tietar, que non pase contra la Xariella de la Calahorra.

Entre la Xariella et el Adrada ay otro monte quel dizen Rosueros, et es bueno de osso, et es meior de verano que de yuierno. Et son las bozerias la vna por çima de la sierra, et la otra desde el camjno que va de las Torres fata en çima de la sierra. Et es el armada entre el et el Escarauaiosa.

[fol. 156r] Cabo Naua Morcuende son estos montes:

Los Robrediellos con Val de Fornos et Naua Solana es todo vn monte, et es bueno de osso en todo tienpo. Et son las bozerias la vna desde do cae Guisando en Tietar, et Tietar ayuso fasta do cae Guadierua en Tietar; et la otra Guadierua arriba fasta Sancta Maria; et la otra de[s]de el portezuelo que esta camjno de Oro Pesa, por el camjno de la cañada fasta el portizuelo que esta catante Fontanares. Et son las armadas la vna en el Çerro de Naua Solana; et otras dos armadas, la vna en Naua Gamonosa, et otra en la cañada deyuso del portezuelo catante a Oro Pesa.

El monte de las Xariellas et del Toril es buen monte de osso en yuierno. Et es la bozeria desde el portizuelo del carril que va de Naua Forcada fasta el Arroyo de Anadjnos. Et son las armadas la vna en el Toril, et la otra desde en somo del Toril, rribera de Anadjnos fasta do cae el arroyo en Guadierua.

Cabeça Gorda, et Anadjnos, et los Corrales es todo vn monte; et es bueno de osso en yuierno. Et es la bozeria por so-mo [fol. 156v] de las Cabeças de Anadjnos, et commo va por Val de Casa, et sobre Cabeça Gorda fasta la Cañada de los Caualleros, et la cañada ayuso fasta la ygleiuela; [e la otra d]esde cabo el Palaçio de Fontanares, [por el cam]jno que ua a Talauera fasta el Rio [de Guadie]rua; et otra bozeria por el camjno de [Naua Forca]da que ua a Oro Pesa fasta la boca, [MS *H.S.A.*] *la vera,* [de la Caña]da de Tietar.[23bis] Et son las armadas la vna en las Nauas de Anadjnos, et la otra por la vereda que ua de Naua Forcada al yglejuela.

Arroyo Bermeio, et Cascaioso, et la Peraleda, et la Figeruela es todo vn monte; et es bueno de osso en yuierno. Et es la bozeria desde las Veredas de Anadjnos, por somo de la cunbre de la Peraleda, asi commo tiene fasta el Arroyo de Forquiella et atrauiesa el Arroyo de Forquiella fasta en Guadierua. Et es el armada en la Peraleda.

[L]a Ladera de Naua Forcada, et Maiada la Perra, et la Cabeça del Serrano es buen monte de osso et de puerco en yuierno. Et son las bozerias la vna por el camjno de la cañada que va de Fontanares a Oro Pesa; la otra por el çerro que va de Naua Solana a Naual Can. Et son las armadas la vna en la Naua del Salzeio, et la otra en Naua Gamosa.

Lomo Mediano es buen monte de osso et de puerco en yuierno, et en el comienço del verano. Et son las bozerias por el portizuelo de Val de Calabaças, fasta el Arroyo de la Fuente del Sapo. Et son las armadas por la Cañada de Maiadas, fasta la Retuerta de Marrupe.

Quexigoso et Quexigosillo es todo vn monte, et es bueno de osso et de puerco en yuierno, et en el comienço del verano. Et es la bozeria desde la Dehesa de Ceruera, que es a la boca de Quexigosillo, et commo viene entre la Cabeça del Camello fasta la boca de Quexigoso, et dende fasta la cabeça que esta asomante de Sanct Roman. Et son las armadas la vna do sale la vereda que viene entre Quexigoso et Quexigosillo, desde Sancta Maria de Val de Lenguas al Marrupe; et otra armada en la Cabeça del Moion; et otra armada en la çerca que esta entre Quexigoso et Monte Agudo.[24]

[fol. 157r] Los Turmales et Val de Ladrones, que son sobre Sancta Maria de Fontanares, es todo vn monte; et es bueno de osso en yuierno. Et son las bozerias la vna en el camjno que ua de la Posada de Sancta Maria a Talauera, et fasta el yglejuela; et la otra desde la boca de Naua Forcada fasta el Palaçio del Rey. Et es el armada en çima de Ual de la Casa, en el camjno que sale a Anadjnos; et otra armada en el camjno que va de Rio Lobos a Naua Forcada, et a Val de la Casa.

La xara que es entre el Arroyo del Castaño et el de Çenjziento es buen monte de osso en yuierno. Et son las bozerias la vna por cima de la cunbre de la Sierra de

Cenizientos, que non pase contra la Cabeça de Per Abat, njn contra el Berrocal de Nouela; et la otra por çima de la Sierra de Johan Peres, que non pase contra Majuelas. Et es el armada en el camjno que es entre este monte et Mania Vacas.

Guadierua, et Horquiella, et el Auantera, et Val de Calabaças es todo vn monte; et es bueno de osso en yuierno. Et es la bozeria desde la cabeça por somo de la cunbre por Naual Osso, fasta la boca de Horquiella; et otra a Val de Calabaças. Et son las armadas por el camjno que va de Lança Fita a Talauera.

[fol. 157v] La Pared de Hazaluaro et la Mata de Aldea Vieia es todo vn monte, et es bueno de puerco en todo tienpo. Et son las bozerias por çima de las cabeças que llaman de las Dos Hermanas, et por la vereda que ua faza el Canpo de Hazaluaro. Et son las armadas la vna en la atalaya, et la otra en el Canpo de Hazaluaro desde el ygleiuela fasta la hoz de contra el rrio.

La Dehesa de Sancho Naua es buen monte de puerco en todo tienpo. Et es la bozeria desde Maiada la Sarza, por çima de la cu[n]bre de la sierra fasta Rio Tuerto, et dende por çima de la cunbre fasta el camjno que va de Naual Peral a Sancho Naua. Et es el armada en el collado que esta entre Rio Tuerto et el Arroyo de Pasqual Domingo.

La Cabeça del Morueco et Naua Serradilla, que es cabo el aldea del Berraco, es buen monte de puerco en yuierno, et en tienpo de las vuas. Et son las bozerias la vna en el camjno que va de Auila al Berraco, et la otra por el Camjno de Naua Luenga fasta la Cabeça de Sancta Coloma. Et son las armadas la vna al Collado de Bal de Bruna, et la otra a la Cabeça de Naua Serradilla, et la otra a la Huerta de Migel Falcon, et la otra a la Cabeça de [fol. 158r] Naual Morueco.

La Cabeça de Naua Redonda, et la Cabeça de Naua Toconal, et Guadamora es todo vn monte; et es bueno de osso et de puerco en yuierno. Et son las bozerias la vna desde la Cabeça del Osso, la cunbre ayuso, fasta la Cabeça del Toconal, et trauesar el Arroyo de la Fresneda fasta la Cabeça de la Gotera, et por esta Cabeça de la Gotera fata la Calera; et la otra desde el Arroyo del Real, et por medio de las vjñas del castiello fasta las dehesas de Paiares. Et son las armadas la vna en Salzedosa, a la boca de Naua Coneieros, et la otra en las Cañadiellas.

El Canchar de Sanct Viçeynte, et el Robredo, et la texeda que es cabo Naua Morcuende, es todo vn monte; et es bueno de puerco en yuierno. Et es la bozeria por çima de la ssierra, et por el berrocal de yuso del castiello fasta asomante al canpo. Et son las armadas la vna en Naua Redondiella, et las otras desçenden fasta Finoiosa por el camjno.

El Puerto de Fontanares et el Torreion fasta la Carrera de Lança Fita es todo vn monte, et es bueno de osso en yuierno. Et es la bozeria por somo de la cunbre fasta la Carrera del Masegar, et fasta el arroyo de ensomo de Anadjnos. Et son las armadas desde el Mesegar, por la Carrera de Lança Fita, fasta la Vera de Tietar.

[fol. 158v] Ual de Vacas et el Arroyo del Payano es todo vn monte, et es bueno de osso en yuierno. Et es la bozeria por somo del Lomo de la Maiada del Çereso, et buelue por somo de la Maiada del Ysquierdo fasta el Mesegar. Et son las armadas por la Vereda del Mesegar, que va al Colmenar del Judio.

Naua Sarça et Tamujoso es todo vn monte, et es bueno de osso en yuierno. Et es la bozeria Val de Vacas arriba, et por çima del Masegal commo asoma al Collado de la Xara del Rencon fasta el Puerto de Naua Sarça; [e la otr]a por çima de la cunbre [del Ta]muioso, que non pase a la [Calah]orra. Et que esten rrenue[uos d]e canes en el Camino Tole[dano].[24bis] Et son las armadas la vna en Naua Sarça, et las otras por el camjno arriba et ayuso.

Xara Descaiada, et la Calahorra, et la Hoz de Torinas, et Naua Palaçiana es todo vn monte, fasta el camjno que va de Naua Morcuende al Adrada; et es bueno de osso en yuierno. Et son las bozerias la vna desde que entra el camjno que va de Naua Morcuende, et entra en la xara por somo de la Torreziella fasta Torinas; et la otra desde Torinas, por las veredas que entran del yglejuela, fasta Naua Palaçiana. Et son las armadas la vna en las cañadiellas que son entre la Calahorra et la Guijosa, et la otra en Naua Palaçiana por las veredas fasta la Hoz de Torinas.

Naua Torinas, et el Frontal con Val de [fol. 159r] Layn et el Hoyo de la Figera, et con la mesa commo tiene con la cañada, et con las Radas es todo vn monte; et es bueno de osso en yuierno. Et es la bozeria por somo de la cunbre, commo da en las Radas, fasta Cabeça de Mjlanos et fasta en Torinas. Et son las armadas en Naua Torinas, et en Val de Casa fasta la cañada.

Foyo Nueuo, et Val del Osso, et las Texedas es todo vn monte; et es bueno de osso en yuierno. Et son las bozerias la vna en los Collados de Val de Sanct Viçeynte, et la otra en la cañadiella vieia de fondon de la Cabeça de Pero Pasqual. Et son las armadas la vna en Naual Collado, et las otras en Naua la Cruz, et en Nauas Moiadas.

Ual del Aguila con la Cabeça del Aguila es todo vn monte, et es bueno de osso en yuierno. Et son las bozerias la vna desde el Collado del Aguila, por çima de la Cabeça del Aguila et por la cunbre, toda fasta las nauas asomante a la higuera; et orta bozeria desde este collado, por el Camjno de las Radas, fasta el Robredillo de Muño Furtun. Et son las armadas las vnas en el Roblediello de Muño Furtun, et las ortas do se yuntan Val de Aguila et el Arroyo de Muño Furtun cabe el Colladiello de la Fuesa del Naharro.

Naual Villar es buen monte de puerco en todo tienpo, et a uezes ay osso. Et es la bozeria la vna por el camjno de la figuera, et la otra [fol. 159v] al rrio. Et son las armadas en el Camjno de Naua Morcuende.

La Xara de Pero Peres con el Quadro es buen monte de puerco en todo tienpo, et a vezes ay osso. Et son las bozerias por el camjno que va del Adrada a Naua Morcuende, et por Naua Palaçiana fasta en el rrio. Et son las armadas en el camjno que va del Adrada a las Torres.

Cabeça Pinosa, que es çerca del Adrada, es muy buen monte de osso en yuierno. Et este non a bozeria, et es el armada en el camjno que passa entre ella et la Foz de Escarauaiosa.

La Garganta de la Vaqueriza, et Robredo los Arcos, et la Texeda, et Buytraguiello, et Robredo Fermoso es todo vn monte; et es bueno de oso en la otoñada et en el yuierno. Et son las bozerias la vna desde la Cabeça de la Robredosa, por çima de los Canchales, fasta las Gamonosas; et la otra desde las Gamonosas fasta la vaqueriza, et dende fasta Risco Hediondo; et la otra desde Risco Hediondo fata el Risco de Buytraguiello, et dende fasta Simon Vieio, et de Simon Vieio fasta la Sarnosa de Pie de Labas. Et son las armadas la vna en Naual Guijo, et la otra en la vereda de Casa Vieia.

El Molar, que es cabo el Adrada, es buen [fol. 160r] monte de puerco en todo tienpo. Et son las bozerias por el camjno que va del Adrada a la figera et Tietar ayuso. Et son las armadas en el camjno que va del Adrada a Naua Morcuende.

El Rencon, et la ladera de sobre Escarauaiosa, et el Castreion, et la Foz de Escarauaiosa es todo vn monte; et es bueno de oso en yuierno. Et son las bozerias la vna desde el otero que esta sobre Escarauaiosa, fasta el Collado de los Frades, et del Collado de los Frades por çima de la cunbre fasta el Collado de don Yague; et la otra desde el Collado de don Yague fasta el Collado de la Samoça; et la otra desde la Cabeça de Sancta Maria por çima de la cunbre fasta el Collado de la Samoça. Et son las armadas en el camjno que va de Cadahalso al Adrada, la vna en derecho de Cabeça Pinosa, et la otra al Arroyo del Fresno; et otras dos armadas entr'el Arroyo del Fresno et Escarauaiosa, en el camjno.

Et acaesçionos vn lunes de soltar y a dos ossos a ora de terçia en esta guisa, seyendo todas las buscas salidas del monte et aun tañjdo de acogida saluo Martin Gil, que auia fincado en vna busca con vnos seys canes que solto al osso mayor. Et diol aquellos seys canes que leuaua, et ellos venieron con el desde el monte del Castreion, donde el solto fasta la Foz de Escarauaiosa; et allj parose a ladrar, assy [fol. 160v] que Pero Carriello et Pedro de Mendoça, que yuan con otros seys canes para rrenouar aquel osso que estaua ladrado, toparon con el otro et dieron le otros seys canes. Et el osso a que auia suelto Martin Gil, que era el mayor, mouiose de alli do estaua, et pasose por la nuestra armada contra el monte de Mania Vacas ante que Nos vujasemos llegar al armada. Pero quel dieron a la pasada de aquella armada otros seys canes, asy que fueron con el desde ally vnos doze canes; et quando yo llegue al armada, fallelo pasado, et nunca lo pude alcançar fasta el monte de Mania Vacas.

Et fueron con Nos Yeñego Lopez, et Garci Royz, el aguazil. Et andodiemos con el en aquel monte de Mania Vacas, que nunca lo podiemos ferir fasta en annocheçiendo, que ouo vna ferida de vna azagaya. Et la rrazon por que non auiemos acorro de canes, njn de monteros ese dia, fue por que fincaron todos con el otro osso en la Foz de Escarauaiosa fasta que lo mataron, que era ya noche çerrada. Desy desde que viemos que Nos tomaua la noche, enbiamos a Yeñego Lopez et a Garci Royz con otros quatro monteros de pie que se parasen entre el et la Sierra de Cenjzientos, et que feziesen fuegos por que nol dexasen pasar contra Çenjzientos; et que fablasen a los canes por fazer los tener. Et Nos con los otros monteros fuemos Nos parar entre el monte do el andaua et la Sierra de Guisando, por que non pasase alla, et an-dando [fol. 161r] se alli ladrando fata el primero sueño. Et desde el primero sueño adelante, fueron dexando los canes, et fincaron con el Fragoso et Preçiado. Et desde que se uio con aquellos dos canes, escomenço a andar a paso el camjno que va del Adrada a las Roças; et allj al camjno dexo el can Fragoso, et paso con el Preçiado, et fue con el fasta el pie de la Sierra de Guisando.

Asi que era media noche quandol dexo, desy desde que viemos que dexo aquel can, que non era monteria de porfiar lo mas esa noche, cogiemos nuestros canes, et venjemos a dormir a vn aldea que dizen las Roças. Et enbie mandado a los que estauan en el Adrada que me acorriesen con algunos canes, señalada mjente que fuesen buenos de trayella. Et troxieron me a Baruada et a Vaquero. Et otro dia, martes, en amanesçiendo party cinco buscas de dos monteros en cada vna, para que diesen trauiesas para fallar la yda por do auia pasado ante noche. Et que pregu[n]tasen a algunos pastores que ora auian oydo vn can de vnas bozes delgadas, para que tomasen tiento a do auia dexado.

Dessy toparon dos monteros en la yda de aquellos que auiamos enbiado, et tañieron Nos de rrastro, et llegamos ally a do tañjen de rrastro. Et mandamos que fuesen con Baruada por la yda, et que leuasen a Vaquero en el azemjla por que fuese folgado, et leuamos el rrastro por trayella desde Guisando fasta el Rio de Alberche. Et desde que llegamos [fol. 161v] al rio, tañieron Nos de rrastro allende el rrio Diego Brauo et Pero Fferrandes, a que auia enbiado mandar ante noche que diesen trauiesa, a uer sil fallarien la pasada contra aquel cabo. Et pasamos el rrio, et llegamos ally a do Nos tanxieron, et fallamos los en la yda.

Et mandamos que fuesen por la yda Baruada et Vaquero con doze canes. Et a cabo de vn rrato que fueron por la yda, fallaron vna cama que auia el fecho que podia ser de la ora de los maytjnes. Desy pasaron por ella, et fueron adelante por la yda, et fallaron que yua su paso. Et desde que entendieron en los canes que non era lexos la cama, tiraron le la trayella a Vaquero et fue lo ladrar a la cama en çima de la Cabeça de Villa Alua asomante al quexigar. Desy desde que vieron que lo ladraua, dieron le todos los canes et alcançaron le luego. Et andodieron con el fasta medio dia, et fue morir al camjno que va desde el quexigar al Helipar, quanto a ter[ç]io de legua de la Posada del Quexigar. Et por ser mas çiertos que era aquel con el que auiamos andado ante dia, catamos le sy tenje alguna ferida, et fallamos en el el fierro del azagaya con quel auian dado ante dia. Et por tal monteria commo esta, prouamos Nos que quando a buen venado sueltan et lo bien porfian, tenjendo buenos canes, non aura al sy non matalle.

La Garganta de Sancta Maria, que es entre la Hoz de Esca-rauaiosa, [fol. 162r] et el monte de la Vaqueriza, et el pie de Sancho Velasco, et Robredo Ferreros, et Dos Fornillos, et Muño Coxo es todo vn monte. Et es bueno de osso et de puerco en la otoñada et en el yuierno. Et son las bozerias la vna por çima de la Cabeça de Sancta Maria fasta el Collado de la Samoça, et dende a Berrueco Malo; et la otra desde Berrueco Malo fasta el Ceruunal, et dende al Çeruunaleio, et dende por Dos Fornillos, et por el Risco de la Graia fasta Pie de Labas. Et es el armada en Pie de Otea.

La Pinosa de las Torres, et los Gaujlanes, et la Çentenera, et el Enzjnar de Velasco Chico es todo vn monte, et es bueno de osso en yuierno et en verano. Et es la bozeria desde el Forno de la Figueruela, por çima de las Gamonosas, et por çima de Garganta Ysquierda, et por çima de la Çentenera, et por çima de los Gaujlanes, et por çima de Velasco Chico fasta el Aluareda; et el çerro ayuso fasta asom[a]nte las Torres. Et son las armadas la vna a Sancta Maria de la Torre, et la otra en el collado que esta sobre la Pinosa.

El Alcornocal de las Torres, et la Xara de Pero Bernaldo, et el Arroyo del Herradon es todo vn monte; et es bueno de osso en yuierno et en verano. Et son [fol. 162v] las bozerias la vna al Camjno del Puerto del fondo; et la otra desde el fondo del Puerto fasta en Velasco Chico; et la otra desde en çima de Velasco Chico, por çima de Pero Bernaldo fasta la Cabeça de Pero Bernaldo, que esta en çima del Arroyo del Herradon. Et son las armadas la vna en Pero Bernaldo, et la otra al sotillo del Arroyo del Herradon.

La Garganta de Lança Hita, et la Guihonja, et el Aluareda, et Mal Capiello es todo vn monte; et es bueno de osso en verano. Et son las bozerias la vna desde el Puerto de Lança Hita por çima de Velasco Chico, et desde Velasco Chico el Alcornocal de las Torres ayuso, catante la Xara de Pero Bernaldo; et la otra desde la Cabeça del Auantera fasta el Puerto de Lança Fita. Et son las armadas la vna en Pero Bernaldo, et la otra al Forno de la Canchuela, et la otra en el Aluareda.

El Almoclon et el Euantera, que es entre Rama Castañas et Lança Fita, es buen monte de osso en yuierno; et es la bozeria desde el Auantera por çima de la Cabeça de la Torre del Pico, la cañada ayuso fasta Rama Castañas. Et es el armada en la cañada que viene del Puerto de Mata Asnos.

[fol. 163r] Enderredor de Cadahalso et de Sant Martin ay estos montes:

La Sierra de Mania Vacas es buen monte de osso et de puerco en la otoñada et en el yuierno. Et son las bozerias la vna por el carril vieio que va de Naua la Cañada fasta la Xara Mediana de la Figera; et la otra por çima de la cunbre de la sierra fasta la Fuente Sauzi de las Roças; et otra bozeria por cima de la cunbre fata el Collado de Cenizientos, que non pase contra la Xara de Mayuelas. Et que esten rrenueuos de canes en el Collado de Naua la Cañada, et en par de la Garuança cabo la Xara Mediana de la Figera. Et son las armadas en la cañada desde Naua Graios fasta el Puerto de Escarauaiosa.

El Arroyo del Castaño et Xara Mediana es todo vn monte. Et es bueno de osso en yuierno, et ay sienpre puercos. Et son las bozerias desde el moljno de la Orden de la Figera fasta el camjno que ua a Escalona por la cañada, et la otra el Arroyo del Castaño ayuso, et la otra por el camjno que va de la Codrada a Escalona. Et son las armadas entre el Arroyo del Castaño et el camjno que va a Escalona.

Las Cabeças de la Garuança e[s buen] monte de puerco en yuierno.

[L]a Cabeça del Çid,²⁵ et la Xara del Colmenar de los Çeresos, et los Hoyos es buen monte de osso en yuierno. Et son las bozerias por çima de la cunbre desde la Cabeça del Aguila, por çima de Naua la Cruz, et a la Peña del Cueruo; et commo trauiesa por fondon de Ual de Sanct Viçeynte, et a la Cabeça del Toconal, et de la Cabeça del Toconal a Xaguarcoso, et a la Cabeça de la Gotera; otra por la senda que viene d[e] Çenizientos a la Naua de la Figueruela, que non pase al Ber[ro]cal de Nonuela. Et son las armadas la vna entre Naual Poyo et Nauas Luengas, et la otra en las Nauas del Lapazar, et otra en Naual Poyo, et otra en Naua Frades.

En este monte Nos acaesçio vn dia de soltar a vn oso en la Pinosa, que es cabo la Cabeça del Oso, bien a tres leguas deste monte. Et vjno lo ladrar a este monte vn can que dezian Guerrero, que guardaua Pasqual Peres de las Roças; et despues rrenouaron le otros canes, et andodieron con el todo el dia, et bien fasta la media noche. Et el postremero can que dexo fue Gerrero, el que andido con el todo el dia; et finco con ellos en la noche Pero Carriello et otros monteros, et enbio Nos lo dezir a Naua Morcuende.

Et otro dia, lunes, madrugamos et feziemos le dar trauiesas a todas partes; et fallaron la yda Fernant Martines de Baena, et Johan Alfonso de la Fuente Ouejuna, que leuaua Auiado. Et fueron por ella desde el Collado del Aguila fasta el Colmenar de los Çeresos, et fallaron le en la cama a do le fue ladrar Guerrero el dia de ante, et alli dieron le los canes, et vino morir a Ual del Aguila. Et entre los otros canes quel dieron, dieron le este can Guerrero, que auia andado el dia de ante con el.

Et por que fizo buena fazaña este can, et duro esta monteria vn dia et vna noche, et otro dia fasta medio dia, posimos lo en este libro.²⁶

[fol. 163v] Ay otro monte quel dizen la Xara de Mayuelas: es buen monte de puerco en yuierno, et a uezes ay osso. Et es la bozeria entre esta xara et la Cabeça de Per Abbat. Et son las armadas en el Collado del Berrocal.

La Xara de Nouela es buen monte de osso en yuierno. Et es la bozeria en el camjno que non passe contra Castriel de Vayuela. Et es el armada en Nauas Luengas.

El Berrocal de Nouela es buen monte de oss[o] et de puerco en yuierno. Et es la bozeria en çima del berrocal, de parte del Adrada. Et es el armada a Nauas Luengas.

La Cabeça de Per Abbat es buen monte de osso et de puerco en la otoñada et en el yuierno. Et son las bozerias la vna desde Naua el Aluergeria, por el camjno que ua a Escalona fasta Bezerril; et la otra por el camjno que va de Cadahalso a Escalona fasta el Arroyo de Piedrra Escripta. Et son las armadas la vna en la Naua del Aluergeria, et la otra en Piedra Escripta.

Ual de Fornos, et Val de Alian, et Naua Herreros es todo vn monte, et es bueno de [fol. 164r] puerco en yuierno. Et son las bozerias la vna por el carril de çima que va de Sant Martin a Peña Muñana, et la otra por la cañada fata la Yedra, et otra desde Cabriellas Ruujas, Aluerche arriba, fasta la Yedra; et otra bozeria desde la boca de Val de Aljam, et por Naua Çebrian fasta los Marañones. Et son las armadas la vna en Tortoles a Moljno Quemado; et la otra en el Çerro de Berrueco Luengo; et otra armada al Berrueco de Muño Velasco, que esta en el Camjno de Cadahalsso, que non passe a Val de Corços; et otras dos armadas en el camjno que va de Naua Redonda a Cadahalso.

Labros [MS *P₃*] *de Val de la Nigra,* et Peñas Ruujas, et Val de la Viga es todo vn monte; et es bueno de osso en yuierno. Et son las bozerias la vna por el camjno que va de Cadahalsso a Escalona, et la otra en el camjno que va de Cadahalso a Tortoles, et la otra por çima de Peñas Ruujas. Et son las armadas las dos en el valle que es entre Labros et Peñas Ruujas en el camjno que va del prado a Cadahalsso, et otra en Naua Alcornocosa entre Fuente Salze et Labros, et otra a la boca de Val de la Viga, et otra a las Figeras del Arroyo del Moro. [MS *P₃*] *E son las armadas dos en el camjno que va de Fuent Salze a Cadahalso, e la otra en la Val Cornocosa.*

Ual de Madero es buen monte de osso et de puerco en yuierno. Et es la bozeria en el camjno que va del prado [fol. 164v] fasta en el fresno, et tornar el lomo arriba en la Sierra del Casar. Et es el armada en Nauas de Antoljn.

[L]os Llanos, que es cabo Cadahalso, es buen monte de puerco en yuierno. Et son las bozerias la vna por el camjno que va de Cadahalso a las Roças, et la otra desde las Roças fasta la cañada, que non pase a la sierra. Et son las armadas entre Naua Redonda et Tortoles.

La Ssierra de Guisando es buen monte de osso en verano, et algunas vezes en yuierno. Et es la bozeria desde el Castañar de Xisnando, por Maiadas Monies, fasta en el Camjno de las Canaleias. Et son las armadas la vna en Cabeça Pinosa, et la otra en las Canaleias.

La Fuente Fria et el Endrinoso es todo vn monte, et es bueno de osso en yuierno. Et son las bozerias la vna por cima de la Fuente Fria fasta Val Caruonero, et la otra en el camjno que va de Sanct Martin [a] Almoroyx. Et son las armadas la vna en Fuente Salze, et la otra a la boca de Val de Aljam, et la otra entre Fuente Salze et Val de Aljan.

La Cabeça de Sanct Esteuan es buen monte de osso en yuierno. Et es la bozeria en el camjno que va de Pelayos a la Cañaliega de Aluerche, que dizen de Pero Maça, et el rrio arriba fasta la figera. Et es el armada en Sanct Esteuan.

[fol. 165r] La Dehesa de Sanct Esteuan es buen monte de osso et de puerco en yuierno. Et son las bozerias la vna en el camjno que va de Sanct Martin a Pelayos por la Grania, et la otra al Vado de Frey Gonçalo. Et es el armada a la casa de Sanct Esteuan.

Ual de Ynfierno es buen monte de osso en yuierno. Et son las bozerias la vna desde las Cruzeras, por çima de la cunbre de Val de Jnfierno fasta las Caleras, et la otra por el camjno que va de Nauas del Rey a la Barca. Et son las armadas la vna sobre Peña Falcon, et la otra al Arroyo de las Setas. Et que esten rrenueuos en el çerro que es entre esta armada et Sanct Sadronjn, et otros rrenueuos en la senda que va de las nauas al Armada del Rey.

Et la primera vez que corriemos este monte, matamos en el vn osso de los buenos que matamos fasta aqui. Et otra vez Nos acaesçio de soltar y vn lunes a vn osso, et andodieron los canes con el todo el dia; et passo el osso et los canes con el el Rio de Aluerche çinco vezes en aquel dia. Et ouo y canes que touieron fasta la prima ora, et dos canes que dizen Ermitaño et Ferreruelo touieron lo mas de la noche, et fallaron los otro dia al alua echados en el rrastro del osso. Et otro dia, martes, tornamos a catar este monte, et tomamos el monte. Et [fol. 165v] feziemos dar trauiesas aderredor, a uer sil fallarian la salida; et non le fallaron salida, ca commo estaua cansado de ante dia finco ese dia en Val de Jnfierno.

Pero que fallaron la yda d'el, commo fuera, fasta el Camjno de la Varca; et que se tornara contra Aluerche, et fueron por esa yda, et leuaron le fasta el rrio. Et los que leuauan la yda nol podieron pasar, et finco y; et por que non auia buscas allende el rrio, finco y. Et aun leuantara se este dia, si non por que vn montero que deseño que yua el rrastro al Almenara, et mjntio. Et por que era ya el sol puesto, non quisiemos que pasasen a leuantar le.

Et otro dia, miercoles, tomaron este monte mesmo, et fallaron la cama et la salida d'el en el Arroyo de Beruegon, que es en este monte de Ual de Jnfierno do auia fincado ante dia. Et leuaron el rrastro d'el por las Caleras, et dende fasta Val Verrocoso, et por Val de Madero, et dende fasta Labros, et dende fasta Val de la Viga. Et dexamos lo y çierto, en guisa quel podieramos poner canes, saluo por que era el sol puesto et non era tienpo de lo leuantar.

Et otro dia, jueues, tomaron el rrastro en Val de la Viga, et fallamos la cama do yoguiera el miercoles, et leuamos el rrastro todo Val de la Uiga; et por Val de Aliame fasta el Endrinoso, et dende a la Fuente Fria. Et desy boluieron le por el rrastro fasta Peña Muñana, et depues boluieron le por entre Labros et Peñas Ruuias, et dende fasta Val de [fol. 166r] Madero, et dende fasta Val de Jnfierno.

Et otro dia, viernes, tomamos este monte et fallaron le la salida de Val de Jnfierno —que fue comer las colmenas de Villa Manta—Fernant Martines de Baena et Pero Gil, nuestros monteros, et otros monteros que yuan en esa busca. Et leuaron le por el rrastro fasta quel leuantaron entre las Barranqueras et el Soto de Villa Manta, et posieron le ocho canes. Et quando tañieron de rrastro et de corredura sobre Val de Jnfierno, estauamos Nos en la Fuent Fria, et venjemos le tomar delantera al çerro de sobre Sanct Sadornjn.

Et depues venieron Sancho d'Espinosa, et Garcia de Trioua, et Gomez, nuestros monteros, et rrenouaron le tres canes. Et morio este dia, viernes, a medio dia en el Arroyo del Guijo, cabo la nuestra posada de las nauas. Et duro la monteria deste osso desde el lunes fasta el viernes, a ora de medio dia que morio. Et por tal monteria commo esta dize el enxienplo que "porfia mata venado."

[fol. 166v] Estos son los montes de Val de Corneia:

La Onbria, que esta entre el Arroyo de las Veçedas et el Varco, es b[ue]n monte de osso en verano.

La Garganta de Laguna Mala es buen monte de osso en verano.

Araualle es buen monte de osso en verano, et son las bozerias la vna desde Fitero fasta el Farinero, et la otra desde Galindo fasta el Puerto de Torna Vacas. Et son las armadas la vna en çima de Galjndo, et la otra en Maiada la Fuesa.

Las gargantiellas de las cabeçuelas que estan sobre Bohoyo es buen monte de osso en [fol. 167r] verano.

La Veçediella, et el Pinareio, et el Auellanar es todo vn monte; et es bueno de osso en verano. Et son las bozerias la vna desde la Camocha, por el pie de las Veçediellas ayuso fasta el rrio; et la otra desde en cima de la Cabeça del Venero ayuso fasta el rrio; et la otra desde el Collado de las Vecediellas por çima de la cunbre fasta la Cabeça del Muladar, et dende por çima de la cunbre fasta el Collado de Maria Pedro. Et son las armadas la vna a la nauazuela, et la otra al Colladiello Seellado, et la otra en el Collado de Maria Pedro.

La Garganta del Huerfano es buen monte de osso en verano. Et son las bozerias la vna desde los Foyos de Rauia, por el Çerro de Garoça fasta el Berrueco del Huerfano, et dende fasta el rrio; et la otra desde los Foyos de Rauia fasta Berrueco Pelayo, et dende fasta la Cabeça del Venero, et de la Cabeça del Venero fasta Naual Mayllo. Et son las armadas la vna a los Sarçaleios, et la otra a las Foyuelas de Marina.

La Onbria de Piedra Fita es buen monte de osso en yuierno. Et son las bozerias la vna por çima de la cunbre de la sierra; et la otra desde el atalayuela, por çima del Çerro [fol. 167v] de la Pellona ayuso fasta el canpo; et la otra por el Çerro de Garueña ayuso, que este a espaldas del armada. Et que esten canes de rrenueuo en Naual Çerro, et en el Çerro del Azeueda, et en el Çerro del Fortigal. Et es el armada en Naua Cabrera.

La Garganta de Garueña es buen monte de puerco en yuierno.

El Pinareio es buen monte de osso en verano.

La Çerezeda es buen monte de osso en verano. Et son las bozerias la vna desde Maiada del Pjno, por çima de la cunbre de la sierra fasta la Cabeça del Yelmo, et dende fata la Garganta del Puerco, et dende al pinareio que llega al Rio de Corneia; et la otra de la otra parte, por çima de la cunbre por los Çeruunales fasta el Boqueron [fol. 168r] de Sserrota, et dende a las gargantiellas; et commo rrecude al Fortigal, et la cunbre ayuso catante a la casa de don Bartolome de Garganta el Soto. Et es el armada a la casa de don Aparjçio el Vieio.

El Fortigoso, et Naual Villar, et Foyo Çiruelo es todo vn monte, et es bueno de osso en verano. Et es la bozeria desde la Cabeça del Palomar por çima de la cunbre, et por el Fortigal, et por çima de Hoyo Çiruelo fasta la Peña del Auanco. Et es el armada sobre Foyo Çiruelo.

La Dehesa de Villa Toro et el Fortigal es buen monte de puerco en verano. Et son las bozerias la vna por el pie de Çorita arriba fasta el Fortigal, et dende el çerro ayuso fasta el camjno que va de Villa Toro a Bonjlla; et la otra desde çerca de Villa Toro, por çima de la cunbre fasta el camjno que va de Bonjlla a Villa Toro. Et es el armada en Naua Cardedal.

Las Gargantas de Gredos es buen monte de osso en verano. Et son las bozerias la vna desde el pie de Fernando fasta el pie del Vellesar; et la otra desde el Vellesar fasta catante Val Vellido, et fasta el Collado de la Fuesa. Et son las armadas la vna en Collado Taiado, et la otra en el Collado de la [fol. 168v] Fuesa, et la otra en pie de Fernando.

Ual Bellido, et Velasquita, et la Garganta de Sanct Johan con Gargantiellas es todo vn monte; et es bueno de osso en verano. Et son las bozerias la vna desde el Collado de la Fuesa, por çima de la cunbre, fasta el pie de Xjmeno; et la otra desde el pie de Ximeno fasta el Ceruunal del Buytre. Et son las armadas la vna en la Naua de Velasquita, et la otra al Llano del Forno del Cardenjllo.

La Garganta de Galin Gomez es buen monte de osso en verano. Et son las bozerias la vna desde el Cochilar fasta la laguna de Galin Gomez, et la otra por el Çerro de Bernaldo fasta Cabeça del Yelmo. Et son las armadas la vna en Çeruunal de Cardiel, et la otra en Naua la Fuente.

Ual de Tornuellas es buen monte de osso en verano. Et son las bozerias desde el Çerro de Nargixo fasta el canchal de Muño Grado. Et son las armadas la vna al pie del Hueco de la Texeda, et la otra a Peña Negra.

La Garganta de la Vereçosa, et la Garganta de A-uarca [fol. 169r], et el pie del Asuplo es todo vn monte; et es bueno de osso en verano. Et es la bozeria desde la Cabeça de Muladar fasta la Cabeça de la Garganta de Auarca. Et son las armadas la vna en Vezeda Redonda, et la otra en las maiadas de don Venjto con el Collado del Serrano.

La Garganta de los Fornos et la Garganta de Naua Losa es todo vn monte, et es bueno de osso en verano. Et son las bozerias la vna desde el Verrueco del Huerfano fasta los Riscos de Gredos, et la otra desde el berrueco fasta el Çeruunal de Fernando. Et son las armadas la vna desde el pie de la Parida fasta el Çeruunal de Rama Parada, et la otra a Naua del Berrueco.

Ual de Hascas, et Tormeion, et Val de Arenas es todo vn monte; et es bueno de osso en yuierno. Et son las bozerias la vna desde el pie del Peon, por çima de la cunbre, fasta la Garganta de Naua Arenas, et la Garganta de Naua Arenas ayuso fata Naua Palaçiana. Et son las armadas la vna en Naua Palaçiana, et la otra en el Çerro de Val de Hascas.

Las Emelizas et Garganta Naharro es todo vn [fol. 169v] monte, et es bueno de osso et de puerco en todo tienpo. Et son las bozerias la vna desde los Alfonsiellos fasta Naua Quesera de la Lastra; et la otra por el Forno de la Garganta del Naharro, et por el camjno que va a Naua Losa fasta do da en el burgo; et la otra el çerro arriba por çima de la enebreda, fasta Naual Maço. Et son las armadas la vna en los Alfonsiellos, et la otra en el camjno.

[fol. 170r]
[fol. 170v]
[fol. 171r]
[fol. 171v]

[fol. 172r] [C]apitulo xº, de los montes de tierra de Segouia, et de Maçanares, et de Val de Loçoya.

Ual de Jnffierno et Peña Halcon es todo vn monte, et es bueno de osso en yuierno. Et es la bozeria por çima de Val de Jnfierno, por la cunbre desde en çima de las Caleras, fasta el Canal Segouiano. Et que esten rrenueuos a los passos del Rio de Aluerche, por quel dexen pasar et le rrenueuen. Et son las armadas la vna al Arroyo de las Ssetas, et la otra en el Çerro de Peña Falcon.

El monte de Fuente Calada es buen monte de puerco en yuierno, et ay algunas vezes osso. Et es la bozeria en el camjno que va desde Fuente Calada a Sanct Sadornjn. Et son las armadas la vna en las Nauas de Fuent Calada, et la otra en el quemado de sobre Peña Falcon.

Ual de Ynfierno, et Val de Zate, et el Cada Valle es buen monte de osso en yuierno. Et es la bozeria por çima de la cunbre fasta el Camjno del Barco de Val de Zate, que non pase a Val de Jnfierno njn al pinareio. Et son las armadas la vna al Arroyo de las Setas, et la otra al pinareio de la boca de Val de Zate.

[fol. 172v] El Almenara es muy buen monte de osso en yuierno, señalada miente en tienpo de madroño. Et son las bozerias la vna por çima del Almenara fasta el Collado de la Pouediella, et la otra por cima del Aulagar. Et son las armadas la vna a Fuente Angiella, et la otra en Naua Fonda.

Cabeça Morena es buen monte de osso en tienpo de huuas, et a las vezes ay lo en yuierno. Et es la bozeria por çima de la cabeça, fata el Moljno del Sangrero et Cofio ayuso por el Aliseda, et es el armada a Velle Escusa.

Peña Ocaña es buen monte de osso et de puerco en yuierno. Et es la bozeria en el camjno que va de Naua Fonda al colmenar del arroyo. Et son las armadas la vna a Fuente Anguiella, et la otra en Naua Fonda, et la otra al entrada de Val de Zate.

Et en este monte mate vn sabado dos osos ante de medio dia, que nunca mayores dos ossos vj ayuntados en vno.

Peña Ossera es buen monte de osso, et es de yuierno. Et es la bozeria desde la casa de la Pouediella por la senda que va a Naual Quexigo, et la otra en el [fol. 173r] camjno que va del colmenar a Naua Fonda. Et son las armadas la vna a los Prados de la Pouediella, et la otra a Naua Fonda, et la otra a Sanct Bartoleme.

El Olmoionçiello es buen monte de osso en yuierno. Et es la bozeria desde la Pouediella fasta Naual Quexigo. Et es el armada en la Defesa de Fuent Lanpas.

Peguerinos es buen monte de osso en yuierno. Et es la bozeria desde Pinar Sequiello, por Naual Forno fasta Sanct Johan de Malagon. Et es el armada en Naua la Carrera.

[L]a Cabeça de la Ferreria es muy rreal monte de osso en verano et a vezes en yuierno, et aun de puerco. Et son las bozerias la vna desd'el Sarçalleio fasta el Collado de la Ferreria, que es entre Amas las Cabeças; et la otra desde el collado, por çima de la cunbre, fasta la Peña del Almoionçiello. Et son las armadas la vna a la casa de Viçeynte Domingo, et la otra a la gargantiella.

La Xara del Mjlanjello es buen monte de puerco en yuierno. Et es la bozeria desde Frexneda fasta en par de la Ferreria. Et es el ar-mada [fol. 173v] en cabo del arroyo que viene de Fresneda, que non passe a Val de Moriello.

Ual de Jnfierno et Val de Moriello es muy buen monte de osso en yuierno. Et son las bozerias la vna en el camjno que va de Val de Moriello a Yliescas, et la otra en el camjno que va de Naua la Gamella a Perales. Et a mester que este rrenueuo en el guijo. Et son las armadas la vna en el camjno que va de Val de Moriello a Naua la Gamella, et la otra al moljno.

El pinareio que es cabo Naua la Gamella es buen monte de puerco en yuierno, et algunas vezes ay osso. Et son las bozerias la vna desd'el moljno a Naua la Gamella, et la otra el çerro arriba sobre el pinareio. Et es el armada entre el pinareio et la Cabeça de la Fferreria.

El Foyo de la Plata es buen monte de puerco en yuierno, et algunas vezes ay osso. Et es la bozeria desde la casa del Pacho, por la Mesa del Salobrar fasta el salobrar. Et son las armadas en el Arroyo de la Torreziella.

Ual de Quexorla es buen monte de puerco en yuierno. Et es la bozeria por [fol. 174r] çima de la cunbre. Et es el armada a las casas de Quexorla.

El monte de Val de Morena es buen monte de puerco en yuierno. Et es la bozeria camjno arriba de Madrit, entre Quexorla et Val de Çepiella. Et es el armada en el pozuelo de la Defesa de Perales.

Xara Beltran es buen monte de puerco en yuierno, et a vezes ay osso. Et son las bozerias la vna por el camjno que viene de Val de Moriello a Maydrit, et la otra en la senda que viene de Naua Çeruera a Val de Moriello, et la otra en el camjno que va del Pardo a Val de Moriello. Et son las armadas la vna en Cabeça Aguda, et las dos en los cabeços que estan sobre el rrio que pasa por Xara Beltran.

El monte de sobre el Pardo es buen monte de puerco en yuierno, et en tienpo de los panes; et es en el Real de Maçanares. Et es la bozeria en el camjno desde la Foz de las Galljneras a Sancta Maria del Retamar, et la otra en çima de la cunbre. Et son las armadas en el camjno que va del Galapagar a la casa del Pardo, et que esten a oio de la casa.

[fol. 174v] [L]a Cabeça Mediana, et el Cañal de la Ossa, et la Dehesa del Alpedrete es todo vn monte; et es muy bueno de puerco en todo tienpo. Et es la bozeria por çima de la Cabeça Mediana, desde la Fuente del Moral fasta el Collado Mediano. Et que esten rrenueuos sobre el Cañal de la Ossa. Et son las armadas en el camjno que va desde la Fuente del Moral a Monesterio.

La Ladera de Collado Mediano et el Alcornocal es todo un monte, et es bueno de puerco en yujerno et en tienpo de panes. Et es la bozeria por el camjno que va a par de la ladera, que non passe a la Dehesa del Alpedrete. Et que esten rrenueuos de canes en los collados de ençima de la cunbre, por quel dexen passar contra las armadas. Et sson las armadas en el valle que es entre esta ladera et la Dehesa de Naua Çerrada.[27]

[MS *P₃*] *La ladera de sobre Collado Mediano, que es en el Real, es buen monte de puerco en todo tienpo. E son las bozerias la vna por el camjno que va del collado a Nava Çerrada, e la otra por çima de la cunbre de sobre la ladera. E son las armadas las vnas en Val de la Serrana, e las otras en el Camjno Segouiano.*

La Dehesa del Galapagar, [MS *P₃*] *la Dehesa de Naua Çeruera,* es buen monte de puerco en yuierno et en tienpo de panes; et es en el Real de Maçanares. Et non a bozeria. Et son las armadas la vna al arroyo, et las dos en las nauas entre la Defesa del Galapagar et la de Naua Çeruera.

La Dehesa del Forçaio et las Cabeças de Paz Nobis es buen monte de puerco en yuierno, et es en el Real. Et es la bozeria desde do entra Rio Ssequiello en Guadarrama fasta Nauas del Carril. Et son las armadas la vna al Villareio, et la otra entre Paz Nobis et el forcaio. Et que esten rrenueuos en la Cabeça de Diego Cueruo.

La Foz de las Galljneras es muy buen monte de puerco en yuierno, et ay muchas vezes osso; et es en el Real. Et son las bozerias la vna [fol. 175r] por çima de las Galljneras en el camjno mayor que va del Galapagar al Pardo; et la otra por çima de las Gallineras del otro cabo, que non passe a la Torre de Lodones. Et son las armadas la vna a las nauas que son entre la foz et el monte del Serreion, et la otra en el camjno que passa al Alpalante.

El Berrocal de la Torre de Lodones es buen monte de osso en yuierno, et es en el Real. Et es la bozeria desde la Torre de Lodones fasta el Alpalante. Et son las armadas la vna al Arroyo del Alpalante, et la otra a las nauas de entre el berrocal et el serreion.

El Serreion es muy buen monte de osso en yuierno, et es en el Real de Maçanares. Et son las bozerias la vna desde en çima del Foyo fata Peña Ferrera, et la otra desde Peña Ferrera fasta en cabo de la cunbre. Et son las armadas la vna en el Çerro del Alpalante, et la otra a las nauas, et otra en el Colladiello de Cabeça Ruuia.

El Ssalto de la Muela, et Naual Quexigo, et la Cabeça del Xjmjo es todo vn monte; et es bueno de puerco en yuierno, et algunas vezes ay osso, et es en el Real. Et es la bozeria en el camjno que va del Foyo a las casas de las Parriellas. Et que esten omnes que deseñen et canes [fol. 175v] de rrenueuo en la Cabeça del Xjmjo, et en la Cabeça de Andres. Et son las armadas la vna en la loma, et la otra en el rrio deyuso de la Cabeça de Mamotar; et en la Cabeça de Mamotar que este vna atalaya.

La Dehesa del Colmenar Vieio es buen monte de puerco en yuierno, [MS *P₃*] *e es en el Real,* et es cabo el colmenar. Et son las bozerias la vna desde el enzjnar del colmenar fasta Sanct Benjto, et la otra desde Sanct Venjto fasta la Cabeça de Sanct Felizes. Et es el armada a la Parada de don Diego.

El Sarçaleio et Monte Caluiello es todo vn monte, et es bueno de puerco en yuierno. Et son las bozerias la vna desde la Parada de don Diego, por çima del Sarçaleio fasta en cabo d'el; et la otra a la laguna; et la otra desde la Parada de don Diego fasta Monte Caluiello, catante el colmenareio. Et que esten rrenueuos en el colmenareio, por quel dexen pasar et le rrenueuen; et otrosy, rrenueuo en la Cabeça de Monte Caluiello, por quel abaxen al rrio. Et son las armadas la vna a Sancta Maria del Molareio, et las dos al soto de yuso de Sanct Agostin, la vna que este allende del agua et la otra aquende.

[MS *P₃*] *La Cabeça de Sant Felizes es buen monte de puerco en ynvierno, e es en el Real. E es la bozeria sobre la Cabeça de Sant Felizes. E son las armadas la vna en el collado de sobre la loma, e la otra a la Paradilla de don Diego.*

La Dehesa de Santa Maria del Vado es buen monte de puerco en yuierno, et en tienpo de panes.

[fol. 176r] [E]l monte que es cabo la torreziella del atalaya que esta entre Maçanares et el Hoyo es buen monte de puerco en yuierno. Et son las bozerias la vna desde çima de la Peña del Onbre fasta la torrezilla, et la otra desde esta Peña del Onbre fasta en derecho de la Çerezeda; et que tenga los rrostros contra Naua de Huerta. Et son las armadas la vna a la torrezilla, et dos en el camjno que vien del Foyo a Maçanares, et otra cabo la Cerezeda.

Los Mornegriellos, et Val de Resolla, et la mata que esta sobre Viñuelas es todo vn monte; et es bueno de puerco en yuierno. Et son las bozerias la vna por el camjno que va del Colmenar a Maydrit, desde en derecho de las cabeçuelas fasta en derecho de Marfoial, que non pase a la dehesa; et la otra por el camjno que va de Vjñuelas a Sanct Agostin. Et son las armadas en el rrio, la vna deyuso de Vjñuelas en derecho del ssoto, et la otra al hermita, et las dos mas en çima desta hermita catante el rrio.

La Cabeça de Yescar, et la Teiera, que es cabo Maçanares, es buen monte de puerco en todo tienpo. Et es la bozeria por çima de la cunbre de la sierra. Et son las armadas la vna a Sancta Maria del Vado, et la otra al Colladiello del Carrascal. Et otra bozeria allende el Rio de [MS *Palacio*] *Mançanares en çima de la peñuela.*

[MS *P₃*] *La Dehesa de Santa Maria es buen monte de puerco en ynvierno. E este no ha bozeria, e es el armada a Sant Benito.*

La garganta de sobre las Porquerizas es buen monte de puerco en yuierno et en verano. Et son las bozerias la vna desde Lomo Gordo fasta el Lauaiuelo, et la otra en la defesiella vieia fasta el Collado de la Ssiella. Et son las armadas [fol. 176v] la vna al prado de don Johan, et la otra al Collado de la Verrocosa.

El So[t]o de las Choças es buen monte de puerco en yuierno, et es en el Real. Et este non a bozeria. Et es el armada en Çerro Berrocoso cabo las Choças.

Los Poyales, de sobre Guadalix, es buen monte de puerco en yuierno. Et son las bozerias la vna por çima de la cunbre de los Poyales, et la otra por el camjno que va de Naua la Fuente a Bustar Vieio, que non pase contra Alualate. Et son las armadas las vnas al rrio, et las otras a la Quinteria.

El monte de la Ferreria es buen monte de osso en verano, et a las vezes en yuierno; et es en el Real. Et son las bozerias la vna desde sobre las Porquerizas fasta en çima del Camjno de la Morcuera, et la otra desde la Naua de don Tello fata en par del Collado de la Siella. Et es el armada en el Collado del Cabron; et a mester rrenueuos en el Collado de la Siella por quel dexen pasar, et le rrenueuen desque fuere pasado, et fazer lo an yr al Collado del Cabron.

Los Altareios es buen monte [fol. 177r] de osso en yuierno, señalada miente en tienpo de madroño; et es en el Real. Et son las bozerias la vna por çima del Yelmo fasta en el Collado de la Siella, et la otra desde el Collado de la Siella fasta el rrio de sobre el soto. Et es el armada en el Collado del Cabron.

[G]arganta la Puerta es muy rreal monte de osso en verano, et a las vezes en yuierno; et es en el Real a media legua de Maçanares. Et son las bozerias la vna desde los Çeruales fasta en par de la Maliçiosa; et la otra desde en par de la Maliçiosa, por çima de las Guadarramjellas, fata la Naua de don Tello; et la otra desde la Naua de don Tello, et por el Arroyo del Cueruo fasta el Collado de la Siella. Et son las armadas la vna en el Collado del Cabron, et la otra en el lomo del rrobredo, et la otra en el Collado de la Siella.

Los Çeruales, et Foyo Seco, et el Pinareio es todo vn monte; et es bueno de osso en verano. Et son las bozerias la vna por çima los Çeruales fasta en çima de la Maliçiosa, et la otra desde la Maliçiosa por çima de la cunbre fasta Peña Corua. Et son las armadas en el Gerrero.

La Maliçiosa et la Texediella es buen monte de osso en verano, et a las vezes en yuierno; et es en el Real, et en yuierno ay oseras. Et son las bozerias la vna desde la [fol. 177v] meytad del puerto que va de Maçanares fasta en çima del puerto, et la otra desde en çima del puerto fata en çima de la Maliçiosa. Et son las armadas la vna sobre Foyo Seco, et la otra sobre los Çeruales.

El monte del Puerto de la Tablada et el Puerto de la Fuente Fria es todo vn monte, et es bueno de osso et de puerco en yuierno, et aun en verano. Et son las bozerias la vna desde el comje[n]ço del Puerto de la Tablada arriba, fasta en çima de la cu[n]bre; et la otra desde en çima de la cunbre fasta el Puerto de la Fuent Fria; et la otra desde en çima del Puerto de la Fuent Fria, por el Collado la Mjenta, fasta en çima de Peña Cauallera; et la otra desde Peña Cauallera fasta Collado Aluo. Et son las armadas la vna en el guijo, et la otra a los Poyales, et la otra en Naua la Yegua.

[L]a Dehesa del Espinar es buen monte de puerco e[n] todo tienpo.

La Garganta de Ruy Velasquez es muy buen monte de osso et de puerco en verano. Et son las bozerias la vna desde Monton de Trigo, por el Collado de la Chiua, fasta el Puerto de la Tablada; et la otra al Collado de Moia Pan; et la otra por la cunbre del Quintanar ayuso fasta la Cruz. Et son las armadas la vna al Collado del Quintanar, que es asomante a la garganta, et la otra a la Cazera.

[fol. 178r] El Quintanar et Gargantiellas de Ferreros es buen monte de puerco en yuierno, et a vezes ay osso. Et son las bozerias la vna desde el Berrocal de Lobos fasta en çima de la sierra, et la otra por cima de la cunbre de la sierra fata en derecho de Cuella Mayor; et que esten rrenueuos en Cuella Mayor. Et son las armadas la vna en la naua de so Berrocal de Lobos, et la otra en la Loma del Quintanar.

Rio Mjlanos, et la Mata de Cepones, et Rio Peçes es todo vn monte; et es bueno de puerco en verano, et a vezes ay osso. Et son las bozerias la vna desde el Collado de Berrocal de Lobos fasta el Collado de Moia Pan, et la otra desde el Collado de Moia Pan fasta la Peña del Osso, por çima de la cunbre. Et que esten rrenueuos en Cabeça Aguda, et en el çerro que esta sobre Sancta Maria de Çepones. Et es el armada en Naua Fermosa.

El Azeueda de Rio Frio es muy buen monte de puerco en verano, et suele auer osso. Et es la bozeria por çima del Camjno de la Fuente Fria, et la otra al Colla[do] de Rio Frio. Et es el armada en Naua Fermosa. Et que esten rrenueuos en la cabeça que esta sobre Naua Fermosa, por quel derriben al armada; et otras armadas en la Naua de la Fonsadera.

Ual Ssaujn es muy rreal monte de osso et de puerco [fol. 178v] en verano et a las vezes en yuierno. Et son las bozerias la vna por el Camjno de la Fuente Fria fata Peña Cauallera, et la otra desde Peña Cauallera fasta en çima del Puerto de Maçanares, et la otra al Collado de Loçoya; et commo tiene la cunbre fasta Peña Çitores, et que llegue sobre Arroyo Cabrones. Et son las armadas la vna a la vaqueriza, et la otra a la Cabeça del Puerto, et la otra en Naua Losa, et la otra en la Naua del Pinganjello, et otra en Nauas de Rio.

El Ortizuelo es buen monte de puerco en yuierno. Et es la bozeria en el Camjno de la Fuente Fria catante al Ortizuelo. Et es el armada a la Cabeça del Puerto.

El Arroyo de la Peña et Garganta Vieia es todo vn monte; et es bueno de oso et de puerco en verano, et algunas vezes en yuierno. Et son las bozerias la vna desde Cabeça de Cabrones, por çima de la cunbre fata el Arroyo de la Peña; et la otra desde el Arroyo de la Peña fata sobre Garganta Vieia, et desde sobre Garganta Vieia fata en çima de Siete Arroyos; et la otra desde el Collado de la Cabeça del Buey fasta el Pinganiello, que non pase a Rio Frio. Et son las armadas la vna a la naua que esta deyuso de la Cabeça de Cabrones, et la otra a la Cabeça del Puerto, et la otra a la Naua de Sanct Alifonso, et la otra a la Naua del Pelegrin.

Et acaesçio Nos y vn domingo de matar vn osso, el mayor que nunca matamos fata aquel dia.

[fol. 179r] Siete Arroyos et la Mata de Val Buena es todo vn monte, et es bueno de puerco en verano, et a vezes ay osso. Et son las bozerias la vna desde Otero de Yniesta por çima de la Mata de Val Buena; et la otra desde la Mata de Val Buena por Cuesta Sabrosa, el çerro arriba de Siete Arroyos fasta en çima de la sierra; et la otra en la maiada del rrobrediello, el çerro arriba fata el Regaial de Llanos. Et son las armadas las dos en la Berrocosa, et la otra en Rio Cabrones, et la otra en el Cabeçuelo de Naua Redonda, que esta sobre Sancta Sezilla.

Las Marmaletas es buen monte de puerco en verano, et a las vezes ay osso. Et son las bozerias la vna desde la Cabeça de Oter de Yniesta, la cunbre arriba fasta la Cabeça de Maiada Vieia; et desde la Cabeça de Maiada Vieia fata en Çigoñuela. Et es el armada en Otero Mediano, deyuso de la Cabeça de Oter de Ynjesta.

El monte de la Camara es muy rreal monte de puerco en yuierno et en verano, et a las vezes suele andar y el osso. Et es la bozeria desde Val Mesa, do por çima de la cunbre del monte de la Camara fata Çigoñuela. Et son las armadas las dos en la corta que mandamos fazer, et la otra en el Arroyo de la Torre, et la otra en la Cabeça de las Dueñas.

[fol. 179v] Rio Piron et la Solana es todo vn monte, et es bueno de osso et de puerco en verano, et aun en yuierno. Et son las bozerias la vna desde el Collado de Naual Mesado fasta en çima de la Garganta del Azueda, et la otra desde la Garganta del Azeueda fasta el Puerto de Mal Agosto, et la otra desde el Puerto de Mal Agosto por la cunbre ayuso, por çima de la Solana. Et son las armadas la vna en los prados entre la solana et la torre, et la otra al arroyo deyuso de la torre, et dos en la corta. Et en este monte Nos acaesçio vna vez de matar en dos dias diez et nueue puercos.

La Pedregosa, et Garganta del Osso, et Pironçiello es buen monte de puerco en verano; et a vezes ay osso. Et son las bozerias la vna por çima del Çerro de la Pedregosa fasta el Çerro de la Picota, et desde el Çerro de la Picota fasta Pironçiello; et la otra desde Pironçiello, por çima del Regaio de Sanct Garcia, fasta la Cabeça de Maiada Vieia, et dende el çerro ayuso, fasta la cabeça de pie de Haro. Et que esten rrenueuos en el Çerro de la Picota, et en la Cabeça de la Maça, et en la Çertera. Et son las armadas al arroyo del monesterio.

[fol. 180r] En Val de Loçoya ay estos montes:

Ual Fermoso es buen monte de puerco en yuierno, señalada mjente quando nieua mucho. Et son las bozerias la vna desde la Cabeça del Collado Fermoso fasta la Peña de Marj Gil, et desde la Peña de Marj Gil el çerro arriba fasta Naual Pinareio, et dende el camjno arriba que va al pinar fasta Maiadal Pino, et desde Maiadal Pino fasta el arroyo de la gargantiella, et dende fata el arroyo de la texediella et la ladera adelante por çima de la Peña del Aguila fasta el Çerro de Monforraz; et el çerro ayuso fasta la Fuente del Carro, et dende el çerro ayuso fasta la carrera que viene de Bustar Vieio a las Porquerizas. Et la otra desde el Forniello, el çerro arriba fata el Colladiello del Ferrero, et los que estodieren en este colladiello que tengan canes de rrenueuo; et desde el colladiello el çerro arriba fasta la Cabeça del Falcon, et desde aqui fata la fuente del collado. Et que este rrenueuo en Cabeça Rasa, et rrenueuo en Naua la Yegua. Et son las armadas la vna en Naua Cab[r]era, et la otra en la casa del Fornjello, et la otra en la casa del Arroyo de Naua Çerrada.

Los Poyales es buen monte de [fol. 180v] puerco en yuierno et en verano. Et son las bozerias la vna desde el Forniello fasta la Fuente del Robre, fasta la Maiada Pedregosa, et dende a la Maiada Somera del Poyaleio, et desde la Maiada del Poyaleio fasta la Peña del Ladron, et dende el çerro ayuso fata las Vjñas de Naua la Fuente; et la otra desde el Colladiello de las Choças, allende del rrobredo fasta las Vjñas de Guadalete. Et son las armadas la vna en las losas catante Naua la Fuente, et la otra deyuso de la corta de la casa de Pero Martin, et la otra en el arroyo del valle a la casa del fijo de Andres Domingo.

El Valle de Alualate, que es so la casa de Muño Manco, es buen monte de puerco en yuierno et de osso a las vezes. Et son las bozerias la vna al colladiello de contra Sancta Maria et Sanct Jullian por la vereda que va desde Sanct Jullian fasta el collado de la casa, et desde la maiadiella de Gomez Vela fasta la Peña Gorda; et la otra desde la Peña del Ladron, el çerro ayuso, fasta el Escaleruela. Et es el armada a Peña Ruuja.

La cabrera cabe Bustiar Vieio es muy rreal monte de osso en yuierno. Et acaesçio Nos vn dia de matar y tres osos ante de medio dia, et es en termjno de Buytrago. Et son las bozerias la vna por çima de las Cabreras, et la otra [fol. 181r] desde Collado de Ferreros fasta la Peña de Muña Ljnda. Et es el armada en el Collado de Caualeia. Et que esten rrenueuos en el Collado del Yelmo, et en el Collado del Afrecho, et en el Collado de Sanct Jullian; et a mester que esten callados fasta que pase dellos. Et depues rrenueuen le, et fablen le a las espaldas por quel fagan yr a Canaleia; et que esten algunos de cauallo entre el Yelmo et las Cabreruelas para quel fablen et le tornen a la cabrera.

La Peña de don Galindo es buen monte de puerco en tienpo de la njeue. Et es la bozeria por çima de la cunbre, et es el armada a Naua la Fuente.

El rrobredo de sobre Gargantiella es buen monte de puerco en verano. Et es la bozeria por çima de la cunbre del haedo. Et es el armada en el Collado de Fernant Garcia.

El Sarçoso es buen monte de osso en verano et de puerco en todo tienpo. Et es la bozeria desde la Cabeça del Ero, por çima del Çerro de Naua Sierra fasta en çima de Val de Cañiença; et de Val de Cañiença, por el camjno que va del pinar a Bustar Vieio, fasta el Collado de Ual Fermoso; et desde el Collado de Val Fermoso por el camjno fasta Cañjença. Et es el armada a las Haleguiellas.

[fol. 181v] El Bodon, et la ladera que es en derecho de Pjnjella et del Alameda es todo vn monte, et es bueno de puerco, et a uezes ay oso. Et son las bozerias la vna por çima de la cunbre que es entre esta ladera et el Çarçoso fasta en çima del Bodon, que non pase al Çarçoso; et la otra por el Camjno de la Morcuera, que va de Santana a las Porquerizas, que non pase al Aguylon. Et son las armadas las vnas en par de Santana, et las otras en derecho de Pinjella.

[E]l Aguylon, et el Pinar de Rasca Fria, et los Pinganjellos, et las Guadarramjellas, et el Arroyo del Ferrero, et la ladera deyuso de Peña Lara es buen monte de oso en uerano; et ay sienpre buenos puercos. Et son las bozerias la vna el camjno que va de Santana a las Porquerizas, tenjendo los rrostros contra el Aguylon, et dende por somo del arroyo do nasçe el Agujlon; et por çima do naçe el Arroyo del Ferrero, et desde este Arroyo del Ferrero por çima del pinar fasta el collado que dizen de Loçoya, que non pase a Ualsaujn; et del Collado de Loçoya fasta en Peña Lara, et desde Peña Lara por çima de la cunbre fasta el Puerto del Rebenton, et el puerto ayuso del Rebenton, que non pase a la Sauca. Et que este vn rrenueuo sobre las Guadarramjellas, et otro sobre el Arroyo del Ferrero, et otro en los Pinganjellos, et otro en Çabeça Medjana. Et son las armadas la vna en Naual Pino, et la otra en Naual Cabze.

[MS *P₃*] *El Bodon, e el Aguilon, e el Pinar de Loçoya, e las Queseras es todo vn monte. E es de osso e de puerco en verano; e en ynvierno, de puerco en ynvierno. E son las bozerias la vna desd'el Puerto de Mal Agosto fasta Peña Lara; e la otra desde Peña Lara fasta el Collado de Loçoya, e dende a las Guadarramillas fasta el Arroyo del Ferrero. E desd'el Arroyo del Ferrero fasta los Pinganillos, e desde los Pinganillos fasta la Mortuera, e desde la Mortuera por el çerro ayuso del Bodon fasta en Santana. E son las armadas la vna en la Nava del Pino, e la otra en Nava Calçe; e que este rrenueuo en Cabeça Mediana, para quel alexen al armada a la Naua del Pino.*

La Sauca et el Porrinoso es todo vn monte, et es bueno de osso en verano et en yuierno, et de puerco a las vezes. Et es la bozeria en el camjno que va de Val de Loçoya al Puerto de Çega, et desde el Puerto de Çega por çima de Sierra Posada fasta en çima del Puerto de Mal Agosto, et desde el Puerto de Mal Agosto el camjno ayuso fata la casa que esta diuso del puerto. Et es el armada en Maiada Somera.

Ual de Ynfierno et los Canales es todo vn monte. Et es bueno de osso et de puerco en verano, et de puerco en yuierno. Et son las bozerias la vna desd'el camjno que va de Loçoya fata [fol. 182r] en çima del Puerto de Çega; et la otra desde el Puerto de Çega, por çima del çerro, fasta el Lomo de la Regadera que va a Naua Redonda, et desde el Lomo de la Regadera fasta la Peña del Auanco, et desde la Peña del Auanco fata el Colladiello de Naua Redonda. Et es el armada a las Escanpadiellas, que se contiene con la Biostariza.

La Cabeça de los Bustares es buen monte de puerco en verano, et a las vezes en yuierno. Et es la bozeria desde el comienço de la cabeça, por çima de la cunbre, fasta en par del Collado de Naua Redonda. Et son las armadas la vna en el Collado de Naua Redonda, et dos en el camjno que va de Loçoya a Naua Redonda, et la otra deyuso de la Puente del Congosto.

La garganta que es en cima de la Puente del Congosto es buen monte de puerco en yuierno. Et es la bozeria por çima de la cunbre de la sierra, que non pase al Sarçoso njn otrosi contra Sancta Ana. Et son las armadas al rrio.

Las Queseras et el pinareio que es en derecho de Rasca Fria es todo vn monte, et es bueno de puerco en verano. Et son las bozerias la vna en el Camjno del Rebenton fasta ençima de la cunbre, et desde ençima del puerto por çima de la cunbre fasta el Puerto de Mal Agosto; et la otra desd'el Puerto de Mal Agosto por el camjno ayuso, que non pase a la Sauca. Et son las armadas la vna en la falda del Puerto de Mal Agosto, et la otra en el comjenço del Camjno del Rebenton.

[fol. 182v] La [Cabeça] [MS *P₃*] *de la Torera, que es cabo Mançanares, es buen monte de puerco en todo tienpo en el Real.* [MS *P₃*] *E es la bozeria por çima de la cunbre de la syerra; e son las armadas la vna a Santa Maria del Vado, e la otra al Colladillo del Carrascal.*

[fol. 183r]

[fol. 183v]

[fol. 184r]

[fol. 184v] **Capitulo xj°, de los montes de tierra de Buytrago.**

La Poluorosa et Rio Moriellos es todo vn monte, et es bueno de osso et de puerco en verano, et a las vezes en yuierno. Et son las bozerias la vna desde el Collado de Naua Redonda, por las Queseruelas, fata en çima de la Poluorosa; et la otra desde la Poluorosa, por çima de la Cabeça Gorda fasta el Susano, et fasta el Ero de Sancta Maria catante a Rio Moriellos. Et son las armadas la vna al Collado de Naua Redonda, et la otra a la Gargantiella de Sanct Mames.

[G]arganta Hermosa, et Foyo Vadarra, et Robre Aluo es todo vn monte; et es muy rreal monte de osso et de puerco en verano, et a vezes en yuierno. Et son las bozerias la vna desde el Ero de Sancta Maria fata el Susano, et desde el Susano fasta los casareios, et desde los casareios al Puerto de Ljnera, et desde el puerto fasta en çima del Toconoso; et la otra por las Lagunjellas fasta en çima de Buytragiello, et de Buytragiello a la Vaqueriza; et de la vaqueriza de la Dehesa Nueua, que non pase contra Brauoios. Et son las [fol. 185r] armadas la vna a la Naua del Sarçoso, et la otra a la Naua del Redondiello; et la otra a la Gargantiella del Sarçoso, catante a la Naua del Sarçoso.

Cigoñuela et la Dehesa de Brauoios es buen monte de osso en verano, et a vezes en yuierno. Et son las bozerias desde la Dehesa Nueua fata el Puerto de Arcones, et por el pie Dueña fata asomante Halega, et dende al Collado del Almohalla. Et son las armadas la vna a los Quiñones de Brauoios, et la otra en la Çigoñuela.

Las Dehesas de Maia Frades et Pie Verçoso, que son cabo Ssomo Sierra, es buen monte de puerco en todo tienpo. Et es la bozeria entre este monte et Halega. Et son las armadas en el camjno que vien de Somo Sierra a Robre Gordo.

Galega es buen monte de osso en verano. Et son las bozerias la vna desde deyuso del Collado del Almohalla, por cima de la sierra fasta la Vaqueriza; et la otra desde la Vaqueriza fasta la Fuente Fria; et la otra desde la Fuente Fria fasta el Puerto de Halega; et la otra desde el Puerto de Halega fasta la Serrezuela, et dende por el collado ayuso de Val de la Casa. Et son las armada[s] [fol. 185v] la vna en las Plateras, et la otra en çima del Azeuediella.

La Garganta de Forcaiuelo es buen monte de osso en verano. Et son las bozerias desde el Colladiello Verde fasta las Nauazuelas del Çerro, et fasta el Gamonoso, et desde el Gamonoso el çerro arriba fasta el Collado de la Mediana; et desde el Collado de la Mediana fasta los Cohoros, et dende fasta el Regaio de la Quesera, et del Regaio de la Quesera fasta la Cabeça del Fermosiello, et de la Cabeça del Fermosiello fasta diuso de las cabeças. Et son las armadas la vna en el Collado de la Mediana, et la otra en la Veçeda.

Ual Carçel, et el Rauinate, et la Sauca, et el Onbria del Poyo es todo vn monte; et es muy rreal de osso en verano, et ay buenos puercos en todo tienpo. Et son las bozerias la vna desde la Calahorra, el çerro arriba, et por Cuesta Enffiesta fasta Portiel de Lobos, et dende por çima de los Artimunetos fasta el Collado de Çereso; et de Collado Çereso fasta Palomares, et dende al Colladiello de Val Carçel; et desde el Colladiello de Val Carçel fasta el Fermosiello, et dende fasta diuso de las cabeçuelas. Et que esten canes de rrenueuo en çima de Pie Mediano, et otros sobre el Pinpollar. Et son las armadas la vna en el Collado de Xarama, et otra al Vado del Cardoso, et la otra en el casar de Pie Mediano.

[fol. 186r] La Pared de Pradana es muy rreal monte de osso en tienpo de verano, et de puerco en todo tienpo. Et son las bozerias la vna desde Peña Parda, que esta sobre Verçosa, fasta la Peña del Aguila; et desde la Peña del Aguila fasta la Peña del Mostaio, et desde la Peña del Mostaio fasta el Collado de Muger Muerta; et desde el Collado de Muger Muerta fasta el Collado del Saljnero, et desde el Collado del Saljnero fasta el Collado de la Eruela; et desde el Collado de la Eruela fasta sobre Garga[n]tiella Fonda. Et otra bozeria desde Peña Parda, la cunbre ayuso, ffasta la Dehesa de la Sserrada. Et son las armadas la vna a Sancta Maria, et la otra a Sanct Benjto, et la otra entre Sancta Maria et Sanct Benjto, et la otra sobre el Arroyo de Monteio, et la otra en la Dehesa de la Serrada. Et en este monte Nos acaesçio vn martes de matar dos ossos de los buenos que nunca viemos ayuntados fasta este dia, et es monte de los mas puercos que Nos sabemos, et mas brauos. Otrosy, que esten canes de rrenueuo en la Peña del Cueruo.

La ladera que esta catante Muger Muerta es buen monte de osso en verano, et ay oseras çiertas en el tienpo que yazen los ossos en ellas. Et son las bozerias la vna desde sobre la cunbre que esta sobre Verçosa fasta la Peña del Mostaio, et que tengan los rrostros contra el aldea de Muger Muerta; et la otra desde la Peña del Mostaio, por çima de la cunbre, catante al aldea de Muger Muerta fasta en [fol. 186v] Rio Casiellas. Et es el armada en [...]

La Dehesa del Forcaio es muy buen monte de puerco en todo tienpo. Et son las bozerias la vna desde el Collado de Robre Gordo fasta el Pico de Cebollera, et la otra desde el Pico de Çebollera, por çima de la cunbre de la sierra, fasta el collado que es sobre Horcaiuelo; et la otra desde en çima de la cunbre, fasta en derecho del horcaio. Et son las armadas la vna en las nauas que son de yuso del collado de sobre Horcaiuelo, et la otra a los Prados del Horcaio.

La Dehesa de Monteio et el Redondiello es buen monte de puerco en todo tienpo, et a uezes ay osso. Et son las bozerias desde el Redondiello fasta el Collado de Xarama. Et son las armadas la vna en los prados deyuso de Sancta Maria de Naçernj, et la otra deyuso de la Posada de Pradana, et las otras en el camjno que ua de Santa Maria de Naçerni al Cardoso.

Rio Casiellas, et Val de la Forma, et el Latazar es todo vn monte; et es bueno de osso et de puerco en verano, et en el tienpo que yazen los osos en las oseras. Et ay oseras çiertas.

La Foz de Ceruera et el Quexigoso es todo vn monte, et es bueno de osso et de puerco en yujerno. Et son las bozerias la vna por allende del rrio catante a la hoz, que non pase al Almoion; et la otra por çima de la cunbre del Almoion, desde Val de Fferreros fasta el Arroyo de la Ossilla, et dende fasta Pie Enzinoso, que non passe el venado contra Rio Fridiello; et la otra desde Nabareios ffasta la paradiella; et [fol. 187r] la otra desde la Guiiosa fasta el Collado de Val de la Forma, que non passe contra Val de la Forma njn contra la Cabeça del Puerco. Et son las armadas la vna a par de Sancta Maria del Enzina, et otras dos en la loma que esta en el monte assomante al Latazar. Et que esten rrenueuos por aquende del rrio, por que fagan yr el venado el rrio [a]rriba contra las armadas.

[MS P₃] *El Almojon, que esta çerca de Vzeda, es buen monte de osso en verano. E son las bozerias [...]*

El Carrascal del Villar, que es entre el Villar et Ssanta Yllana, es buen monte de puerco en tienpo de las vuas et de los panes. Et sson las bozerias por allende del rrio. Et sson las armadas en el camjno que va del Villar a Çeruera.

La Cabeça de los Estepares, que es entre Çeruera et Çurugeda, es buen monte de puerco en tienpo de yuierno. Et sson las bozerias la vna por allende del Rio de Xarama, que non passe al Almoion; et la otra desde en par desta cabeça, el çerro ayuso fasta el rrio. Et sson las armadas las vnas entre este monte et el Villar, et las otras a las Viñas de Çeruera.

[fol. 187v]

[fol. 188r] **Capitulo xij°, de los montes de tierra de Ayllon, et de Ssepuluega, et de Riaça, et de termjno de Pedraza.**

La Foz de Pegado es buen monte de puerco en yuierno. Et son las bozerias la vna al Collado de las Cabras, et la otra en el Collado de Pie Mediano, et la otra en fondon de los moljnos de Martin Muños. Et es el armada al prado de Sancho Ponçe.

La Dehesa del Bezerril es buen monte de puerco en yuierno. Et son las bozerias la vna en çima de la texeda, et la otra al Collado de las Cabras, et la otra al Collado de Bezerril. Et es el armada al Cubiello.

La Dehesa del Muyo es buen monte de puerco en yuierno. Et son las bozerias la vna en el camjno segunt va desde el Arroyo de la Fuente del Guyjo fasta el camjno que se desuia de Cerrazin a Bezerril, et la otra en fondon de la Dehesa del Muyo, et la otra entre el aldea et la dehesa. Et es el armada en el Puerto de Jnfantes.

Peñas Trauadas es buen monte de osso en verano, [fol. 188v] et algunas vezes en yuierno. Et son las bozerias la vna por çima de la Fuente de Rio Mediano, et la otra por çima de la Cueua del Castilleio. Et es el armada a la casa de Çoqueño.

La Ffoz de Cantoloies es buen monte de osso en verano, et algunas vezes en yuierno. Et son las bozerias la vna a la mata del collado, et la otra al Bustar, et la otra al pie de la Obra al Porrinal, et la otra a la maiada de la Penjella, et la otra al Collado de la Cueua de la Plata, et la otra al Fruente de Rio Medjano, et la otra a la Puente Vieia, et la otra a la Cueua del Castilleio. Et es el armada al Castelleio.

El Pinar de Galue es buen monte de osso et de puerco en yuierno. Et a nueue bozerias: la vna en el Collado de Texeda Fermosa, et la otra en el Çeruunal, et la otra en el Collado del Yenestal, et la otra en Val de Bezerril, et la otra en el Collado de las Cabras, et la otra en Val del Osso, et la otra en el Collado de Val de la Casa, et la otra en Val de la Casiella, et la otra en çima de Cuesta Vellida, et todo el lomo ayuso de Monte [fol. 189r] Malo fasta en par de la Çepeda. Et es el armada en el rrobrediello.

La Ffoz Braua es muy rreal monte de osso en verano, et algunas vezes en yuierno. Et a cinco bozerias: la vna al pie de Yuste, et la otra a Robredo Fermoso, et la otra a la Veçeda, et la otra al collado que sale a la foz mayor, et la otra al camjno que va a la porqueriza. Et es el armada en el lomo del pinareio.

El Castelleio, et Sobre Peña, et el Arroyo de Sanct Andres, que es cabo Buena Val, es todo vn monte; et es bueno de osso et de puerco en yuierno. Et son las bozerias la vna desde la Cabeça de la Obra, el lomo arriba de la Mata del Riscal fata el Colladiello del Mulo, et desde el Colladiello del Mulo fasta Lo Foieda del Tornero, et dende fasta las Nauazuelas; et desde las Nauazuelas por el rrostro de la Moheda fasta la Llana, et dende fasta las Fontanjellas, et de Ual de Soto fasta el moljniello. Et la otra desde Couarron fasta Vil de la Cueua, et dende fasta la Cabeçuela del Lobo; et desde la Cabeçuela del Lobo fasta el Alanchete, et dende fasta el Lauaio del Puerco. Et son las armadas la vna al Passo Bueno, et la otra al Collado de Sanct Andres, et la otra a la Cabeçuela de Pero [fol. 189v] Quesada. Et la primera vez que corriemos este monte, matamos en el tres ossos et dos puercos; et este monte es cabo del Monesterio de Buena Val.

El monte del Alanchete es buen monte de puerco en yuierno. Et son las bozerias la vna en la casa; et la otra en el lomo que esta en Val de Murediello, et va toda via commo sale la senda de la puebla de los Valles, et da en el camjno que va a Mata Ruuia en el camjno de Can Rayado. Et es el armada entre el Alanchete et este mismo camjno.

La Torera et Canaleia, que es cabo Maiadas Viejas, es buen monte de osso en verano. Et a diez bozerias: la vna en la Torrera, et la otra en Chortal, et la otra en la Peña de Per Yuañes, et la otra en el Collado de la Vieia, et la otra en çima del pie de Rio Truchuelas, et la otra en el Collado del Feruiduero, et la otra en el Collado del Vieço, et la otra en el Collado de Zebra Corta, et la otra en el Collado de Solla, et la otra en la Peña de Bernaldo. Et es el armada a las Paradiellas: porque a yda o a benida, a de pasar por y el venado, aun quel pese sil guardaren bien las bozerias.

Los Apresquiellos, et Foyo Redondo, et Fragazedo, et Xarameda, et el Varranco del Haedo es todo vn monte; et es bueno [fol. 190r] de osso et de puerco en yuierno. Et son las bozerias la vna desde el Collado de Peña Alua, por los colladiellos fasta el Collado del Roçin, et dende fasta el Collado de Sanct Benito, et dende fasta el Collado de Rio Frio; et dende fasta Peña Taiada, et desde Peña Taiada el pie de Mal Calçado ayuso. Et son las armadas la vna en el pie de Xaramiella, et la otra al prado do se ayuntan los rrios.

La Dehesa de Peña Alua et las Veguiellas es todo vn monte, et es bueno de osso et de puerco en yuierno.

La Dehesa de Fontanares es buen monte de puerco en verano. Et son las bozerias la vna en Castiel Meryno, et la otra al Cubiello, et la otra en Val del Agua. Et es el armada en el collado en çima de la Dehesa de Rio Ffrio.

[T]exeda Negra es buen monte de osso et de puerco en todo tienpo. Et son las bozerias la vna desde el Collado de Hinestal, fasta en çima de la Garganta de la Fragua; et la otra desde la Garganta de la Fragua, [fol. 190v] fasta en cima de la Garganta de la Porqueriza; et la otra desde la Garganta de la Porqueriza, fasta en çima de Robrediello; et la otra por çima del Haedo d'Errengado, fasta en çima de Val de Bezerril, et desde Val de Bezerril fasta la Cabeça de Foyo Redondo, et dende fasta Puerto Jnfantes. Et son las armadas la vna en Robrediello, et la otra en la Maiada de la Sarça.

La Sierra de Osseion es buen monte de osso et de puerco en verano.

[fol. 191r]
[fol. 191v]

[fol. 192r] En tierra de Sepuluega ay estos montes:

Ual Vellido, et el Azeuosa, et Peña Harpada es todo vn monte; et es bueno de osso et de puerco en verano. Et son las bozerias la vna desde la Calahorra, por cima de la cunbre, fasta Portiel de Lobos; et la otra desde Portiel de Lobos, fasta el Artuñuero; et la otra desd'el Artuñuero, fasta Regaio Luengo; et la otra desde Regaio Luengo, fasta el Collado de Hoyos Duros; et la otra por la cuerda fasta la Garganta del Roçin, et desde la Garganta del Roçin fasta el Azeuosa; et la otra desde el Azeuosa fasta el Collado de la Ssarça; et la otra desde el Collado de la Sarça fasta en par del pinareio. Et son las armadas la vna en el Collado de la Hayuela, et la otra en la Naua del Azeuosa, et la otra en Foyos Duros, et la otra en el Collado de la Ffuente Ffria, et la otra en el Collado de la Calahorra.

La Dehesa del Colmenar, et el Arroyo de las Huelgas, et la Dehesa del Heruela es todo vn monte; et es bueno de osso et de puerco, en verano et en yuierno, en tienpo de la vellota. Et son las bozerias la vna desde la casa del Tello fasta el otero, et la otra desde el otero fasta el Collado de [fol. 192v] Veguela, et la otra desd'el Collado de la Veguela fasta el Collado de las Palomas, et la otra desde el Collado de las Palomas fasta el Salinero. Et es la armada al Collado de Domingo Serrano.

Robredo Fermoso, et la Tornera, et el Enzjnoso es todo vn monte, et es bueno de osso en yuierno. Et son las bozerias la vna desde el Collado de la Veguiella, por çima de la cunbre de las Fuentes fasta la Tornera; et la otra desde la Tornera, por çima de la cunbre fasta los Açidates, et fasta el Portiello del Enzinoso; et la otra desde la Cabeça del Perdigon fasta el Portiello del Enzjnoso. Et son las armadas la vna a la Cabeça del Venareio, et la otra a la casa de la Çerrada, et la otra al Collado de la Peñuela.

Et la prim[er]a vez que corriemos este monte, leuantaron dos ossos muy buenos. Et matamos luego el vno, et el otro passo la sierra, et fuese ladrar a Rio Casiellas. Et alli andodiemos todo el dia con el fasta la noche, et tornose ladrando a aquel logar donde primero se leuantara. Et ouo y canes que touieron fasta el terçio de la noche, et dellos fasta la media noche, entre los quales ouo y vna perra que dizen Judia. Et enbiamos monteros esa noche que escuchasen los canes en que derecho andauan con el, et oyeron que andauan con el en aquel logar donde primero se leuantara. Et otro dia de mañana feziemos le dar trauiesas a todas partes por [fol. 193r] fallar la yda d'el. Et fallaron que se auia tornado a aquel logar donde primero se leuantara. Et aun fallaron tinta de sangre de vna ferida que auia auido el dia de ante, et leuantaron lo et posieron le canes. Et morio a ora de medio dia en el comienço de la Foz de Val Ossera.

Los Nabares de suso et los Nabares de yuso es todo vn monte, et es bueno de puerco en yuierno.

El enzjnar que es cabe Monteio es buen monte de puerco en yuierno, señalada mjente en tienpo de la vellota. Et es la bozeria por la senda que va entre este enzjnar et el monte de Torre Adrada. Et son las armadas las vnas al arroyo, et las otras a los Prados de Monteio.

El monte que es cabo Torre Adrada es buen monte de puerco en yuierno. Et es la bozeria por çima de los Oteruelos, que es entre este monte et el monte de los Nabares. Et que esten algunos en el portezuelo que es entre estos oteros. Et son las armadas entre este monte et el Enzjnar de Monteio.

[fol. 193v]
[fol. 194r]

[fol. 194v] Cabo Riaça et en termjno de Pedraza ay estos montes:

La Garganta de Rio Ffrrio et la Pedriza es buen monte de osso en verano et a las vezes en yuierno. Et son las bozerias la vna por el pie ayuso de Cuesta Vellida fasta que tope en la Naua del Llano de Rio Frio, et la otra por el Çerro de la Fayuela ayuso fasta que tope en el arroyo. Et son las armadas la vna al Collado de la Quesera, et la otra al Collado del Hinestal.

[MS *P₃*] Cap[itu]lo de los montes que son cabo Riaça en termjno de Pedraza.

La Mata de Riaça es buen monte de puerco en yuierno et a las vezes en verano. Et son las bozerias la vna desde Portiel de Lobos fasta Çebollera, et la otra desde Val de la Casa fasta la dehesa de Gomez Fernandez. Et son las armadas la vna en la Naua del Forcaio, et la otra a Sanct Benito.

La Garganta de Sanct Benjto et el Haedo Mayor es todo vn monte; et es bueno de puerco en todo tienpo, et a las vezes ay osso. Et son las bozerias la vna desde Naua Forcaio fasta los Labrados, et la otra desde las Escanpadiellas fasta Oter de la Casa. Et son las [arm]adas la vna en la Maiada del Robre, et la otra en la Naua de los Torques.

[fol. 195r] Los Canalizos et la Garganta de Çereso es todo vn monte; et es bueno de puerco en todo tienpo, et a las vezes ay osso. Et es la bozeria desde Pie de Vercol fasta el Llano de la Quesera. Et son las armadas la vna en la Maiada del Rayo, et la otra en las haleguiellas de Migel Peres.

Bustar de Baños et la ladera de sobre Arcones es todo vn monte, et es bueno de osso et de puerco en tienpo de la vellota; et en verano es bueno de osso et de puerco, a las vezes. Et son las bozerias la vna desde Guijuela fasta la Cruz; et la otra por çima de la sierra fasta en par de Casla, que atajen ese monte. Et es el armada a la guiiuela.

La Berrocosa, et la Raygada, et Mata Buena es buen monte de osso en tienpo de la vellota, et en tienpo de las oseras, et aun en verano. Et es la bozeria desde la casa del puerto fasta el Puerto de Ljnera, et dende por çima de la sierra fasta la Cruz, et el çerro ayuso fasta el yglejuela. Et son las armadas la vna en los prados de la cañada, et la otra en los Quiñones del Escanpada. Et la otra bozeria desde en çima del Puerto de Arcones, el camjno ayuso, catante este monte.

La Fondiella es buen monte de osso en verano et en [fol. 195v] yuierno, et ay algunas oseras. Et son las bozerias la vna desde en çima de la sierra fasta de yuso de Pie de Pidorna, et la otra desde el Puerto de Çega fasta deyuso de Pie Cardeña. Et es el armada en la Dehesa de Mureziello.

Et en este monte Nos acaesçio vn dia de matar y dos puercos en que auia en el vno onze palmos, et en el otro doze.

Pie Cardeña, et Pie Mediano, et Peña Cabra, et Pinar Sequiello es todo vn monte; et es bueno de oso et de puerco en tienpo de la vellota, et otrosi en tienpo de verano. Et es la bozeria desde la Cabeça de Pie Cardeña, por çima de la sierra fasta Peña Cabra; et desde Peña Cabra, por los Artuñueros, fasta Pie de Haro. Et son las armadas la vna en la vacariza, et la otra en los Prados de Naua Çereso, et la otra en el Collado de Pie de Haro, et la otra en el Eruela, et otras dos al Arroyo de Çega. En esta Peña Cabra ay sienpre oseras çiertas en el tienpo dellas.

Et en este monte Nos acaescio de soltar a vn oso vn can que dizien Baruado, et ese dia njn otro nunca podiemos tomar tiento a qual parte fue el oso njn el can; et estido asi vnos diez dias que non paresçia el can. Et a cabo de quinze dias que tornamos a correr este monte, fallamos el oso et el can muertos en vn pielago. Et por que morio buena muerte para sabueso, et fue cosa que por uentura non lo oymos dezir a [fol. 196r] nigun montero que ouiese visto otra tal, posiemos lo en este libro.

[fol. 196v] **Capitulo xiijº, de los montes de tierra de Atiença.**

La Sierra de la Magestad es buen monte de puerco en verano, et algunas vezes ay osso en yuierno. Et es la bozeria por çima de la cunbre de la ssierra. Et son las armadas la vna en Collado de Gascueña, e[t] la otra en Pradana.

Santa Tis es buen mo[n]te de osso en verano, et ay buenos puercos; et algunas vezes en yuierno.

El monte de Pie de Fuste es bueno de osso en verano, et algunas vezes en yuierno. Et son las bozerias [...]

[fol. 197r] El monte de Jocar es bueno de osso en verano, et algunas vezes en yuierno.

El Cartazo es buen monte de puerco en yuierno et a las vezes en verano. Et son las bozerias la vna desde la foz que es entre Penjella et la Cueua, por la cunbre catante a Cogostina, fasta el camjno que viene de Cogolludo [a] Atiença; et la otra desde el Prado del Arançado, por çima de la cunbre del rrobredo, fasta en el Rio de Cañamares, que nol dexen pasar a la Sierra de las Boderas. Et son las armadas la vna en el Prado del Arançada, et la otra en Sanct Jullian.

Ual de Arenales es buen monte de puerco en yuierno, et en tienpo de los panes. Et son las [boz]er[i]a[s] la vna desde Negredo fata Yurresque, et la otra en Oter Negro. Et es el armada en Sanct Jul[li]am.

La Cabeça de Palmaz[e]s es buen monte de puerco en tienpo de las vuas et de la vellota. Et son las bozerias la vna desde la Cueua fasta en par del [fol. 197v] Monesterio de Peniella, por allende del rrio, et la otra en el Logar. Et es el armada en el rrio entre la Cueua et Palmazes en el armada del Salze.

El monte de Negredo es buen monte de puerco en yuierno, et este non a bozeria. Et a dos armadas, la vna en el lomo que esta en çima de Negredo, et la otra en el puntal del monte que esta çerca de los Sanctos de Çendeia.

El Enzjnar de Naua Redonda, et de Çendeia, et de las Fraguas, que se contiene todo en vno, es buen monte de puerco en yuierno. Et non a bozeria, et a tres armadas: la vna en Vianjella; et la otra entre las Fraguas et Negredo, açerca del olmo do se cruzan los camjnos, el que viene de Briuega a Atiença, et el que ua de Naua Redonda a Yniesque; et la otra al puntal del monte de Negredo, çerca de los

Sanctos de Çendeia.

Cutamiella es buen monte de puerco en yuierno, et es la bozeria desde el camjno que va de Vaydes a Mandayona, por çima de la cunbre catante el rrio, fasta en par de la casa de Cotamjella. Et son las armadas la vna en Sanct Pedro, et la otra en Vianjella, et la mas çierta [fol. 198r] es esta.

[T]eier es buen monte de puerco en yuierno, et este non a bozeria. Et a dos armadas: la vna entre Carrascosa et la casa de Teier en la rribera del rrio, et la otra entre Carrascosa et el Rio de Bornoua, et aun es muy buen monte de çieruo.

Ualdijas es buen monte de puerco en yuierno et en tienpo de panes. Et es la bozeria al Rio de Bornoua arriba, desde ençima de Menbrellera fasta Sancta Maria de Sopeña. Et es el armada en la puebla.

Ual de la Uid es buen monte de puerco en verano, et es la bozeria de Castriello commo toma el camjno de Val de la Toua fasta Castriello. Et son las armadas la vna al Rio de Bornoua, et la otra al Palancar en derecho del castriello, et la otra al colmenar en derecho de Menbrellera.

[fol. 198v]
[fol. 199r]
[fol. 199v]

[fol. 200r] **Capitulo xiiij°, de los montes de tierra de Moya, et de Cuenca.**

La Sierra de Val de Meca es muy buen monte, tan bien de yuierno commo de verano, et a en ella estos montes en que suele auer venado: Royo Pedregoso, et la Cabeça de Çerezeda, et la Hoz de la Veçeda, la Hoz de Pie de Mulo, la Hoz del Collado Baxo, la Cañada de la Ballestera, la Hoz de los Castelleios, la Hoz del Puerto, et las Teynes.

Esto es de parte de aquende de la sierra catante a Behamud et a Val de Moro. Et de dentro de la sierra es vna ladera que dura desde el Collado del Royo de los Çenllos fasta en Robre Gordo. Et deue se correr en esta guisa: vna bozeria de fasta veynte omnes en el Collado de la Taiada de Tello, et en el Val de Segures, que non dexen yr el venado a la Hoz de Cañete; et otra bozeria en Xucar, en las Veguiellas, por que non dexen pasar el venado a la Muela de Paiaron, et esta de pocos omnes. Et la bozeria mayor a se de poner desde las Molatiellas, por el Collado del Royo de los Çenllos, et por çima de la sierra fasta en Robre Gordo mesmo.

Et sean castigados en tal guisa que si el venado veniere de qual quier de los otros montes de fuera de [fol. 200v] la dehesa, quel dexen entrar. Et sy saltare dentro, quel bozeen que no[n] le dexen salir. Et las armadas son tres: vna en el collado que es entre Robre Gordo et la Cabeça del Moral en el prado mesmo, et la mas cierta es en Naua Redonda, et la otra en el Villar de las Nogeras. Et ponga alanos en el Royo de Val de Meca en par de la Cabeça de Aylegosa por venado furtado, o por que si alla fuese el venado que los fallase folgados. Otrosy, a de poner vnos diez canes de bozeria en la Rumariza, que es en çima de la Fuente de los Almogauares en par de la Cabeça del Moral, por que non pase el venado contra la laguna. Et tomandose desta guisa, es el monte muy bueno.

Los Azerales et la Huerta del Escalço, que se contiene en vno, es buen monte de puerco en verano et a las vezes ay oso. Et es la boz[er]ia desde el Angosto del Arroyo de los Sanctos, por la ladera, fasta en la senda que sale de la casa de la Huerta del Escalço para las Salinas de Val Tablada, que non dexen pasar el venado a Cabañas njn a Val de Menguente. Et de la dicha senda fasta en par del Foyo del Asno catante al arroyo que viene del Collado de los Condes. Et otra bozeria desde en par de la Laguna Negra, fasta la cuerda que asoma omne al Collado de los Condes. Et seyendo la bozeria tomada desta guisa, a dos armadas. Et la mas çierta es en la Cabeça de Aylagosa, [fol. 201r] et la otra en cima de los Almogauares.

El Palancar del Val del Moro: ay algunas vezes puerco en yuierno, et este non a bozeria. Et a tres armadas: la vna en el alto que es entre el Collado de la Taiada de Tello; et el de Val de Ssegures, en manera que pueda acorrer a qual quier de los collados; et la otra en la Toua; et la otra en el Collado de la Salobreia, quel guarden la yda de la Hoz de Cañete.

La Foz de Cañete es buen monte de puerco en todo tienpo, et a dos bozerias: la vna desde la entrada que entra de la hue[r]ta de don Lario a la hoz, por çima de la hoz fasta el Collado del Escorial, et dende fasta el camjno que sube de Boñjnches a Paiaronçiello; et la otra desde Ual de Matheo, por çima de la cuerda fasta en los Sentiles. Et son las armadas la vna en el Vado de los Çieruos, et la otra en la Cabeça de Los, et la otra en cima de la Puente del Canto en el Rio de Cabruel.

Pimareda, et los Setiles, et Val Sarçoso, et Val de Matheo, que se contiene todo en vno, es buen monte de puerco en yuierno. Et es la bozeria desde do entra el camjno [fol. 201v] del Villar a Val Sarçoso fasta la Cabeça de la Fuente Ariente. Et las armadas son las deste otro monte.

Corujn, et la Dehesa de Alcala, et Monte Negriello es todo vn monte, et a puercos a las vezes en yuierno. Et es la bozeria desde en par de la casa de la hoz, por çima de la muela fasta en par de la Conaçar Primera, que nol dexen pasar a la Muela de Algarra. Et son las armadas la vna en el Collado de Pasqual de Gila, et la otra en el collado que es en par del Fitero de Alcala, et la otra entre el aldea de Canpiellos et el moljno, quel guarden la yda de los Setiles.

[fol. 202r] En tierra de Cuenca ay estos montes:

Los Tendeiones es buen monte de osso en yuierno, et non a bozeria. Et es el armada en la Puente del Escripta.

La Pinosa et la Sierra de Priego es todo vn monte, et es bueno de osso et de puerco en yuierno. Et es la bozeria en la

Cabeça del Colmenar. Et son las armadas la vna en el Puerto de Vençayde, catante a la casa; et la otra en el vado; et la otra en Sancha Negra.

Cañamares es buen monte de osso en yuierno, et es la bozeria desd'el Puerto de Vençayde, por la cunbre, fasta en las cunbres por çima del alto de la Sierra de Priego, fasta en par de Sanct Migel, que nol dexen pasar a la Pinosa. Et son las armadas las que dicho auemos del Vado de Sancha Negra.

Et en este monte acaesçio a vna sabuesa que dezian Bustera, que era de Fernant Gomes, ladrar a un çieruo. Et estaua preñada, et tomol el tiempo de parir. Et [fol. 202v] desy, asy commo paria vn fijo, [t]omaua le en la boca et ponja le en vn logar, et tornaua a ladrar el çieruo. Et desta guisa pario vnos quatro o çinco. Et desque los ouo parido, torno a ladrar al çieruo; et esto vieron Fernant Gomes et otros monteros. Et desque fue muerto el çieruo, non la podieron tomar, et fuese al logar do estauan los fijos.

Las Pouedas, cabo Mirauete, es muy buen monte de osso et de puerco en yuierno. Et son las bozerias la vna desde el Vado de Cañamares, por çima de la Cuesta de Menga Seca, et por el lauaiuelo que venga catante el rrio de entre Fuente Escusa et Escauas, et por la Cabeça del Madroñal fasta en par de la Puerta de las Pouedas, et por la puerta arriba fasta en par de los Portiellos; et la otra desde en çima de la Foz del Agua fasta en las Lauores de Fresneda. Et son las armadas la vna al Portiello Llano, et la otra al Portiello del Robre.

Huerta Ruuia, et la Cabeça del Carrascal, et la Rocha de Royo Malo, que se contiene todo en vno, es buen monte de osso et de puerco en yuierno. Et son las bozerias la vna desde la Puerta de Huerta Ruuia fasta la a-talayuela [fol. 203r] de çerca de Poyatos, por çima del alto, que non dexe pasar el venado contra Huerta de Marhoiales; et la otra desde el camjno que descende de Fresneda al Moljno de Pedro, por çima del alto, fasta el Varranco de las Mugeres. Et es el armada al Estepar de Val de Serores.

La Resuela et los Colmenareios es otrosy buen monte de yuierno, meior de osso que de puerco. Et son las bozerias et el armada las sobredichas de Huerta Ruuia.

La Foz del Forniello et la Foz de Ferreria: ay a las vezes osso en yuierno, et non a bozeria. Et son las armadas la vna en la Fuente del Ladron, et la otra en par del Espinar de Ferreria.

La Foz de Aras es buen monte de yuierno, et mas çierto de puerco que de oso. Et son las bozerias por el alto de la hoz del vn cabo, et del otro. Et es el armada en los portiellos de en çima de la foz que son faza el Villar de Ferreria.

La Salobreia et Torno Bellido, que se contiene en vno, es buen monte de yuierno, meior de puerco que de osso. Et es la bozeria por la senda mesma [fol. 203v] que va de las Maiadas del Rey a la Fuente del Berro, et desde las Maiadas del Rey fasta en el Tornagal de la Barçilona, catante al Rio de la Salobreia. Et son las armadas la vna en la Fuente del Piniello, et la otra en el Palancar de Gudumer.

La Foz del Moro et la Foz de Pero Sancho, que se contiene en vno, es buen monte de yuierno, meior de puerco que de osso. Et es la bozeria desde fondon de la Foz del Moro fasta en çima de la Çotamiella, et por çima de la Çotamjella fasta en el camjno que viene de las Maiadas del Rey a Portiella. Et es el armada en el Collado de Maiadas Vacas.

La Muela de Pan Crudo es buen monte de verano, meior de puerco que de osso, et non a bozeria. Et es el armada en Taiadiellos.

La Ortizuela es buen monte de yuierno, meior de osso que de puerco. Et son las bozerias la vna desde la quebrada fasta el Collado de Royo Frio, et la otra desde la dicha quebrada fasta el Collado del Barranco de las Mugeres, amas a dos catante al Agua de la Ortizuela. Et son las armadas la vna en [fol. 204r] Val de Serores, et la otra en la vacariza de la Maiada de la Carrasca.

Royo Frio et Sauinares es buen monte de osso en verano et en tienpo de las osseras. Et es la bozeria desde el Collado de Royo Frio, por çima del alto de Sauinares, fasta la Foya del Peraleio. Et son las armadas la vna en Teiadiellos, et la otra en la Lagunjella.

Robregiello es buen monte de puerco, et a las vezes ay osso; et es meior de yuierno que de verano. Et son las bozerias la vna desde el Pinar del Yglesia fasta en el Collado del Millomar, et la otra desde la Foya del Peraleio fasta en çima de la Fuente del Çermeñuelo. Et son las armadas la vna en Teiadiellos, et la otra en la Lagunjella.

Hosquiello es buen monte de osso en yuierno, et es la bozeria desde do da el agua de Val Salobre, por cima del alto catante al Rio de Hosquiello, fasta do da el Rio de la Cañada del Mostaio en el dicho rrio. Et a mester dos omnes que caten el Escaleruela Somera, et rrenueuo de omnes en el [fol. 204v] Escaleruela Fondonera, quel dexen salir et quel rrenueuen. Et otro rrenueuo en la Calçadiella de Val Quemado, quel rrenueuen de rrostro et quel non dexen pasar. Et son las armadas las sobredichas de la Lagunjella et de Teiadiellos.

Los Enebrales de la Cueua del Estiercol es buen monte de puerco en verano, et es la bozeria desde el camjno que entra de Arcos para Tragazete a do trauiesa la Cañada del Mostaio, por çima del alto de la Peña del Halcon; et el çerro ayuso fasta las veredas que desçenden de los Matizales fasta las Maiadas de Medjna. Et guardar las Escaleruelas, amas a dos, que nol dexen entrar al Hosquiello. Et poner rrenueuo en la Calçadiella de Val Quemado segunt desuso dixiemos. Et son las armadas la vna en Taiadiellos, et la otra en la Lagunjella.

Ual Salobre et el Arroyo de las Truchas es buen monte de puerco en verano. Et es la bozeria desde la Fuente de Mingo Alarcon, por çima del alto de la Muela de la Madera, fasta el Villar de la Vieia. Et son las armadas [MS *P₃*] *las sobredichas de* la Laguniella et [de] Teiadiellos.

La Muela de la Madera es buen monte de puer-co [fol. 205r] en verano, et non a bozeria. Et a tres armadas: la vna en Val Salobre, et la otra en el Prado del Villar de la Vieia, et la otra en çima de las Hoçeziellas de Val de Verganas.

Las Foceziellas de Val de Huerganas, et de la Fuente de los Asperones, et la Muela de Paiaron, que se contien en vno, es buen monte de puerco en yuierno. Et es la bozeria por Canto de la Muela de la Madera desde en par de la Fuente Vetoya, fasta en par del Castellar de Val de Huerganas, toda uia catante al prado. Et son las armadas la vna en las Veguiellas de Royo Pedroso, et la otra do da el Royo de las Foceziellas en Xucar; et la otra do se cruzan los camjnos, el que va de Ual de Cabras a Tragazete et al otro que va de Huelamo a las Maiadas del Rey.

La Solana de las Cabras es buen monte de osso en verano. Et es la bozeria por los cantos de la foz catante al rrio del vn cabo, et del otro el rrio arriba fasta en par de Cornanto. Et es el armada en Miraueteio do se ayuntan las aguas.

La Huerta de Marhoiales et la Fuente la Coua es buen monte de puerco [fol. 205v] en verano, et algunas vezes en yuierno quando açierta la vellota. Et son las bozerias la vna en la Quebrada de Val Verçoso, por que non vaya a las Pouedas, et la otra desde el eruela del Cerro del Cauallo fasta en el Rencon de Marhoiales; pero que non a de llegar al rrencon, por que aquella es el armada. Et an se de guardar las Pasadiellas de en par de Poyatos, et de Val Verçoso. Otrosy, a de auer vnos diez omnes de pasada el rrencon fasta en par de la huerta en vnos portiellos que ay y. Et son las armadas la vna en çima del rrencon, et la otra en la vacariza de la Maiada de la Carrasca, et la otra en Teiadiellos. Pero que la mas cierta es la del rrencon, estando tomado el monte desta guisa: otrossy, a de auer rrenueuo do dan las aguas de los Marhoiales et de Royo Frio en Escauas.

La Fuente de la Toua de la Vega es buen monte de osso et aun de puerco en verano. Et son las bozerias la vna desde en par de Val Torneros fasta en la Foya de las Yeguas, por el alto que non pase a Val Buxoso njn a la Huerta de Marhoiales; et la otra por allende del rrio en par de aquella, quel guarden la yda de Taio. Et es el armada en el Foyo de las Yeguas.

Las Foyuelas de la Vega es buen monte de [fol. 206r] puerco en yuierno, et es la bozeria la que dixiemos desde en par de Val de Torneros fasta en el Foyo de las Yeguas. Et son las armadas la vna en el Foyo de las Yeguas, et la otra en la cabeçuela que parte las vegas.

Bel Valle es buen monte de osso en todo tienpo, et meior de verano. Et son las bozerias la vna desde deyuso del Torniello, por çima de la cunbre, et trauiesa la senda que entra de Masegoso para Peraleios, et el pie ayuso fasta el Rio de Taio; et la otra de commo sube la senda de Pinareios desde do da la Foz de Seca en Taio, por çima de la cunbre, fasta deyuso del aldea de Peraleios catante al rrio. Et es el armada en la Vacariza.

La Foz de Melera es buen monte de osso en verano et en tienpo de las osseras. Et son las bozerias la vna por la cunbre de la Calçada de Rodrigo Algaz, que nol dexe pasar a Foz de Seca, et la otra por la cunbre de aquende Taio, quel guarden que non pase a Oter del Moro njn a la Pared del Cueruo. Et esta a de llegar fasta la senda que desçende del Masegoso para Peraleios, de guisa que nol dexen alçar, et quel trayan el rrio ayuso. Et es el armada la que desuso [fol. 206v] dixiemos de la Vacariza.

En Ribera de Taio ay estos montes:

Desde Mureleio fasta Peraleios el pie de Azdragon, que es termjno de Aruteta, es buen monte de osso en yuierno et a las vezes ay puerco. Et este non a bozeria, et son las armadas la vna en el Vado de los Tormos, et la otra en el Vado del Teiar, et la otra en la Foya Condesa; et esta es la mas çierta.

La Cabeça Gorda, que es termjno de Val Tablado, es buen monte de osso en yuierno. Et son las bozerias la vna en la cruz que es en çima de la varga del camjno que ua de Val Tablado a Arueteta; et la otra comiença en la senda de los Teheros, por el pie de Azdragon ayuso fasta en Taio. Et son las armadas la vna en el Vado de Tejer, et la otra en el Vado del Pino.

Otrosy, en Val Tablado ay vn monte que es [fol. 207r] en Peña Halcon. Et en termjno de Almallones ay otro monte quel dizen el Pinar Blanco: es todo vn monte, et es bueno de osso en yuierno, et otrosy en tienpo que a madroño es bien çierto, et non a bozeria. Et son las armadas la vna en la casa de Martin Lucas, et la otra en la fuente de la casa.

Ciruelos, que es termjno de la Huerta Arnaldo, es buen monte de osso en yuierno, et este non a bozeria. Et son las armadas la vna do se ayuntan los rrios, et la otra en la casa de Domingo Mateo, et la otra en la vjña de Fernan Royz.

Ual de Açores, que es termjno de la Huerta Pelayo et la dehesa, es todo vn monte et es bueno de osso et de puerco en verano et en yuierno. Et son las bozerias la vna en el Collado de las Asnjellas, et la otra en los Collados de Val de Manquiellos. Et son las armadas la vna en la casa de Domingo Mateo, et la otra en la vjña de Fernant Royz, et la otra en la Fuente de Ataguençe, et la otra al Pielago de los Bueyes.

Los Valleios Malos, que son en termjno de Çahoreios, et los Fitueros es todo vn monte; et es bueno de osso en yuierno et en verano. Et son las bozerias la vna en la Muela [fol. 207v] del Villar, et la otra por çima del Palancar de los Castelleios. Et son las armadas la vna en la casa del Pasariello, et la otra en el Vado del Alamiello, et la otra en la Puente del Canto, et la otra en las Casiellas, et la otra en el Vado de Salmeron.

La Dehesa de Cueuas L[a]bradas es buen monte de osso en yuierno, et a las vezes ay puerco en verano. Et non a bozeria, et son las armadas las de los Fiteros. Et otra armada do se ayuntan el Rio de Moljna et el de Arandiella.

Los Valleios de las Tres Fuentes que son çerca del Castiello de Carauatea es buen monte de osso en verano, et a las vezes en yuierno. Et non a bozeria. Et son las armadas la vna en el Vado de Salmeron, et la otra en el castiello mismo de Carauatea.

Los Valleios de Ximenote, que son en termjno de Peñalen, es buen monte de osso en verano et a las vezes en yuierno. Et es la bozeria por çima de la cunbre catante al rrio. Et son las armadas la vna en la Fuente de Baruadija, et la otra en el moljno vieio.

La Dehesa de Poueda es buen monte de osso en ve-rano [fol. 208r] et en yuierno. Et este non a bozeria. Et es el armada do se ayuntan el Rio de Cabriella a Taio.

En tierra de Medjna, fuera de la Ribera de Taio, a vna montaña quel llaman Estradiel. Et en esta montaña a buenos montes de puerco, et son meiores de verano que de yuierno. Et los montes son estos: Val de Solanjellos, la Ffoya, Oier, Val de Sanct Roman, la Riba Gorda, la Naua del Njdrio, la Foz de las Cabras, Çenllo Derrengado, Sazeda, las Canaleias. Et estos montes se pueden correr todos en vn dia, et a mester mas rrenueuos que bozerias. Mas a vna bozeria en la Peña del Aguila, et esta mucho alta para deseñar. Et los Nauajuelos es rrenueuo; et los Asperones, rrenueuo; et el Collado Fermoso, rrenueuo; et la Maiada del Asna, rrenueuo; et el Collado de Solanjellos, rrenueuo; et el nauajuelo que esta en çima de Val de Sanct Roman, rrenueuo; et el Val de la Cueua, rrenueuo. Et a quatro armadas: la vna deyuso del Castiello de Estradiel en el Teiar, et la otra en las Molatiellas, et la otra en el collado deyuso de la Cabeça Almela, et la otra [fol. 208v] en la Naua Luzon.

[MS *P₃*] *Tyerra de Medina fuera de la Ribera de Tajo ay estos montes:*

La Ssierra de Alcalex es buen monte de puerco en yuierno, et otrosy en tienpo de los panes, et non a bozeria. Et son las armadas la vna en el Collado del Robre del Jnfante, et la otra en las Saljnas.

El Pinar de Arandiella, et la Mata de Ordiales, et la Mata de Anquela es todo vn monte, et es bueno de puerco en yuierno et aun en verano. Et non a bozeria. Et son las armadas la vna en el Collado del Robre del Jnfante, et do se ayuntan el Rio de Arandiella, et el Rio de Moljna, et el Teiar, et las Molatiellas.

Ual Buxoso es buen monte de puerco en verano et aun de osso en el tienpo que andan los ganados en la sierra. Et son las bozerias la vna desde el colladiello que es entre la casa de la vega et Val Buxoso, fasta en las maiadas de Medjna do allana el camjno que va de Sancta Maria del Valle a Tragazete, et dende por el rrostro fasta do da el [fol. 209r] agua de las maiadas en Val Buxoso; et la otra de la otra parte de la cunbre, desde egual de aquella fasta en par de la Fuente del Aio. Et es el armada en el Collado de la Fuente del Aio.

Las Maiadas de Medjna es buen monte de puerco en verano. Et son las bozerias la vna desde el Collado de la Cañada del Vassallo, et por çima de la cunbre de los Matizales catante a las maiadas fasta en la Calçadiella de Val Quemado, et dende el pie ayuso fasta en par del armada de Teiadiellos; et la otra desde el dicho collado por entre las Fuesas et el Prado de Cañada Luenga fasta o da de cabo el Arroyo de las Maiadas en Val Buxoso, et dende commo va el çerro adelante fasta el nauaiuelo catante a Ual Quemado et el çerro ayuso, por çima del Corral Ruujo fasta el collado que es entre Val Quemado et la Solana et el Çerro del Cauallo. Et es el armada en Teiadiellos; et en el collado, rrenueuo de canes; et que gelos den de rrostro, que non le dexen pasar.

Ual Quemado es buen monte de osso et de puerco en yuierno, et aun en verano. Et son estas las bozerias que desuso dixiemos, saluo que se an de encortar mas entre las maiadas [fol. 209v] et Val Quemado, et dende ayuso. Et es el armada en Teiadiellos.

La Solana del Çerro del Cauallo es buen monte de puerco en yuierno, et es la bozeria desde el eruela, el çerro arriba, fasta en par del Collado de Teiadiellos. Et son las armadas la vna en el collado, et la otra en la maiada de la Carrasca, et la otra do cae el agua de Marhoiales en Escauas. Et a de auer rrenueuo de canes entrante de Royo Frio, pero que con todo esto non dexe Villar de Teiadiellos.

Matizales es buen monte de puerco en yuierno, et algunas vezes ay osso; et es aguardar el Escaleruela de Hosquiello, et la Calçada de Val Quemado. Et son dos armadas: la vna en Teiadiellos, et la otra en la lagunjella.

El Rencon de la Cañada del Vasallo et la Peña del Falcon, que se contiene todo en vno, es buen monte de puerco en verano et algunas vezes ay osso. Et son las bozerias la vna desde el camjno que entra de Arcos para Tragazete fasta la senda que sale de la Cañada del Vasallo para Teiadiellos, por çima de la sierra; et la otra en el angosto do se apartan los camjnos para la vega, el que va por las Fuesas, et el que va por las maiadas fasta entrante del prado de [fol. 210r] la cañada; por quel non dexen pasar a Oter del Moro njn a la Soriana. Et es el armada en el collado.

Ual de Hosiellos, et el Alamezno, et la Dehesa de Huelamo, que se contiene todo en vno, es buen monte de osso en verano. Et es la bozeria desde en par de la casa que dizen de Martin Domingo, por el collado arriba fasta en çima de la Sierra de los Canales; et depues la sierra adelante, guardando los portiellos catante adentro fasta el Collado de las Enzebras, et de cabo el çerro ayuso fasta o sale el agua de la dehesa et de Enpaiaron. Et son las armadas la vna entre el Arroyo de Val de Meca et la Serna, et la otra entre la Serna et el espinar do da Val Tablado en Xucar.

Ceresos et Cabañas, que se contiene todo en vno, es buen monte de oso en tienpo de las auenas. Et son las bozerias la vna desde en par de la Fuente Caliente, el çerro arriba fasta el Collado del Foyo el Puerto, et depues la sierra adelante por la ladera fasta la Cueua de las Palomas; et la otra desde do se espeña el agua de Val Tablado, et por çima del Royo del Ferrero fasta la senda que entra de la Vega de Sancta Maria al vado, el çerro ayuso fasta el rrio. Et son las armadas la vna en el collado, et la otra en par de la casa de Martin Domingo allende del rrio, et la otra en el [fol. 210v] Vado de Sancta Maria.

Los Oseiones et Val de Menguete, que se contiene todo en vno, es buen monte de verano, meior de oso que de puerco. Et son las bozerias la vna en la Cañada del Cubiello desde Val Longiello fasta pasante el Osseion de a oio de Tragazete, et la otra desde en par de Peña Alua por el collado fasta en par del Foyo del Asno. Et las armadas son las sobre dichas que dixiemos deste otro monte.

Las Cabeças de las Fonziellas et el Onbria de la Fuente la Saujna es buen monte de puerco en yuierno. Et es la bozeria en el Rio de Xucar desde o da el Rio de las Fonziellas en Xucar fasta el rroyo que desciende de Villar de Teias, que es deyuso del Real. Et son las armadas la vna en el Carro del Ataio en par de la Fuente de la Saujna, et la otra en el alto de la Lagunjella.

La Foz Çerrada et Monte Agudiello, que se contiene todo en vno, es buen monte de puerco en yuierno. Et es la bozeria la que dixiemos del rrio. Et son las armadas la vna en el alto de los Venares, çerca de la Pasada de la Yegua, et la otra en çima de la Foz de las Aguyjadas.

[fol. 211r] La Foz de las Aguijadas et la Foz Buxosiella, que se contiene en vno, es buen monte de puerco en yuierno. Et es la bozeria la que dixiemos del rrio; et es el armada en çima de la Foz de las Aguijadas, açerca de la Cabeça del Pozuelo.

Sierra Muerta es buen monte de puerco en yuierno, et son muchos montes et la tierra llana. Et lo meior que puede fazer el que corriere el monte es yr en la busca. Pero a de guardar tres armadas: la vna en la Cabeça de los Desquiladeros, et la otra en el alto que es entre los Venares et la Lagunjella en çima del camjno, commo viene el camjno de Cuenca a Behamud a la mano derecha; la otra en el çerro que es entre la Cañada de la Ballestera et el rrio, en guisa que aya oydo al Pino Varrenado. Et ponga rrenueuos el çerro ayuso fasta o se ayunta[n] Guadaçahon et el rroyo que desçende la Cañada de la Ballestera; otrosy, a de poner otros rrenueuos en el rrio arriba, et el Pino Varrenado, et en el Royo Moljnjellos.

La Naua del Escudero, et la Naua del Puerco, et los Foyos de Millan, que se contiene todo en vno, es buen monte de puerco en yuierno et a las [fol. 211v] vezes ay osso. Et es la bozeria desde la Cabeça de Villareio fasta de yuso del Prado del Çieruo, por quel non dexen pasar a Xucar. Et las armadas son las que dicho auemos desde Royo Moljnjellos fasta o se ayu[n]tan Guadaçahon et el Royo de la Cañada de la Ballestera. Et la mas çierta: la del Collado de la Cañada, catante a Guadaçahon.

El Cadaço, et Peña Corua, et Nogeron, et Fuente Labrada, que se contiene en vno, es buen monte de puerco en yuierno; et non a bozeria. Et son las armadas la vna en la Cuerda de Villar de Tejas, et la otra es en el alto ante que entre el camjno que va de Fuentes a Monte Agudo a la Naua Remiro, a man'derechos del camjno en par de la Corta del Agua.

El Lauaio del Tehero, et Villar Dolit, et las Cortas, et la Muela de Cañjzares, et la Cabeça del Bustar Verde, et la Cabeça de la Cañada, que se contiene todo en vno, es buen monte de yuierno; et es tierra llana. Et lo meior que puede fazer el que corriere el monte es yr con la busca; et con todo esso, non dexe de enbiar alanos et aun omnes de cauallo al angosto que es entre la cañada et el foyo por venado furtado, o que los falle alla folgados si mester fuere.

[fol. 212r] [E]n tierra de Aluarrazjn ay estos montes:

[L]a Garganta de Nogera es buen monte de osso en verano.

[L]as Gargantas de Oriuela es buen monte de puerco en verano.

[fol. 212v] En tierra de Molina ay estos montes:

[L]a Garganta de Orea es buen monte de osso en uerano.

[L]a Dehesa de Alcorches es buen monte de puerco en yuierno et en el comienço del verano, et non a bozeria. Et sson las armadas la vna en el collado catante a Orea, et la otra entre este monte et la Dehesa de Checa.

[fol. 213r] [L]a Dehesa de Checa es buen monte de puerco en yuierno et en el comienço del verano. Et es la bozeria por çima de la cumbre fata la Sierra de doña Menga, et de la Sierra de doña Menga fasta el rrio. Et es el armada entre esta dehesa et la de Alcoroches.

[L]a Ssierra de Alcalex es buen monte de puerco en yuierno et en el comienço del uerano, et este non a mester bozeria, saluo que esten omnes ençima de la cumbre de la sierra para que desseñen. Et sson las armadas la vna en el Collado de Villilla, et la otra en los Santos.

[E]l Pinar de Salzeda et de Salzedilla es buen monte de puerco en yuierno, et en el comienço del verano.

[E]l monte de Çiruelos es buen monte de puerco en yuierno et en el comienço del verano. Et es en tierra de Medina.

[fol. 213v]

[fol. 214r] **Capitulo xv°, de los montes de tierra de Maydrit, et de Alhamjn.**

La Dehesiella [MS *P₃*] *Nueva,* que es entre Alcobiella et el Rio de Beacos, es buen monte de pue[r]co en tiempo de las vuas. Et non a bozeria saluo algunos omnes quel fablen de allende del rrio en derecho de los moljnos, et otros en las cabeças que son entre esta defesa et Fuente Carral. Et son las armadas en el Arroyo de Beacos.

La Dehesa de Madrit es muy rreal monte de puerco en yuierno. Et son las bozerias la vna desde las cabeçuelas por el Camjno del Colmenar, que non pase contra Viñuelas; et la otra desde el Camjno del Colmenar fasta Marhoial, et dende fasta en derecho de Caruonero; et que este rrenueuo en la Senda Nueua. Et son las armadas tres al Arroyo de Teiada, et otras tres desde Sancta Maria fasta en derecho de Caruonero catante el rrio, et otras tres desde Sancta Maria fasta en derecho de la Tablada, catante el rrio.

La Dehesa de Garçi Ferna[n]dez, que es cabo Bouadiella, [fol. 214v] es buen monte de puerco en verano. Et es la bozeria desde Sancta Maria del Retamar, por el camjno que va a Pozuelo, fasta en çima del monte. Et son las armadas la vna al forcaio, et la otra en Paz Nobis, et la otra entre Paz Nobis et el Retamar.

La dehesa de sobre el Forcaio et la Dehesa de Paz Nobis es todo vn monte, et es bueno de puerco en yuierno. Et es la bozeria desde las Nauas de Cuellar fasta en par del prado. Et son las armadas la vna en Paz Nobis, et la otra a la casa del Forcaio.

La Dehesa de Sancta Maria del Retamar es buen monte de puerco en yuierno. Et es la bozeria desde la Torre de Lodones fasta en cabo de la Dehesa del Retamar. Et son las armadas la vna a Sancta Maria del Retamar, et la otra entre Sancta Maria del Retamar et Paz Nobis. Et que este rrenueuo en el camjno que es entre la Dehesa de Sancta Maria del Retamar et la de Garcia Ferrandes; por que sy quisiere pasar, quel dexen pasar et le rrenueuen.

El monte de cabo Sanct Agostin, que dizen la Coscoia, et el monte de Sancta Maria de los Alamos es todo vn monte, et es bueno de puerco en yuierno; et es en el Real de Maçanares. Et son las bo-zerias [fol. 215r] la vna por cima de las atalayas fasta la foz del rrio; et la otra allende de la foz catante el rrio, desde la Cabeça de Monte Caluiello fasta en derecho del soto. Et son las armadas las dos al soto que esta deyuso de Sanct Agostin, et las dos en el arroyo seco que es en[t]re el monte de la Coscoia et el monte de Sancta Maria de los Alamos.

En tierra de Alhamjn ay estos montes:

La Dehesa de Sanct Polo et la Dehesa del Alameda es todo vn monte. Et es bueno de puerco en yuierno. Et son las bozerias la vna por el sendero que va desde el prado que va a Sanct Sadornjn; et la otra desde Val d'Oliua fasta las Texoneras, por çima del Arroyo del Ffresno fasta el camjno que viene de Sanct Martin a Prado. Et son las armadas al rrio.

[fol. 215v] Los Barrancos de las Torronteras de Peñas Ruuias, et Val de Marçalga, et Val de la Figera es todo vn monte. Et es bueno de puerco en yuierno et en la otoñada. Et son las bozerias la vna desde Metrida por el lomo de sobre Val de Beluis fasta la casa de Belujs, et desde la casa de Beluis fasta el rrio; et la otra por el Valle de Marçalga fasta el rrio. Et son las armadas al rrio: la vna en derecho del soto, et la otra en derecho del açeña, et la otra en derecho de Sanct Polo.

El monte que es entre Verçiana et Villa Manta es buen monte de puerco en tienpo de panes, et en tienpo de la otoñada. Et este non a bozeria njn armada çierta; pero que es muy buen monte de andar, et poner le ssus rrenueuos de canes et andar el de cauallo por do quisiere, tanto commo el venado.

El monte de Metrida es buen monte de puerco en tienpo de panes, et en la otoñada. Et son las bozerias la vna por el lomo que es sobre Val de la Figera fasta el rrio, et la otra al rrio desde Uilla Nueua fasta en derecho de Barranqueras, et la otra por el Lomo de Verçiana ayuso fasta Villa Nueua. Et son las armadas en Val de Beluis.

[fol. 216r] La Dehesa de Alhamjn es buen monte de puerco en tienpo de panes. Et es la bozeria desde el Arroyo del Frexno, por çima de las Xaretas fasta Naua Sarça. Et es el armada en el Alameda.

El monte de Ual de Judios es buen monte de puerco en tienpo de panes, et en tienpo de la otoñada. Et son las bozerias la vna por el camjno que va de la Torre de Esteuan Anbran a Alhamjn; et la otra, guardar le que non passe el rrio desde en derecho de Alhamjn fasta en derecho del Valle de Marçalga. Et son las armadas en el Valle de Marçalga.

El monte de la Deleytosa, que es en par de Alhamin, es buen monte de puerco en tienpo de panes et de las vuas, et en tienpo de yuierno. Et es la bozeria por el camjno que ua de Alhamjn a la Torre. Et son las armadas al Rio de Aluerche.

El monte de Naua Retamosa, que es en çima de Villa Manta, es buen monte de puerco en yuierno et en tienpo de panes. Et es la bozeria por el sendero del lomo fasta Ual de Tablas. Et es el armada en Naua Retamosa.

[fol. 216v] Ual de Peñuelas es buen monte de puerco en yuierno et en la otoñada. Et son las bozerias la vna por el camjno que va de Casa Ruujos a Metrida, desde los Portiellos fasta Belujs; et la otra desde Villa Nueua por rribera del rrio, fasta Peñas Ruujas. Et que esten canes de rrenueuo en las Cabeças de Val de Peñuelas. Et son las armadas en Val de Peñuelas.

[E]l monte de la Sarçuela es buen monte de puerco en la otoñada. Et son las bozerias la vna por el camjno que ua de la Sarçuela a Villa Manta, et la otra desde Villa Manta por el camjno que va a Perales fasta Val de Tablas. Et son las armadas por el camjno que ua de Sarçuela a Perales.

[fol. 217r]

[fol. 217v] [E]n tierra de Montaluan ay estos mo[n]tes:

[L]os Paiareios es buen monte de puerco en yuierno, et en el comienço del verano. Et es la bozeria por allende del rrio, de parte de Vallarnoso desde en derecho de Montalua[n], fasta las aceñas de yuso. Et que esten rrenueuos de canes en el camjno que ua de Mo[n]taluan a la Puebla. Et son las armadas las vnas a Sancta Maria, et las otras al Rio del Corcon.

[fol. 218r] Uallarnoso, que es çerca de Monte Aluan, es buen monte de puerco en yuierno et en el comienço del verano. Et es la bozeria por aquende del Rio de Corcon, de parte de Mo[n]taluan; et son las armadas las vnas en çima de la raña, et las otras al allozar.

[U]al de Sanct Martin et el Madroñal, de la Pasada del Tundidor es buen monte de oso et de puerco en verano.

[E]l Allozar [MS *P₃*] *es buen monte de osso e de puerco en ynvierno, e en el comienço del verano.*

[U]al de Zate, que es en derecho de la Puebla de Montaluan, [MS *P₃*] *es buen monte de osso e de puerco en ynvierno, e en el comienço del verano.*

[fol. 218v] El Madroñal, et la Garganta de Caruonero, et la Ladera de Dos Hermanas es buen monte de osso et de puerco en yuierno. Et sson las bozerias la vna desde la boca de Val Quexigoso por la senda que va al Castiello de Dos Hermanas, et del Castiello de Dos Hermanas fasta encima de la cunbre; et la otra desde enderecho de Dos Hermanas, por çima de la cunbre de la ladera fasta las Veredas de Caruonero. Et que esten rrenueuos en el camjno que va de la Posada de Mjngo Yuañes de Caruonero fasta la Posada de Merlin. Et sson las armadas la vna en la Cabeça del Yelmo, et la otra en el collado de assomante a Torcon, et la otra en el collado que es assomante del açeña de Andres Peres, que non passe a la Raña de la Ossa.

La Raña de la Osa [MS *P₃*] *es buen monte de puerco en verano.*

[E]l monte de las Cabeças del Pozuelo es bueno de oso et de puerco en yuierno, et en el comienço del verano. Et son las bozerias la vna por cima de las Cabeças de Peña Flor, catante al pozuelo, et la otra por çima del Valle de la Veçediella. Et son las armadas las vnas en çima de la rraña, et las otras al Colmenar del Azebuchar.

[fol. 219r] [U]al del Alameda [...]
[U]al de Forniellos [...]
[E]l Azebuchar [...]
[S]anct Gamellos [...]
[fol. 219v] [L]a Torre de Mingacho [...]
[N]aua Çerrada [...]
[E]l Guyjo [...]
[U]al de Madrigal [...]
[fol. 220r] [E]l monte de Bayona [...]
[fol. 220v]

[fol. 221r] **Capitulo xvjº, de los montes de tierra de Toledo, et de Calatraua, et de Talauera.**

La Garganta de la Yedra es buen monte de osso en yuierno et en el comienço del verano. Et son las bozerias la vna por çima de la Sierra del Sarçoso fata el Puerto de la Yedra; et la otra desde el Puerto de la Yedra, por çima de la cunbre fasta la Cabeça de la Cerezeda; et la otra por el Camjno del Puerto Maches fasta en çima del puerto. Et son las armadas la vna en el rrobredal que esta so la Cabeça de la Çerezeda, et la otra so la Cabeça del Çarçoso en el Palancar.

La Garganta del Torcon [...]

El Cilleron, et las Cabeças de los Aguileros, et el [fol. 221v] Arroyo del Auellanar es buen monte de osso et de puerco en yuierno, et en el comienço del verano. Et es la bozeria por el Puerto de Maches fasta en çima del Çilleron, et desde el Cilleron fasta el Puerto del Auellanar, et por cima de Peña Cabrones fasta el Camjno de Miraglo. Et son las armadas la vna al allozareio, et la otra a Sanct Pablo, et la otra a las Nauas del Agua.

La Dehesa de Peña Aguilera es buen monte de osso et de puerco en yuierno, et en el comjenço del verano.

[E]l monte del Castañar es buen monte de oso et de puerco en yuierno. Et son las bozerias la vna por cima de la cunbre de la sierra, et la otra por el camjno que va de Toledo, et sale a la Garganta de Sanct Martin. Et son las armadas en el Arroyo de Sanct Martin.

[L]a Onbria del Puerto Caruonero es buen monte de oso et de puerco en yuierno. Et son las bozerias la vna por çima de la cunbre de la sierra, desde el Puerto Caruonero fasta el Puerto de Miraglo; et la otra desde el Puerto de Miraglo, la sierra ayuso, fasta el Arroyo de Peña Aguilera. Et son las armadas al Arroyo de Peña Aguilera.

La Garganta de Sanct Martin es buen monte de osso et [fol. 222r] [de] puerco en yuierno, et en el comienço del verano. Et son las bozerias la vna desde el Puerto de Sanct Martin, por çima de la cunbre, fasta el Puerto de las Enzebras; et la otra desde el Puerto de las Enzebras fasta el Risco del Castelleio; et la otra desde el Puerto de Sanct Martin, el lomo ayuso, fasta los Moljnos de Sanct Martin. Et son las armadas dos al arroyo, et dos en Cabeça Mesada, et vna en la peñuela.

La Solana de la Posada de don Benjto es buen monte de osso et de puerco en yuierno, et en el comienço del verano. Et son las bozerias la vna desde el Puerto de Sanct Martin, por çima de la cu[n]bre fasta el Puerto de las Enzebras, et desde el Puerto del Castelleio el lomo ayuso de la cañada de don Benjtolome fasta el Rio de Naua Redonda; et la otra por el Lomo de Naua Parrilla ayuso fasta Val de la Gata. Et son las armadas las vnas en la posada vieia de don Benjto, et las otras en el Puerto del Camjno de Sanct Martin.

[E]l Puerto Caruonero, commo tiene fasta el Puerto de Miraglo et el Peraleio, es todo vn monte. Et es bueno de osso et de puerco en yuierno, et en el comienço del verano. Et son las bozerias la vna desde el Puerto de Caruonero fasta el Puerto de Miraglo; et [fol. 222v] la otra desde en cima del Puerto de Miraglo, por el camjno ayuso, fasta do entra la senda de la figueruela en el camjno. Et son las armadas la vna a la torreziella, et la otra a la Posada de Martin Royz.

Peña Cabrones et el Valle de Martin Domingo es todo vn monte, et es bueno de osso et de puerco en yuierno et en el comienço del verano. Et son las bozerias la vna desde el Collado del Eruela, por çima de la sierra, fasta el Puerto de Miraglo; et la otra desde el Collado del Eruela fasta el Cortijo de Villa Puertas, que non pase al auellanar. Et son las armadas la vna al castelleio, et la otra entre la figueruela et el Val de Martin Domingo. Et que esten canes de rrenueuo entre el Çerro de la Figueruela et el Val de Martin Domingo, que non passe al Parraleio.

El Portizuelo del Auellanar es buen monte de osso et de puerco en yuierno, et en el comienço del verano. Et son las bozerias la vna por çima de la sierra que comiença desde el eruela fasta el Aguilero; et la otra desde el Aguilero fasta el Puerto Maches, et dende que tenga el lomo ayuso fasta el auellanar. Et son las armadas la vna en el lomo que esta en el Puerto del Auella-nar, [fol. 223r] et la otra en el Collado de Sancta Maria, et otra armada en la posada que dizen de Val de Garcia.

Robrediello, et Val de Garcia, et los Barritotes es todo vn monte; et es bueno de osso et de puerco en yuierno, et en el comienço del verano.

El Carrizal et Nauas del Gallo es buen monte de osso et de puerco en yuierno, et en el comienço del verano.

Bullaqueio et el Valle de Muño Roman es todo vn monte, et es bueno de osso et de puerco en yuierno, et en el comjenço del verano.

[fol. 223v] El Robledo de Bullaque [MS *P₃*] *es buen monte de [...]*

Ual de Lobiellos, commo tiene fasta la Torre de Oio Abrahem, es todo vn monte. Et es bueno de osso et de puerco en todo tienpo. Et son las bozerias la vna desde Ual de Lobiellos, por çima de la cunbre de la sierra fasta la torre; [MS *P₃*] *e la otra desde assomante a la torre fasta los Ojuelos;* et la otra desd'el comjenço del soto por allende del rrio fasta la Veçediella, que non passe a la Çelada njn a Ual del Agua. Et son las armadas la vna en el collado que es entre Val de Lobiellos et el Rencon, et la otra entre la Posada de la Torre et Val de Lobiellos, [MS *P₃*] *e la otra en la Posada de la Torre.*

[L]a Çelada es buen monte de oso et de puerco en todo tienpo. Et son las bozerias la vna desde la boca del Gauilan, por çima de la cunbre fasta el castelleio de sobre Naua Alta; et la otra desde la Çelada, por çima de la cunbre de la sierra fasta el castelleio. Et son las armadas la vna sobre la Posada de la Torre, [...]

[E]l Rencon, et Val del Agua, et el Ualle del Gallego es todo vn monte; et es bueno de oso et de puerco en todo tienpo. Et son las bozerias la vna por çima de la cunbre de la sierra fasta el Gallego, et la otra desde la boca de Galues fasta la Senda del Gallego. Et son las armadas la vna en Ual Vereçoso et Val del Agua, et la otra en el Gallego.

[fol. 224r] Naua Alta et la Salzediella es todo vn monte, et es bueno de osso et de puerco en yuierno et en el comienço del verano.

El Gauilan et Naual Peral es buen monte de osso et de puerco en yuierno, et en el comienço del verano.

El monte de la Sierra de las Nauas es buen monte de osso en yuierno, et en el comjenço del verano. Et son las bozerias la vna desde la boca de Gil Garcia fasta el Collado de la Texonera; et la otra desde las nauas, por cima de la cunbre de la sierra fasta el Collado de la Texonera, que se ayunte con los otros. Et es el armada en la Texonera.

[fol. 224v] La Poueda et la Garganta de Sanct Marcos es todo vn monte, et es bueno de osso et de puerco en yuierno et en el comienço del verano.

La Garganta de Sanct Saluador es buen monte de osso et de puerco en yuierno et en el comjenço del verano.

La Ssierra de Val de la Gata, et la Romerosa con Val de Lobiellos, es todo vn monte; et es bueno de osso et de puerco en yuierno, et en el comienço del verano. Et es la bozeria por çima de la cunbre de la Sierra de Val de la Gata fata el çerro que esta catante a Sanct Saluador. Et son las armadas la vna en el Collado de la Osilla, et la otra en el lomo que esta entre Val de la Gata et la Robredosa; et que esten rrenueuos de canes en las peñas que estan sobre este Collado de la Osiella, por quel abaxen al collado do es el armada. Et que este otra armada en çima del Collado de Val de Lobiellos catante Val de la Gata. Et en este monte Nos acaesçio [fol. 225r] de matar dos ossos muy buenos la primera vez que lo corriemos.

El Valle de Bermudo es buen monte de osso et de puerco en yuierno et en el comjenço del verano.

Galuez et el Valle del Gallego es buen monte de osso et de puerco en yuierno et en el comienço del verano.

[fol. 225v] Naua la Figera et la Veçediella es todo vn monte, et es bueno de osso et de puerco en yuierno et en el comienço del verano.

Ual de don Gomez et el Valle de la Fuente del Pescado es todo vn monte, et es bueno de osso et de puerco en yuierno et en el comienço del verano.

El Rostro et la Sangusuela es todo vn monte, et es bueno de osso et de puerco en yuierno et en el comienço del verano. Et son las bozerias la vna desde la laguna, por çima de la cunbre, fasta la Sierra del Portizuelo; et la otra desde en çima de la Sierra del Portizuelo fasta la Sangusuela. Et son las armadas la vna a la Posada del Portizuelo, et la otra en la laguna de la vega.

La Naua del Gaujlan et Val de Fresno es todo vn [fol. 226r] monte, et es bueno de osso et de puerco en yuierno et en el comienço del verano.

Coraçonçiello, et Val de Alarcos, et el Enzjnareio es todo vn monte; et es bueno de osso et de puerco en yuierno et en el comienço del verano.

Ual de Fornos et la Veçeda es todo vn monte; et es bueno de osso et de puerco en yuierno, et en el comienço del verano.

El Puerto Jarra et los Cadaços es todo vn monte, et es bueno de osso et de puerco en yuierno et en el comienço del verano.

[fol. 226v] Ual Trauieso, que es cabo Dos Hermanas, es buen monte de oso et de puerco en verano. Et son las bozerias por çima de la cunbre del valle de Val Trauieso, et otra bozeria por el lomo que es entre este monte de Val Trauieso et la Ladera de Dos Hermanas. Et son las armadas la vna en el Collado de Val Trauieso, et las otras armadas en el colmenar deste Val Trauieso.

El monte del Fontanal [...]

[U]al de la Monediella [...]

[fol. 228r] [U]al de la Moneda y la Çelada es buen monte de oso et de puerco en yuierno et en el comienço del verano. Et son las bozerias la vna por çima de la sierra, et la otra por el Frontal de la Sierra de Mala Monediella fasta el portizuelo. Et son las armadas al sotillo que es de yuso de la casa de Val de la Moneda.

[R]obredo Fermoso [...]

[E]l monte de la Figueruela [...]

[U]al Trauieso, el de la vaqueriza cabo Val de la Moneda, es buen monte de oso et de puerco en yuierno et en el comienço del verano. Et son las bozerias la vna por çima de la cunbre de Val Trauieso, et la otra bozeria por el camjno que va de Val de la Moneda a las Nauas de Estera. Et son las armadas en el rrobledo del Valle de la Vaqueriza.

[fol. 228v] [E]l monte de Val d'Arriaz [...]

[L]as Cabeças de Peña Flor, et de la Moraleia, es buen monte de oso et de puerco en yuierno et en el comienço del verano. Et son las bozerias la vna por allende del Rio de Veçeda, et la otra por çima de las Cabeças de Peña Flor. Et son las armadas en el camjno que va por Val de la Moraleia.

[A]llende de la sierra ay estos montes:

[E]l Rencon de Estena [...]
[E]l Lomo de Gil Loçano [...]
[fol. 229r] [L]a Foz de Estena [...]
[E]n las Estamiellas: ha y buenos montes.
[fol. 229v]
[fol. 230r]

[fol. 230v] **[C]apitulo xvij°, de los montes de tierra de la Orden de Calatraua.**

Enderredor de Piedra Buena ay estos montes:

[L]a Dehesa de Piedra Buena es buen monte de osso et de puerco en yuierno et en el comienço del verano. Et es la bozeria por el Camjno de las Enzebras a la Peralosa. Et es el armada a la laguna.

[L]a Sierra de la Cruz et la Sierra del Valle de Alcolea es todo vn monte, et es bueno de osso et de puerco en yuierno et en el comjenço del verano. Et son las bozerias la vna desde'l camjno que va a Piedra Buena fasta asomante Alcolea, et la otra desde el camjno que va a Piedra Buena por el portizuelo a Calabaças. Et son las armadas la vna en el Collado de Val de Fuentes, et la otra en el Portizuelo de Calabaças.

[L]a Sierra de Tirate Afuera et el Valle de Johan Peres es todo vn monte, et es bueno de oso et de puerco en yuierno et en el comienço del verano. Et son las bozerias la vna por çima de la cunbre de la sierra; et la otra Bullaque ayuso fasta Guadiana, et que esten omnes de cauallo por el Canpo de Guadiana arriba, que non pase por el canpo allende Guadiana. Et son las armadas la vna en el [fol. 231r] Portizuelo de Calabaças; et las otras Guadiana arriba, desde los moljnos de la Orden fasta en derecho de Calabaças.

[E]l Arroyo de Gonçalo et la Sierra de Calabaças es todo vn monte, et es bueno de osso et de puerco en yuierno et en el comienço del verano. Et son las bozerias la vna desde Calabaças, por çima de la cunbre de la sierra, fasta el Arroyo de Gonçalo; et la otra desde el Guindaleio, por çima de la sierra, fasta la Posada del Toril. Et son las armadas entre el Arroyo de Gonçalo et el Guindaleio.

[L]a Sierra de Sancta Maria de Bullaque et Castiel Ruuio es todo vn monte, et es bueno de osso et de puerco en yuierno et en el comienço del verano. Et es la bozeria desde Val Mayor, por Castiel Ruuio, fasta Bullaque. Et son las bozerias la vna en Val Mayor, et la otra en Sancta Maria de Bullaque.

Val Mayor [...]
Las Veçedas [...]
La Ssierra de los Santos [...]

[L]a Sierra de Sanct Andres es buen monte de oso et de puerco en yuierno, et en el comienço del verano. Et son las bozerias la vna desde el Arroyo del Castañareio fasta Guadiana, et la otra desde el castañareio fasta la boca de Val Mayor. Et es el armada en Sanct Andres.

[L]a Sierra del Masegoso et del Castañar es buen monte de oso et de puerco en yuierno, et [fol. 231v] en el comienço del verano. Et son las bozerias la vna por çima de la cunbre de la sierra; et la otra por el camjno que va de Sanct Andres a Val Ronquiello; et la otra desde la maiadiella vieia del castañar, por çima de la cunbre de la sierra fasta Val Ronquiello, que non pase a Val de la Madera; et la otra por el camjno que va de Val Ronquiello al castañar; et la otra el castañar ayuso, por allende del arroyo fasta el Camjno de Masegoso. Et son las armadas en el camjno que va de Sanct Andres a Masegoso.

[L]a Sierra del Pozuelo es buen monte de osso et de puerco en yuierno et en el comienço del verano. Et son las bozerias la vna por çima de la cunbre de la Sierra del Pozuelo; et la otra por el camjno que viene del pozuelo vieio a la maiadiella vieia del castañar; et la otra por el camjno que viene de la maiadiella vieia del castañar fasta el camjno que va de Masegoso a Val de la Cama, tenjendo los rrostros contra la Sierra del Pozuelo. Et son las armadas en el camjno que va de Masegoso a Val de la Cama.

[L]a Ssierra Luenga es buen monte de osso et de puerco en yuierno, et en el comienço del verano.

[fol. 227r] [L]a Moheda et el arenal de Pero Lopez es todo vn monte, et es bueno de oso et de puerco en yuierno et en el comienço del verano. Et son las bozerias la vna por çima de la cunbre de la Moheda, fasta la Naua de Val Fondiello; et la otra desd'el Çerro de Naua Fria, atrauesando el Camjno Toledano fasta el Atalayuela de la Varca. Et son las armadas la vna en la Naua de Val Fondiello; et la otra en la cabeçuela que esta en çima del camjno que va de Moriellas a Naual Oso.

[E]l Rencon del Moro es buen monte de puerco en yuierno et en el comienço del verano. Et es la bozeria por çima de la cunbre del Rañal. Et son las armadas al rrio.

[L]a Sierra de Chueca et la Cabeça de la Fuente de la Figuera es todo vn monte, et es bueno de oso et de puerco en yuierno et en el comienço del verano. Et son las bozerias la vna por Val de Jnfierno; et la otra por allende del Rio de Guadiana, desde enderecho de la fuesa fasta el rrencon de don Nuño. Et son las armadas la vna en el Collado de Entre Amas las Sierras, et la otra al Carrizal, et la otra en el Enzjnareio de Despierna Cauallos.

[fol. 227v] [L]as Engafas es buen monte de osso et de puerco en yuierno, et en el comienço del verano.

[E]l Chorro es buen monte de oso et de puerco en yuierno, et en el comienço del verano.

[L]a Cabeça del Arenal es buen monte de oso et de puerco en yuierno et en el comienço del verano. Et es la bozeria desde el Colmenal de la Çeladiella fasta el rrio. Et son las armadas al Rio de Guadiana.

[L]a Sierra de Castiel Negro et Val de Gauilanes es buen monte de oso et de puerco en yuierno et en el comienço del verano. Et son las bozerias la vna desde el rrio fasta la Çeladiella; et la otra desde la Celadiella, por çima de la cunbre de la sierra fasta el Collado de Val de Gauilanes, et dende fasta asomante al Camjno de la Varca; et la otra desde asomante al Camjno de la Varca, [MS *P₃*] *la loma ayuso, fasta assomante a los Ruuiales de la Varca. E son las armadas en el arenal.*

La Syerra de Val Çernido es buena de osso e de puerco en yuierno e en el comjenço del verano.

La Syerra de Naual Sordo es buen monte de osso e de puerco en yuierno [fol. 130r] *e en el comjenço del verano.*

La Foz de Auenoia es buen monte de osso e de puerco en yuierno, e en el comjenço del verano. E son las bozerias la vna por çima de la cumbre de la hoz; e la otra desde la Posada de Domjngo Miguel, que esta en la hoz, fasta en par de do estan los Torneros de la parte de Naual Sordo, que no passe a la Syerra de Naval Sordo, tenjendo los rrostros contra la foz e contra Guadiana; e la otra donde da el Arroyo del Pozuelo a Guadiana, fasta do da el Arroyo del Enzinarejo en Guadiana. E son las armadas en el Capillo.

La Syerra de la Canaleja es buen monte de osso e de puerco en yuierno, e en el comjenço del verano.

La Syerra de la Naua Dondela es buen monte de osso e de puerco en yuierno, e en el comjenço del verano.

Quebranta Minchos es buen monte de osso e de puerco en yuierno, e en el comjenço del verano. E son las bozerias la vna por çima de la cunbre de la syerra, e la otra por el camjno que va del Canpillo a Quebranta Minchos. E son las armadas las vnas en el camjno que va del molino a Venoia, e las otras al rrio.

La Syerra del Molino es buen monte de osso e de puerco en yuierno, e en el comjenço del verano. E son las bozerias la vna por çima de la cunbre de la syerra, e la otra por el camjno que va del Molino Viejo al Camjno Viejo de Avenoia, e la otra por el camjno que va del Molino Nueuo al Camjno Viejo de Avenoia, e la otra por el camjno que va de Piedra Buena a Massegoso, desd'en par del Molino Viejo fasta el arroyo primero de Sant Andres. E son las armadas entr'el Molino Viejo e el Molino Nueuo.

[MS *Palacio*] *La Sierra del Moljno es buen monte de osso e de puerco en jnujerno e en el comjenço del verano. E son las bozerjas la vna por çima de la cunbre de la sierra, e la otra por el camjno que va del Moljno Viejo a Venoja, e la otra por el camjno que va del Moljno Nueuo al Camjno Vjejo de Auenoja, e la otra por el camjno que va de Piedra Buena a Masegoso desde en par del Camjno Viejo fasta el arroyo prjmero de Sanct Andres. E son las armadas entr'el Moljno Nuevo e el Moljno Viejo.*

La Sierra de Argamasiella es buen monte de osso e de puerco en jnujerno, e en el comjenço del verano. E son las bozerjas desd'el Camjno del Azeuan, por çima de la cunbre de la sierra, fasta la Naua del Moro. E es el armada en el Camjno del Azeuan.

Fasta aquj son los montes de contra Guadjana:

Otrosy de la otra parte, contra la Fuente por çima, ay estos montes:

La Sierra del Corchete es buen monte de osso e de puerco en jnujerno, e en el comjenço del verano. E son las bozerjas la vna por el camjno que va de Peña Negra a la Pe[ralosa], [MS *P₃*] *e la otra por el camjno que va de Villa Real a la Porçina. E son las armadas la vna en la Peralosa, e la otra en el comjenço de la Senda de Corchete.*

[MS *Palacio*] *La Sierra del Cañal e la Plaiosa,* [MS *P₃*] *la Peralosa,* [MS *Palacio*] *es todo vn monte, e es bueno de osso e de puerco en jnujerno e en el comjenço del verano. E son las bozerjas la vna por çima de la cunbre de la Sierra del Cañal, e la otra por çima de las cabeçuelas de cabo el cañal, e la otra el rrio ayuso de Bullaque. E son las armadas en la Naua del Cañal.*

[fol. 127v] Ual de don Gil es buen monte de osso e de puerco en jnujerno, e en el comjenço del verano.

La Sierra de Naual Sordo es buen monte de osso e de puerco en jnujerno e en el comjenço del verano.

[MS P₃] Las Guadamatillas es buen monte de osso e de puerco en yuierno e en el comjenço del verano. E son las bozerias la vna por el camjno que va del Carril a Piedra Buena, que no passe a la Buytreruela, ny a el enzinarejo; e la otra por el Valle de las Ferrerias, que esten apegados a la Syerra del Enebral. E que esten canes de rrenueuo en las Cabeçuelas de las Guadamatillas. [fol. 131r] E son las armadas en el camjno que va del Carril a las Ferrerias.

La Syerra de la Buytrera es buen monte de osso e de puerco en yuierno, e en el comjenço del verano. E son las bozerias la vna por çima de la cunbre de la syerra, desde Val de don Gil fasta la senda que va de las Ferrerias al Carril; e la otra desde las Ferrerias, por çima de la syerra fasta assomante al Carril. E son las armadas las dos en las Tiñosyllas, que son entr'el Camellar e la Buytrera, e las otras en el Valle de la Ferreria.

El Camellar es buen monte de osso e de puerco en yuierno, e en el comjenço del verano. E es la bozeria por çima de la cunbre de la syerra, fasta assomante a Nava Longuilla; e son las armadas la vna en la Naua del Camellar, e la otra entr'el Camellar e la Buytrera.

La Syerra de Naual Enzina es buen monte de osso e de puerco en yuierno, e en el comjenço del verano. E son las bozerias la vna por çima de la cunbre de Naual Enzina, e la otra desde la Posada del Camellar, el valle arriba fasta la Posada de Val de Martin Esteuan. E son las armadas la vna en la boca del Guiio, e la otra en el Colmenar del Camellar, e la otra en el Arroyo de Martin Esteuan.

La Val Rencon es buen monte de osso e de puerco en yuierno, e en el comjenço del verano. E son las bozerias la vna por çima de la cunbre de la syerra fasta la Senda de Naual Rencon, que salle a Valle de Martin Esteuan; e la otra desde la Senda de Naual Rencon, fasta el Puerto de Naua Jarra. E son las armadas en la senda que va del Grijo a Naual Rencon.

La Buytreruela e el Enzinarejo es buen monte de osso e de puerco en yuierno, e en el comjenço del verano. E es la bozeria por [fol. 131v] çima de la cunbre de la syerra. E es el armada [...]

La Syerra de la Porçima e Val Seguillo es todo vn monte, e es bueno de osso e de puerco en yuierno, e en el comjenço del verano.

La Syerra de las Rabinadas es buen monte de osso e de puerco en yuierno, e en el comjenço del verano.

La Syerra de Calatraua es buen monte de osso e de puerco en yuierno, e en el comjenço del verano.

La Syerra de Cubas es buen monte de osso e de puerco en yuierno, e en el comjenço del verano.

La cabeça de la boca de Piedra Lada es buen monte de osso e de puerco en yuierno. E son las bozerias la vna desde la boca de Piedra Lada, por çima de la cunbre de la syerra, fasta Val de Cazedo; e la otra desde Val de Cazedo fasta Piedra Lada. E son las armadas la vna en la cabeça de sobr'el sotillo, e la otra en el camjno que vjene del colmenar de la boca de Piedra Lada al Colmenar de la Çiroleda.[28]

[fol. 232r] La Sierra de la Mora es buen monte de osso en yuierno et en el comienço del verano. Et son las bozerias la vna desde la boca del Congosto fasta en çima de la Maleza de la Mora, por çima de la cunbre de la sierra, que non pase a Val de Calabaças; et la otra desde la boca de la Fuente Fria fasta que se ayunte en medio de la Sierra de la Mora, que non passe faza Ual de Posadas. Et es el armada en Naua Redondilla.

El monte de Ual de la Carçel es buen monte de osso et de puerco en yuierno et en el comienço del verano. Et es la bozeria desde la Fuente Fria fasta el Congosto, et es el armada en Naua Redonda.

Ual de Braçea es buen monte de osso et de puerco en yuierno, et en el comienço del verano. Et son las bozerias la vna desde las Peñas de Martin de Oreia, por çima de la cunbre fasta el rrobredo del valle, fasta [fol. 232v] desde el rrobredo del valle fasta el forcaio; et fasta los Salobrales, et dende fasta la Modorra. Et son las armadas en Val de Braçea.

Ual de Simon es buen monte de osso et de puerco en yuierno, et en el comienço del verano. Et son las bozerias la vna desde en çima de Val de Simon, por çima de la cunbre fasta en derecho de la Fuente Azeda; et la otra desde en derecho de la Fuente Azeda fasta los Salobrares. Et es el armada en la cabeçuela que esta en medio del Valle de Simon.

La Sierra de la Fuent del Enperador es buen monte de osso et de puerco en yuierno, et en el comienço del verano. Et son las bozerias la vna desde el Collado de la Sarçuela, por çima de la cunbre fasta la Posada de Domingo Apariçio; et la otra desde la Posada de Domingo Apariçio, por çima de la cunbre de la sierra, fasta en derecho de la Fuente del Enperador. Et es el armada en el colladiello de la Dehesa de la Fuente del Enperador.

La Sierra de Calderim es buen monte de osso et de puerco en yuierno, et en el comienço del verano. Et este non a bozeria. Et es el armada entre la Sierra de Calderin et la Cucharera.

[fol. 233r] La Sierra de la Cucharera es buen monte de osso et de puerco en yuierno et en el comienço del verano. Et es la bozeria desde el Collado de la Fuente del Robre, por çima de la cunbre de la sierra, fasta el camjno que va a la Fuente de Almogera. Et es el armada en el Torileio.

La Modorra es buen monte de osso et de puerco en yuierno et en el comienço del verano. Et es la bozeria por las Cabeças Rasas, que non passe contra la Cucharera; et que esten canes de rrenueuo en çima de la Cabeça de la Modorra. Et son las armadas la vna en el camjno que va del azebuchar a Malagon en derecho del soto, et la otra en la cabeçuela guijosa que es entre el azebuchar et la Modorra.

[L]a Sierra de Malagon el Vieio es buen monte de oso et de puerco en yuierno, et en el comienço del verano. Et son las bozerias la vna por çima de Val Fondiello fasta el castelleio, et desde el castelleio por cima de la cu[n]bre fasta el collado; et la otra desde el collado, por çima de la cunbre de Malagon el Vieio. Et son las armadas la vna en la cabeça de sobre el sotillo, et la otra en el Lomo de Val Fondillo.

[E]l monte del Co[l]menar de la Salzeda Nueua et de la Salzeda Vieia es buen monte de oso et de puerco en yuie[r]no, et en el comienço del verano.

[fol. 233v] La Veçeda, que es sobre Sancti Spiritus entre Malagon et la Porçuna, es buen monte de osso et de puerco en yujerno [MS P_3] e en el comjenço del verano.

[L]a Ssierra de Ssanti Spiritus, que es cabo Malagon el Vieio, es buen monte de osso [MS P_3] *e de puerco en yujerno e en el comjenço del verano.*

La Sierra del Cabron, que es cabo los Foyos, es buen monte de osso et de puerco en yuierno et en el comienço del verano.

La Sierra del Salzeio, que es cabo el Corral de Caracuel, es buen monte de osso et de puerco en yuierno et en el comienço del verano. Et son las bozerias la vna desde la naua, el camjno arriba que va del corral a los moljnos; et la otra por cima del rrebenton; et la otra a la Herezilla de Entre Amas las Sierras. Et que esten rrenueuos por çima de la Sierra del Salzeio. Et son las armadas las vnas en la naua, et las otras en el colmenar.

[U]al Ffondillo es buen monte de osso en yujerno.

El Sserreion de Cabeça de Aradros, que es entre Auenoia et Almodouar, es buen monte de osso en yuierno.[29]

[fol. 234r] [E]nderredor de Puerto Llano ay estos montes:

[E]l serreion de sobre Villa Mayor es buen monte de oso et de puerco [MS P_3] *en ynvierno, e en el comjenço del verano.*

La sierra que es entre Puerto Llano et Almodouar [MS P_3] *es buen monte de osso e de puerco en ynvierno, e en el comjenço del verano.*

[L]a Sierra de Sancta Anna [MS P_3] *es buen monte de osso e de puerco en ynvierno, e en el comjenço del verano.*

El Serreion de Villa Arroyuelo [MS P_3] *es buen monte de osso e de puerco en ynvierno, e en el comjenço del verano.*

[fol. 234v] El monte de la Grua [...]

La Sierra del Enebro [MS P_3] *es buen monte de osso e de puerco en ynvierno, e en el comjenço del verano.*

La Sierra de los Gauilanes [MS P_3] *es buen monte de osso e de puerco en ynvierno, e en el comjenço del verano.*

[fol. 235r] La sierra de cabo Salua Tierra [MS P_3] *es buen monte de osso e de puerco en ynvierno, e en el comjenço del verano.*

La Cabeça del Endrinal es buen monte de osso et de puerco en yuierno, et en el comjenço del verano. Et son las bozerias por çima de la Foz de Foia Lora, fasta en derecho de la casa del colmenar. Et son las armadas en la casa del quintanar.

[P]eña Cabrones es buen monte de oso et de puerco en yuie[r]no, et en el comienço del verano.

[R]obrediello es buen monte de oso et de puerco en yuierno, et en el comienço del verano.

[L]a Sierra de la Peña Horadada et la Ladera de la Peralosa es todo vn monte, et es bueno de oso et de puerco en yuierno et en el comjenço del verano.

[fol. 235v] [L]a Sierra de la Gallega es buen monte de oso et de puerco en yuierno et en el comienço del verano. Et son las bozerias la vna por el camjno que va [a] Andujar, que va por sobre la Foz de la Fresneda, et desde el comienço de la foz fasta el Canpo d'Alcudia. Et que esten rrenueuos de canes en el Puerto de Frey Domingo; et la otra desde este puerto, por çima de la sierra fasta el Puerto del Burçio; et la otra desde el Colmenar del Burçio, por el Puerto del Burcio fasta la salzediella que es cabo la Gallega. Et son las armadas la vna en esta salzediella, et la otra deyuso del Puerto de Frey Domingo, et la otra en la huerta de Martin Gil dyuso del Puerto del Romo.

La Sierra del Aluerquiella es buen monte de oso et de puerco en yuierno, et en el comienço del verano. Et son las bozerias la vna desde el Puerto del Burçio, por cima de la sierra, fasta el Puerto del Aluerquiella, por el Canpo de Alcudia fasta la Huerta del Aluerquiella. Et son las armadas en las Cabeças del Verdugal. Et la prim[er]a vez que corrimos este monte, matamos en el vn oso de los grandes que matamos fasta este dia.

[L]a Sierra de Garci Costiella es buen monte de oso et de puerco en yuierno et en el comienço del verano. Et son las bozerias la vna desde el Puerto de Quebra[n]ta Tinajas, por cima de la cunbre de la sierra, fasta la Peña del Puerto del Robre; et la otra desde las Huertas, por la senda [fol. 236r] de Garcia Costiella; et la otra por la Se[n]da de Pero Sancho, fasta el Canpo de Alcudia. Et son las armadas la vna en el Puerto de Quebra[n]ta Tinajas, et la otra en el collado que esta en çima de la Senda de Pero Sanches; et la otra deyuso de la Peña de la Fuente del Puerto; et la otra de yuso del Puerto del Robre.

La Sierra de Cabeças Ruuias [MS P_3] *es buen monte de osso e de puerco en ynvierno, e en el comjenço del verano.*

La Mata de Yuan Ruuio es buen monte de oso et de puerco en yuierno et en el comienço del verano. Et son las bozerias la vna por çima de la cunbre de la sierra; et la otra por el Camjno del Puerto del Alcornoque fasta el Canpo d'Alcudia; et la otra desde la Naua de Sanct Muños fasta en çima del puerto, et desde en çima del puerto fasta el Canpo d'Alcudia. Et son las armadas en la Naua de Suelta.

[fol. 236v] [L]a Sierra del Castiello de Suelta commo tien fasta el Puerto del Alcornoque es todo vn monte; et es bueno de oso et de puerco en yuierno, et en el comienço del verano. Et son las bozerias la vna desd'el Puerto de Suelta, por çima de la cunbre de la sierra fasta el Puerto del Alcornoque; et la otra desde el Puerto del Alcornoque ayuso fasta la Naua de las Vacas. Et son las armadas en la Naua de Suelta.

[E]l monte que es entre el Puerto del Alcornoque et el Puerto de las Tres Ventas es buen monte de oso et de puerco en yuierno, et en el comienço del verano. Et son las bozerias la vna por çima de la cunbre de la sierra, et la otra por el Camjno del Puerto del Alcornoque, et la otra por el Camjno del Puerto de las Tres Ventas. Et son las armadas [...].

[L]a Ssierra del Robredo et la Cabeça de la Peralosa, que es çerca de Ssantiago d'Alcudia, es todo un monte; et es bueno de osso et de puerco en yujerno. Et sson las bozerias la vna por çima de la cunbre de la ssierra; et la otra por la Ssenda Ruuja de Ssant Johan ffasta ençima de la cunbre; et la otra por el Onbro de la Ssierra del Robredo, desde ençima de la sierra ffasta el canpo. Et sson las armadas la vna en el Collado de la Peralosa, et la otra en la rraña ençima de la Peralosa.

[fol. 237r] La Sierra de Val de Azogue et la Cabeça de la Figera, que es cabe el Puerto de las Tres Ventas, es buen monte de oso et de puerco en yuierno, et en el comienço del verano. Et son las bozerias la vna por cima de la cunbre de la sierra, et la otra por la Senda de la Mula, et la otra por el Camjno de las Tres Ventas. Et son las armadas en las Nauas de Val de Azogue.

[MS *P₃*] *Cilleruelo Cerrado [...]*
Naual Cavallo [...]

La Cabeça del Puerto del Romo, que es cabo Almodouar, es buen monte de osso et de puerco en yujerno. Et son las bozerias la vna por el Puerto de Santi Spiritus; et la otra por el Puerto del Oiuelo, et dende por el camjno que va de Almodouar a las Tres Ventas. Et es el armada en la Naua del Romo.

[U]al Verçoso et la Cabeça de Muño Alfonso es buen monte de osso en yuierno.

Enderredor de Naual Cauallo ay estos montes:

[L]a Ssierra de las Couatiellas et el monte de las Veredas, que es entre Villa Gutierre et Naual Cauallo, et las Cabeças de Villa Garcia es todo un monte.

[L]a Sierra del Endrinal es buen monte de osso en verano. Et son las bozerias la vna por la senda que viene de Quexigares a Naual Cauallo, et la otra por la Hozezilla del Endrinal. Et son las armadas en el carrascaleio que es entre la Sierra del Endrinal et la Cabeça de las Couatiellas.

[L]a Ssierra del Robrediello [...]

[L]a Cabeça de Naual Cauallo [...]
[L]a Sierra de Çilleruelo Çerrado [...]

Las Cabeças de la Sarça, que es a vna legua de Gargantiel, es buen monte de osso en yuierno. Et es la bozeria por allende del rrio, que non passe a la Sierra d'Alcudia. Et son las armadas la vna en el Colladillo de Entre Amas las Cabeças; et la otra en la Cabeçuela Aguda, ssobr'el colmenar catante el rrio.[30]

[fol. 237v] [O]trosy, en la otra sierra que es allende el Canpo de Alcudia ay estos montes:

[L]a sierra de allende la Foz de Xandola es buen monte de oso et de puerco en yuierno, et en el comienço del verano.

[L]a Foz de Xandola [MS *P₃*] *es buen monte de osso e de puerco en ynvierno, e en el comjenço del verano.*

[U]al del Osso es buen monte de osso et de puerco en yuierno et en el comjenço del verano.

[L]a Sierra del Puerto Toledano et la Cabeça de Esteuan Domingo es todo vn monte, et es bueno de oso et de puerco en yuierno et en el comienço del verano. Et son las bozerias la vna desd'el Alamjello fasta el Puerto Toledano; et la otra desde el Puerto Toledano, por cima de la cunbre de la sierra fasta el Puerto del Rocin, et dende fasta en par de las Nauazuelas; et la otra desde en par de las Nauazuelas, la loma ayuso, [fol. 238r] fasta las Nauazuelas. Et son las armadas en Naua Girote.

[L]a Sierra del Puerto Lebrachos [...]
[L]a Sierra del Puerto Hamusco [...]
[L]a Foz de Montoro [...]
[fol. 238v]

[fol. 239r] Estos sson los montes de termjno de Conssuegra, et estan enderredor de Santa Maria del Monte:

[L]a sierra de sobre Santa Maria del Monte, que esta a man derecha del camjno que va de Santa Maria a Malagon, es buen monte de osso et de puerco en yujerno.

[L]a Gineta es buen monte de osso et de puerco en yuierno, et es la bozeria por çima de la cunbre de la ssierra. Et sson las armadas entre el monte de la Gineta et las Cabeças de Val de Peral.

Las Cabeças de la boca de Val de Peral, et de Val de Cabra, et de Val de Espino es todo un monte; et es bueno de osso et de puerco en yujerno. Et son las bozerias la vna por çima de la cunbre, desde assomante de Val de Espino por çima de la cunbre fasta assomante a Naual Peral; et la otra por las cunbres de allende de Val de Espino. Et sson las armadas en Val de Peral.

[U]al de Jnffierno et el Caualgador es buen monte de osso et de puerco en yujerno.

[fol. 239v] [U]al de Ssarça es buen monte de osso et de puerco en yuierno.

[L]a Canaleia es buen monte de osso et de puerco en yuierno.

[E]l Arroyo del Castaño, que es entre Ssancta Maria et Xetar, es buen monte de osso et de puerco en yujerno.

[L]as Cabeças de Val de Ssarça es buen monte de osso et de puerco en yujerno.

[fol. 240r]
[fol. 240v]

[MS *P₃*] *Capitulo de los montes de tierra de Talauera.*

[fol. 241r] En tierra de Talauera ay estos montes:

La Dehesa de Barçeal, que es sobre el Rio de Taio, es buen monte de puerco en yujerno. Et es la bozeria allende del rrio. Et son las armadas la vna a la punta de la dehesa del vn cabo, et la otra a la otra punta de la dehesa.

[E]l Soto de Men Lopez, que es entre Taio et Aluerche, es buen monte de puerco en verano. Et non a bozeria. Et son las armadas allende del rrio.

[L]a Cabeça del Moro es buen monte de puerco en yuierno, et algunas vezes en verano.

Ual de Pusa es buen monte de puerco en yuierno.

El salobralejo que es entre Aldea Nueua et Ual de Morales es buen monte de puerco en yujerno. Et es la bozeria desde Aldea Nueua, fasta el portezuelo que llega al Camjno de Alcafdete. Et es el armada en la naua de sobre Aldea Nueua.³¹

[fol. 241v] Ual de Sanglera et Soto Gordo es todo vn monte, et es bueno de puerco en yujerno, et a vezes ay osso.

La Foz de Alcaudete es buen monte de osso en yuierno.

El Sarçoso es buen monte de puerco en yujerno, [MS *P₃*] *e a vezes ay osso*.

El monte de la Sierra del Picaço es buen monte de osso en ynujerno.³²

El monte de Belujs es buen monte de puerco en yujerno, [MS *P₃*] *e a vezes ay osso*.

Holligoso es buen monte de puerco en yujerno, et a uezes ay oso. Et son las bozerias la vna en el camjno que ua de Talauera al Estrella, desde la Hoz de Jujo fasta asomante de la Çarçuela, [MS *P₃*] *desd'el molino dijuso fasta assomante de la Carriela;* et la otra por çima de la cunbre deste ualle; et la otra por la cunbre de la otra ladera que esta catante este ualle. Et son las armadas en el camjno que ua por medio el ualle, et otras en la Raña de la Perdjz çerca de Santa Maria [d]e Baruarroya.

Las Cabeças de Mal Xristiano es buen monte de osso en yujerno, et aun ay buenos puercos. Et es la bozeria en el Camjno de Talauera desde vn poco ayuso de Mal Xristiano, por el camjno adelante, fasta a o-io [fol. 242r] de la Varca de Canturias. Et son las armadas las vnas a la Raña de la Perdiz, et la otra al colmenareio.

La Foz de Jujo et el Berrocal de Vascos es todo vn monte, et es bueno de osso en yujerno. Et son las bozerias la vna por las Cabeças de Mal Xristiano; et la otra en el camjno que va de Mal Xristiano a Çoltan, entre la ffoz et la sierra; et la otra en el camjno que va de Mal Xristiano, que non pase a la Sierra del Estrella. Et son las armadas la vna al Moljno de Jujo, et la otra al colmenareio, et las otras al Camjno de Talauera. Et que esten rrenueuos en el comedio de la hoz, por que el monte es grande. Otrosy, que esten omnes que deseñen en las Cabeças del Conde.

El Rencon de Maljllo, que es en çima de la Raña de la Perdiz, es buen monte de oso en yujerno. Et es la bozeria por la senda que va desde la Posada de Rio Frio, entre la Sierra de Bonas Bodas et el Rencon de Maljllo contra la Raña de la Perdiz. Et es el armada en el collado de entre Bonas Bodas et este monte.

La Sierra del Estrella es muy rreal monte de oso en verano et algunas vezes en yujerno. Et son las bozerias por la Senda de Nueua que va por la cunbre. Et son las armadas la vna en medio del camjno que va del aldea del Estrella fasta Çoltan, et la otra en el collado de sobre el aldea, et la otra a los prados de sobre el Moljno de Jujo.

El monte de la Sierra de Benamjra es buen monte de osso en ynujerno.

[fol. 242v] La Xariella de Va Yañes es buen monte de osso et de puerco en yujerno et en tienpo de las colmenas, et non a bozeria. Et son las ar[m]adas la vna a la Yglesia de Sanctiago, et la otra en el camjno que va al Puerto de Sanct Viçeynte catante el arroyo.

Val Ssequiello es buen monte de puerco en yujerno, et algunas uezes mora y el oso. Et son las bozerias desde Naua la Gamella, la Brama ayuso, fasta la Senda de la Conduesa, et por la senda fasta el Canpo del Castelleio; et omnes que deseñen por çjma de la cunbre. Et son las armadas las vnas en Naua la Gamella, et las otras al Canpo del Castellejo.

[L]a Cabeça de Montoro es buen monte de puerco en yujerno, et non ha bozeria saluo omnes con canes de rrenueuo que deseñen en çima de las cabeças deste monte. Et son las armadas en las Vegas de Montoro.

[L]a sierra que esta sobre el Puerto de Sanct Viçente et Guadarranquejo es todo vn monte, et es bueno de oso en yujerno. Et son las bozerias la vna desde el Puerto de Sanct Viçente, el camjno ayuso fasta Guadarranquejo; et la otra por çjma de la cunbre de la sierra fasta [fol. 243r] el Collado del Coujlar, et del Collado del Coujlar el lomo ayuso fasta la Cabeça del Gento. Et que esten canes de rrenueuo en la senda que va del puerto a la Posada de Martin Yuañes. Et son las armadas la vna en la Naua de Guadarranquejo, et la otra en las Cabeças del Bodonal, et otras dos armadas en la Uereda de Guadarranquejo, et otra al colmenar de Martin Yuañes.

El monte de cabo la casa del angostura que es cabo Halia es buen monte de puerco en yujerno. Et es la bozeria desde el colmenar que esta carrera de la casa del angostura, por cima de la sierra, fasta el camjno que va de Toledo a la casa de Val de Cadaços. Et son las armadas [e]n el camjno que va de Halia a la casa de Val de Cadaços.

El monte de la Pared de Falia es buen monte de oso en yujerno.

[E]l Enzjnal de Halia es buen monte de puerco en yujerno.

[fol. 243v] [E]stos son los montes de enderredor de Santa Maria de Guadalupe:

[U]al de Parayso es buen monte de oso en yujerno. Et son las bozerias la vna desde la Cabeça del Çerezo por el lomo fasta el castañar, et dende por la uereda a Ual de Parayso, et por la ladera de la sierra fasta el Puerto de Suda Mulos; et la otra bozeria desde el puerto fasta la Naua de Halia. Et son las armadas la vna en el Çerro del Castañar, et la otra en los Acolgadizos del Castañar, et la otra en la Naua de Suda Mulos.

[C]abeça Enzinosa et Ual de Fuentes es todo vn monte, et es bueno de puerco en yujerno, et algunas uezes ay oso.

Ual Fondo es buen monte de puerco en yujerno.

[fol. 244r] [R]obredo Fermoso, et la Solana del Lomo de Halia et de la Fuent Fria es todo vn monte, et es bueno de oso en yujerno. Et son las bozerias la vna desde la Cabeça de Robredo Fermoso, por çima de la cunbre que dizen el Lomo de Halia, et dende por çima de la cunbre fasta los Guyjos de Ybor; et la otra desde los Guyjos de Ybor fasta el Camjno de Plazençia. Et son las armadas la vna en la Cabeça de Robredo Fermoso, et la otra en los Guyjos de Ybor, et las otras en el Camjno de Plazençia. Et que esten rrenueuos en la senda que ujene de Robredo Fermoso al Colmenar del Aliseda.

[L]a Pared del Conejo et el Arroyo del Conejo es todo vn monte, et es bueno de oso en yujerno. Et son las bozerias la vna desde el Arroyo del Conejo, et por Naua el Conejo arriba fasta la sierra, et fasta Naual Fornjello; et la otra desde Naual Fornjello por la uereda fasta la Naua del Espinarejo, et dende fasta el guyjo; et del guyjo por la [fol. 244v] vereda fasta Robredo Fermoso, et dende al Çimal de Ual Fondo. Et son las armadas la vna en Naual Conejo, et la otra en el espinarejo. Et que esten rrenueuos en la Senda Nueua fasta la Posada del Espinarejo, et otra armada a este arroyo que dizen del Conejo.

[L]a Ladera de Ybor es buen monte de oso en yuierno.

[L]a Garganta del Puerto de la Serezeda et Garganta Fonda es todo vn monte, et es bueno de oso en yujerno.

[E]l Ualle de Uieja es buen monte de oso en yujerno. Et son las bozerias la vna por la cunbre de la sierra que es catante al Ualle de Vieja, desde el collado de çima fasta en derecho de la Majada del Helechar; et la otra por la cunbre de la sierra que es catante a Roturas, deste collado por çima de la cunbre fasta çima de la Gargantjella de Ynes Domingo.

Et son las armadas en esta Majada del Madroño, et otra e[n la] Majada [del] Helech[ar]. Et que esten rrenueuos de canes en los rriscos et sobre la texeda, por que es el monte grande. Et la primera uez que corrimos este monte, fallamos y diez osos. Et soltamos a los seys, et murieron los quatro.

Et en esta Garganta de Uieja ay otro monte que dizen el Canpanario; et el Palancar de las Cueuas de [V]ieja, et el Escorial, et el Arroyo de Majadas Ujejas, et el Arroyo de la Hoya de Vieja fasta los Moljnos es todo vn monte, et es bueno de oso en yujerno. Et son las bozerias la vna desde çjma de Collado Llano, por çjma de la cunbre de la Sierra de Vieja fasta el Arroyo de Majadas Viejas; et la otra bozeria desde çjma del pie de Vieja, por çjma de la cunbre de la sierra catante el Arroyo del Castaño, fasta el Arroyo de Majadas Viejas. Et son las armadas la vna deyuso de Collado Llano a los Xaralejos de Vieja, et la otra armada en par del escorial, et las otras a la boca de Vieja.[33]

[fol. 245r] [L]a Garganta de la Serezadiella es buen monte de oso en yujerno. Et son las bozerias por el Lomo de la Serezadjella entre Garganta Fonda et la Serezadiella, el lomo a rriba fasta do nasçe la Serezadiella; et la otra desde el Lomo de Naual Villar fasta el Camorcho de Naual Villar, commo parte el Camjno de Santa Maria a rriba. Et son las armadas la vna en el Lomo de la Serezadiella, et la otra a do nasçe la Serezadjella.

Et fasta aqui tienen los de enrredor de Santa Maria.

Garganta Lobrega, que es sobre el Colmenar de Naual Villar, es buen monte de oso en yujerno. Et son las bozerias la vna desde la Cabeça del Castañar, por la cunbre a rriba fasta el Puerto de Porrinas, et dende fasta el Puerto de la Serezeda por o ujene el Camjno de Santa Maria; et la otra desde el Camjno de Santa Maria fasta el Camorcho de Naual Vjllar, et que llegue fasta el Arroyo de las Figueras. Et son las armadas la vna deyuso de la Cabeça del Castañar, de suso de las alberguiellas, et la otra a do nasçe el Arroyo del Castaño, et la otra deyuso del Camorcho.

El Arroyo del Auellaneda es buen monte de oso en yujerno.

[fol. 245v] [L]a ladera de sobre Sant Roman es buen monte de osso en ynuierno. Et sson las bozerias la vna por el camjno que ua de Sant Roman a la Peraleda, et la otra desde el Castjello de Alixa fasta el Rio de Guadalixa. Et son las armadas en el Ualle de Ssant Roman cabe el Rio de Guadalixa. Et que esten rrenueuos de canes en los cabeços que estan en comedio del monte, por que es el monte grande.

[U]al de Porrinas es buen monte de osso en ynuierno. Et son las bozerias la vna desde el Camjno de Ual de Porrinas, por la cunbre fasta la Ffoz de Porrinas catante a Ual de Porrinas; et la otra desde el Camjno de Ual de Porrinas, por la cunbre fasta los Aguylones. Et son las armadas la vna en los Aguylones, et la otra en ffondon del

Puerto de Porrinas en el camjno.

Estos son los montes de en derredor de Mal Partjda:

[L]a Xara del Algibejo et la Cabeça de la Torreziella de Johan Martin es todo vn monte, et es bueno de puerco en ynujerno; et a uezes ay osso.

[fol. 246r] [E]l Rencon de las Moras, que es en çjma del Robredo de Sanct Ujçente, es buen monte de puerco en ynujerno, et a uezes ay osso.

[E]l parralejo que es çerca de Santa Maria de la Pachosa es buen monte de puerco en ynuierno, et a uezes ay osso.

[E]l Çarçaleio et Ual de Çelada es todo vn monte, et es bueno de puerco en ynujerno; et a uezes ay osso.

[fol. 246v]

[fol. 247r] **Capitulo xviijº, de los montes de tierra de Trogiello.**

El monte de Sancta Anna, que es cabo Alualate, es buen monte de puerco en tienpo de panes. Et es la bozeria en el camjno que va de la Varca de Alualate fasta la casa de Almaraz. Et es el armada al Arroyo del Tamuioso.

La Ladera del Mirauete es buen monte de puerco en verano et en tienpo de panes, et a las vezes ay osso. Et son las bozerias la vna desd'el Castiello de Mirauete, por çima de la cunbre de la sierra fasta la foz; et la otra allende de la foz, que non pase el rrio. Et son las armadas la vna en el camjno del puerto, et la otra al Prado de la Venta.

Los Colmenareios es buen monte de osso en verano et en tienpo de las colmenas.

[fol. 247v] La Xara de Xaharizeio es buen monte de puerco en yuierno.

El monte de sobre Sancta Maria de Guadalupe es buen monte de osso en verano.

El Couilar es buen monte de puerco en yuierno. Et es la bozeria por çima de la cunbre. Et son las armadas la vna en la loma, et las dos al rrio.

El monte de Val de Palaçios es buen monte de puerco en yuierno. Et es la bozeria del cabo del collado tras la xariella. Et es el armada en el camjno que va de Palaçios a la Parriella.

Los Balles, de sobre Garçies, es buen monte de osso et de puerco en yuierno et aun en verano. Et son las bozerias la vna desde el rrobredo, por çima del çerro asomante [fol. 248r] a Garçies fasta el colmenar; et la otra el valle ayuso, fasta el Camjno de Verzo Caña. Et son las armadas las dos en la loma que va por ençima de la cunbre que es entre amos los montes, et la otra al colmenar, et la otra a la naua. Et sin esto, es el monte muy bueno de andar, que es muy grant ayuda para los de cauallo.

La Madroñera es buen monte de osso en yuierno. Et non a bozeria njn armada çierta, si non que a mester muchos rrenueuos et omnes que deseñen; et con cada busca, que vaya vn omne de cauallo, por que es el monte tendido. Et es Enzjnar Hueco por o puede andar omne de cauallo; por que sy leuantare, que guarden los canes, pues que el monte es bueno de andar.

El Ygrejuera es buen monte de puerco en yuierno, et algunas vezes ay osso. Et es la bozeria por çima de la cunbre. Et son las armadas la vna en el Camjno de Trogiello, et la otra a la laguna, et la otra en el lomo que esta a oio de la Torre de Miranda.

La Sierra de Sancta Cruz es buen monte de osso en yuierno, et aun de puerco. Et es la bozeria por çima de la sierra. Et son las armadas las dos al prado de la xariella. Et [fol. 248v] que este otra bozeria que atrauiese la xariella que esta a oio de la Torre de Miranda. Et otras dos armadas a los prados del puerto.

El Berrocal de Burdalo es buen monte de osso en yuierno, et aun en el tienpo que yazen en las oseras. Et son las bozerias la vna desde el castelleio fasta el collado; et la otra en el camjno que va del monte a Robrediello fasta en çima de la collada, que non passe a Sancta Cruz. Et son las armadas la vna al colmenar, et la otra a la Roça Nueua.

La Xara de Burdalo es buen monte de osso en yuierno, et ay buenos puercos. Et es la bozeria desde Sanct Bartolome fasta la sierra, et por la sierra fasta en par del rrobrediello. Et son las armadas entre el monte de Burdalo et de Sancta Cruz, por que non pase al monte de Sancta Cruz.

Ual Çerrado, que es cabo Robrediello, es buen monte de osso et de puerco en todo tienpo. Et son las bozerias la vna por la senda nueua que va por çima de la cu[n]bre; et la otra en el portizuelo que esta en el camjno que va de Robrediello a la sarçuela. Et son las armadas la vna a los prados de la sarçuela, et la otra al Hermita de Robrediello, et [fol. 249r] otras dos en el camjno.

El monte de sobre la sarçuela et las xariellas es buen monte de oso et de puerco en yuierno. Et es la bozeria desde el quemado, por çima de la cunbre, fasta la Cabeça del Almofançan. Et son las armadas las dos al prado de la xariella, et otras dos a par de la huerta.

La Dehesa de la Torre de Sancta Maria es buen monte de osso et de puerco en yuierno. Et es la bozeria por çima de la cunbre. Et son las armadas estas mesmas deste otro monte.

La Sierra de Pela es muy rreal monte de osso en yuierno, et algunas vezes en verano. Et ay sienpre buenos puercos. Et son las bozerias la vna por çima de la cunbre de la sierra. Et sy yoguiere el venado catante del aldea d'Orellana o en el Valle de la Fuente del Açor, son las armadas la vna en la loma de sobre la Senda Nueua, et otras dos en los prados que son entre Pela Menor et la Fuente del Açor. Et sy yoguiere el venado catante a la Parriella o sobre el Colmenar del Villar, es la bozeria eso mesmo por çima de la sierra, los rrostros contra la Parriella. Et son las armadas la vna al

Colmenar del Villar, et la otra al enzjnar, que non pase contra Val de Palaçios; et otra armada en çima de [fol. 249v] la loma de sobre la Senda Nueua; et de mas desto, en los cabeços de la sierra a mester omnes que deseñen con canes de rrenueuo, por que es el monte grande.

La Xariella de Juste es buen monte de puerco en verano et en tienpo de los panes. Et non a bozeria. Et es el armada a las nauas.

La Sierra de Pela la Menor es buen monte de puerco en yuierno, et algunas vezes ay osso. Et son las bozerias la vna por çima de la cunbre de la sierra; et la otra en la senda que es entre Pela la Mayor et este monte, que non pase a Pela la Mayor; et la otra al canto desta sierra, catante a la Puebla de Alcoçer. Et son las armadas a los prados que son entre Pela la Mayor et la Menor, catante la Fuente del Açor.

La rraña que es sobre Ual de Palaçios es buen monte de osso en yuierno, et en tienpo de colmenas; pero que en este tienpo de las colmenas, ay poca agua.

[fol. 250r] Otrosy, entre la Sierra de Sancta Cruz et el Berrocal de Burdalo ay vn monte quel dizen la Sierra de Enzjna Fermosa, et es bueno de osso en yuierno a las vezes; et ay puerco y toda uia. Et es la bozeria al Camjno del Puerto de Foialimar, et la otra por çima de la cunbre. Et son las armadas la vna a la Fuente del Alozar, et la otra a las casas de Enzjna Fermosa.

La Xariella de Çorita es buen monte de puerco en yuierno, et en tienpo de panes. Et este non a bozeria, por que es todo canpo enderredor. Et son las armadas en derredor del monte.

La Mata Tornera et la Çerualeda es buen monte de puerco en yuierno.

[fol. 250v]
[fol. 251r]
[fol. 251v]
[fol. 252r]

[fol. 252v] **Capitulo xix°, de los montes de tierra de Capiella, et de la Puebla de Alcoçer.**

[MS *P₃*] *Capitulo de los montes de tierra de Herrera de Capilla.*

El monte de Aznatorahe es buen monte de osso en yuierno. Et es la bozeria por çima de la cunbre desde en derecho de Val de Forno fasta en derecho de Val de Pelonche. Et son las armadas la vna a la casa de la Rolda, que fue eglesia; et la otra a la Varca; et la otra al Castellar de Casarente.

La Ladera de Pelonche es buen monte de puerco en yuierno. Et son las bozerias la vna por cima de la cunbre, et la otra desde el camjno que va a Pelonche fasta en çima de la sierra. Et son las armadas la vna al rrio, et la otra al quemado.

La Foz et la Cabeça de Abençayde es todo vn monte, et es muy rreal de osso et de puerco en yuierno. Et son las bozerias la vna desde en çima del puerto, por çima de la cunbre, fasta catante a la foz; et la otra por çima la foz catante el rrio. Et son las armadas la vna al Camjno de Toledo, et la otra al enzjnar, et la otra al sarçal de cabo el rrio.

[fol. 253r] La Ladera de Fuente Labrada es buen monte de osso en yuierno. Et son las arm[adas] la vna desde la senda que va del Colmenar de Rodrigo fasta la sierra, et la otra por cima de la cunbre fasta en çima del puerto. Et son las armadas la vna en el Camjno de Toledo, et la otra al colmenar.

En tierra de Capiella ay estos montes:

La Sierra de Sancti Spiritus es buen monte de puerco en yuierno, et de osso a las vezes. Et es la bozeria por çima de la sierra, fasta la Huerta del Risco. Et son las armadas la vna a la Yglesia de Sancti Spiritus, et la otra en la vereda de las ouejas que sale de Piçarrosa et ua al portizuelo de la huerta de Pero Lopez.

[MS *P₃*] *La Syerra de Almagro es buen monte de osso en ynvierno, e algunas vezes en verano. E es la bozeria por çima de la syerra desde en par del Aliseda fasta en par de Santa Maria de Alta Graçia. E son las armadas la vna en el Canpillo del Aliseda, e la otra al portezuelo que salle a las Colmenas de Garcia.*

La ssierra que es cabo Ssant Aliffonsso es buen monte de osso en yujerno.

[fol. 253v] El monte de la Moraleia et la Foz de Garlitos es todo vn monte, et es muy rreal de osso en yuierno. Et es la bozeria por el camjno que va sobre la foz, et la otra desde la Moraleia, por çima de la sierra fasta la foz. Et son las armadas la vna en el arroyo que viene de Naua Çerrada, que entra en la foz en el canpiello; et la otra a las Peñuelas; et la otra en la naua entre la casa de Gil Gomez et el monte.

Et acaesçionos a soltar en este monte vn lunes depues de Pasqua Florida a vn osso muy bueno que vieron de uista ante quel soltasen, et dieron le bien doze canes. Et andando todos con el, tomaron con vna vanda de puercas, saluo dos que fincaron con el. Desi cobraron le los monteros et dieron le luego vnos diez canes, et andido se ladrando por este monte de la Hoz fasta el terçio del dia. Et paso por los que estauan en la bozeria, et fue ladrando se por la Sierra de Almagra, que nunca se paro. Et llego a la fozeziella de sobre Naua Fermosa, et parose a ladrar. Et alli andido muy grant rrato fasta que fue ferido de vna ferida, et esto era ya en poniendo se el ssol; desy tomo Nos allj la noche, [fol. 254r] que nunca lo podiemos matar ese dia.

Et desque fue noche, tornose a la foçeziella a ladrar. Et desque aquello viemos, feziemos pasar los monteros de cada parte del monte. Et ma[n]damos les fazer muchos fuegos, lo vno para que Nos calentasemos et sofrriesemos el frio de la noche, et lo al por que non prouase de passar para yr a niguno de los otros montes que estauan enderredor, por o sse podiese perder. Et enbiamos a todas las aldeas de y enderredor que Nos acorriesen con vianda; et commo Nos ellos acorrieron, asi los medre Dios, et estido allj lladrandose fasta la media noche. Et desde la media noche ayuso fueron dexando los canes, quando dos, quando tres, fasta que non finco con el can niguno saluo vno que auia las bozes gruesas, que sospechamos que era Natural, vno que guarda Martin Gil, por que esa noche non rrecudio a njnguno de los fuegos d[o] estauan los monteros. Et estido lo ladrando fasta la ora de los maytines.

Et otro dia, a la muerte del osso, fallaron lo y. Et desde que fue la ora de los maytines, rroyo la trayella Baruada, que estaua alli a aquel fuego do Nos estauamos, et fuese para el osso; et començo lo de ladrar. Dessi alli mandamos a Johan Tenorio et a Diego Brauo que fuesen a ueer sy estauan aquellos dos canes con el osso. Et llegaron y, et fallaron luego vna cama do auie estado vn rrato de la noche, et estaua llena de sangre. Et fueron mas adelante, et vieron le por oio salir de otra cama, et Baruada et Natu-ral [fol. 254v] ladrandolo.

Desy ally en amanesçiendo, taño valero vn nuestro montero de vista et de ladradura, et alli llego Pero Fferrandes de Sanct Martin con seys canes, et puso gelos. Et depues fue el valle ayuso, et fueron los monteros en pos el del vn cabo de la ladera et de la otra. Et cargaron lo de canes, et andudo fasta el medio dia. Et fue morir al colmenar de sobre Naua Fermosa, martes, a medio dia. Et por esto, prouamos Nos que el buen venado qui lo bien porfiare, faziendo los monteros commo buenos, non aura al sy non morir de mas, sabiendo los monteros la tierra.

La Ladera de Garlitos es buen monte de osso et de puerco en yuierno. Et es la bozeria por cima de la sierra, desde asomante a la foz fasta pasante el Castiello de Garlitos; et otra en el camjno de sobre la foz que va a los Moljnos de Garlitos. Et son las armadas la vna en el valle en par del Açeña Trapera, et la otra en la cabeçuela que esta entre el monte de Val Fondiello et la Ladera de Garlitos, catante a Val de Çenteno.

Ual Fondiello es buen monte de osso en yuierno et en verano a las vezes. Et son las bozerias la vna por allende el Rio de Espera desde la punta de la hoz fasta las casas del Borracho, et dende fasta la Posada del Tamuioso; et la otra de la otra [fol. 255r] parte del monte catante a Naual Borracho, desde la sierra fasta asomante al Arroyo del Tamuioso. Et que esten canes de rrenueuo en el lomo de sobre Val Fondiello. Et son las armadas la vna en el armada que dizen del Rey; et la otra en la cabeça que esta entre Val de Fondiello et la Ladera de Garlitos, catante a Val de Çenteno.

La Foz de Estera es buen monte de osso en yuierno et aun en verano. Et es la bozeria por çima de la cunbre del vn cabo de la foz, et del otro. Et son las armadas la vna entre la Sierra del Maçano et la foz en la Cabeça del Moion de Capiella, et de la puebla; et la otra del otro cabo de la sierra saliente del monte.

La Sierra del Maçano es buen monte de osso et de puerco en yuierno. Et es la bozeria por cima de la sierra. Et son las armadas la vna al Rio de Estera, al Moljno de Gonçalo Royz; et la otra en el camjno entre la Xara de Pero Baruate, en el Camjno de Capiella et de Chilon; et la otra allende la sierra en el Rio de Estera, catante al Borracho; et la otra entre la Foz de Estera et la Sierra del Maçano.

La Sierra de la Viñuela es buen monte de osso en yuierno. Et son las bozerias la [fol. 255v] [vna] por çima de la cunbre de la sierra; et la otra desd'el Alcornoque del Rey, por la vereda nueua que va por çima del lomo fasta el colmenar de Domingo Peres, de la puebla que dizen del Sauzeio. Et son las armadas la vna en la maiada del Capellan, et la otra allende de la huerta de Martin et de Maria Johan, catante al moion de la puebla de Chilon; et la otra al Rio de Ssuja, en cabo de la sierra.

La Sierra de Capiella la Vieia es buen monte de osso et de puerco en yuierno. Et es la bozeria por çima de la sierra. Et son las armadas la vna al Arroyo del Teiar; et la otra en çima de las huertas de las colmenas, de la huerta vieia, que non pase a los Toros.

El monte de Val de Marina es buen monte de puerco en yuierno. Et es la bozeria por çima del lomo fasta la fuente. Et es el armada entre el Toroço et Val de Marina.

La Sierra del Toroço es buen monte de osso et de puerco en yuierno, et aun en verano. Et es la bozeria por çima de la sierra. Et son las armadas la vna en çima de la Huerta del Ferrero, et la otra en la posada vieia de Domingo Gil de Toroço, et la otra en la naua de allende de Toroço.

[fol. 256r] El monte de la Naua del Mellado es buen monte de osso en yuierno, et aun en tienpo de las colmenas. Et son las bozerias la vna desd'el rrostro de la Posada de Domingo Peres, de Capiella fasta el Arroyo de Entre Amas Sierras; et la otra desd'el Puerto del Mellado, commo va por çima de la sierra fasta este arroyo de Entre Amas Ssierras. Et son las armadas la vna en la cabeça que esta sobre la Naua del Mellado, et la otra en el Camjno del Puerto del Mellado.

La Cabeça de Monia Rafe, que esta cabe la Moraleia, es buen monte de osso et de puerco en yuierno, et en el comienço del verano. Et es la bozeria desde la Moraleia, por el Camjno de los Moljnos fasta la Cabeça de Monia Rafe, catante a los Moljnos de Garlitos. Et es el armada en el Collado de la Moraleia.

[L]a Ssierra de Huerta la Vieia es buen monte de osso et de puerco en yujerno. Et sson las bozerias la vna desde los Castelleios, por la ssenda que va a la Posada del Toroço; et la otra por çima de la cunbre desta ssierra; et la otra por el lomo que es catante esta ssierra, que non passe contra el rrio. Et son las armadas la vna en el cabeçuelo que esta çerca Huerta Vieia, et la otra diuso de la Posada del Toroço.

[fol. 256v] Enderredor de Sseruela ay estos montes:

[L]a Pared de Almagra et el Arroyo del Castaño, que es ssobre Villa Nueua, es buen monte de osso en yujerno. Et son las bozerias la vna por el Puerto del Aliseda desde comjenço del puerto fasta ençima, et la otra por çima de la cunbre de la ssierra. Et que esten rrenueuos en los collado[s] de la ssierra. Et sson las armadas en el Valle del Puerto de Almagra. Et que este otra bozeria a espaldas deste valle por el Puerto de Almagra.

Desd'el Puerto de Almagra ffasta la Ffoz de Estera es otr[o m]onte, et es bueno de osso en yujerno. Et sson las bozerias la vna por la Ffoz d'Este[ra], et la otra por çima de la cunbre de la ssierra. Et son las armadas en el Valle del Puerto de Almagra.

[L]a Ssierra de Tamur et la Cabeça del Aguyla es todo vn monte, et es bueno d[e] osso en yujerno.

[L]a Ssierra de Agudo con la Vera de Agudo es todo vn monte, et es bueno de osso en yujerno.

[fol. 257r] **Capitulo xxº, de los montes de tierra de Plazençia.**

La Sierra del Boce es buen monte de osso en yuierno. Et son las bozerias la vna por cima de la cunbre, et la otra allende Taio, que non passe el rrio. Et es el armada al castiello.

La Dehesa de Almaraz es buen monte de puerco en ti[en]po de panes.

El monte que es cabo el Escaleruela es buen monte de puerco en yuierno.

El monte del Atalaya es buen monte de puerco en yuierno.

[fol. 257v] Monfrontin es buen monte de osso et de puerco en yuierno, señalada miente en tienpo de la vellota. Et es la bozeria por çima de la cunbre; et son las armadas la vna al enzjnar, et la otra a par de la xariella.

El monte del Angostura es buen monte de osso et de puerco en yuierno.

El monte que esta sobre la Cabeça de Olid es buen monte de puerco en yuierno.

Los Colmenareios es buen monte de oso et de puerco en yuierno.

[fol. 258r] El pie de la Huerta es buen monte de osso en la otoñada et en el yuierno.

La Garganta de la Huerta es buen monte de oso en la otoñada et en el yuierno.

La Xariella de la Garguera es buen monte de puerco en yuierno. Et este non a bozeria. Et es el armada al berrocal.

La Cabeça del Endrinal es buen monte de puerco en yuierno. Et es la bozeria por çima de la cabeça. Et son las armadas la vna a los prados, et la otra al [e]nzinareio.

La Cabeça del Madroñal, que es allende Tietar en derecho de la Varca de los Rencones, es buen monte de osso en yuierno. Et es la bozeria por çima de la cabeça. Et son las armadas la vna al arroyo, et [fol. 258v] la otra al enzjnar.

El monte de la Cueua, do nasçe la Garganta de Segura, es buen monte de osso en la otoñada et en el yuierno. Et son las bozerias la vna desde Postuero de los Butreros fasta las Mesadas del Onbligo, et dende fasta el Collado de la Yegua, et dende fasta el Risco de Pie Morisquiello; et la otra desde Cabeça Hornos fasta el Pie Morisquiello; et la otra de las Vjñas del Pitute de Segura fasta los Mesados; et la otra de las Vjñas del Sarçoso por el Collado de Marin fasta la Cabrera, que non pase a la Garganta de la Huerta. Et son las armadas [...]

El monte del Arroyo de Xarahiz el Beudo es buen monte de osso et de puerco en yuierno.

El Arroyo de Godjno, que es cabo Sanct Pedro, es buen monte de osso en yuierno. Et es la bozeria so Sanct Pedro, commo va el Camjno de Plazençia. Et es el armada en la rraña que es entre Tietar et la Xara.

Ual Morisco, et Robredo Fermoso, et Val de Mjdos es [fol. 259r] todo vn monte; et es bueno de osso et de puerco en todo tienpo. Et son las bozerias la vna por el Lomo de la Puente Vieia, fasta el camjno que va de Cuatos a Val Morisco; et la otra desde la Garganta de Perala fasta el Camjno de Cuatos, asomante por el lomo que asoma a Val Morisco. Et es el armada en las atalayuelas de Val Morisco.

La Garganta de Jaranda, que es cabo Jarandiella, es buen monte de osso en todo tienpo.

La Xara del Torno, que es entre Jarandiella et Val Verde, es buen monte de osso en verano et en [yuierno]. Et son las bozerias la vna por cima del Arroyo de Maria Ssancho fasta la fresnediella, et la otra Val Fondiello ayuso. Et es el armada entre Tietar et la Xara del Torno.

La Xara de las Lagunas, que es entre Val Verde et la Candeleda, es buen monte de osso en yuierno et en verano. Et son las bozerias la vna desde el colmenar de Gonçalo Diaz, por la maiada de Chilla fasta Alardos; et la otra Alardos arriba fasta el pie de la texeda. Et es el armada en el rrobredo a la laguna.

[fol. 259v] La Garganta del Losal es buen monte de osso et de puerco en yuierno.

Robrediello et Val de la Torre es todo vn monte, et es bueno de osso en yuierno.

La Garganta de Quartos, et la Bruxa, et la Hoz de Ladrones es todo vn monte; et es bueno de osso en todo tienpo.

El Auantera et Garganta Seca es todo vn monte, et es bueno de osso et de puerco en todo tienpo.

[fol. 260r] La Garganta de Çerezeda es buen monte de osso en todo tienpo. Et es la bozeria por çima de la cunbre, et por el Çerro Trigeroso ayuso fasta la maiada del Chorro. Et son las armadas a la maiada de ençima.

Alardos, et Regadera, et el Arroyo de Viçeynte es todo vn monte; et es bueno de osso en todo tienpo. Et son las bozerias la vna desde encima de la cunbre desde do nasce el Arroyo de Viçeynte, por la Vereda del Forniello fasta el pie de la texeda; et la otra Pie Medroso ayuso fasta los Labrados. Et son las armadas en la maiada primera de Pie Medroso.

El Puerto del Madroño es buen monte de osso et de puerco en yuierno.

[fol. 260v] Estos son los montes de Val de Xerete:

La Garganta de Val de Jnfierno, et la Garganta de Cormantos, et la Garganta de Texediello es todo vn monte; et es bueno de osso en verano. Et son las bozerias la vna desde pie Caluero arriba fasta en Tormantos, et la otra desde el pie de Xerete fasta en çima de la Sserreda. Et son las armadas la vna entre la cabeçuela et Xerete, et la otra en el Collado de la Yegua.

La Garganta de Endura, et la Garganta de la Huerta, et el Collado Ruuio es todo vn monte; et es bueno de osso en verano. Et es la bozeria desde la cabeçuela, el cabril arriba fasta el Colladiello Ruuio. Et son las armadas la vna en el Collado de Endura entre amos los montes, et la otra en el Çerro del Aldeyuela, et la otra en el Çerro de Andres.

Las Roças es buen monte de osso en verano. Et es la bozeria desde el pie de las Roças fasta Maiada de Reyna, et otra bozeria desde Sancho Tello fasta Castriel Freyo. Et son las armadas la vna entre las Roças et Sancho Tello, et la otra al pie del Puerto de las Roças.

[fol. 261r] Sancho Tello et la Garganta de los Bueytres es todo vn monte, et es bueno de osso en verano. Et es la bozeria desde los Parrales fasta Castriel Frio, et la otra desde el pie de Sancho Tello fasta Çentenera, et la otra desde Çentenera fasta Castriel Frio. Et son las armadas la vna a la Vega de Sancta Maria Madelena, et la otra a las Paxariellas del Vadiello.

Maiada Torneros et la Garganta del Señor es todo vn monte, et es bueno de osso en verano. Et son las bozerias la vna al pie de la Fuente del Viezo fasta el Arroyaliza, et la otra a los Collados de la Fuente de Gascon, et la otra desde la Fuente de Gascon fasta el Collado de la Mihara. Et es el armada en çima de Xerete.

La Garganta de Vezedas es buen monte de osso en verano. Et son las bozerias la vna desde el pie del Azauda fasta el Collado de Gascon, commo sale al Chistero; et la otra al Collado de la Mirra, et por Calameca, et a las Puertas de Beiar; et la otra a los Huelos, et al Canzal de Gomez Sancho.

Oialua es buen monte de osso et de puerco en verano. Et son las bozerias la vna desde el rrio, el pie de don Duran arriba fasta la vaqueriza; et la otra desde Naua Con-çeio [fol. 261v] a la Peña de Sancho Velasco; et la otra desde la Peña de Sancho Velasco fasta la vaqueriza. Et son las armadas la vna a los Prados de Naua Moiada, et la otra a la Naua Regadiella.

El Asperiella es buen monte de oso et de puerco en verano et en yuierno. Et son las bozerias la vna desde el Romaneio, el canchar arriba fasta la Maiada de Mingaluo; et la otra en el Çerro de la Garganta de Anduja fasta la vaqueriza. Et son las armadas la vna al Canchal de Romaneio, et la otra a los perales de la vaqueriza.

El Collado de la Yegua es buen monte de osso en verano. Et son las bozerias la vna desde el Collado de la Yegua por la cunbre ayuso fasta el pie de los Cantos, et el pie de los Cantos ayuso fasta Cabeça Fornos; et la otra a la vega de contra el camjno de parte de Monfrontin.

La Dehesa de Piornal es buen monte de osso en verano. Et son las bozerias la vna desde Piornal, carrera ayuso fasta en Ojaluo; et la otra de Piorna al Castañar de la Çepeda fasta el rrio. Et son las armadas la vna en los Llanos de los Piornales, et la otra en el pie de la B[r]oca.

[fol. 262r] Sierra de Rauaniello es buen monte de osso et de puerco en yuierno et en verano. Et son las bozerias la vna desde Sanct Bernabe, por la cuerda de la sierra fasta Sanct Bartolome; et la otra por el Risco de Rauanjello ayuso fasta el rrio. Et son las armadas la vna en Naua Fermosa, et la otra en çima de la sierra en Sanct Bernabe.

[fol. 262v]

[fol. 263r] **Capitulo xxjº, de los montes de tierra de Coria, et de Gallisteo, et de Alcantara, et de Alborquerque.**

El monte de Sanc[t]a Cruz es buen monte de puerco en yuierno, et aun en verano; et non a bozeria. Et es el armada contra Palomera en el camjno que viene de Uilla Nueua para Sancta Cruz.

El monte de la Renconada, que es en tierra de Galisteo, es buen monte de osso et de puerco en yuierno et en verano. Et este non a bozeria. Et es el armada contra el Gruo de Galisteo, et contra Coçuela en el camjno que viene de la Renconada para Coçuela.

El monte de Coçuela es buen monte de osso et de puerco en yuierno et en verano. Et es la bozeria en çima de la Cabeça de Coçuela, et de Val de Marj Franca. Et es el armada en la Ribera de Coçuela.

El monte de Sancta Maria de Alfarageme es buen monte de puerco en yuierno, et aun en verano. Et non a bozeria; et es el armada escontra la Cabeça de Coçuela.

El monte de Val de Rey es bueno de puerco en yuierno et en verano. Et es [fol. 263v] la bozeria faza el Sierro, en el camjno que va de Coria para Val de Maria Franca. Et es el armada en Val de Rey.

El monte de Zueca es bueno de osso et de puerco en yuierno, et aun en verano. Et es la bozeria contra Çecraujn, et es el armada a los casares de Zueca en el camjno que viene de Coria para Çecrauin.

El monte del Ssierro es buen monte de puerco en yuierno et en verano, et a las vezes en tienpo de las vuas; et en el tienpo de la lande ay en el osso. Et es la bozeria escontra la sarçuela. Et son las armadas la vna en Val de Rey, et la otra en Espinel.

El monte de la Candeleda es bueno de osso et de puerco [en yuierno], et aun en verano. Et es la bozeria por cima de la Sierra del Puerto de Perosin. Et es el armada en la calçada que sube al puerto.

El monte de la Sarçuela es bueno de osso et de puerco en yuierno, et aun en verano. Et es la bozeria en las Nauas de Morante, en el Carril de la Calçadiella. Et es el armada en Espinel.

El monte de las Ferrerias es bueno de puerco en yuierno et en verano. Et es la bozeria desde la Riberia de Arrago, por çima de las Ferrerias. Et [fol. 264r] es el armada contra las Canaleias de Gazulete.

El monte de Mastores es bueno de puerco en yuierno et en verano. Et a las vezes ay osso. Et es la bozeria en el camjno que viene de la Reyna a Sanct Yuañes. Et es el armada en el camjno que va de Sanct Yuañes para Fernant Peres.

El monte del Aliseda de Sanct Yuañes es bueno de puerco en yuierno et en verano, et a las vezes ay osso. Et es la bozeria en el camjno que viene de Villas Buenas para Gata. Et es el armada escontra Cadahalso en el camjno que viene de la torre contra Sanct Yuañes.

El monte del Helechoso es bueno de puerco en yuierno, et aun en verano. Et es la bozeria escontra la Dehesa de Gatezna. Et es el armada en el camjno que viene de Villas Buenas para Gata.

El monte de Tragudo es bueno de puerco en yuierno et en verano. Et este non a bozeria. Et es el armada allende la Ribera de Gata contra Peraleios.

El monte de la Calera et de la Madroñera es bueno de puerco en yuierno et en verano. [fol. 264v] Et es la bozeria en fondon del Fresnedoso. Et es el armada desde Val Morisco fasta el Fresnedoso.

La Mata del Llano del Masegal es buen monte de puerco en todo tienpo, et es la bozeria en la senda que viene de Sapiello para Tinaias. Et son las armadas la vna en la Riberia de Tinaias, et la otra en la Riberia de Sapiello.

Las Elias es buen monte de osso en yuierno et en verano, et de puerco esso mismo. Et es la bozeria por çima de la sierra contra Quadrales. Et es el armada contra Val Verde en el puerto que va para Sabugal.

Las Cabreras de Trebeio, que es en la Orden de Sanct Johan cabo deste monte de Elias, es buen monte de osso et de puerco en yuierno et en verano. Et es la bozeria en çima del Arroyo del Castaño. Et es el armada en la Toruiscosa.

La Cabeça de Villa Alua es buen monte de puerco en verano. Et es la bozeria en el camjno que va de Çilleros a Villa Alua. Et es el armada en el rrobredo contra la Ribera de Elia.

La Sierra de Çilleros es buen monte de osso et de puerco en todo tienpo. Et es la bozeria de la parte de la Sierra de Sanct Pedro. Et es el armada en el Alcor-nocosa, [fol. 265r] en el camjno que viene de Çilleros para Perales.

San[c]ta Maria de la Peña es buen monte de oso en yuierno et en verano. Et es la bozeria por cima de la Sierra de Sancta Maria. Et son las armadas la vna en el Valle de Aguilar, et la otra en el Alcornocosa.

El monte del Casar de Pauia es buen monte de osso et de puerco en yuierno et en verano. Et son las bozerias la vna en çima del Lagañoso, et la otra del cabo de los Moljnos de Brita Peñas. Et son las armadas la vna al casar de Pauia, et la otra a la casa de don Arias.

El monte de Peñas Ruujas es bueno de osso et de puerco en yuierno, et aun en verano. Et es la bozeria del cabo de la sierra, et la otra del cabo de la Ribera de Elia. Et son las armadas la vna a Peñas Ruuias, et la otra del cabo de la Dehesa de Benauente.

Menuegas es buen monte de puerco en yuierno et en verano, et es la bozeria contra la Sarça. Et es el armada al Piçarroso, en la Riberia de Elia.

Castiel de Regosa es buen monte de puerco en yuierno et en verano. Et es la bozeria escontra Peña Fiel, et escon-[tra] [fol. 265v] la Sarça. Et es el armada en la cañada que viene para la Sarça.

Piedras Aluas es buen monte de puerco en yuierno et en verano. Et es la bozeria del cabo de la Puente de Segura, allende del agua. Et son las armadas la vna contra Estornjños, et la otra contra el Aluergeria en el camjno de Piedras Aluas.

El azebuchar que es entre Alcantara et Estornjños es buen monte de puerco en yuierno et en verano. Et non a bozeria. Et es el armada contra la Moheda.

El monte de la Mata es bueno de puerco en verano, et a las vezes en yuierno. Et es la bozeria allende Taio contra Çecrauin. Et es el armada en la Ribera de Fresneda.

[S]alorino es buen monte de puerco en yuierno, et aun en verano. Et son las bozerias la vna en çima de Salorino, et la otra en el Salor. Et es el armada en el Camjno de la Varca, que va para Çinta.

Las Rodelladas es buen monte de puerco en yui-erno [fol. 266r] et en verano, et non a bozeria. Et es el armada contra la Sierra de Sanct Pedro.

La Sierra del Cañaueral, que es sobre Portizuelo, es buen monte de puerco en verano et a las vezes ay osso. Et es la bozeria por çima de la sierra. Et es el armada en el camjno que viene del cañaueral contra Grimaldo.

Las Garrouiellas es buen monte de puerco en yuierno et en verano, et a las vezes ay osso. Et es la bozeria en el camjno que viene del casar para las Garrouiellas. Et es el armada escontra la Cabeça de Araya sobre el camjno que va para las Garrouiellas.

La Çafrra de Bien Partida, que es en termjno de Caçres, es buen monte de puerco en tienpo de panes et en tienpo de la lande. Et es la bozeria contra el Camjno del Arroyo del Puerto, que viene para Caçres. Et es el armada en el camjno que viene de Caçres a Bien Partida.

La Mata de Fernandiello es buen monte de puerco en yuierno et en verano. Et es la bozeria contra el Puerto de Ferrera. Et es el armada contra la Sierra del Esparragal, en çima de las casas de don Sauastian.

Las Mestas de Alburre et de Sseu es buen monte [fol. 266v] de puerco en yuierno et en verano. Et es la bozeria en çima de amas las rriberas. Et es el armada en los moljnos a la rribera.

La Ribera de Arrela es buen monte de puerco en yuierno et en verano. Et es la bozeria en fondon de la Ribera de Orela, ante que entre en Taio. Et es la armada en çima de la bozeria contra Taio.

Las Çedadorias es buen monte de puerco en yuierno et en verano. Et es la bozeria contra la Morera, et es el armada contra la Ladera de Mayorga en el camjno que viene de Mayorga para las Çedadorias.

La Ladera de Mayorga es buen monte de puerco en yuierno et en verano. Et es la bozeria por çima de la sierra contra Exoa. Et es el armada contra el aldea de Alcorne en la rribera.

El monte de la Cebolla es bueno de puerco en yuierno et en verano. Et es la bozeria contra el monte de la Sarça, por que non pase al dicho monte de la Sarça. Et son las armadas la vna en la Ribera del Salguero; et la [otra] contra Mayorga en el monte de Mayorga, et el de la Çebolla.

La Sarça es buen monte de puerco en todo tienpo. Et [fol. 267r] es la bozeria entre el monte de la Sarça et el de la Çebolla. Et es el armada contra la Ribera del Salguero.

El monte de la Torre Agena es bueno de puerco en verano, et a las vezes en yuierno. Et este non a bozeria. Et es el armada contra las Cortes, en el camjno que va para Badaioz.

Las Atalayas Ruuias es buen monte de puer[co] en yuierno, et non a bozeria. Et es el armada contra la Sierra de Sanct Pedro en el camjno que va de Alborquerque para el Aliseda.

[fol. 267v]

[fol. 268r] Capitulo xxij°, de los montes de tierra de la Orden de Sanctiago.

El Arroyo del Fresno, que es entre Caçalla et Guadalcanal, es buen monte de puerco; et a las vezes ay osso. Et es buen monte de yuierno et en el comienço del verano. Et es la bozeria desde en par de la casa de Joh[a]n Royz fasta en asomante de la casa de Sancho Garçia, el carnicero, por çima del Arroyo del Fresno. Et son las armadas entre la casa de Sancho Garcia et el Rio de Benalixa, et es otra armada en cima de la casa de Sancho Garçia, cerca de la bozeria.

El tamuioso que es entre Guadalcanal et Azuaga es buen monte de puerco en yuierno et en el comienço del verano, et a las vezes ay osso. Et non ay bozeria, saluo monteros quel fablen de en çima de las Cabeças del Guiio. Et son las armadas en el enzjnal que es entre este monte et los bodegones que estan en el camjno, desde el colmenar que fue de Pero Garcia de Magaz por el Arroyo del Tamuioso ayuso.

El monte de la Parrilla es buen [fol. 268v] monte de puerco. Et a las vezes ay osso en yuierno, et en el comienço del verano. Et es la bozeria por el çerro que es entre el Rio de Benalixa et la Senda de las Roças, fasta en derecho de la Cabeça del Catalan. Et son las armadas la vna al colmenar de Sancho Muños, et la otra al colmenar de Maria Esteuan.

El Alcornocal de la Sierra de Montanjes es buen monte de osso en verano et en tienpo de las osseras. Et es la bozeria por cima de la cunbre de la sierra. Et es el armada en el collado que [esta] en el camjno que viene de Arroyo de Moljnos a la sarçuela, que non passe contra los montes de la sarçuela.

El Atalaya de Ramos es buen monte de puerco en yuierno et en tienpo de panes. Et non a bozeria niguna, sy non omnes que esten en çima de la Cabeça del Atalaya para que deseñen a qual parte va el venado. Et son las armadas la vna al colmenar de la huerta, et la otra a la peñuela cabo la foçeziella, et la otra al enzjnar.

El monte del Albuhera, de sobre la casa de Fernant Gonçales, es buen monte de puerco en tienpo de panes. Et es la bozeria por çima de la ladera de la sierra. Et son las armadas la vna [fol. 269r] en el collado que es entre este monte et la Cabeça de Ramos, que non torne a la Cabeça de Ramos; et la otra en los Prados del Albuhera; et la otra al enzjnar.

Las Tiendas es buen monte de puerco en tienpo que a lande, et en tienpo que a panes. Et es la bozeria allende del arroyo. Et son las armadas la vna a los casareios, et la otra catante las tiendas.

El Ssoto de Johan Anton, que es entre Amas Aguas, es buen soto de puerco en verano. Et non a bozeria. Et es el armada en la naua que es a la punta del ssoto, que non passe al Soto de Couillana.

El Soto de Couillana es buen monte de puerco en verano. Et es la bozeria entre este soto et el Soto de Lobon, que non pase al Soto de Lobon. Et es el armada en la punta deste ssoto.

El Ssoto de Lobon es buen ssoto de puerco en verano. Et es la bozeria en este mismo logar desta otra bozeria, catante contra Lobon, por que non passe al Soto de Couillana. Et es el armada en el puntal del ssoto a las Varranqueras.

[fol. 269v] La Sierra de Cola Monte la Mayor es buen monte de puerco en yuierno, et en tienpo de panes. Et sy yoguiere el venado de contra Merida, es la bozeria en el camjno que viene del almendral para Merida fasta en çima de la sierra; et la otra por çima de la sierra. Et es el armada al pie del Lomo de Cola Monte. Et sy yoguiere del otro cabo de la ladera catante la casa del Tripero, es la bozeria en este camjno mjsmo que viene del almendral para Merida fasta en çima la sierra; et otrosy, catante a la casa del Tripero. Et es el armada pasante el arroyo en çima de las casas del Tripero.

Cola Monte la Pequeña es buen monte de puerco en yuierno, et en tienpo de panes. Et son las bozerias la vna por çima de la sierra; et la otra en el camjno, que non pase contra Alhaçen. Et es el armada entre este monte et Cola Monte la Mayor.

Las Cabeças de Ceruera es buen monte de oso en yuierno et en tienpo de las colmenas, et ay sienpre puercos. Et es la bozeria desde la huerta fasta el Rio de Mata Chel, que non vaya el rrio ayuso. Et son las armadas la vna en Cabeça de Hatos, et las otras en el Camjno de Sseuilla.

Sierra de Pinos es buen monte de osso et de puer-co [fol. 270r] en yuierno. Et son las bozerias la vna por çima de la sierra fasta el collado, et la otra desde el collado fasta en cabo de la sierra, et la otra por el camjno ayuso fasta en cabo del monte. Et es el armada a las nauas que son cabo del camjno que va a la puebla.

Monte de Rey es buen monte de osso et de puerco en yuierno. Et son las bozerias la vna por la senda que va entre la sierra et el monte, que non pase contra la sierra; et la otra en el camjno que va de la puebla a Fornachos, que non pase contra Sierra de Pjnos. Et es el armada entre la Cabeça de la Calera et el monte, allende del arroyo; et que este vna atalaya en çima de la Cabeça de la Calera que deseñe a do fuere el venado.

El monte de las Colmenas del Alcayde es buen monte de osso et de puerco en yuierno. Et son las bozerias la vna por çima de la cunbre, et la otra en el Camjno de Fornachos que va a Monte de Rey. Et son las armadas la vna en los quemados de sobre el arroyo, que non pase contra Machicas; et la otra deyuso de la Cabeça de la Calera, que non pase contra la Fuente del Corchon.

La Dehesa de Fornachos es buen monte de puerco en yuierno et en verano. Et es la bozeria en el camjno que va de Valençiuela a Fornachos. Et sson [fol. 270v] las armadas la vna en la senda que viene de Fornachos a las colmenas do se ayuntan los camjnos, et la otra en el camjno asomante a Fornachos. Pero que pongan canes en los collados de la sierra a espaldas del armada, que aun que pase del armada que lo tornen.

Uellitas es buen monte de puerco en yuierno et en tienpo de panes. Et non a bozeria, saluo que esten omnes en la cunbre del monte que deseñen a do va el venado. Et son tres armadas: las dos al rrio, et la otra en cima de la cañada contra Machicas. Et que este vn omne con canes de rrenueuo que deseñe en el atalaya en derecho del Hato de Vellitas.

Machicas es buen monte de osso et de puerco en yuierno, et en tienpo de panes. Et non a bozeria, saluo que esten omnes en la cunbre del monte, que non pase al monte del Canpiello. Et son las armadas la vna en la naua que es en cabo del angostura en par del camjno que viene de Sanct Martin, et la otra a los casares de Ruy Martines. Et a mester en çima de la cunbre omnes que deseñen a do va el venado.

El monte de Val de Canpiello es buen monte de oso et de puerco en tienpo de la lande. Et es la bozeria por çima del camjno que va a Santa Maria de las [fol. 271r] Posas. Et es el armada deyuso deste camjno que va a Sancta Maria de las Posas contra Peña Loual. Et otra bozeria a las espaldas desta armada en el altura, que aun que pase del armada quel tornen otra vez al armada.

El Arroyo de la Figera et la Lapa es todo vn monte, et es bueno de osso en yuierno. Et es la bozeria por Albufuteyna, que es entre Amas las Sierras. Et son las armadas las vnas en el camjno que vien de Fornachos al Canpiello, et las otras a las nauas que estan en cabo del camjno.

El Sserreion de la Fuente del Corchon es buen monte de osso et de puerco en yuierno. Et son las bozerias la vna por çima del Sserreion, et la otra en el camjno que va entre y et la Sierra del Fornachos. Et son las armadas la vna en la Fuente del Corchon, et la otra al arroyo contra Machicas.

La Mata del Arroyo del Tamuioso, a par de Sancta Maria de las Entradas, es buen monte de puerco en yuierno. Et a las vezes ay osso. Et es la bozeria por el camjno del rretamar fasta el asomada del aldea. Et son las armadas la [fol. 271v] vna a la Fuente del Corchon, et la otra a Sancta Maria de las Entradas.

Mata Llana es buen monte de puerco en yuierno. Et es la bozeria desde la Naua de la Dehesa del Alcayde fasta el Roñal. Et son las armadas el arroyo ayuso que es contra la Cabeça de Çeruera.

La Huerta del Maestre, que es cabo Fornachos, es buen monte de puerco en yuierno.

[fol. 272r] Estos montes son de tierra de la Orden de Alcantara. Et por que estan juntos con estos montes de tierra de la Orden de Sanctiago, posiemos los aqui abueltas dellos:

Algale es buen monte de osso et de puerco en tienpo de la lande. Et es la bozeria por çima del collado fasta el camjno que viene de la figera para el Camjno de las Posas. Et es el armada en el arroyo deyuso del camjno que viene de las Posas.

El monte de Fernant Peres es buen monte de puerco en yuierno et en verano. Et son las bozerias la vna contra la Sierra de Ortiga, en Vera del Monte; et la otra contra la Caruonera. Et es el armada entre el monte et el aldea que dizen de Fernant Peres.

Ortiga es buen monte de puerco en yuierno et en verano. Et son las bozerias la vna contra la Caruonera, et la otra contra la Sierra de Ortiga. Et es el armada en las rradas de medio.

Seio Veio et el monte de la Lapa es todo vn monte, et es bueno de puerco en yuierno et en verano. Et son las bozerias contra el aldea de Fernant Peres. Et son las armadas en el camjno que vien de la Guarda.

La Sierra de Johan Peres es buen monte de osso et de puerco en yuierno et en verano. Et [fol. 272v] es la bozeria por cima de la sierra. Et son las armadas la Assoiuela, camjno de Guadalcanal; et la otra entre la Sierra de Johan Peres et la Cabeça de la Palma, en el camjno que va a la Peraleda.

La Ssierra del Gato es buen monte de puerco en yuierno. Et son las bozerias la vna contra la Sierra de Lora en el camjno de Siuora, et la otra commo sale del Rencon fasta el Enzjnareio de Guadalcanal. Et sson las armadas la vna en el Enzjnareio del Rencon, camjno de Siuora, et la otra en la Naua de Fagundo.

La Ssierra de Lora es buen monte de osso et de puerco en yuierno, et algunas vezes en verano. Et es la bozeria por çima de sierra. Et son las armadas la vna a la huerta vieia, et la otra contra el Forniello.

El monte de Castoria es buen monte de puerco en yuierno et en verano. Et non a bozeria. Et son las armadas la vna contra Ben Querençia, et la otra en el Val de Hamin.

La Menjarada es buen monte de puerco en yuierno et en verano. Et es la bozeria a las espaldas del armada. Et es el armada en la Cañada de la Menjorrada.

Despierna Cauallos es buen monte de puerco en yuierno [fol. 273r] et en verano. Et son las bozerias a espaldas del armada, et la otra por çima de la ssierra contra Almorchon. Et son las armadas la vna en la Naua de Menga Velasco, et la otra contra la Menjarada.

La ssierra que es sobre Cabeça del Buey es buen monte de osso en yuierno. Et son las bozerias la vna por el camjno de Moneçir, que va de Cabeça de Buey a Gahete, et la otra por el Puerto de Hojuerta, et la otra por çima de la cunbre de la ssierra. Et son las armadas la vna en la Naua del Aliso, et la otra en el lomo que esta catante el Puerto de Hojuerta.[34]

[L]a Ssierra de Naua Çerrada et el Toroço de Mala Moneda, que es cabo la Cabeça del Buey, es todo un monte; et es bueno de osso en yujerno. Et sson las bozerias la vna por çima de la ssierra, et la otra por el Arroyo del Buey ayuso fasta el Toroço de Mala Moneda; et la otra por Naua Çerrada ayuso, que non passe al Toroço Mayor. Et son las armadas la vna en la Cabeça de la Brama, et las otras diuso del Camjno de Naua Çerrada.

Et en este monte Nos acaesçio de soltar un lunes a un buen osso, et soltole Gonçalo de Alborquerque; et cuydaron todos que era pequeño. Et era bueno, et andudieron los monteros et los canes con el todo el dia; et maguer ouo dos fferidas pequeñas, non lo pudiemos matar este dia. Et de que vino la noch, fueron dexando los canes si non vnos quinze que estudieron con el ffasta la media noche en el Arroyo del Buey. Et Pero Carriello con pieça de monteros ffincaron essa noche en el monte, et Nos tornamos a la Cabeça del Buey esta noche. Et de la media noche adelante, de los quinze canes que estauan con el dexaron todos, [fol. 273v] ssi non seys que estudieron con el fasta las dos partes de la noche. Et quando vino contra la mañana, dexaron todos si non vna perra, Tudela, et vn can que dizen Hermjtaño. Et otro dia, martes, enbiamos monteros que diessen traujessas para fallar la yda d'el; et fallaron la a do dizen las Morras, et pusieron luego en ella vnos diez canes. Et erraron todos ssi non Çertero, el que guarda Pasqual Peres de las Roças, et ssalido el que guarda Benjto de Ssant Martin. Et despues tomaron la yda otros monteros, et ffueron fasta do vieron que estauan con el estos dos canes ladrando lo; et ally dieron le vnos diez o doze canes, et andudiemos con el todo el dia ffasta ora de biesperas. Assi que duro la monteria deste osso que non murio desd'el lunes ffasta el martes, a ora de biesperas, quel matamos entre la Cabeça del Buey et Madroñjz.

Et ffasta aqui tienen los de tierra de Alcantara.

[fol. 274r]
[fol. 274v]
[fol. 275r] El monte que es cerca del Castiello de Rina, que llaman los Vagos, es buen monte de osso, señalada mjente en tienpo que ay vuas. Et es la bozeria por çima de la cunbre. Et son las armadas la vna al arroyo, et la otra al colmenar.

La Ladera de Agua de Toca es buen monte de puerco en tienpo de panes, et a las vezes ay osso en tienpo de las vuas et de los panes. Et es la bozeria por çima de la cunbre de la sierra. Et son las armadas al arroyo; et es otra armada en el cabeçuelo que esta allende del arroyo.

Ual de Fuentes es buen monte de puerco en yuierno.

La Cabeça de Auila, et el Piçarroso, et el Azeueda de Gua-dames, [fol. 275v] et Cabeça Fermosa es todo vn monte; et es bueno de osso et de puerco en yuierno.

Las Chamoras es buen monte de osso et de puerco en todo tienpo. Et es la bozeria desde el Arroyo del Moro fata la Cabeça de Llorenço. Et son las armadas la vna al Arroyo del Moro, et las dos en Val de la Cigueña. Et otra bozeria desde la Cabeça del Enzjna fasta Val de la Grua. Et que esten canes de rrenueuo et omnes que deseñen en las Cabeças de las Chamorras.

La Sierra del Venero es buen monte de osso et de puerco en yuierno.

El Arroyo de Corcheros es buen monte de puerco en yuierno, et a uezes ay oso en tienpo de las colmenas. Et es la bozeria desde el Arroyo de Corcheros fasta la naua que esta camjno del jun-car. [fol. 276r] Et son las armadas en derredor del monte cabo Monte Moljn.

La Sierra de Hayon es buen monte de puerco en yuierno, et a vezes ay osso. Et son las bozerias la vna desde los

Veneros fasta la senda que ua de Guadalcanal a las casas de don Berenguel; et la otra bozeria es entre los guijos et esta sierra, sobre el moljno de Alfonso Peres. Et que esten omnes que deseñen en cima de la cunbre. Et son las armadas la vna a la Xara de Cordouilla, et la otra a Sancta Maria de Lara, et la otra deyuso del moljno de Alfonso Peres.

La Xara de Domingo Fidalgo es buen monte de osso et de puerco en todo tienpo. Et es la bozeria desde la Fuente Fria, por el camjno que vien de Guadalcanal fasta Talaguera. Et son las armadas la vna en el çerro de sobre la Fuent Fria, et las otras en la cunbre que es entre este monte et el azebuchal.

Los Guijos de Tras Sierra son dos montes, et son buenos de osso en yuierno. Et son las bozerias la vna al cabo del monte del Guijo Menor, que es contra Guadalcanal; et la otra a la punta del Guiio Mayor, que es contra Monte Moljn, que non pase a Villa Çelubre; et la otra por el camjno que vien por entre amos estos montes. Et que esten canes de rrenueuo et omnes que deseñen en las [fol. 276v] cabeças de los guijos. Et son las armadas en las nauas que son en estos montes et la Sierra de Hoyon.

El monte del Rencon es bueno de osso et de puerco en verano. Et es la bozeria onde nasçe el Arroyo del Moro. Et son las armadas la vna a la casa de Clemeynte, et la otra al Rencon.

[Uilla Çelunbre] es buen monte de osso et de puerco en todo tienpo. Et es la bozeria desde diuso del castiello fasta la senda que va al juncar. Et son las armadas en derredor del monte.

Castiel de Culuebras es buen monte de osso en yuierno, et en tienpo de panes et de colmenas. Et son las bozerias la vna desde Castiel de Culuebras fasta en cabo de la ssierra, por çima de la cunbre; et la otra desde Castiel de Culuebras fasta que tope en el camjno que desçende de la sierra al colmenar. Et son las armadas la vna en las rroças del colmenar, et la otra deyuso del colmenar, et la otra en la loma que esta sobre el arroyo.

Ual de la Madera, cabo Sancta Maria de Tudia, es buen monte de puerco en yuierno et en tienpo de panes. Et non a bozeria, saluo omnes que deseñen [fol. 277r] en lo mas alto del monte. Et son las armadas enderredor del monte.

El Arroyo del Moro es buen monte de oso et de puerco en yuierno et en tienpo de las colmenas. Et es la bozeria desde la Naua de Yuan del Ojo fasta la Dehesa del Maestre. Et es el armada entre Sancta Julla et el monte.

El monte de Sancta Julla es buen monte de puerco en yuierno, et a uezes ay osso. Et es la bozeria de parte de la Sierra del Cucharero. Et es el armada de parte de Sancta Julla.

El monte de las Marismjllas es buen monte de osso et de puerco en yuierno. Et es la bozeria desd'el Cortijo, et por Castriel de Culuebras fasta en çima del Arroyo del Moro. Et es el armada en el Toril.

El monte de cabo Segura es buen monte de osso en tienpo de los panes. Et otrosy, en tienpo de las vuas.

[fol. 277v] El Arroyo de Sancta Maria es buen monte de osso et de puerco en yuierno.

La Cabeça del Aguila, que es cabo Calilla, es buen monte de puerco en tienpo de panes; et a las vezes ay osso. Et es la bozeria por çima de la cunbre. Et son las armadas la vna en la cabeça que esta sobre el Hermita de Sanct Pedro, et otra al arroyo. Et la otra al enzjnar, que non pase a la Dehesa de Sanct Olalla.

La Xara del Arroyo del Tirado et el Alcornocosa es buen monte de osso et de puerco en verano. Et es la bozeria por el Camjno de Mal Cozjnado fasta la Fuente de Mal Cozjnado. Et son las armadas la vna a la Senda del Montes, et la otra al Alamo.

El monte de la Sierra del Quexigar es buen monte de puerco en verano. Et es la bozeria por cima de la sierra. Et son las armadas la vna a la casa de Johan Royz,[35] et la otra a la casa de Domingo Martin del Postigo.

[fol. 278r] El Tamujoso es buen monte de puerco en todo tienpo. Et es la bozeria a la casa de Garçi Peres Ballestero. Et son las armadas enderredor del monte.

La Cabeça del Catalan es buen monte de puerco en verano, et a las vezes ay oso; et es la bozeria por çima de las veredas fasta la maiada de Marj Esteuan. Et son las armadas enderredor del monte.

El monte de la Dehesa del Castaño es buen monte de puerco en yuierno, et a vezes ay oso. Et son las bozerias la vna desde la senda que viene de la Cabeça de la Vaca fasta la naua, et la otra por el lomo. Et son las armadas enderredor del monte en las nauas.

La Sierra de Despierna Cauallos, que es cabo el Oliua, es buen monte de osso en yuierno. Et son las bozerias la vna en el puntal de la sierra del camjno que va de Arroyo de Palomas al Oljua; et la otra por la senda que viene del Oliua et atrauiesa la sierra, et va al colmenar de Gonçalo Ferrandes. Et son las armadas en la senda que sale del Camjno Vera de la sierra et ua a la naua, et la otra en la naua. Et omnes con canes que deseñen en los portiellos de la sierra.

[fol. 278v] La Cabeça de la Lauor, que es cabo el aldea del Oliua, es buen monte de puerco en jnuierno.

[fol. 279r] **Capitulo xxiijº, de los montes de tierra de Badaioz, et de Xerez Badaioz.**

Monsalut es buen monte de puerco en todo tienpo. Et es la bozeria por çima de la sierra. Et son las armadas la vna en el lomo de sobre el arroyo, et la otra a la fuente.

La sierra de sobre la Parra es buen monte de puerco en todo tienpo, et es la bozeria por çima de la sierra.

El Soriano es buen monte de puerco en todo tienpo.

La Gineta es buen monte de puerco en todo tienpo, et es la bozeria de parte de Oliuençia. Et son las armadas en el camjno que va a Villa Nueua et a Uarca Rota. Et canes de rrenueuo en los collados de la sierra.

[fol. 279v] El monte de Sanct Bartolome es buen monte de puerco en tienpo de panes, et non a bozeria. Et es el armada en el prado, que non pase a la Dehesa de Monbrales.

La Ladera de Bobrales es buen monte de puerco en todo tienpo, et non a bozeria. Et son las armadas la vna al arroyo, et la otra al alcornocal.

El alcornocal de cabo Xerez es buen monte de puerco en yuierno.

El monte de la Çierua es buen monte de puerco en yuierno.

El monte de Sanct Blas es buen monte de puerco en yuierno.

[fol. 280r] La Cabeça de Moncarche es buen monte de puerco en todo tienpo. Et non a bozeria, saluo omnes que esten en cima de la cabeça para deseñar. Et son las armadas al arroyo.

La sierra de cabo Oliuençia es buen monte de puerco en yuierno. Et es la bozeria por çima de la cunbre de la sierra. Et es el armada al puntal de la sierra, que non pase contra la Gineta.

Las Medjanas, que estan entre Oliuençia et Julumeña, son buenos montes de puerco en yuierno. Et non a mester bozeria, saluo que entren buscas por amos los montes. Et son las armadas en medio de amos los montes. Et leuantado en qual quier dellos, an de rrecodir los venados a las armadas, por que son en medio de los montes. Et son de rre[co]rrer amos en vn dia, ca non fincarie y venado en ninguno dellos para otro dia, por que rroydo que se feziese en el vn monte farie salir los venados para el otro monte.

[fol. 280v]
[fol. 281r]

[fol. 281v] **Capitulo xxiv°, de los montes de tierra de Seuilla, et de Niebla, et de Gibra Leon.**

La Dehesa de Cala es buen monte de puerco en yuierno, et a las vezes ay osso en tienpo de los panes et de las vuas. Et es la bozeria por çima del çerro que va por medio del monte. Et son las armadas la vna en las nauas del valle, et las dos al collado que esta en el camjno que va de Cala a Sanct Olalla, et [...]

La Dehesa de Sancta Olalla es buen monte de puerco en yuierno, et a las vezes ay osso en tienpo de los panes et de las vuas. Et es la bozeria en el camjno que va de Sancta Olalla al Realeio. Et son las armadas la vna en las nauas que son entre esta dehesa et la de Cala, et la otra al guyjuelo de sobre el arroyo.

La Sierra del Cucharero es buen monte de puerco en yuierno.

[fol. 282r] El Arroyo del Crespin es buen monte de oso et de puerco en yuierno. Et son las bozerias por çima de la cunbre del vn cabo, et del otro. Et son las armadas al Arroyo del Crespin en la boca del valle.

El Marmol es buen monte de puerco en yuierno, et a vezes ay osso.

El Castreion de los Cabrones, que es en el Coruiello, es buen monte de oso en el yuierno et en tienpo de las colmenas. Et son las bozerias la vna desde la casa de Teiada fata las Veredas del Marmol, el rrio arriba de Cala, et Val de Cala arriba fasta que junten con la bozeria del Camjno del Canpillo; et la otra desde el Vado del Coruillo, el camjno arriba fasta la boca de Val de Cala; et que junten con esta otra bozeria. Et son las armadas entre los Canbronales et el Coruillo.

El monte de la Ribera de Buerua es bueno de puerco en yuierno, et a vezes ay osso. Et es la bozeria allende [fol. 282v] del rrio, de la parte de Guillena catante el rrio fasta en derecho del Colmenar del Beçudo. Et es el armada ençima del Colmenar del Beçudo.

El Helechoso es buen monte de puerco en yuierno, et non a bozeria saluo rrenueuos en los cabeços del monte. Et es el armada en el llano que es entre este monte et el Coruiello.

La Dehesa de Guillena es buen monte de puerco en yuierno, et en tienpo de panes.

Los Valles, de cabo de Haznalcolla, es buen monte de puerco en yuierno.

[fol. 283r] El Arroyo de las Torres, que es cabo Gorena, es buen monte de puerco en yuierno; et en tienpo de panes, et en tienpo de vuas.

El Carcauoso es buen monte de puerco en yuierno. Et es la bozeria en el Camjno de Seuilla, que esta sobre el Carcauoso. Et es el armada en la loma que es entre el Carcauoso et el Arroyo de las Torres.

Siete Arroyos, que yaze cabo Fazcardiel, es buen monte de puerco en yuierno; et a las vezes ay osso.

La Dehesa de Castriel Blanco es buen monte de puerco en yuierno. Et son las bozerias la vna desde los Arrehanales fasta Çamoreta, et la otra desde la Fuent Fria fasta el Alcaranosa, et la otra en el Camjno de [fol. 283v] la Plata. Et son las armadas en el Camjno de Sanct Benjto.

Los valles de sobre Viar son buenos montes de oso et de puerco en yuierno, et en tienpo de los panes et de las vuas. Et acaescio Nos vn dia de soltar a vna ossa en este monte, et era en el mes de mayo. Et podia ser tercia quando le soltaron, et andudo con los canes fasta el sol puesto, que nunca le podieron ferir. Et quando queria anocheçer, ouo vna ferida pequeña; desi metiose a vn valle muy espeso, en guisa que non la podiemos matar esa noche. Et desque viemos que Nos tomo alli la noche, çercamos aquel valle enderredor et fezjemos fuegos, lo vno por escalentar Nos, et lo otro por que rrecelase de salir del valle; et estodieron los canes con ella fasta el tercio de la noche.

Et del tercio de la noche adelante, dexaron la todos los canes que estauan con ella, et venieron se para los fuegos do

Nos estauamos, saluo vn can nuestro que llaman Viado, que estido con ella fasta çerca de los maytines. Desy por la friura de la mañana que venja, ouo a dexar; et vjno se a vno de aquellos fuegos que estauan en derredor. Et desque viemos que non fincaua can niguno con ella, esperamos fasta que vjno la mañana.

Et desde que amanescio, tomamos tiento alli a do dexaron los canes, et posiemos en el rrastro a vn can nuestro que dizen Vaquero. Et leuaualo en la trayella Die-go [fol. 284r] Llorenço, que lo guardaua estonçe. Et auia la leua[n]tado este can el dia de ante, et auia andado con ella fasta el primero sueño. Et fue en el rrastro della fasta el Rio de Viar, que auia bien media legua. Et desde que llego al rrio, non se detouo, et paso allende; et el montero en pos el anado que lo leuaua en la trayella. Et desque fue allende del rrio, tanxo de rrastro. Et desque oyemos que tanje de rrastro, fuemos Nos para el et leuamos le vnos ocho canes. Et viemos que el can que se quexaua en la trayella, por que la sintia açerca, et mandamos que lo soltase.

Et fue la ladrar a do estaua en la Dehesa de Cantillana. Et desque viemos que estaua con ella et la ladraua, diemos le aquellos otros ocho canes. Et mouieron la de alli do estaua, et andodieron con ella fasta el medio dia, que la matamos en la Ladera de Montorcaz. Et por tales monterias commo estas quando acaesçen, prouamos Nos que si los monteros porfian bien et los canes non dexaren, que non ay al si non acabar se de mas sy los monteros saben la tierra.

El Arroyo de los Ballesteros es buen monte de puerco en yuierno et en tienpo de panes.

[fol. 284v] El Arroyo del Gardon, que esta ssobre la Huerta del Gardon, es buen monte de puerco en yuierno; et a uezes ay osso.

El Arroyo del Tamujoso es buen monte de puerco en tienpo de panes, et a las vezes ay osso.

La Cabeça et el Arroyo del Cincho, et la maiada de Domingo Açanar, et el Rencon del Milano, et el Alcornocosa, et el Risco Trauieso es todo vn monte; et es bueno de osso en yuierno et en el comienço del verano. Et son las bozerias la vna por allende del Rio de Viar desde la maiada de Bolsa de Fierro, Viar ayuso, fasta las casas de Esteuan Peres el Vieio; et la otra desde estas casas, de Bolsa de Fierro por çima del Alcornocosa fasta el Collado del Rencon de la Figuera; et la otra desde la Cabeça del Çincho por çima de la cunbre, et la cunbre ayuso fasta Viar en derecho de las casas [fol. 285r] de Esteuan Peres. Et son las armadas la vna a do se ayuntan los dos arroyos del Çincho, deyuso de la cabeça de en medio; et las otras dos armadas son en el collado que es entre la Cabeça del Çincho et Risco Trauieso. Et que esten rrenueuos en el çerro que es entre el Arroyo del Çincho et el Alcornocosa, por que fagan yr el venado el arroyo arriba. Et la primera vez que corriemos este monte, matamos en el vn osso de los buenos que nunca viemos fasta aquel dia.

El Rencon de la Figuera es buen monte de osso en yuierno. Et son las bozerias la vna allende del Rio de Viar enderecho, desde Bolsa de Fierro fasta en derecho de la Canchosa; et la otra por çima de la cunbre sobre este monte fasta el rrio; et la otra bozeria es por çima del çerro que es entre este monte et Val Fondo, por la senda que va al rrio fasta que tope en la bozeria del rrio. Et son las armadas a la boca deste valle.

[fol. 285v] Estos montes son entre la Puebla del Jnfante et Costantjna:

El monte de los Aguiiones es buen monte de osso en yuierno.

Ual de Ynfierno es buen monte de osso en yuierno. Et son las bozerias la vna por la senda que vien de Siete Filla a Costantjna, por çima del Valle de Jnfierno; la otra por la cunbre de la mesa. Et que esten rrenueuos en los Cabeços de Val de Jnfierno. Et son las armadas en el camjno que va de la puebla a Costantina.

La sierra que es entre Siete Filla et Val de Jnfierno es buen monte de osso en yuierno.

[fol. 286r] Gibra Loriga es buen monte de osso en yuierno.

La Foz de Rio Tortiello es buen monte de osso en yuierno.

La Ladera del Madroñal es buen monte de osso en yuierno.

El monte de Cibdadeia es buen monte de osso en yuierno.

[fol. 286v] El monte de Marzacana es buen monte de osso en yuierno.

El monte de la Maiada del Vaquero es buen monte de osso en yuierno.

La Mesa es buen monte de osso en yuierno.

El monte del Arroyo del Puerco, que es cabo el bodegon que es entre Villa Nueua et Costantjna, es buen monte de osso en yuierno. Et son las bozerias en el camjno que va de Villa Nueua a Costantjna. Et son las armadas en el sendero [fol. 287r] que va de Costantjna a Lora.

La Dehesa de la Puebla del Jnfante es buen monte de puerco en yuierno et en tienpo de las uuas, et en tienpo de la vellota. Et sson las bozerias la vna desde el Tamujoso, por çima de la sierra catante a Gibraloriga fasta el esparragal; et la otra desde el puerto del camjno de la puebla, por Val del Jnfierno fasta el Enzjnar de Villa Nueua. Et son las armadas la vna al Enzjnar de Villa Nueua, et la otra al rrebenton del camjno de la puebla.

El Arroyo de Sanct Benito es buen monte de puerco en yuierno et en tienpo de panes, et a uezes ay osso.

El Arroyo del Romeral es buen monte de puerco en yuierno, et a uezes ay osso. Et son las bozerias la vna en cima de la garganta, que non passe contra Castriel Blanco; et la otra [fol. 287v] en el çerro que es entre este arroyo et Ssiete Arroyos, que non pase a Ssiete Arroyos. Et son las armadas las dos al rrio, la vna enderecho de la Dehesa et la otra en derecho de los Bodegones; et la otra en el Cabeço de los Restroios.

El monte que es entre la Dehesa et los Bodegones, que llega fasta el Rio de Viar, es bueno de puerco en yuierno. Et son las bozerias la vna por allende del rrio que esta en derecho deste monte, et la otra en el camjno desde en derecho de los Bodegones fasta en çima del Arroyo Tamuioso. Et son las armadas la vna en el Paso del Arroyo Tamuioso, que es entre este monte et la Dehesa, et la otra en el camjno que vien de los Bodegones a la Dehesa en derecho de las cabeçuelas.

La Dehesa de Monte Gil, que es entre los Bodegones, es buen monte de puerco en yuierno et aun en verano. Et son las bozerias la vna en el camjno que va de Cantillana a Monte Gil, et la otra desde el bodegon que esta allende del rrio fasta en derecho de la Defesa, por allende del rrio. Et son las armadas la vna a las peñuelas, et la otra al arroyuelo que va topar en el rrio, et la otra al Arroyo Tamuioso.

Las Dehesas de Cantillana [fol. 288r] et el Arroyo de Trogiello es todo vn monte. Et es bueno de puerco en tienpo de las vuas et en yuierno, et a las vezes ay osso en tienpo de las colmenas et de las vuas. Et son las bozerias la vna desde Montorcas, por çima de Sierra Trauiesa fasta el Rencon del Mjlano; et la otra por el camjno que va de Cantillana fasta Puerto Ruuio, pasante los Bodegones. Et que esten algunos allende el Rio de Viar, por que non vaya el venado desfurtado. Et son las armadas la vna en el Çerro de la Cordellera del Arroyo de Trogiello, et la otra sobre la Huerta de Fuent Luenga, et la otra a las Callejuelas.

La Ladera de Montorcad es buen monte de puerco [MS P₃] en tienpo que ay panes nueuos e en tienpo de vuas. [MS P₃] E son las bozerias la vna [...]

El monte del Portogales, que es cabo Monte Gil, es buen monte de puerco en yuierno. Et son las bozerias la vna desde en derecho del Castiello de Monte Gil, por cima del camjno et por la cunbre fasta las cabeçuelas; et por las cabeçuelas fasta Naua Redonda. Et son las armadas la vna a Naua [fol. 288v] Redonda, et la otra a los Barreros, et la otra al arroyo que esta diuso del castiello.

El monte de Naua Redonda es buen monte de puerco en yuierno. Et es la bozeria por cima del Çerro de Naua Redonda, et otros omnes que esten allende del rrio. Et es el armada en la Garganta del Menbrillo.

La Dehesa del Pedroso es buen monte de puerco en yuierno. Et son las bozerias la vna desde la maiada de los fijos de Johan Baruosa fasta en çima de Vperar; et la otra desd'el Camjno de Montorcaz, por çima de la cunbre fasta el Atalaya de Monte Gil. Et es el armada en las Cabeças Mesadas, que son entre la Foya del Minbre et el Cubiello.

Ual Fondo es buen monte de osso et de puerco en yuierno. Et son las bozerias la vna desde el rrencon de la figera, por çima de la cunbre fasta las colmenas de Alfonso Martin, et la otra desde las colmenas de Alfonso Martin fasta las Menbriellas. Et es el armada en la Senda de los Caruoneros.

El Arroyo de las Truchas et el Arroyo del Palo es todo vn monte, et es bueno de osso [fol. 289r] et de puerco en yuierno. Et son las bozerias la vna desde la Fuente Rina, por el camjno de Sanct Njcolas fasta do nasçe el Arroyo de las Truchas, et la otra desde la Fuente Rina por las veredas fasta las Nauas. Et son las armadas la vna a la Fuente Rina, et las dos a las Nauas.

La Sierra de las Nauas es buen monte de osso et de puerco en todo tienpo. Et son las bozerias la vna desde el Arroyo del Palo fasta el camjno que va de Costantjna a Sanct Njcolas; et la otra deste cabo de Huesna, el rrio ayuso fasta el açeña de Pasqual Gil de Alanjs. Et son las armadas la vna a la quinteria de Johan Garcia, et la otra al Arroyo de las Truchas.

La Ssierra de Sanct Xristoual es buen monte de osso en yuierno.

El monte de la Lanchosa es bueno de osso en todo tienpo. Et son las bozerias la vna en el Arroyo de la Lanchosa de la parte de Val [fol. 289v] Fondo, et la otra en cima de los çerros a par del Camjno de Monte Moljn. Et son las armadas la vna en el puerto del Camjno de Monte Moljn, et la otra sobre las colmenas de Alfonso Martin.

La Ladera de Sancta Maria de Aguas Sanctas es buen monte de osso en tienpo de panes et de vuas. Et es la bozeria por çima de la cunbre. Et son las armadas la vna en Sancta Maria de Aguas Sanctas, et las dos al puntal de la sierra sobre el arroyo.

El Castelleio es buen monte de oso en yuierno et en tienpo de las vuas. Et es la bozeria en el camjno que va de Costantjna a Sanct Njcolas, et omnes que deseñen en los cabeços del castelleio. Et an de estar tres armadas de alanos en la rribera del rrio a trechos, que se vean vnos a otros. Et que esten canes de rrenueuo en la Cunbre de Huesna, et ay otra armada en las nauas.

La Paltrota es buen monte de oso en yuierno. Et son las bozerias la vna al Canpallar, et la otra desde la Cabeça del Aio fasta Huesna. Et son las armadas la vna al açeña de Alfonso Martin, et la otra en la naua que esta en çima de la cunbre.

[fol. 290r] El Arroyo del Çiruelo et la Sierra de Gibral Rayo es todo vn monte, et es bueno de osso en yuierno et en verano. Et son las bozerias la vna desde la Fuente del Castañar, por çima de la Sierra del Negriello fasta la Torreziella, et desde la Torreziella fasta Naua Longuiella; et la otra desde la Naua del Collado fasta Naua Redondiella, et desde Naua Redondiella fasta Naua Longuiella. Et es el armada a la Naua del Rebollar.

La Fuente de Rina es buen monte de oso en yuierno. Et son las bozerias la vna desde Huesna, el arroyo arriba fasta la Fuente de Rina; et la otra desde el Rencon de las Nauas de Huesna por el Çerro del Arroyo del Palo, et por las veredas fasta el Castañar de Escuria. Et es el armada en las cabeças de las veredas.

Piedra Buena, que es cabo Costantina, es muy rreal monte de osso en yuierno et en tienpo de panes. Et son las bozerias la vna por allende del Arroyo de Bona Gil fasta el Arroyo de Seuilla, et la otra por [fol. 290v] allende del Arroyo de la Uilla fasta que tope en el Arroyo del Castelleio. Et sson las armadas la vna al colmenar de Martin Garcia, et la otra al castelleio allende del arroyo, et la otra al enzjnar.

Bona Gil es buen monte de puerco en yuierno, et a vezes ay osso. Et son las bozerias la vna por allende de los quemados por las Caruoneras, fasta que tope en el Camjno Vieio de Seuilla. Et son las armadas las dos al Camjno de Seuilla, et otra al colmenar de Martin Garcia.

El Montezillo de Pero Carriello es buen monte de puerco en yuierno, et a vezes ay osso. Et son las bozerias la vna desde la Punta de Huesna et del Arroyo de la Uilla fasta los Cabriles, et la otra desde Bona Gil fasta Huesna. Et es el armada en el Camjno de Dos Hermanas, que va al carrasca de Fernant Porcarizo.

Los Cabriles es buen monte de osso en yuierno. Et son las bozerias la vna desde Bona Gil, por çima de la cunbre fasta los Cabriles de Huesna; et la otra desde la Fuente del Pelliguero, por cima de la cunbre catante a Vesna fasta la Naual Fresno; et la otra desde la Naua del Fresno fasta el Arroyo de Majelhjmar. Et es el armada en el Canpo de Reyella.

[fol. 291r] El monte del Arroyo de Maialhjmar et la Ribera de Huesna, que es sobre Villa Nueua, es buen monte de osso en yuierno. Et son las bozerias la vna desde en fondon de los Cabriles, catante al Rio de Huesna, que non pase este rrio contra Viar; la otra desde en fondon de la rroça de Migel Peres de Costantjna, et por la cunbre de la Cabeça de la Tabla del Fresno, et por la Senda de Reyella que va a Costantjna, tenjendo Huesna a las espaldas et los rrostros contra el Arroyo de Maialjmar, que non pase a los Cabriles; et la otra por el Camjno de Seuilla.

El Arroyo de los Puches es buen monte de oso et de puerco en yuierno. Et son las bozerias la vna desde la mesa fasta el Torreion Mayor, et la otra el Arroyo de Puches arriba. Et son las armadas por las veredas que van de Puches al enzjnar.

El monte de Reyella es buen monte de oso et de puerco en yuierno.

[fol. 291v] El monte de cabo Ssiete Ffilla es buen monte de osso en yuierno et en tienpo de panes.

El Porrinoso et Guadalbacar es todo vn monte, et es bueno de osso en todo tienpo. Et son las bozerias la vna entr'el Porrinoso et el camjno que va para la Puebla del Jnfante; et la otra desd'el armada de Guadalbacar, fasta el Camjno de la Puebla del Jnfante. Et son las armadas la vna en el Camjno de la Puebla del Jnfante, et la otra en Guadalbacar en fondon del monte.

El monte de sobre Lora es buen monte de puerco en yuierno, et en tienpo de vuas.

[fol. 292r] El Cañaueral de la Torrentera: ay puerco en el a las vezes en verano.

El Arroyo de Guadalbardiella es buen monte de puerco en yuierno; et es monte llano, et non a bozeria njn armada ninguna sy non aguardar los canes por saber a qual parte va el venado, por que es buen monte de andar.

El monte de la Serrezuela, que es allende de Seuilla, es buen monte de puerco en yuierno.

El Arroyo de Sanct Johan et el Arroyo del Coneio es todo vn monte, et ay sienpre puerco en yuierno.

[fol. 292v] La Xara del Forniello es buen monte de puerco en yuierno.

La Xara de Mures, que es en el Axarafe, es buen monte de puerco en yuierno.

La Xara de Vtrera es buen monte de puerco en yuierno. Et non ay bozeria ninguna por que es la tierra llana, saluo que vayan dos de cauallo con cada busca et que oyan los canes. Et faziendo esto seguiendo el venado, puede lo ay matar, por que es la tierra buena de andar.

[fol. 293r] El monte que dizen la Xarilla de Mosquete, que es cabo las Cabeças de Sanct Johan, es buen monte de puerco en yuierno et en tienpo de los panes.

La Xara de Viñuelas, que es cabo Alcala de Guadayra, es buen monte de puerco en yuierno.

La Xara del Rey es buen monte de puerco en yuierno. Et este non a bozeria, saluo omnes que estan en çima de los cabeçuelos del monte por deseñar. Et que este rrenueuo en el camjno que va de la Torre del Aguila a la xara de Garcia Gomez. Et son las armadas la vna en el casar, et la otra al arroyo, et la otra entre este monte et la Torre del Bollo.

[fol. 293v] La Xala de Garcia Gomez es buen monte de puerco en yuierno. Et este non a bozeria. Et es el armada entre esta et la Xara del Barnete.

La Xara del Barnete es buen monte de puerco en yuierno, et es la bozeria por çima de la cunbre de la xara. Et son las armadas al arroyo.

La Xara de Gaellim es buen monte de puerco en yuierno.

Los Cañauerales de Guadalete son buenos de puerco en verano. Et en el cañaueral que sopieren que esta el puerco, pongan la bozeria a la punta del cañaueral, et es el armada a la otra punta.

La Ladera de Matrera es buen monte de puerco en yuierno. Et es la bozeria por çima de la cunbre de la ladera deste monte. Et son las armadas al enzjnar.

[fol. 294r] El Espinar de Alcaudete, que es cabo Matrera, es buen monte de puerco en yuierno. Et es la bozeria por cima de la cunbre deste monte. Et son las armadas al arroyo del vn cabo del arroyo, et del otro. Et otra en el camjno que va de Matrera a Zahara.

El espinareio que es cabo este monte que desuso auemos dicho es buen monte de puerco en yuierno. Et es la bozeria por çima de la cunbre deste monte. Et son las armadas la vna en el Camjno de Zahara, et la otra entre este monte et el Pinar de Alcaudete.

En tierra de Niebla ay vna tierra quel dizen las Roçinas, et es llana, et es toda sotos, et ay sienpre y puercos. Et son de correr desta guisa: poner la bozeria entre vn soto et otro en lo mas estrecho, et poner el armada al otro cabo en lo mas ancho. Et non se puede correr esta tierra si non en yuierno muy seco, que non sea lluuioso. Et la rrazon por que, por que ay muchos tremedales en yuierno lluuioso; et en verano non es de correr, por que es muy seca et muy dolentiosa. Et señalada mjente, son los meiores sotos de correr cabo vn yglesia que dizen Sancta Maria de las Ro-çinas, [fol. 294v] et cabo otra eglesia que dizen Sancta Olalla.

La Xara del Cañuelo, que es cabo Moron, es buen monte de puerco en yuierno. Et es la bozeria desde la Cabeça de la Mata del Maestre fasta en cabo de la dehesa de Gutier Royz. Et es el armada en la dehesa de Gutier Royz.

El Alameda es buen monte de puerco en yuierno.

El monte que es cabo la Cabeça de Montufar es buen monte de puerco en yuierno.

Naua Fermosa es buen monte de puerco en yuierno.

[fol. 295r] La onbria que es cabo Ssantiago de Chiste es buen monte de puerco en yuierno.

La Porquera de Espera es buen monte de puerco en yuierno.

Estos montes son enderredor de Arcos:

La Foz de Santitar es buen monte de puerco en verano.

[fol. 295v] Bañuelos es buen monte de puerco en verano.

[F]ayn es buen monte de puerco en verano.

La Xara del Obispo es buen monte de puerco en verano.

[fol. 296r] Heliches es buen monte de puerco en verano.

Uediello es buen monte de puerco en verano.

La Xara Redonda de Johan Biuas es buen monte de puerco en yuierno.

El monte de Dos Hermanas es bueno de puerco en verano.

[fol. 296v] La Foz de Guillena es buen monte de puerco en yuierno.

El Bodonal de Gil Gomes es buen monte de puerco en verano.

El Labadin es buen monte de puerco en verano.

[fol. 297r] Atrera es buen monte de puerco en verano.

La Xara de Algar es buen monte de osso et de puerco en verano. Et es la bozeria en cabo de la foz, que non pase contra la Sierra de las Cabras. Et por que es el monte grande, a mester que esten monteros con canes para rrenouar; et para que deseñen, que digan a qual parte quiere yr el venado. Et son las armadas en la ladera del alcornocal.

[fol. 297v]

[fol. 298r]
[fol. 298v]

[fol. 299r] En tierra de Gibraleon ay estos montes:

El monte del Atalaya de don Quiles et del Arroyo del Valle es buen monte de osso et de puerco en todo tienpo. Et son las bozerias la vna entre el atalaya et la mesa, et la otra desde las vjñas fasta el Camjno de Aroche. Et son las armadas la vna en el arroyo del valle que es en somo de la maiada, et la otra çerca del atalaya.

El monte de la Mesa es buen monte de osso et de puerco en todo tienpo. Et son las bozerias la vna desde el Rio de Odiel fasta la mesa, et la otra desde la mesa fasta Odimeta, et la otra en el monte de Masegoso. Et son las armadas la vna en la mesa, et la otra entre la maiada del valle et la mesa en el canpiello, et la otra en el Camjno de Aroche.

Ay otro monte que cae de la otra parte de la Ordimeta, et es buen monte de osso et de puerco en todo tienpo. Et son las bozerias la vna desde la Ordimeta fasta la [fol. 299v] maiada de Martin Gomez, et la otra en las Espaldas, de contra Odiel. Et es el armada en las Corteziellas.

El monte que es entre Amas Aguas de las Ordimetas es bueno de oso [et] de puerco en todo tienpo. Et son las bozerias la vna desde la maiada de Johan Ysquierdo por entre Amas Aguas fasta la Bramjlla, et la otra desde el Charco de las Mestas fasta la Fuente de la Brama. Et son las armadas la vna en el rrencon de Fernant Alfonso, et la otra en la Bramiella.

El monte del Alamo es bueno de oso et de puerco en todo tienpo. Et son las bozerias la vna desde la corte del Alamo fasta la corte de Llorenço Alfonso, et la otra desde la corte de Llorenço Alfonso fasta el Guijo de las Buytreras, et la otra desde las Buytreras fasta la Fuente del Couo. Et son las armadas la vna a la corte del Alamo, et la otra a la corte de Llorenço Alfonso, et la otra en la Vega del Charco de los Carrizos.

El monte de las Cabeças de Domingo del Alamo es buen monte de puerco en todo tienpo. Et son las bozerias la vna por el Camjno del Leon fasta el Lanchoso, et la otra desde el Alamo fasta el Rencon. Et son las armadas la vna en la corte del Alamo, et la otra en el Rencon.

[fol. 300r] El monte del Leon, que es entre el Charco de la Ossa et la maiada, es buen monte de oso en todo tienpo. Et es la bozeria en medio del monte, por que es grande. Et las armadas de fuera del monte, et muchas.

El monte de la Sierra del Forno es bueno de oso et de puerco en todo tienpo. Et son las bozerias la vna al agua de la sarçuela del Camjno de Villa Nueua del Canpo, que va al Alozno; et la otra a la Fuente de la Palma. Et son las armadas la vna al varçeal, et la otra a las Dos Hermanas.

El monte del Puntal de Naua Mulera es bueno de osso et de puerco en todo tienpo. Et es la bozeria desde la maiada de Duran Garçia fasta el canpo. Et es el armada en los Çimajos del Lanchoso, que cae çerca del Guijo del Alcantariella.

El monte de la corte de los Ballesteros, que llaman de Pay Sardjna, es todo vn monte; et es bueno de osso et de puerco en todo tienpo. Et son las bozerias la vna en la corte de Alfonso Gallego, et la otra en la corte de los Ballesteros, et la otra en la corte del Moral. Et son las armadas la vna en la corte de Pay Sardjna, et la otra en la Cañada del Tomjello.

[fol. 300v] El monte de don Bueso es bueno de osso et de puerco en todo tienpo. Et es la bozeria desde el Charco de Bruna fasta el Alcaria de Margarida. Et son las armadas la vna en la corte de Pay Sardjna [MS *P₃*] *al Alcaria de la Figuera*, et la otra a la maiada de la Borralla.

El monte de Pimjenta es bueno de osso et de puerco en todo tienpo. Et es la bozeria desde Pimjenta fasta la majada del Gaujlan. Et son las armadas la vna en las Quebradas, et la otra en la corte de Mal Atado.

El monte de Aben Mofon es bueno de osso et de puerco en todo tienpo. Et son las bozerias la vna en el Camjno de Ayamonte fasta el Rio de Piedras, et la otra del otro cabo del Rio de Piedras. Et es el armada en la Cañada de Aben Mafon.

El monte de Arca de Buey, que es en la costa de la mar, es buen monte de puerco en todo tienpo. Et son las bozerias la vna a las Lagunas de Arca de Buey, et la otra al estero de don Gil, et la otra al estero de la Corte, et la otra desde las Torrenteras de Cartaya fasta la corte de Arias Martin. Et es el armada al estero de don Gil.

[fol. 301r] El monte del Rencon de Per Yañes Toscano es bueno de puerco en todo tienpo. Et son las bozerias la vna desde la Cabeça de Alffonso de Sera fasta la mar, et la otra en el Arroyo de Aliaraque. Et es el armada en Val de Sanct Anton.

El monte del Almedjna es bueno de puerco en todo tienpo. Et es la bozeria en el Camjno del Aljaraque, et otra en el Arroyo de Aliaraque. Et son las armadas la vna en Tarracona, et la otra en el Val de Sancta Maria.

El monte de la Mezquita es buen monte de puerco en todo tienpo. Et es la bozeria desde la corte de Maria Frada fasta las veredas del Bresno de Çereso. Et son las armadas la vna en el Bresno, et la otra en el Val de Johan d'Aponte.

El monte de Tarracona es buen monte de puerco en todo tienpo. Et es la bozeria en el Camjno de Aliaraque. Et son las armadas la vna en Tarracona, et la otra en Val de Sancta Maria. Et en este monte Nos acaesçio de matar vn puerco, el mayor que nunca viemos.

El monte del Rencon del Çodo es buen monte de puerco en todo tienpo, et ay osso a las [fol. 301v] vezes. Et son las bozerias la vna en la Mesa de Naua Mulera, et la otra en el alcor de la huerta de don Johan. Et son las armadas la vna en el Rencon del Çodo, et la otra a la Laguna de Talauerano.

[fol. 302r]
[fol. 302v]

[fol. 303r]
[fol. 303v]

[fol. 304r] **Capitulo xxvº, de los montes de tierra de Cordoua.**

La Ladera de Montiella es buen monte de puerco en yuierno. Et es la bozeria por çima de la cunbre. Et es el armada en el collado.

La Mata de Vrraca es buen monte de puerco en yuierno, et non a bozeria. Et es el armada al casareio.

La Dehesa de Monte Mayor es buen monte de puerco en yuierno. Et son las bozerias la vna por çima de la cunbre, et la otra en el camjno que va de la Ranbla a Aguilar. Et es el armada en los Prados de Dos Hermanas.

El Soto de Picancho es buen monte de puerco en yuierno, et non a bozeria. Et es el armada a la Torrontera.

En los Cañauerales ay puerco en verano, et non a bozeria. Et es el armada entre el vn cañaueral et el otro.

[fol. 304v] La Matiella es buen monte de osso et de puerco en yuierno, et en tienpo de vuas. Et son las bozerias la vna por la Senda Nueua, que va por cima de la cunbre; et la otra al alcornocal, que non pase contra Fornachuelos. Et son las armadas la vna al colmenar, et la otra a las cabeçuelas, et la otra en par de la torre.

El monte de Guadacabriellas es buen monte de osso et de puerco en yuierno, et en tienpo de vuas. Et son las bozerias la vna guardar le que non pase a Guadiato escontra la sierra, et la otra guardar le que non passe al monte de la Matiella. Et son las armadas la vna en çima de la casa del co[l]menar; et la otra a do se cruzan las sendas nueuas; et la otra a la boca del valle, que non pase contra la sierra.

Los Valleios del Casar de la Bastida es buen monte de puerco en todo tienpo, et es este monte çerca Cordoua la Vieia.

[fol. 305r] Guadarroman es buen monte de puerco en yuierno.

La Dehesa de Hornachuelos es buen monte de osso en yuierno.

El Rio de Guadiato es buen monte de osso en yuierno.

[fol. 305v] El Villar de Assensio es buen monte de osso en yuierno.

Enderredor de Montoro ay buenos montes de oso et de puerco en yuierno.

[fol. 306r] El monte del Alfondiguiella et el monte d'Oneio es todo vn monte; et es bueno de osso en yuierno et en tienpo de las vuas, et aun de puerco. Et son las bozerias por çima de la sierra del vn cabo et del otro, fasta que se ayunten en Peña Ruuja. Et son las armadas la vna al portezuelo do se cruzan las sendas de los colmenares, et las dos al rrio.

Peña Roya es buen monte de osso en yuierno. Et son las bozerias la vna desde el Bodonal de Peña Roya fasta en çima de la cunbre, et la otra desde en çima de la cunbre fasta Cabeça Fermosa, que non pase a la cunbre de la Naua del Abbat. Et son las armadas la vna a la Senda de los Loseros a par del Barrero, et la otra a do apuertan las veredas al Arroyo de Peña Roya.

Las Cabeças de Peña Garçia es buen monte de osso et de puerco en yuierno. Et son las bozerias la vna desde las Caleras por el Camjno de Gahete fasta el pozo de Gil Gomez, et la otra desde la Vera del Monte por el Camjno de Finoiosa fasta el Arroyo de Torote. Et que esten en çima de las cabeças omnes que deseñen. Et es el armada por la senda desd'el Camjno de Finoiosa fasta el pozo de Gil Gomez.

[fol. 306v] La Sierra de don Oria es buen monte de osso en yuierno. Et son las bozerias la vna desde las Carchuñjellas por el camjno que vien de Gahete a la Fuente Ouejuna fasta la Venta Vieia, et la otra desd'el Puerto del Rencon de Peres fasta la Naua del Patudo. Et son las armadas por la senda de las casas de Anton Peres fasta la Naua del [Patudo]. Et en çima de la cunbre de la sierra, que esten monteros que deseñen.

La Sierra del Patudo es buen monte de osso en yuierno. Et son las bozerias la vna desde la Venta Vieia por el camjno que va de la Fuente Ouejuna a Gahete fasta Oio del Canpo, et la otra desde las veredas que salen de la Naua del Patudo fasta el Galapagar. Et son las armadas la vna en la Naua del Patudo, et la otra en el rrisco de la otra parte.

La Sierra Quadrada es buen monte de oso en yuierno. Et son las bozerias la vna desde la Venta Vieia por el Camjno de Gahete fasta el canpo, et la otra desde la Naua del Alcauala por la senda que va de Puerto Quemado fasta el canpo. Et son las armadas la vna en la Solana de la Sierra, et la otra del otro cabo en el colladiello de la sierra asomante al Galapagar. Et que [fol. 307r] esten omnes que deseñen con canes de rrenueuo en çima de la sierra por el cerro de la cunbre, por que sy quisiere[n] tomar la de ençima, quel derriben ayuso.

La Ssierra de Alioza es buen monte de osso en yuierno. Et son las bozerias la vna desde la Naua del Alcauala por la Senda de Puerto Quemado fasta el Canpo del Galapagar, et la otra desde las Nauas de Cataljna por el Camjno de Monte Ruuio fasta la Fuente de Alioza. Et son las armadas la vna en la Solana de la Sierra en la Cabeça del Cornocaleio, et la otra a la Posada de la Lançera.

Las Calaueruelas, que son cabo la Ffuent Ouejuna, es buen monte de osso en yuierno.[36]

La Sierra del Donadio es buen monte de osso en yuierno. Et son las bozerias la vna desde la vera del monte de Val de Maderos por el camjno de Monte Ruuio fasta las Nauas de Cataljna, et la otra desde la Posada de Garçia Gonçales por la senda que sale a las Nauas de Cataljna. Et son las armadas la vna en el colladiello de la senda que va a la Posada de G[arçi] Gonçales, et la otra en el Val de las Graias.

La Sierra de la Grana es buen monte de osso en yuierno. Et sy yoguiere el venado en la Naua del Car[a]ço o en Val de la Moneda, es la bozeria des-de [fol. 307v] el Castiello de la Sierra de la Grana por cima de la cunbre fasta Naual Villar, que non pase al onbria. Et son las armadas la vna a la Cabeça del Armada del Rey, et la otra a la Naua del Caraço. Et sy yoguiere en la onbria, es la bozeria desde este castiello por çima de la cunbre ffasta la Posada de Johan Migel. Et que tengan los rrostros contra el rrisco de la Naua de Pero Peres. Et son las armadas en la senda que va de Naual Salzeio a la Posada de Johan Migel. Et que esten monteros que deseñen en los rriscos de la Naua de Pero Peres; otrosy, que esten monteros con canes de rrenueuo en el collado de asomante a la Posada de Johan Migel et del Armada del Rey.

Monte Oliueti es buen monte de osso en yuierno. Et son las bozerjas la vna commo va el camjno de la casa de Johan Gil que va [a] Azuaga fasta el canpo. Et son las armadas la vna commo ua el camjno de la casa de Johan Gil fasta el Arroyo del Cañaueral, et la otra al Arroyo del Açor. Et que esten monteros que deseñen en el Atalaya del Azuchen.

La Dehesa del Castiello de Madroñjz es buen monte de puerco en yuierno. Et es la bozeria desde el Castiello de Madroñjz por çima de la cunbre fasta el ca-mjno [fol. 308r] de ençima que sale al portizuelo. Et son las armadas al rrio en el Camjno de Canpilla.

La Ssierra de los Sanctos, que es çerca del Castiello de Viandar, es buen monte de osso en yuierno et en el comienço del verano. Et son las bozerias desde la senda que se desuia a las casas de Johan Escriuano por el camjno fasta las Nauas de doña Rama; et el camjno adelante fasta en asomante a la Posada de Diego Alfonso por el çerro ayuso, fasta que llegue al arroyo que sale de la posada del dicho Diego Alfonso; et por allende deste arroyo ayuso, fasta que llegue al canpo de las foyas de doña Sancha. Et que tengan los rrostros contra la Sierra de los Sanctos, por que non pase el venado contra las Cunbres de Fresnedoso. Et que esten monteros en cima de la Sierra de los Sanctos, que deseñen. Et son las armadas la vna en el Foyo de Viandar, et la otra en las Nauas de doña Rama.

Peña Roya es buen monte de osso et de puerco en yujerno. Et sson las bozerias la vna entre la Sierra de Peña Roya et la Sierra de Escarga Colleras, et la otra por çima de la cunbre de la sierra. Et son las armadas entre la Sierra del Almaden et Castiel Sseras, [MS *Palacio*] *e la otra por çima de la cunbre de la sierra. E son las armadas al Almaden.*

[L]a Sierra del Almaden es buen monte de osso et de puerco en yujerno. Et son las bozerias la vna por entre la Sierra del Almaden et Castiel Sseras, et la otra por çima de la cunbre de la sierra. Et son las armadas en la huerta de Rodrigo Alffonso.

[fol. 308v] La Ssierra de Chillon es buen monte de osso et de puerco en yujerno. Et son las bozerias la vna por entre la Ssierra de Chillon et la Sierra del Ffornjello, et la otra por çima de la cunbre de la ssierra. Et son las armadas a la huerta de Rodrigo Alffonso.

[L]a Ssierra del Azeytimo, et la Sierra del Ffornjello, et la Dehesa de la Puebla de Chillon es todo un monte; et es bueno de osso et de puerco en yujerno, et en tienpo de las vuas. Et sson las bozerias la vna a la hoz, que non passe a la Ssierra de Chillon, et la otra por çima de las cunbres destas ssierras, et la otra por çima de la cunbre del çerro de la dehesa. Et son las armadas la vna a la Cabeça Ruuja, et la otra a las Nauas de la Xara de Pero Baruan.

El azebuchar que es diuso de la casa de Aluar Gonçales es buen monte de puerco en yuierno et en tienpo de panes. Et es la bozeria por cima de la cunbre catante el rrio. Et son las armadas al Rio de Guadarmes.

El monte de Azuaharon es buen monte de puerco en yujerno. Et non a bozeria, ssaluo que esten algunos [omnes] en la cabeça para desseñar. Et son las armadas la vna al arroyo, et la otra en cabo del ssoto.

[MS *P₃*] *La Dehesa del Fornillo e la Dehesa de la puebla de Chillon es todo vn monte, e es bueno de puerco en ynvierno e en tienpo de panes. E son las bozerias la vna por el sendero que viene de la puebla del Chillon a la hoz, e que tengan los rrostros contra la foz, que no le dexen passar a la Syerra del Azeytuno; e la otra por çima de la cunbre de la Syerra de Fornillo. E que esten rrenueuos en el camjno que vjene de la puebla de Chillon a Capilla; otrosy, que esten canes que deseñen en el Çerro de don Diego en la Syerra del Fornillo. E son las armadas en las navas que son entre la Fuente de don Diego e la Syerra del Mançano.*

[fol. 309r] El monte de Naua Redonda es bueno de osso en yuierno. Et son las bozerias la vna que vaya por el camjno que va de la Finoiosa a Belmez fasta Naua Redonda, et del camjno que vaya por la naua ayuso fasta la de Martin Peres del Pozuelo. Et que rrecuda fasta ençima de la cunbre que esta en çima del pozuelo, et que vayan por la cunbre fasta la Cañada Real. Et a Parada del Rey es en la naua.

Castiel de Cabras, que es rribera de Guadarmes, es buen monte de osso et de puerco en yuierno et en el comje[n]ço del verano.

[fol. 309v] Cabeça Enzjnosa, que es Dehesa de la Finoiosa, es buen monte de osso et de puerco en todo tienpo. Et non a bozeria saluo omnes que deseñen en çima de las cabeças. Et son las armadas en las nauas de enderredor del monte.

Cabeça Mesada, que es cabo el monte de Naua Redonda, es buen monte de osso en yuierno et en el comienço del verano.

La Garganta del Robre, que es en la Sierra de Sanct Eufimja, es buen monte de osso et de puerco en yuierno.

El Ssaladiello et la Sierra de Calderin es buen monte de osso et de puerco en yuierno et en el comienço del verano. Et es la bozeria desde el [fol. 310r] colmenar de don Gil el Moço por el colladiello et por çima de la cunbre fasta el Rio Saladiello. Et que este rrenueuo de canes en el colladiello. Et son las armadas en Val de Fernando.

La Cabeça del Cuete et la Xara del Rey, que es cabo la Finoiosa, es buen monte de osso et de puerco en todo tiempo. Et es la bozeria por el camjno que viene de la Ffinoiosa al Galapagar. Et que esten omnes que desseñen en la cabeça, et canes de rrenueuo en las veredas que vienen por medio destos dos montes; et otros canes de rrenueuo en la Cabeça de la Xara del Rey, et otros rrenueuos al rrio. Et son las armadas la vna en el angostura, et la otra en la naua diuso de la Cabeça del Cuete, et la otra en las veredas que uan a Sanct Benito.

[MS *P₃*] *La Syerra del Azeituno es buen monte de osso e de puerco en ynvierno, e en el comjenço del verano. E son las bozerias la vna por el camjno que va de la puebla de Chillon [a] Aznaharon, e la otra por çima de la cunbre de la syerra. E son las armadas al portezuelo del Fornillo.*

Ual Parayso es buen monte de puerco en yuierno, [MS *P₃*] *e en el comjenço del verano.* et en el comienço del verano. Et son las bozerias la vna por el camjno que va de la puebla al Contadero fata el Arroyo de Arrouiel, et la otra por el Collado del Aliseda fasta el Arroyo de Arrouiel. Et son las armadas en este arroyo mesmo.

La Dehesa de doña Eluira es buen monte de osso et de puerco en yuierno.

[fol. 310v] El Valle de Domingo Mingez es buen monte de osso et de puerco en yuierno.

El monte de los Forcaiuelos, que es çerca de Naua de Oueio, es buen monte de osso et de puerco en yuierno.

La Naua del Çieruo es buen monte de osso et de puerco en yuierno.

[fol. 311r] La Naua del Abat es buen monte de oso et de puerco en yuierno et en el comienço del verano.

Las Nauarras es buen monte de osso et de puerco en yuierno et en el comienço del verano.

La ortizuela que es cabo Cueros et la casa de Anton Royz es buen monte de osso et de puerco en yuierno.

[fol. 311v] El Rencon de Peres es buen monte de osso et de puerco en yuierno et en el comienço del verano.

La Sierra de Tolote es buen monte de osso et de puerco en yuierno et en el comie[n]ço del verano.

El Roncadero es buen monte de osso et de puerco en yuierno. Et son las bozerias la vna desde la Posada de Sancho Sanches por la senda que va a la Posada del Zarco, et la otra desde la Posada del Zarco fasta la Ortizuela. Et es el armada en Cabeça de Oueia.

[fol. 312r]
[fol. 312v]

[fol. 313r] En tierra de Estepa ay estos montes:

[MS *P₃*] *Capitulo de los montes de tierra de Estepa.*

El monte de Corcoya es buen monte de osso en tiempo de las vuas.

El monte de Cañaueraleio es bueno de puerco en todo tienpo.

La Sierra de las Yeguas es buen monte de puerco en todo tienpo.

[fol. 313v] El Villareio de Domingo Martin es buen monte de puerco en todo tienpo.

La Mata de la Grana es buen monte de puerco en todo tienpo.

El Monte de la Cantera es bueno de puerco en todo tienpo.

[fol. 314r] La Dehesa del Canpo del Gallo, que es en medio del camjno que va de Eceja a Estepa, es buen monte de puerco en todo tienpo.

Entre Montoro et Anduiar ay muy buenos montes de osso.

[fol. 314v]

[fol. 315r] En termino de Çuheros ay estos montes:

[MS *P₃*] *Capitulo de los montes de termjno de Çueros.*

El monte de la Fuent Fria es bueno de osso et de puerco en todo tienpo.

El monte de la Fuente de la Sarça es bueno de osso et de puerco en todo tienpo.

El monte de las Nauas de la Senda Çerrada es bueno de osso et de puerco en todo tienpo.

[fol. 315v] El monte de la Senda del Palancar es bueno de osso et de puerco en todo tienpo.

El monte de la Sierra de Santa Maria del Puerto es bueno de osso en todo tienpo.

El monte de la Senda del Panjzar es bueno de osso et de puerco en todo tienpo.

[fol. 316r] El monte de la Naua del Adalil es bueno de oso et de puerco en todo tienpo.

[fol. 316v]

[fol. 317r] **Capitulo xxvj°, de los montes de tierra del Obispado de Jahen, [MS *E₁*] *et del Regno de Murçia, et de tierra de Alcaraz.***

Entre Jahen et Marcos ay estos montes:

El madroñal que esta sobre la Puente de Rio Frio [...]
El monte de Carchena [...]
El monte del Ssoto del Milano [...]
[fol. 317v] El monte del Rio de Biuoras [...]
La Ladera de la Sierra del Canpanario, que es deyuso de la Torre del Estrella et la Foz de Quadros, es todo vn monte; e es bueno de oso en yuierno. Et son las bozerias la vna desde la cañada del rrobredo fasta la Torre del Estrella, et la otra de la Torre del Estrella fasta el Camjno del Aluerquiella; et el camjno ayuso fasta el Collado del Aluerquiella. Et que este rrenueuo de canes en el Lomo de la Carruca. Et es el armada en el Collado del Aluerquiella.

El monte de cabo Torres es buen monte de osso en yuierno.

[MS *Palacio*] *Sierra Morena es buen monte de osso e de puerco en jnujerno.*

El Costellar de Ruy Garçia es buen monte de osso e de puerco en jnujerno.

Arroyo Çereso es buen monte de osso e de puerco en jnujerno.

La Sierra de Chirjcales es buen monte de osso e de puerco en jnujerno.

La Sierra de Hoyo Quemado es buen monte de osso e de puerco en jnujerno.

La Sierra del Azdreda es buen monte de osso e de puerco en jnujerno.

[fol. 318r] La Sierra de Barranco Ruuio es buen monte de osso et de puerco en yuierno.

La Sierra de Monte Agudo es buen monte de osso et de puerco en yuierno.

La Sierra de Val de Carniçero es buen monte de osso et de puerco en yuierno.

[fol. 318v] La Sierra de Naua Luenga es buen monte de osso et de puerco en yuierno.

La Sierra de los Oios de Rio Frio es buen monte de osso et de puerco en yuierno.

El monte del Madroñal es buen monte de oso et de puerco en yuierno.

[fol. 319r] La Garganta de [MS *Palacio*] *don* Velasco es buen monte de puerco en yuierno.

Hoçeçiella es buen monte de puerco en yuierno.

Alcolehuela es buen monte de puerco en yuierno.

[fol. 319v] Los Barrancos de Mata Ossos es buen monte de oso et de puerco en yuierno et en el comienço del verano.

Ortolança es buen monte de puerco en yuierno et en el comienço del verano.

Los Ladernales es buen monte de oso et de puerco en yuierno et en el comienço del verano.

El Val de Tolosa es buen monte de oso et de puerco en yuierno et en el comienço del verano.

[fol. 320r] El escorial de cabo Tolosa es buen monte de oso et de puerco en yuierno et en el comienço del verano.

Los Cuellos es buen monte de puerco en yuierno et en el comienço del verano. Et non a bozerias çiertas, ssy non rrenueuos de canes en los cabeços del monte, et son las armadas en los collados de la cunbre.

El monte de la Guijosa es buen monte de puerco en yuierno et en el comienço del verano.

[fol. 320v] El Azebuche es buen monte de puerco en yuierno et en el comienço del verano.

El Escorial de Baños es buen monte de puerco en yuierno et en el comienço del verano.

Mata Morque es buen monte de puerco en yuierno et en el comienço del verano.

[fol. 321r]
[fol. 321v]

[fol. 322r] En derredor de Canbil ay estos montes:

El monte de Maiatriença es bueno de oso et de puerco en yuierno. Et son las bozerias la vna desde el lomo en çima de Lopera, catante a Huelma, fasta el lanchar de ençima de Collar; et la otra desde el Barranco del Salado fasta el Angostura del Gallin. Et son las armadas la vna en la Senda de Sauastian Peres, et la otra contra la Sierra de Frontin.

El monte de Villa Nueua es bueno de osso et de puerco en yuierno. Et es la bozeria desde la Senda Pitiellos fasta la boca del Almahanaca. Et son las armadas la vna en el villar de Lopera, et la otra a los Barrancos de Frontin.

El monte de Bercho es bueno de osso et de puerco en yuierno. Et son las bozerias la vna desde la Senda d'Atariate fasta la texeda, et la otra desde la Senda d'Atarrante fasta la Senda del Palo, et la otra desde el Atalaya del Palo fasta las Cordelleras del Bercho. Et es el armada en Vazia Talegas.

[fol. 322v]

[MS *P₃*] *Estos son los montes del Reyno de Murçia.*

[fol. 323r] [E]n tierra de Lorca ay estos montes:

[L]a Sierra de Pero Ponçe es buen monte de osso et de puerco en yuierno. Et en este monte ay vna fuente quel dizen la Fuente de la Carrasca, et otras fuentes que non son nonbradas.

[L]os Xarales de Chu[n]eiar es buen monte de osso et de puerco en yuierno, et ay vna fuente quel dizen Chuneiar.

[L]a Cabeça de la Xara es buen monte de oso et de puerco en yuierno.

[fol. 323v] [E]l monte de Çahel es bueno de puerco en yuierno, et ay en el estas fuentes: la Fuente de Tebar, la Fuente de Chuecas, la Fuente del Lilimo, la Fuente d'Alquaria de Pero Bernalte, la Fuente del Garrouo.

[L]a Fuente del Escucha es buen monte de puerco en yuierno, et ay en el vna fuente quel dizen la Figera.

[MS *P₃*] *En tierra de Aledo e de Alhama ay estos montes:*

[L]a Sierra d'Espuña es buen monte de oso et de puerco en yuierno, et ay en ella estas fuentes: la Fuente de la Carrasca, la Fuente del Buytre, la Fuente de la Figuera, la Fuente de la Plata, la Fuente del Prado Mayor, la Fuente Bilquiri d'Espuña, et otras fuentes que non son nonbradas.

[fol. 324r] [E]l Rio de Villa Franca es buen monte de puerco et de enzebras en yuierno.

[E]n tierra de Çelda et de Cara Uaca ay estos montes:

[L]as Ranblas de Tello es buen monte de osso et de puerco en yuierno.

[L]as Cabeças de Copares es buen monte de puerco et de enzebras en yuierno. Et en este monte ay estas fuentes: la Fuente de la Penjella, la Fuente de la Zarca, la Fuente de Copares.

[fol. 324v] [L]a Fuente de Moianter es buen monte de puerco en yuierno.

[L]a Sierra de Solchite es buen monte de puerco en yuierno, et ay muchas enzebras; et en este monte ay vna fuente quel dizen de Salzeio.

[L]a Ssierra Seca es buen monte de osso et de puerco en yuierno.

[O]trosi en tierra de Cartagena ay estos montes:

[L]a Sierra del Garrouo es buena de puerco en yuierno. Et en este monte ay estas fuentes: la Fuente del Garrouo, la Fuente Penjella, la Fuente del Milgrano.

[fol. 325r] [L]a Sierra de Porte Mayn es buen monte de puerco en yuierno. Et en este mo[n]te ay estas fuentes: la Fuente del Cañal, la Fuente de Porte Mayn.

[E]l monte de Cab de Palos es muy buen monte de puerco en yuierno. Et este monte es çerca de la mar; et çerca deste monte esta vna ysla que entra en la mar, et dura bien vna legua, et ay en ella muchos venados.

[fol. 325v] [E]n tierra de Murcia ay estos montes:

[E]l Pinacar es buen monte de puerco en yuierno.

[L]a Sierra de Carrascoy es buen monte de puerco en yuierno, et ay en el estas fuentes: la Fuente del [J]unco, la Fuente de la Rapica, la Fuente de la Muerta, la Fuente de Villora, la Fuente del Siscar; et ay vn valle quel dizen la Fuente del Puerco, en que ay mucha agua.

[E]l monte de Mendigol es bueno de puerco en yuierno, et en este monte ay vna fuente quel dizen Mendigol.

[fol. 326r] [O]trossi, en tierra de Moljna Seca ay estos montes:

[L]a Sierra d'Escaedura es buen monte de puerco en yuierno, et ay en el estas fuentes: la Fuente del Alamo, et el

Rio del Alacafa.

[L]a Ranbla de los Aguzadores es buen monte de puerco en yuierno.

[L]a Sierra de Pila, que es entre Moljna et Fauanjella, es buen monte de puerco en yuierno; et al pie desta sierra ay vna fuente muy buena.

[fol. 326v] [E]n tierra del Maestre de Sanctiago ay estos montes:

[L]os que son en termjno de Ricote son estos montes:

[L]a Sierra del Aprisco es buen monte de puerco en yuierno, et ay en el estas fuentes: la Fuente del Peral, la Fuente Blanca, la Fuente de la Canaleia.

[E]l monte de la Corona Yenchar es bueno de puerco en yuierno, et ay vna fuente quel dizen de la Cueua.

[E]l monte de las Salinas de Yenchar es bueno de puerco en yuierno.

[fol. 327r] [E]l barranco que viene de Camxicar es buen monte de puerco en yuierno.

[F]asta aqui son los montes de termjno de Ricote.

[L]a Fuente del Rey Moro es buen monte de puerco en yuierno.

[L]a Fuente de la Muerta, cabo Almorchon, es buen monte de puerco en yuierno; et a las vezes ay osso en tienpo del madroño.

[fol. 327v] [E]l monte de la Cabeça del Asno es bueno de puerco en yuierno.

[E]l monte que esta çerca de la Fuente del Judio, que es termjno de Çieça, es bueno de puerco en yuierno.

[E]n termjno de Moratalla ay estos montes:

[E]l monte de Moratalla es bueno de puerco en yuierno, et a las vezes ay osso en tienpo de la vellota.

[fol. 328r] [L]a Ssierra de Fondares es buen monte de osso et de puerco en yuierno.

[O]trosi, en termjno de Cayuiella ay muchos buenos mo[n]tes de osso et de puerco en yuierno.

[E]l monte de Cayuiella es bueno de osso et de puerco en yuierno, et ay en el vna fuente que dizen la Fuente del Maestre.

[fol. 328v]

[fol. 329r] **[C]apitulo xxvij°, de los montes de tierra de Alcaraz.**

[E]n termjno del Pozo ay estos montes:

[L]a Peña del Cabron, et la Cabeça de la Moheda, et la Peña de Orçena es todo vn monte; et es bueno de oso en verano. Et es la bozeria desde la Foya del Oso fasta el Puerto del Villotar. Et es el armada en las Lauores de Villotar.

[L]a Dehesa de Cotiellas et la Frexneda de Rio Frio es todo vn monte, et es bueno de oso en verano. Et es la bozeria desde Castro Bayona fasta la maiada de Martin Pastor, et dende fasta el Fituero de Cotiellas. Et es el armada en la frexneda.

[L]a Dehesa de Çenjellas, et la Frexneda, et Rio Frio es todo vn monte; et es bueno de oso en verano. Et es la bozeria desde la casa del Hermjto, [MS *Palacio*] *del Huquero,* fasta las Gutaraias, [MS *P₃*] *e por çima de la cunbre fasta en derecho del Massegosillo.* Et es el armada en el Masegosiello, [MS *P₃*] *asy commo se contiene con la Çumaquera.*

Otro monte en termjno de Alcaraz: las Picas de Villa Nueua. Los Picos de Villa Nueua es buen monte de oso et de puerco en verano. Et es la bozeria por la Cañada de la Puerta catante los sotiellos, [MS *P₃*] *entre las Lotillas,* et de la otra parte por la cunbre [MS *P₃*] *de Alcolehuela,* fasta Colle Vella; et dende al Pico Ruujo, et a las Peraleias. Et es el armada en Val Uerçoso.

[E]n termjno de Riopa ay estos montes. [MS *P₃*] *Estos son los montes que son en el castillo que dizen Riopal, qu'es en termjno de Alcaraz:*

[fol. 329v] [E]l monte de Riopa es muy bueno de osso et de puerco en yujerno et en verano. Et es la bozeria desd'el Espolon de la Cañada de los Moiones, por las Vertientes de la Sierra del Mundo, fasta el Vado de Yeste. Et son las armadas la vna en las Majadas Someras de Foyo Garde, et la otra en el Puerto del Arenal [MS *P₃*] *fasta la Netidilla, y esta parada para'l Rey y parada para caualleros. Bozerias de la Punta del Espolon e de la Cañada de los Mojones por las Vertientes de la Syerra y del Rio del Mundo fasta'l Vado de Yeste.*

[E]l monte de la Raygada, que es a espaldas de Foyo Garde, [MS *P₃*] *espaldas de Rio Grande,* es bueno de osso et de puerco en verano. [MS *P₃*] *Parada para el Rey y parada para caualleros: los Vadillos de la Puerta fasta el Puerto de Arenal, e desde la Lastra fasta la Anatilla.* Et son las bozerias la vna desde la Lastra fasta la Couatiella, et la otra desde la Sima de Fatima fasta la garganta de la entrada de la Cañada de los Mojones. Et es el armada en los Vadiellos de la Puerta, [MS *P₃*] *e este monte es mejor de verano que de ynuierno de osso y de puerco.*

[L]as Peñas de los Serranos et el Onbria de don Pero Mjngo es todo vn monte, et es bueno de oso en verano, [MS *P₃*] *mejor que de ynuierno.* Et son las bozerias desde la Peña de los Serranos fasta el Puerto de Royo Frio; et la otra desd'el Helechar fasta las Puertas de la Onbria, [MS *P₃*] *y del Febeiar a las Peñas de la Vnbria.* Et es el armada en la Vega de Royo Frio.

[L]a Çelada de Bufete es buen monte de oso en yujerno. Et es la bozeria [MS *P₃*] *para los peones* por çima de la cunbre de las Mohediellas fasta la Çeladiella [MS *P₃*] *de Caualleros,* et la otra desde la Junta fasta la Çelada. Et es el armada desde do da el Rio de la Çelada en el Royo del Mundo.

[E]l monte que dizen las Ortezuelas es bueno de osso en verano. [fol. 330r] Et es la bozeria desd'el Almenara fasta la Peña del Aguila. Et es el armada desde las maiadas de Rodrigo Peres, [MS *P₃*] *majadas de Sancho Perez,* fasta la vega.

[E]l Padron es buen monte de osso et de puerco en verano. Et es la bozeria desde la cunbre que entra al Carpio por la cunbre del Padron, [MS *P₃*] *de la cunbre del Padron* fasta la Bateadera. Et es el armada en el Massegoso de Çinjellas [MS *P₃*] *fasta las Vertientes del Rio de Vayona.*

[E]l Padronçiello es buen monte de osso et de puerco en verano. Et es la bozeria desd'el Puerto del Pozo por la cunbre, [MS *P₃*] *del puerto para la cunbre* fasta la Foya Redonda. Et son las armadas la vna en el Royo de Val de Cotiellas [MS *P₃*] *al Rio de Val de Contrellas,* et la otra en el Puerto del Arenal.

[L]os manaderos que son a espaldas del Padron et del Padronçiello es buen monte de osso en verano. Et es la bozeria [MS *P₃*] *para peones* desd'el Nauazo de Pero Cauallero fasta los Moiones, et dende al Padronçiello de la Dehesa et a la Couatiella. Et es el armada en el Massegar de la Peña Quebrada, [MS *P₃*] *en las Magedoras, y en el Malegar de la Peña Quebrantada e en la Cauatilla de Dia Sanches.*

[E]l Villotar es buen monte de osso et de puerco en verano. Et es la bozeria desd'el Nauazo de Pero Cauallero et a la cunbre del Padron, et al Puerto del Villotar et a la Peña del Cabron. Et es el armada en el Rio del Villotar, [MS *P₃*] *segund se contyene fasta el Pozo del Cauallo en el Rio de Carroscosa.*

[E]t fasta aqui son los de termjno de Riopa.

[MS *P₃*] *Estos son los montes que son en Riopal, termjno de Alcaraz.*

[fol. 330v] [E]nderredor de Siles ay estos montes:

[L]a Cabeça de la Mora es buen monte de oso et de puerco en verano. Et son las bozerias la vna desd'el Rio de Segura fasta el Collado de la Mora; et la otra desd'el Collado de la Mora fasta el Calar de la Sima, [MS *P₃*] *[el] Collado de la Syma. Este monte es mejor de verano, que no de ynuierno.* Et es el armada en el Collado de la Mora.

[E]l Calar de la Sima es buen monte de oso en verano. Et es la bozeria desde Peña Falcon fasta el Moleion de Razpillan. Et son las armadas la vna en la Naua del Prior, et la otra en el Pinar Fermoso de Yeste.

[E]l Calar de Moriellas, et el Calar del Couo, et el Calar de Naual Pino es todo vn monte; et es bueno de oso en verano. Et son las bozerias la vna desde Naua el Asna fasta el Calar de la Fuente del Rey, et la otra desd'el Calar del Couo fasta la Naua del Espino. Et son las armadas la vna en Foyo Cabañas, et la otra en la Naua del Espino.

[MS *P₃*] *Otro monte el Collado de Morilla, e del Couo, y el de la Naua Espino: estos montes todos tres se syguen en vno. Parada para el Rey fue Cabañas; y paradas para omnes de pie e de cauallo, la Nava del Espino. Bozeria desde la Nava del Asna fasta el Calar de la Fuente del Rio, e de la otra parte del Callar del Couo fasta la Naua del Espino.*

[C]abeça las Pozas, que yaze del cabo de Rio Segura, es buen monte de osso en verano. Et son las bozerias desd'el Puerto de Marchena fasta Mjller, et la otra desde la Puente de Mjller fasta el Royo de Mjller. Et es el armada en la Huerta del Gorgollite, et en el Parraleio.

[MS *P₃*] *Otro monte que yaze en la Huerta del Gargolete y el Peralejo. Parada para el Rey y para caualleros el Peralejo, bozeria para omes de pie el Puerto de Marchena fasta Mynbre.*

[L]as Peñas Ruujas, que yazen [fol. 331r] entre Rio Madera et el Rio de Peña Ruuja, es buen monte de oso en verano. Et es la bozeria por los Bustaleios de Rio Madera, et por el çerro bien andante. Et es el armada en el Pinar de la Mesta, et Pira Cañada.

[U]al de Fonfares, que yaze çerca de Torres, aldea de Segura, es buen monte de oso en yujerno. Et es la bozeria por çima del Onbro, catante a Siles, et a la Peña del Cabron. Et es el armada de parte del rrio.

[L]a texeda que es cabo Siles es buen monte de oso et de puerco en verano et en yujerno. Et es la bozeria por la Naujella del Poyo, et por la Sierra del Poyo, et por la Sierra del Tenpino [MS *P₃*] *y la Fuente del Çepino.* Et es el armada en la vaquerizuela.

[MS *P₃*] *Otro monte que se sygue en lo de Syles desde Rio Frio fasta el Poyo. Parada del Rey, el Collado de Sant Blas en la Nava Hermosa; las bozerias y parada de caualleros, el Poyo.*

[E]l monte de Salar es bueno de osso et de puerco en verano. Et es la bozeria por el Poyo. Et es el armada en el Collado de Salelos, en la Naua Fermosa.

[L]a Cabeça de Coçentanja et la Cabeça del Calar de Naual Peral es todo vn monte, et es bueno de osso en verano.

Et es la bozeria por el Collado de Segura la Vieia. Et son las armadas la vna en la huerta, [MS *P₃*] *parada del Rey en la Veta;* et la otra en el Collado de Peña Foradada.

[E]t fasta aqui son los de enderredor de Siles.

[fol. 331v] [E]n la Sierra de Segura ay estos montes:

[E]l Yelmo es buen monte de oso et de puerco en yujerno et en verano. Et son las bozerias desde las Cabeças de Fornos, fasta en la vega del dicho logar de Fornos; et la otra desde la Garganta del Yelmo aquende fasta la Fuente de la Figuera. Et son las armadas en el Canpiello del Yelmo, et la otra en la Garganta de Ffornos.

[MS *P₃*] *Lo primero, el Yelmo de Segura: parada para el Rey en el Capillo del dicho Yelmo, commo se contiene con la Garganta de Sernos para las conpañyas de cauallo. Y para la bozeria las Cabeças de Sernos y en la Vega de Sernos, y de como dize que se toma la Garganta del Yelmo aquende fasta la Fuente de la Syguera. Y por los Poyos del Yelmo es para la bozeria de pie. Y este monte es de ynuierno e de verano de osso y de puerco, mas es muy brauo monte.*

[E]l monte que yaze entre Ssegura la Vieia et el Yelmo, que dizen los Royos de Trujala, [MS *P₃*] *los Arroyos de la Ermitilla,* et la Maleza del Calderon fasta la Fuente de la Figuera et fasta el Çerro de la Figuera es todo vn monte; et es bueno de osso et de puerco en verano. Et es la bozeria desd'el çerro fasta Segura la Vieia, de parte de Rio Madera, et la otra desd'el Canpiello del Yelmo fasta la Fuente de la Figuera. Et es el armada en la Naua del Cauallero.

[E]l Calareio de Martin Negriello, et la Fuente del Chorro, et la Cabeça Gorda es todo vn monte, [MS *P₃*] *y commo rrecude a la hoz del rrio.* Et es bueno de osso et de puerco en verano. Et son las bozerias la vna desd'el çerro, bien andante Rio Madera ayuso, commo da en el Rio de Segura; et la otra commo da el Rio Madera et el Rio Segura en el Escalera, somera ençima. Et es el armada en el Argadigal.

[E]l Puerto del Arenal commo passa la Senda de Benatahe, et commo rrecude a la peña alta [fol. 332r] que es ençima de Ortera es buen monte de osso et de puerco en verano. Et son las bozerias desd'el Puerto del Arenal commo da en el Rio de Felcar. Et es el armada commo desçende en el Puerto del Arenal.

[L]a Vega de Fornos, que es en termjno de Segura, et la Sierra de Montoro, et Guadabriz es todo vn monte; et es bueno de oso et de puerco en verano. Et es la bozeria por el çerro que se torna de Guadalquiujr et rrecude a Payel, et da en las Vegas de Montoro. Et son las armadas del vn cabo, et del otro del rroyo.

[L]os Fitueros de la Dehesa de Alualadeio, que es en Val de Segura, et las Veçedillas con la Foya del Osso es buen monte de osso en verano. Et son las bozerias la vna Bayena ayuso fasta el Oiuelo de Bayona, de la otra parte catante las cañadas de don Oria; et la otra por el Carril de la Peña del Cabron fasta la lagunjella. Et es el armada el Puerto del Villotar con la Peña del Osso.

[fol. 332v]

[fol. 333r] **Capitulo xxviij°, de los montes de tierra de Alcala la Real, et de Priego, et de Rute.**

El monte del Atalaya de Añador es buen monte de puerco en yuierno, et en el comienço del [v]erano.

El monte del Atalaya de Gibralquite, que es camjno de Priego, es bueno de puerco en yuierno et en el comienço del verano.

Los Barrancos de Chariella es buen monte de puerco en yuierno et en el comienço del verano.

[fol. 333v] El monte de Rio de Huesna es buen monte de puerco en yuierno et en el comienço del verano.

El monte del Atalaya del Almahuel, que es entre Alcala et Moclin, es buen monte de puerco en yuierno et en el comienço del verano.

El Ssoto de Biuoras es buen monte de puerco en verano, et non a bozeria njnguna. Et es el armada entre amos los sotos.

El monte de Locouin, cabo la sierra, es buen monte de osso en todo tienpo. Et son las bozerias la vna por cima de la sierra fasta Puerto Llano, et [fol. 334r] la otra desde Puerto Llano fasta el Camjno del Carrizal. Et son las armadas la vna sobre la Huerta de Locouin; et la otra en el Puerto de la Torre, que es asomante contra Alcala. Et el dia que lo corrimos, fallamos y vna osa muy buena; et acaesçionos de ençerrar la en quatro cueuas. Et de cada cueua la sacamos con hachas, et sacamos la de la postremera cueua et matamos la.

El enzjnar que es cabo Locouin en el Camjno de Priego es buen monte de puerco en yuierno. Et es la bozeria por çima del enzjnar. Et son las armadas la vna al arroyo, et la otra en la loma.

El Arroyo Alcornocoso, que es allende Alcala, que esta apegado a la Sierra de Jahen, es buen monte de puerco en yuierno et en tienpo de panes. Et non a bozeria njnguna. Et son las armadas la vna en el collado, et la otra en cabo del arroyo.

Mon Real es muy rreal monte de puerco en verano, et aun en yuierno. Et son las bozerias la vna a los portiellos de ençima de la sierra, et la otra al Puerto del Escaleruela por el camjno ayuso. Et son las armadas la vna catante Alcala, et la otra al Cabeçuelo Agudo, et la otra al paso del arroyo, et la otra al sotiello.

[fol. 334v] El monte de las Atalayas es buen monte de puerco en yuierno, et aun en verano. Et es la bozeria por çima de las atalayas. Et son las armadas la vna en la loma, et la otra en el arroyo, et la otra en el collado.

Los sotos que son entre Priego et Alcala son buenos de puerco en verano. Et non an bozeria, saluo omnes que les fablen en cabo de los sotos. Et es el armada entre amos los sotos.

El soto que es entre Priego et Luque es bueno de puerco en verano. Et matamos y vn dia vn puerco que mato dos monteros, et dos alanos, et vn azemjla, et firio vn cauallo.

El Soto del Arroyo de Xjmenjella es buen soto de puerco en verano. Et son las bozerias por çima de las lomas, del vn cabo et del otro. Et son las armadas la vna al arroyo, et la otra al cabeçuelo que esta cabo la Ponteziella.

La Mata de Xjmenjella es [fol. 335r] buen monte de puerco en yuierno, et non a bozeria. Et son las armadas la vna al Puntal del Carrizal, et la otra entre la mata et el soto.

En el Armaial de Carcabuey ay puerco en verano, et non a bozeria. Et son las armadas la vna al espinareio, et la otra al Puntal del Armaial.

El monte que es entre Carcabuey et Rute es bueno de puerco en yuierno, et aun en verano. Et [es] la bozeria por çima de la loma. Et son las armadas la vna a do se cruzan los camjnos, et la otra al arroyo.

El Ortezuelo de Carcabuey es buen monte de puerco en verano, et non a bozeria; et es el armada a la punta del monte, que non pase contra Rute.

La ladera que esta en par de Carcabuey es buen monte de puerco en yuierno. Et es la bozeria por çima de la sierra. Et son las armadas la vna al collado, et la otra al arroyo.

El enzjnar que es entre Rute et Luçena es buen monte de puerco en yuierno. Et non a bozeria. Et lo meior que puede fazer el que corriere el monte: vaya con la busca. Et vaya sienpre a oyda de los canes, por que es el monte rralo et bueno de andar de [fol. 335v] cauallo.

La ladera que esta a man derecha de los Sotos de Bebdera, commo va de Rute a Yznaxar, es buen monte de puerco en verano. Et es la bozeria por çima de la cunbre. Et son las armadas las dos al Arroyo Seco, et la otra en el collado que es asomante al soto.

La hoceziella que es sobre los Sotos de Bebdera es buen monte de puerco en verano; et en yuierno a vezes ay osso. Et es la bozeria por çima de la foz del vn cabo et del otro. Et son las armadas la vna al arroyo, et la otra en el collado de contra Yznaxar.

Los Sotos del Arroyo de Bebdera, que son entre Rute et Yznaxar, son buenos de puerco en verano. Et non an bozeria. Et son las armadas entre el vn [MS *P₃*] *cabo del* soto et el otro. Pero en el soto que sopieren que esta el venado çierto, que pongan omnes que fablen entre el vn soto et el otro al cabo d[o] estodiere lo mas estrecho del soto, por que lo tornen de allj. Et las armadas a la otra punta del soto, a do fuere lo mas ancho.

[fol. 336r]
[fol. 336v]

[fol. 337r] En derredor de Priego ay estos montes:

El Puerto del Espino es buen monte de osso en todo tienpo. Et es la bozeria desde la Peña Falcon fasta el Puerto del Espino, et del Puerto del Espino por çima de la sierra fasta la Fuente de Xaula; et lo de en par de la fuente que sea bien tomado. Et es el armada en el villar de Vichera.

El Puerto de Medio es buen monte de osso et de puerco en todo tienpo. Et es la bozeria desde el Puerto del Espino fasta el Puerto de Medio, et dende por çima de la Sierra Tiñosa fasta el Puerto de Marina. Et es el armada en Naua Sequiella.

La Sierra Tiñosa es buen monte de osso en todo tienpo.

[fol. 337v] El Rio de Barcas fasta la puente es buen monte de puerco en verano.

La Hoz de Pay Monte es buen monte de puerco en verano.

El monte de la Peña Ruuia es buen monte de puerco en yuierno.

Los Barrancos del Torcon es buen monte de puerco en todo tienpo.

[fol. 338r] Los Sotos de Peñas Ruuias de Varcas es buen monte de puerco en verano.

Los Lantiscares del Camjno de Alcaudete es buen monte de puerco en yuierno.

La Salzediella, commo se contiene el arroyo arriba de Cayçena, es buen monte de puerco en todo tienpo.

[fol. 338v] El monte del Castellar de la Sierra del Vellate es bueno de puerco en yuierno.

El monte de Lobras es bueno de osso et de puerco en todo tienpo.

El monte del Cubiello es bueno de puerco en todo tienpo.

[fol. 339r] El monte de Xobla es bueno de oso et de puerco en todo tienpo.

El monte de Val de Zagra es bueno de oso et de puerco en todo tienpo.

El monte de Algar es bueno de oso et de puerco en todo tienpo.

El monte de la Huerta de Barcas es bueno de oso et de puerco en todo tienpo.

[fol. 339v] El monte de la Huerta de Vbra es bueno de osso et de puerco en todo tienpo.

El Ssoto de la Cabeça de Marcos Sanchez es bueno de puerco en todo tienpo.

[fol. 340r] En termino de Cabra ay estos montes:

El monte de Carchena es buen monte de osso et de puerco en todo tienpo. Et es la bozeria en la vera de faza Baena. Et es el armada en la Cunbre de Carchena.

El monte de la Fuente de Montahed es buen monte de osso et de puerco en todo tienpo. Et es la bozeria por la cunbre de Carchena, fasta el Atalaya de Montahed. Et es el armada en la Senda de la Fresneda.

El monte de Camarena es bueno de osso et de puerco en todo tienpo. Et es la bozeria al pie de la sierra, en dos portiellos que ay. Et es el armada en el villar de Villa Nueua.

El monte que dizen Robredo de Sancta Maria es bueno de osso et de puerco en todo tienpo. Et es la bozeria desde el Torreion fasta las çahurdas de Johan Ponçe. Et es el armada en el alcantariella en el arroyo que dizen de Sancta Maria.

Dayello es buen monte de osso et de puerco en todo tienpo. Et es la bozeria por el Arroyo de Sancta Maria fasta las Saljnas de Cabra. Et es el armada en somo [fol. 340v] de Prado Quemado.

El monte de la Fuente de Domingo Johan es bueno de osso et de puerco en todo tienpo. Et es la bozeria desde el Atalaya de Domingo Johan fasta el Puerto de Cabra. Et es el armada en el Canpo de Palomareios.

El monte del Villar de la Piedra Forada es bueno de osso et de puerco en todo tienpo. Et es la bozeria por la Senda de Aguilar. Et es el armada en el Arroyo de Sancta Maria.

El monte de Lomiel es bueno de osso et de puerco en todo tienpo. Et es la bozeria desde Pelpite fasta el Puerto de la Laguna. Et es el armada en el Puerto de Algar.

La Senda de los Ballesteros es buen monte de osso et de puerco en todo tienpo. Et es la bozeria por la Senda de los Ballesteros fasta la sierra. Et es el armada en el Bezerril.

El monte del Castellar es buen monte de osso et de puerco en todo tienpo. Et es la bozeria desde los Fresnos fasta la Gamorra. Et es el armada en somo de las Vjñas de Xarcas.

[fol. 341r] El monte de Carmonj es buen monte de oso et de puerco en todo tienpo. Et es la bozeria desde la Gamorra fasta la Cabeça Lobrega. Et es el armada en el villar de Carmonj.

[fol. 341v] ESTE LIBRO MANDO FAZER EL MUY NOBLE REY DON ALFONSO, QUE DIOS DE SANTO PARAYSO. AMEN.[37]

[fol. 342r] En termjno de Luçena ay estos montes:

El Atalaya del Judio es buen monte de osso et de puerco en yuierno. Et son las bozerias la vna por çima de la cunbre, et la otra por el camjno que va de Cabra a Luçena. Et es el armada en Prado Quemado.

El Arroyo de Sancta Maria es buen monte de puerco en yuierno. Et es la bozeria por çima de la cunbre del arroyo. Et son las armadas en las nauas de entre este monte et Carchena.

El Çerro de la Figera es buen monte de puerco en yuierno. Et son las bozerias la vna por çima de la cunbre del Çerro de la Figera, et la otra por el camjno que ua de Luçena [a] Aguilar. Et son las armadas en las Nauas de los Sanctos.

La Mata de Pastrano et el Arroyo de Luçena es todo vn monte, et es bueno de puerco en yuierno.

[fol. 342v] [E]ntre Luçena et Castiel Ançur ay estos montes:

La Madroñosa es buen monte de osso et de puerco en verano.

La Sarçosa et la Mata del Canjello es todo vn monte, et es bueno de puerco en yuierno.

El Lantiscar es buen monte de puerco en yuierno.
[fol. 343r]

[fol. 343v] Entre Aguilar et Montiella ay estos montes:

El Coscoiar es buen monte de puerco en verano.

La Cabeça del Escançiano et el Arroyo del Salado es todo vn monte, et es bueno de puerco en yuierno. Et este non a bozeria, si non omnes que deseñen en las atalayas de la cabeça. Et son las armadas la vna al atalayuela, et la otra a la boca del Arroyo del Escançiano.

El Arroyo de los Almogauares es buen monte de puerco en verano.

[fol. 344r] El monte de Xoxjna, que es entre Aguilar et Sancta Ella, es bueno de puerco en yuierno.
[fol. 344v]

[fol. 345r] **Capitulo xxixº, de los montes de tierra de Alcala de los Gazules, et de Medjna, et de Beier.**

El Arroyo de las Puercas es buen monte de osso et de puerco en todo tienpo. Et es la vna bozeria por la cunbre de la Sierra de Moreruelos fasta los rriscos de cabo el rrio, et la otra bozeria por la ladera del Escobar de las Cueuas. Et es el armada en el abertura que va a la Breña de Macote, et la otra tras la peñuela.

La Breña de Macote es buen monte de puerco en todo tienpo. Et es la vna bozeria por Vera de la Breña, del cabo de contra Çelemin commo va dar al collado que sal a las Nauas; et es la otra bozeria por la vera del çerro que ua aquende del Arroyo de las Cañas, fasta do da al collado que sal a las Nauas. Et es el armada en el abertura que ua faza el Arroyo de las Puercas.

La Mata de los Moros es buen monte de puerco en todo tienpo. Et es la vna bozeria por la vera del çerro que va entre la Breña de Macote et el Arroyo de las Cañas, et la otra bozeria por la otra vera del çerro que va entre el Collado del Algabica et el Arroyo de las Cañas. Et es la vna armada en el collado que sale de cara a las Nauas, et la otra ar-mada [fol. 345v] en fondon de la breña de cara al Arroyo de las Puercas.

El Arroyo de los Gauilanes es buen monte de osso et de puerco en todo tienpo. Et es la vna bozeria commo se leuanta del [p]ie del Arroyo de los Gauilanes, de cara al Camjno de Algezira fasta en çima de los rriscos; et la otra bozeria por çima de los rriscos que son de cara a Sotar fasta el Rio de los Gauilanes. Et es la vna armada en el abertura que sal de cara al Padron, et es la otra armada en el abertura que sal de cara al Arroyo de Migel Peres de la Pleguera.

El Arroyo de Migel Peres de las Pegueras es buen monte de puerco en todo tienpo. Et es la vna bozeria por el çerro que salieron los moros quando fue desbaratado Abomelique fasta do da en el valle donde se comiença la breña, et es la otra bozeria por la ladera de la Cabeça de las Tronpas. Et es el vna armada en la abertura que sal de cara a la Sierra de la Cruz, et es el otra armada en fondon en el abertura que sal de cara al Arroyo de las Tranpas.

El Arroyo de las Tr[o]npas es buen monte de osso et de puerco en todo tienpo. Et es la vna bozeria por la ladera de la Cabeça de las Tranpas fasta commo da en los rriscos del collado, et es la otra bozeria por [fol. 346r] el çerro que va de parte del Arroyo Carrizoso commo va dar en los Riscos de los Lanchares. Et es la vna armada en fondon de la breña commo sale el arroyo ayuso faza Pagana, et es la otra armada en el collado que sale de cara al Padron.

Los Riscos de Patrite es buen monte de osso et de puerco en todo tienpo. Et es la bozeria por çima de los rriscos. Et es el armada en el abertura de las Cueuas de Martin Peres.

Los Riscos del Angostura de la Cabeça Arenosa es buen monte de osso et de puerco en todo tienpo. Et es la vna bozeria de parte del pinareio fasta commo da en Patrite, et es la otra bozeria de parte de los rriscos fasta do da en el rrio que dice del Camjno de Xjmena. Et es la vna armada en el abertura que sale de cara a la Buytrera, et es la otra armada en fondon de la breña de cara a la Arenosa.

El Arroyo de los Almezes, que es al pie de la Sierra del Algibe, es buen monte de osso et de puerco en todo tienpo. Et es la vna bozeria de parte de la Sierra de Mon Santo commo da en los Riscos de los Almezes, et la otra de parte del Çerro Uereçoso. Et es el armada en el abertura que sale faza la Sierra del Algibe.

[fol. 346v] Los Fornos de Johan de Seuilla es buen monte de oso et de puerco en todo tienpo. Et es la vna bozeria por çima de la cunbre desta sierra fasta a oio de Baruate, et es la otra de parte del Çerro Vereçoso commo va da[r] en el rrio que pasa por la Breña de los Fornos. Et es armada en el abertura que sal de cara a la Breña de Briz.

La Breña de Briz es buen monte de osso et de puerco en todo tienpo. Et es la vna bozeria de parte de contra los Fornos de Johan de Seuilla commo va dar en Baruate en çima de la breña, et es la otra bozeria de parte del Camjno de Tenpul commo va dar al castelleio. Et son las armadas la vna en el abertura de cara a Montifarte, et es la otra armada en fondon de la breña commo va Baruate ayuso.

La Breñuela de Baruate es buen monte de puerco en todo tienpo. Et es la vna bozeria por çima de la breña commo ua el Camjno de Tenpul, et ua dar en Baruate. Et es el armada en la vega de entre Baruate et los Hardaleios.

La Sierra del Castiello es buen monte de osso et de puerco en todo tienpo. Et es la bozeria por çima del çerro de entre amas las breñas fasta do da en Patrite, et es la otra bozeria por la vera del canpo fasta do da en el Arro-[yo] [MS *Palacio*] *de la Texenera. E es la vna armada en el collado do yaze la Cabeça del Omne, e la otra armada en la boca de la Texeuera.*

[fol. 347r] En tierra de Beier et de Medina ay estos montes:

La Breña de la Cabeça de Granada, que es cabo Baruate catante Beier, es buen monte de puerco en yuierno.

La Xara de Meca es buen monte de puerco en yuierno.

El Lanchar es buen monte de puerco en yuierno. Et non a bozeria. Et son las armadas en el Collado del Lanchar.

La Sierra del Moral es buen monte de puerco en yuierno. Et [son] las bozerias por çima [fol. 347v] de las cunbres de la sierra. Et son las armadas la vna a la Fuente del Moral, et la otra al arro[yo].

La Serrez[uela d]e Medjna es buen monte de puerco en yuierno.

Los Lanchares de las Cueuas es buen monte de puerco en yuierno.

El Hardal es buen mon[te] de puerco en yuierno.

[fol. 348r] [C]apitulo xxx°, de los montes de termino de Tarifa, et de Algezira.

En la Sierra de Retin ay estos montes:

La Garganta del Puerto de Mora es buen monte de puerco en yuierno.

El Alisoso es buen monte de puerco en yuierno.

En la Sierra de la Plata ay estos montes:

Q[ue]branta Minchos et el Lentiscar es todo vn monte, et es bueno de puerco en todo tienpo; [fol. 348v] et a las vezes ay osso.

El monte de Ajunjulj es buen monte de puerco en todo tienpo, et a las vezes ay osso.

La Faya de las Adagaras, et Risco Ruuio, et Alparayate es todo vn monte; et es bueno de puerco en todo tienpo, et a las vezes ay osso.

[fol. 349r] La Cabeça de la Grana, et Boloña, es todo vn monte; et es bueno de puerco en yuierno, et a las vezes ay osso.

La Breña de los Sanctos es buen monte de puerco en yuierno, et a las vezes ay osso. Et es la bozeria por cima de la cunbre, que non pase al monte de Boloña. Et es el armada en el collado que es entre este monte et la Torre de los Vaqueros.

El Madroñal de la Torre de los Vaqueros es buen monte de puerco en yuierno, et a las vezes ay oso. Et son las bozerias la vna en la ladera que es deyuso de la Sierra de Betix, que non pase a esta sierra; et la otra por çima del lomo fasta la mar, que non pase al monte de Boloña. Et son las armadas la vna a los prados que [son] sobre la Torre de los Vaqueros, et la otra al Arroyo de Martin Gonçales, et la otra en el collado.

En la Sierra de Medio ay estos montes:

La ladera que es catante al [fol. 349v] Puerto del Azebuche, et el Arroyo de Martin Gonçales, et el azebuchar, et la Laguna de Johan de Almançan es todo vn monte; et es bueno de puerco en todo tienpo, et a las vezes ay oso.

El Arroyo de Desuella Cabras et Çelada Viciosa es todo vn monte; et es bueno de puerco en yuierno, et a las vezes ay osso.

Los Valleios de Feçina es buen monte de puerco en yuierno. Et son las bozerias la vna por cima de la cunbre que va por cima de los Valleios. Et son las armadas en el çerro que es entre estos valleios et el Helechoso.

El Helechoso, et el Arroyo de Apariçio Peres, et el Puerto de Fate es todo vn monte; et es bueno de puerco en verano, et a las vezes [fol. 350r] ay osso. Et son las bozerias por çima de la cunbre de la sierra fasta el Puerto de Fate, et la otra bozeria el çerro ayuso del Helechoso fasta el rrio. Et son las armadas en el Lomo de Canaleia.

La Canaleia, et la Salzediella, et el Arroyo de don Sancho es todo vn monte, et es bueno de puerco en todo tienpo; et a las vezes ay oso. Et es la bozeria por çima de la sierra fasta en derecho del Lomo del Arroyo de don Sancho. Et es el armada a la Canaleia.

Piedra Caña es buen monte de puerco en yuierno, et a las vezes ay oso.

El monte de la Peña del Aguila, [MS *H.S.A.*] *Sierra del Aguila,* es buen monte de puerco en todo tienpo, et a las vezes ay osso. Et son las bozerias la vna en el Camjno de Tarifa, et la otra por cima del lomo fasta la Peña del Aguila. Et son las armadas la vna entre la Peña del Aguila et la breña de Pablos Gil, et la otra al Arroyo de Longaniella.

[fol. 350v] El Colmenar de Pero Xjmenez, a do tomaron el Jnfante de Benamarin quando a la de Tarifa, es buen monte de puerco en verano. Et son las bozerias la vna en el Camjno de Tarifa, et la otra por cima del lomo fasta la Peña del Aguila. Et es el armada en el rrebenton.

La Breña de Pablos Gil es buen monte de puerco en todo tienpo, et a las vezes ay oso. Et son las bozerias la vna por çima de la cunbre del monte fasta el Arroyo de la Peña del Aguila, et la otra por el cerro arriba que es entre [este] monte et el Afumada fasta el Arroyo de la Peña del Aguila. Et es el armada en el pie que desçende del Afumada et va dar en el Arroyo de Longanjella.

El monte del Afumada es buen monte de puerco en yuierno, et a vezes ay osso. Et es la bozeria por çima del Çerro del Afumada fasta el collado que es asomante a Guadameçir. Et es el armada en el escobar que es entre este collado et el Afumada.

El Arroyo de las Vjñas et la Mata del Guiio es todo vn monte, et es muy buen monte de puerco en todo tienpo; et a vezes ay osso. Et es la bozeria por çima del Çerro de la Mezquitilla fasta la mar, et otra en el camjno somero que va de Algezira a Tarifa. Et es [fol. 351r] el armada a los casareios.

El Arroyo de los Adaliles es buen monte de osso, et ay muchos puercos en todo tienpo. Et es la bozeria en el camjno vieio que ua de Algezira a Tarifa, la loma ayuso fasta la mar, que non pase al Arroyo de las Vjñas. Et son las armadas en el lomo que es entre este arroyo et el monte de Guadameçir; et otra armada en el paso de çima, et es en este arroyo mesmo; et otra armada en el colladiello.

Las Cabeças de Hinoiera es buen monte de puerco en yuierno. Et es la bozeria por çima de la cunbre que va por estas cabeças. Et es el armada al arroyo.

Guadameçil es buen monte de oso et de puerco en yuierno et en verano, por que ay buen agua. Et son las bozerias la vna por çima de la Pedriza, et la otra desde la Pedriza fasta la Pasada del Rio. Et son las armadas la vna en el camjno que va de Algezira a Tarifa, et la otra en el colladiello del villareio.

La Cabeça del Portizuelo es buen monte de puerco en yuierno, et es la bozeria por çima desta ca-beça. [fol. 351v] Et es el armada al Rio de Guadameçir.

La Mata de Palomjella es buen monte de puerco en yuierno. Et es la bozeria por çima del çerro que es entre el monte de los Cieruos et esta mata, fata el collado. Et son las armadas la vna al Rio de Guadamecir, et la otra allende del Arroyo del Ssarçaleio.

El monte de los Çieruos et las Matiellas es todo vn monte, et es bueno de puerco en yuierno. Et son las bozerias la vna por cima del Alcornocosa; et la otra por el camjno que va a Tarifa que va por çima deste monte, que es entre este monte et la Mata de Palomiella fasta oio de la mar. Et son las armadas la vna al collado, et la otra al Arroyo de los Cieruos, et la otra al Moionçiello.

El Alcornocosa es buen monte de puerco en yuierno. Et son las bozerias la vna por çima del Çerro del Alcornocosa fasta el collado, et la otra el çerro ayuso et a la boca del arroyo. Et son las armadas la vna al collado, et las dos a los prados.

El Alcaria de los Perales es buen monte de puerco en yuierno et aun en verano, por que ay buen agua. Et es la bozeria por cima del guijo que es sobre esta alcaria. Et son las armadas las dos [fol. 352r] al Camjno de Tarifa, et la otra en los casares del alcaria.

La Cabeça del Torno et el Arroyo de Quebranta Botijas es todo vn monte, et es bueno de puerco en yuierno. Et son las bozerias la vna sobre la Cabeça del Torno, que non pase al Alcornocosa; et la otra en el lomo que es sobre este arroyo, que non pase a Monte Verde. Et son las armadas en los prados que son deyuso del Camjno de Tarifa, et la otra al collado que esta en par de la Cabeça del Torno.

Monte Verde et la Onbria es todo vn monte, et es bueno de puerco en yuierno. Et es la bozeria desde el Collado del Sarçoso, por çima de la cunbre del Çerro del Onbria fasta la mar. Et son las armadas en el Camjno de Tarifa.

Monte Marin es buen monte de puerco en yuierno. Et son las bozerias desde la peñuela, por çima de la cunbre fata oio de la mar, que non pase al Arroyo del Oliua; et la otra bozeria por la cunbre que es entre este monte et el Arroyo del Peral. Et son las armadas la vna en el Camjno de Tarifa, que ua por çima del Sarçoso, et la otra en el collado que es so la peñuela.

[fol. 352v] El Arroyo del Peral et el monte de Almenar es todo vn monte, et es bueno de puerco en yuierno. Et son las bozerias la vna desde en par del aldea que dizen Portal, por la cunbre ayuso fasta la mar, que non pase a Monte Marin; et la otra desde el aldea que dizen Almenar, por çima de la cunbre fasta la cabeça que dizen de Cotales, que es a oio de la mar. Et es el armada en el eruela.

El monte de Martin Gil es buen monte de puerco en yuierno. Et es la bozeria desde el Atalaya de Trafa Candil, por cima de la cunbre, fasta a oio de la mar. Et son las armadas la vna en el camjno de la playa que ua de Algezira a Tarifa en el Forno de la Cal, et la otra en el Collado de Trafa Candil.

La Sarçuela es buen monte de puerco en yuierno; et es la bozeria [MS *P₃*] *desd'el atalaya* en la senda que ua entre la sarçuela et Monte Mediano, et otra en la ladera del Forno de la Cal. Et es el armada a la peñuela.

El Sarçoso es buen monte de puerco en yuierno. Et son las bozerias la vna desde el collado, por çima de la cunbre, fasta el camjno que va de [fol. 353r] Algezira a Tarifa; et la otra desde este camjno fasta el arroyo. Et son las armadas la vna en el collado, et la otra en el Cerro del Atalaya; et que esten alanos al arroyo que es a las espaldas deste çerro, que non pase contra Monte Mediano.

Monte Mediano es buen monte de puerco en yuierno. Et son las bozerias la vna en el camjno que va por çima del çerro fasta las cabeçuelas, que non passe a los Valleios; et la otra por el çerro que es entre Monte Mediano et el Sarçoso fasta en par de la sarçuela. Et es el armada en el collado deste Monte Mediano, et el ot[r]a al Forno de la Cal.

Los Valleios es buen monte de puerco en yuierno. Et es la bozeria desde las atalayuelas, el çerro ayuso fasta el Arroyo de Xatares, que non passe Monte Mediano. Et es el armada en el Heruela Verde.

La Garganta de Guadaserrazin es buen monte de pue[r]co en yuierno. Et son las bozerias la vna desde el pie de la Pedriza, la Pedriza arriba fasta el Collado de Guadaserrazin; et la otra por la ladera del Cabeço de Guadaserrazin fasta el Camjno de Tarifa. Et son las armadas la vna en las Na-uas [fol. 353v] de Bases, et la otra allende del arroyo en la senda que va contra el Collado de Guadaserrazin.

El Sarçal de la Dehesa de Comares es buen monte de puerco en yuierno. Et es la bozeria por çima de la ladera que esta sobre la dehesa. Et es el armada a la Naua del Casareio.

La Garganta de la Miel es buen monte de puerco en yuierno, et a uezes ay osso.

El Arrehanal con el Arroyo de la Fuente del Escosa es buen monte de puerco en yuierno.

[fol. 354r] El Arroyo de Açedafin es buen monte de puerco en yuierno.

El monte de la Naua es bueno de puerco en yuierno. Et es la bozeria por cima de la cunbre de la sierra fasta el collado, et en el Collado del Rehanal. Et son las armadas la vna en la naua, et la otra en el arroyo, et la otra en el Çerrillo de los Alcornoques.

La Garganta et el Arroyo de Benarax es buen monte de puerco en yuierno, et a uezes ay oso. Et es la bozeria desde la Senda del Puerto del Escosa fata en çima de la garganta; et la otra por çima de la garganta fasta que venga la cunbre ayuso, fasta la Derruñada. Et son las armadas la vna en la Naua del Rey, et la otra en la Celadiella, et la otra al arroyo, et la otra en el collado que es deyuso de la Derruñad[a].

Arroyo Seco es buen monte de puerco en yuierno. Et son [fol. 354v] las bozerias la vna en la cunbre que es entre este monte et el Montezillo del Prior, et la otra al Paso de Arroyo Seco. Et son las armadas la vna al Collado del Pendon, et la otra al arroyo.

El Montezillo del Prior es bueno de puerco en yuierno. Et es la bozeria en esta cunbre mesma que esta entre este monte et Arroyo Seco, catante a este monte. Et es el armada al Vado del Fresno.

La Mata del Castilleio et el Rio de Gales es bueno de puerco en yuierno. Et es la bozeria en el Castellareio, et dende el çerro ayuso fasta el Rio de Gales. Et es el armada al rrio.

El Alcaria de Gales es buena de osso et de puerco en yuierno, et es la bozeria desde el Castellareio fasta el Guiio Alto et la Sierra Blanca. Et es el armada entre el rrio et la mezquitilla.

[L]a Breña de las Cabeças Ruujas es buena de puerco en yuierno. Et es la bozeria commo diçe el Lomo de Sancta Coracha faza Murta. Et es el armada al Rio de Palmones.

[fol. 355r] Los Sarçales del Arroyo de Oyda Corte es buen monte de puerco en yuierno. Et son las bozerias commo dicen de las atalayas ayuso contra el Botera de Oyda Corte. Et es el armada entre el Rio et Albotera.

El Ssoto de Guadarranque et la Ysleta de Palmones es bueno de puerco en verano. Et es la bozeria a la punta del soto, entre el soto et Guadarranque; et que este rrenueuo al saladillo que es entre la ysleta et el soto mayor. Et es el armada en los Cabeçuelos, que es entre el soto et Oyda Corte.

El Sotillo del Angostura, que es cabo la Fuente del Oro, es bueno de puerco en verano. Et es la bozeria de parte de la Fuente del Oro, que non vaya al Soto Gordo. Et es el armada entre este sotillo et el Soto de Guadarranque.

En Val de Hoxen ay estos montes:

La Mata de Hoxen es bueno de osso et de puerco en todo tienpo. Et es la bozeria por el camjno vieio, et la otra por el lomo ayuso fasta que da en el alcaria. Et es el armada en fondon al Rio de Hoxen.

[fol. 355v] El Palancar es buen monte de oso et de puerco en todo tienpo. Et son las bozerias la vna en el lomo que va contra la Fuente del Escosa, et la otra por la Senda del Palancar contra la Buytrera. Et es el armada en la Cabeçuela del Azebuche.

Las Gargantas de la Buytrera, catante a Hoxen, es buen monte de osso et de puerco en todo tienpo. Et son las bozerias la vna por el lomo de la sierra commo desçende la senda de las carretas, et la otra por la senda que vien de la Buytrera, el çerro ayuso fasta la mezquitilla. Et son las armadas en el Camjno de Algezira, que va a Alcala.

La Ladera del Alcaria de los Perales, que es catante Almodouar, es muy buen monte de oso et de puerco en todo tienpo. Et es la bozeria por çima de la cunbre de la sierra, que non pase a la Buytrera. Et son las armadas la vna en el lomo de la senda que descende de la Buytrera, et la otra en fondon de la Celada Vieia, et las dos armadas al Arroyo de Almodouar.

Los Valles de Cabeças Ruujas es buen monte de oso et de puerco en todo tienpo. Et son las bozerias la vna por la ladera [fol. 356r] de la Sierra Blanca fasta la Quebrantada Ruuia, et la otra desde la Quebrada Ruuia fasta asomante el Pedregoso. Et son las armadas la vna al arroyo catante Almodouar; et la otra armada a la mezquitilla, que non pase contra Gales [MS *P₃*] *de la otra parte de la syerra.*

La Garganta de Longanjella es buen monte de oso et de puerco en todo tienpo. Et es la bozeria por cima de la cunbre de la garganta ffasta que llegue del vn cabo al collado que es asomante de Guadameçil, et del otro cabo el collado asomante a Xara. Et son las arm[a]das en estos dichos collados. Et la [o]tra armada al Alcaria de Longanjella.

La Sierra de Mocron es buen monte de osso et de puerco en verano. Et es la bozeria por çima de la sierra deste monte. Et son las armadas la vna en el collado que es entre Mocron et Xara, et la otra a la laguna.

La Garganta de Xara es buen monte de osso et de puerco en todo tienpo. Et es la bozeria por çima del somo del Palancar, et la otra por la senda de las carretas. Et es el armada en la senda que entra a la Gar-ganta [fol. 356v] de Xara, et la otra en el Collado de Longanjella.

La Garganta de la Buytrera es buen monte de osso et de puerco en verano. Et son las bozerias la vna por cima de la sierra fasta que llege a la senda de las carretas, et la otra por la Senda de la Buytrera. Et es el armada al Alcaria de Xara, et la otra armada en el colladiello que va al Alcornocal Fermoso.

Alcornocal Fermoso, que es catante a Puerto Llano commo se contiene desde la Senda de la Buytrera fasta la Laguna de Puerto Llano, es muy rreal monte de oso; et ay muchos puercos en todo tienpo. Et son las bozerias la vna por çima de la Sierra de la Buytrera, et la otra el lomo ayuso que es entre este monte et el Arroyo de Pero Xjmenes fata que vaya topar en el arroyo. Et son las armadas la vna ayuso del Arroyo del Alcornocal Fermoso, et la otra en el colladiello que es asomante a Xara. La prim[er]a vez que corri este monte, mate en el vn osso de los grandes que nunca vj. Et fue el primero osso que mate en tierra de Algezira.

El Arroyo de Pero Xjmenes con el Arroyo del Alisoso es buen monte de osso et de puerco en todo tienpo. Et son las bozerias [fol. 357r] por cima de la sierra fasta catante la Laguna del Puerto Llano, et la otra por el cerro que es entre Alcornocal Fermoso et el Arroyo de Pero Xjmenes. Et son las armadas entre el Arroyo de P[er]o Ximenes et el Alisoso.

La Ffoz de la Cabeça de Almodouar es muy buen monte de puerco en todo tienpo, et a vezes ay oso. Et son las bozerias la vna por çima de la cunbre deste monte mesmo, et la otra por la ladera de la Cabeça de Almodouar fasta que çierre a la boca del rrio. Et son las armadas a la boca de çima de la hoz: vna que este allende del rrio, et otra que este aquende.

La Hoz de Açical es buen monte de osso en yuierno. Et son las bozerias por cima de la sierra del vn cabo el Verrocoso, et la otra fasta la senda que sale a la Mesada de Benamacuz. Et es el armada al rrio.

Las Hoçes de Benamacuz es buen monte de puerco en todo tienpo. Et son las bozerias la vna por çima de la sierra fasta la senda que sale a la Mesa de Benamacuz, et la otra fasta el Arroyo de las Culuebras. Et es el armada en fondon de la hoz.

MS Y.II.19
Letter to Alvar Garcia,
Galician (?) Nobleman

[fol. 357v] **De Nos el Capitan General de todos los monteros desde Leuante ffasta Ponjente, et desde Oriente fasta Oçidente.**

A ti Aluar Garcia, Adelantado de los Galeses:

Vimos el escripto que Nos enbiaste en que dizias que andando por essa montaña que es poblada de los galeses, que llegando a un logar que dizen Ssant Pedro de Entr'amas Aguas que pusieras canes a un puerco. Et que non te catando d'el, que ffallaras el Dragon Negro de la Lana Encant[ad]a a que tu llamas Ladron. Et ssi tal era commo tu enbiauas dezir, este era el su nombre, que non "ladron" commo dizia el tu escripto.

Otrossi, enbias a dezir que maguer entendias que non era tu prision, que con cobdiçia que non te podiste ssofrir, et quel mandeste poner canes. Et que andudieron todo'l dia con el fasta la noche. Et que te lo pusieron por el armada dos o tres vezes, et que ouo dos fferidas mas pequeñas que grandes. Et a este punto rrespondemos que Nos pesa por quanto eras montero, et entendimos la penjtençia que passaste; et plaze Nos et ende bien por que es biuo. Et quiera Dios que sean tales las fferidas, por que non aya de morir en ssu cabo muerte sopitaña en algun yermo apartado, por do el ssuele andar ssin oyr bozes de angeles terrenales, amen.

Et a lo que dizes que estudieron los canes con el et los monteros ffasta el primero ssueño, et dende adelante que fueron dexando los canes, ssaluo dos bien auenturados et porffiados desenpara-dos [fol. 358r] de los otros sus conpañeros; et a buena ffe aun cuydo que de los monteros, tan bien de los estremadanos commo de los gallegos, los quales enbiauas dezir que sallieran por la njeue por çima de vna sierra con el: ¡ay mesquinos dellos! commo yo aca donde esto he duelo dellos por sseer tan mal acorridos et tan desanparados. Et por las maldiçiones con ssospiros et con gemjdos que ellos darian a los que [a] aquel monte los leuaron. Et ¡ay pecador de Aluar Garcia! en aquel tiempo que los estaua oyendo con todo ssu assesiego con las çinco partes de la malenconja.

Pero pongamos que todo esto assi conteçio: que es lo que tu ffeziste esta noche et los monteros; o que es lo que otro dia y ffiziste, de lo que pareçe que d'ally adelante de todo lo que aujas de ffazer non ffeziste nada demas, yaziendo njeue en la tierra commo dizies que estaua, et tenjendo contigo algunos de los que ssabian la tierra commo creo que ternjas. Ca ssi lo dexaste de ffazer por cosas que tenjas de librar fuera de monteria que ffuesen sserujço del Rey o del conde su fijo,[38] yo sso çierto del Rey que por detener te dos dias por acabar tal auentura que commo quier quel pesara por non sse açertar en ella, que te pone mas culpa por non lo porffiar que lo dexar por otra rrazon. Et aun por su ffijo el conde esso mesmo.

Et ssi lo dexaste por mengua de canes, tenemos que tal auentura commo esta que sse [fol. 358v] pudiera cobrar por pocos canes que toujesses; et aun que estudiessen canssados, leuando la yda los omnes por oio et los canes conssigo, tales quales estudiessen fasta muy çerca do el estudiesse, a que non oujessen achaque los canes ssi non andar con el, señalada mjent por la tierra que dizes que estaua neuada. Et ssi lo dexaste por tiempo muy ffuerte que te destoruasse, a non poder ffazer njnguna porffia de buenos monteros: esta es la escusa con rrazon que puedes poner, et non otra. Et ssi esta fue, deuieras me enbiar dezir commo tenjas en coraçon de lo porffiar, et que te lo destoruara esto del tiempo por ssaluar te de caer en tal yerro de montero, pues ffallado aujas tal auentura et cometiste a la prouar.

Pero aun a esta, que es la mas con rrazon dizen los euangelistas Ssant Domjngo Pasqual, et Ssant Johan de la Ffuente Ouejuna, et Ssant Anton de Val de Eglesias, et Ssant Pero Pelay, que deujeras estar dos o tres dias esperando tiempo para acabar tal auentura commo esta, con porffia de monteria derecha. Et qui uiujt et rregnat Deos per omnia saecula saeculorum, amen. Et Dios Nos dexe en algun tiempo sseer en el mes de noujembre en essa tierra do anda esse grant jayan a que Nos pusiemos nombre el Dragon Negro de la Lana Encantada, por que podamos cobrar algo de lo que [fol. 359r] sse menguo. Et podamos dar a ti alguna emjenda de la penjtençia que passaste aquel dia ffuerte y aquella mala noch que duro la batalla de entre ti et el.

[fol. 359v]

End of MS Y.II.19

Notes to the Text

[1] Headings for chaps. xxii and xxv have been inserted in the margins of fol. 3r/v, respectively.

[2] The loss of this portion of text from the upper-right corner of fol. 1r in E_1 is documented in F. Benicio Navarro, *Tratado*, p. 19.

[3] Marginal insertion in E_1; text lost through trimming.

[4] Marginal insertion in E_1; text lost through trimming.

[5] Marginal insertion in E_1; text lost through trimming.

[6] Marginal insertion in E_1; text lost through trimming.

[7] Diego Bravo, Alfonso XI's *montero mayor*, died during the siege of Algeciras, 1342-44; hence, this allusion constitutes a *terminus a quo* for the *privilegios* text of E_1.

[8] This passage provides a strong rationale for the continuous updating process of the hunting locations in Book III, as characterized by the numerous scribal addenda therein.

[9] Marginal insertion in E_1; text lost through trimming.

[10] Marginal insertion in E_1; text lost through trimming.

[11] Rubric taken from margin of E_1, fol. 3r. The entire chapter, an addendum, is written across the bottom margin of fol. 48v and signaled for inclusion on fol. 49r, as I have placed it.

[12] The phrase "que sepa bjen la tjerra" is an addendum in a later hand to this new chapter.

[13] Rubric taken from margin of E_1, fol. 3v. The entire chapter, an addendum, is written across the bottom margin of fol. 50v.

[14] The scribe has written an *s* between the *s* and the *c* of the original *escarnesçer*; the form *ensarnesçer* appears elsewhere, however (e.g., on fol. 4v).

[15] The rubricator has left empty spaces for the headings to chapters xxxix-xliv; I have supplied these titles on the basis of internal evidence in E_1.

[16] The scribe has left no space for a rubric between the text "el deue fazer" and "Otrosy, fallamos escripto...." Given the distinct nature of the material which follows, however, it is clear that this section warrants its own division. I have supplied the rubric on the basis of internal evidence. The "libro" mentioned in the text is probably the *Libro de cetreria*.

[17] This text has been inserted at the bottom margin of fol. 62v; the ink has deteriorated considerably.

[18] No separate division for this chapter exists in MS E_1, but the distinct nature of the material would appear to provide sufficient justification for including the rubric that appears in MS P_4.

[19] Some scribal humor? The logical reading would be "*pelos* del rrabo."

[20] The correct reading would seem to be "*otro* tanto."

[21] Text written across the bottom margin of fol. 73v.

[22] What would have been the source(s) of this allusion to the Carolingian paladin Roland? A. D. Deyermond offers a fine synthesis on the Carolingian epics in Spain in his *A Literary History of Spain: The Middle Ages* (pp. 35-36).

[23] Text written across the bottom margin of fol. 112v.

[23 bis] Marginal insertion in E_1; text lost through trimming.

[24] Text written across the bottom margin of fol. 156v.

[24 bis] Marginal insertion in E_1; text lost through trimming.

[25] The allusion to the Cid, Ruy Díaz de Vivar, suggests that the fame of this hero was extremely widespread by the mid-fourteenth century. Such notoriety seems to have extended to Per Abat as well, for this probable poet of the *Poema de Mio Cid* is mentioned on fol. 157r and again on fol. 163v. According to Colin Smith, the association is not merely fortuitous: "I firmly believe Per Abad to be the poet [of *PMC*], not merely a copyist, and have said so; ... first, ... in *Medium Aevum*, 42 (1973), 1-17" (Personal Correspondence, 1 June 1981).

[26] Text written across the bottom margin of fol. 163r.

[27] Text written across the bottom margin of fol. 174v.

[28] Editorially, this is the most difficult section in MS E_1; as many as two folios may have been lost after fol. 227. The incomplete reading in *Palacio* suggests that such loss may have already occurred by the time that it was transcribed.

[29] Text written across the bottom margin of fol. 233v.

[30] Text written across the bottom margin of fol. 237r.

[31] Text written across the bottom margin of fol. 241r.

[32] Text written across the bottom margin of fol. 241v.

[33] Text written across the bottom margin of fol. 244v.

[34] Text written across the bottom margin of fol. 272v for inclusion on fol. 273r, as I have placed it.

[35] Does this toponym allude to the central figure of the *Libro de buen amor*? The popular manifestations of literary works during the Middle Ages and, in particular, the fanciful allusions to their major figures is an area that is in great need of further study. In the *Montería* alone, the influence of Arthurian literature, for example, can be noted in the place-name "Posada de Merlin," fol. 218v.

[36] Text written across the bottom margin of fol. 307r.

[37] This phrase, standing alone on fol. 341v, would appear to have been added after the monarch Alfonso XI's death by plague at the siege of Gibraltar in 1350; hence, it would constitute a *terminus ad quem* for MS E_1.

[38] Numerous attempts have been made to identify the "Rey" and the "conde su fijo" mentioned here, ranging from Alfonso X and his bastard son Alfonso Fernández (F. Benicio Navarro, *Tratado*, p. 32) to Alfonso XI and Pedro the Cruel (ed. Gutiérrez de la Vega, *Libro de la Montería*, II, 405, n. 1). While the latter pair seems to be the more likely one, Enrique Trastámara should not be ruled

out as a possible "conde." Alvar García himself seems to have been a member of an illustrious family; J. M. Castro y Calvo notes that he was the son of Garcy Álvarez, hunting companion of Don Juan Manuel, and brother of the distinguished falconer Fernán Gómez and of the well-known archbishop Gil de Albornoz (ed. *Libro de la caza*, pp. 112 and 137).

Glossary

A

A¹ *prep.* to; for; of; from
A² (HA) *impers. irreg.* **AUER²** there is, there are
ABARRIDO *adj.* bent; broken
ABES *adv.* with difficulty
ABUELTAS *adv.* nearby; **ABUELTAS DE** *prep.* around, nearby
AÇAFRAN *m.* saffron
AÇAUAR ÇECUTRIN *m.* aloes, aloe-tree
AÇELGA *f.* chard, *Beta vulgaris*
AÇETOR *see* **AÇOR**
AÇIENÇO *m.* absinthe, wormwood; **AÇIENÇO ALUAR** a member of the absinthe family
AÇOR *m.* goshawk
ACACIA *f.* acacia; medicament extracted from the acacia shrub
ACOGER *v.t.* to gather; to terminate the hunt
ACOGIDA *f.* gathering; the signal that is sounded on the hunting horn, or *bozina to terminate the chase*
ACORRO *m.* pack of hunting dogs
ACORUADO *adj.* curved or bent
ACUÇIA *f.* zeal, haste
[ACUÇIAR] *v.t./v.r.* to hasten; to raise a clamor like that made by dogs while pursuing game
ACHAQUE *f.* stunning blow; infirmity resulting from a blow or collision
ADRADA *f.* a flat place
[ADUZIR] *v.t.* to guide, lead
ADUXIEREN *3rd pers. pl. fut. subj.* **[ADUZIR]**
AGALLAS *f.pl.* gallnuts
AIO *m.* garlic
AL *indef. pron.* none other; another
ALCARÇENA *f.* officinal tare; bitter vetch
ALCATENES *m. pl.* poultice, probably of linseed oil
ALFEÑA *f.* henna
ALLEGADO *adj.* compact; near
[ALLEGAR] *v.t.* to gather, unite
ALMASTICA *f.* herb mastic; thyme(?)
ALMORI *m.* an unidentified medicine
ALQUITRAN *m.* tar or liquid pitch
ALUAYALDE *m.* white lead
ALUNBRE *m.* alum; mineral salt
ALUO *adj.* white
ALUURAS *f. pl.* white of an egg
[AMANESÇER] *v.i.* to dawn; to get up at dawn
AMODORRIDO *adj.* heavy with sleep
AMOMO *m.* cardamom
ANELDO *m.* common dill
ANSY (ASY) (ASSY) *adv.* thus
ANTUUIADO *adj.* anticipated
APAÑAR *v.t.* to grasp, seize
APAPANAC *see* **OPAPANAC**
APODENCADO *adj.* 'in the manner of the hound'; a flat and wide shape
ARMADA *f.* line of hunters awaiting game aroused by the clamor made by the beat (*see* **BOZERJA**)
ARQUINTIDUZ *f.* (?)a resinous medicine
ARREHAN *m.* myrtle
ASENICO *m.* arsenic; **ASENICO SOLJMADO** arsenic oxide
ASENSIO (ASSENSIO) *see* **AÇIENÇO**
A SO PIE *adv.* nearby; *m.* signal made on the hunting horn that game is near
ASTROSO *adj.* despicable; vile, indecent
ATREUUDO *adj.* daring
ATURADOR *adj.* able to endure a great deal
AUER¹ *v.t.* to possess
AUER² *v.t. impers.* to be
AURA *fut. indic.* **AUER²**
AZCONA *f.* javelin
AZECHE *m.* vitriol; ferrous sulphate

B

BALLESTERO *m.* archer; crossbowman
BERRUGA *f.* wart
BEUER *v.t.* to drink
BEUIR *v.i.* to live
BIDMA *f.* poultice, plaster
BIESPERAS *f.pl.* vespers
BOLARMENICO *m.* bole armeniac; clay
BOÑJGA *f.* manure
BOZERJA *f.* loud clamor; in hunting, alludes to the beat, or those persons collectively engaged in the act of scouring a tract of land to rouse or drive out game (*see* **ARMADA**)
BOZJNA (BOZINA) *f.* hunting trumpet made of brass or copper
BRAÇO *m.* foreleg of animal

BRAÑA *f.* summer pasture
BREÑA *f.* craggy place
BREÑAL *m.* craggy, bramble-covered ground
BROCADURA . bite from a bear
BUSCA *f.* search for or pursuit of game; search party of men and dogs

Ç

ÇARADIC *m.* cardamom
ÇARADION *see* **ÇARADIC**
ÇAYAQUIN *m.* an unidentified medicine
ÇEÇINA *f.* dried meat; jerky
ÇELURGIA (ÇILURGIA) (ÇIRURGIA) *f.* the art of surgery; the sewing and cauterization of flesh
ÇIFAT [ÇIFAC] *m.* peritoneum
ÇOMIENTO *adj.* exuding moisture
ÇUMAQUE *m.* sumac
ÇUMO *m.* sap, juice

C

CA *conj.* because
CABEÇA (ÇABEÇA) *f.* head; a hill or ridge
CAÇA *f.* venery or falconry
CAÇUZ *m.* ivy, used medicinally
CADIELLO *m.* whelp
CALANFONJA *f.* colophony, a resin derived from *Pinus orientalis*
CALLO *m.* paw-padding of an animal; the depth of the paw's imprint, which connotes the animal's size
CAMA *f.* animal's lair
CAN *m.* dog; **CAN DE TRAYELLA** trail dog; **CAN DE RENUEUO, CAN DE CORRER** pursuit dog; **CAN MAESTRO** experienced hunting dog
CANBIL *m.* compound of bole armeniac and other pharmacological items that has the form of sand-like grains and is used for diarrhea in dogs
CAÑAHIERLA *f.* common fennel plant
CAÑUTO *m.* a small tube made of cane used as part of a poultice
CARANFONIA *see* **CALANFONJA**
CARAUE *f.* amber, succinum
CIERUO (ÇIERUO) *m.* stag, hart
[COCER] *v.t.* to cook
COCHO *past part.* **[COCER]**
COLMENAR (COLMENAL) *m.* area having many beehives
COMEDIO *m.* middle of a mountain side
COMJNO *m.* cumin (used medicinally)
COMUNAL *adj.* average, not outstanding
CONPLIDO *adj.* perfected; refined; fulfilled
CONTRAFECHO *adj.* counterfeit, bogus
CORÇO *m.* roe deer
CORREDURA *f.* pursuit of the hunt; foray
CORVA *f.* back of the knee
CORVO *adj.* curved
COXIEREN *3rd pers. pl. fut. subj.* **[COCER]**
CRIETA *f.* scratch in skin
CUEGAN *3rd pers. pl. pres. subj.* **[COCER]**
CUENCA *f.* eye-socket
CULANTRO *m.* coriander
CUNBRE *f.* summit

D

DEHESA (DEFESA) *f.* enclosed field; pasture
DELANTRERA *f.* chase, pursuit
DENDE *adv.* whence; **DENDE A** *prep.* up to which point
DERECHO *m.* law; privilege; **EN SU DERECHO** in its (one's) own right
DESENCARNAR *v.t.* to prevent dogs from eating the game that they have killed
DESEÑAR (DESSEÑAR) *v.t.* to point out; to indicate, using sign language
DESFURTADO *adj.* unpursued; unwatched
DESPEADO *adj.* lame
DESPEAMIENTO *m.* lameness
DESPUNTAR *v.t.* to crop a dog's ears
DESQUE *adv.* since
[DESTELLAR] *v.t.* to wash; inundate
DESTELLEN *3rd pers. pl. pres. subj.* **[DESTELLAR]**
[DESTENPRAR] *v.t.* to mix a dry compound with water; to dilute
DESTIENPRE *3rd pers. sing. pres. subj.* **[DESTENPRAR]**
DESUSO *adv.* upward; above
DEYUSO (DIUSO) (DYUSO) *adv.* downward; beneath
DEZIR[1] *v.t.* to say, tell
DEZIR[2] *m.* dog's bark
DIAPALMA *f.* healing plaster that contains litharge and palm oil
DICHA *f.* barking of dogs as they pursue game
DISONTORIE (DISONTORIA) *f.* dysentery
DO *adv.* where; wherever
DRAGON *m.* serpent; fabulous monster

E

ENANCHAR *v.t.* to prolong
[ENBOÇAR] *v.t.* to muzzle a dog
ENCARNAR *v.t* to allow hunting dogs to eat the flesh of game they have killed
ENEBRO *v.t.* common juniper
ENFAMADO *adj.* judged guilty
[ENFESTAR] *v.t.* to lift, raise up
ENPEESÇER ([ENPESÇER]) *v.t.* to impede
ENPESÇE *3rd pers. sing. pres. indic.* **[ENPESÇER]**
ENPLASTO (ENPLASTRO) *m.* poultice
[ENRRIDAR] *v.t.* to incite
[ENSANGOSTAR] *v.t.* to limit in physical expanse or time
ENSARNESÇER (ESSCARNESÇER) *v.i.* to get mange
ENTRAMOS *adj. pl.* both
ENXUGADO *see* **ENXUTO**
ENXUTO *adj.* dried; wiped
ENZEBRA *f.* wild ass
ESCATIMAR *v.t.* to interpret or analyze an animal track
ESCORAT *m.* (?) unidentified medicinal compound
ESPATULA *m.* spatula
ESPICANARTE *m.* spikenard; a fragrant ointment
ESPLIGO *m.* lavender
ESPONGIA (ESPONJA) *f.* sponge
ESQUINANT *m.* aromatic rush
ESTANTIO *adj.* lethargic; 'ellos commo salen *estan[t]ios* de la osera' (fols. 53v-54r)
ESTOPADA (ESTOPA) *f.* small individual surgical dressing; liquid-bearing container
ESTREMADO *adj.* outstanding; proven
EXIDAS *f.pl.* running sores
EXIDOS *error for* **EXIDAS** (?)

F

FALLAR *v.t.* to find
[FALLESÇER] *v.i.* to die, perish
FANBRE *f.* hunger
FAÑADO *adj.* cropped
[FAÑAR] *v.t.* to crop a dog's ears
FARINA *f.* flour; **FARINA DE TRIGO** wheat flour; **FARINA DE LENTEIAS;** lentil flour
FARTAR *v.t.* to satiate
FASTIO *m.* repugnance
FASTA (FATA) (FFASTA) (FFATA) *prep.* until
FAZ *apocopated 3rd pers. sing. pres. indic.* **FAZER**
FAZA *prep.* toward
FAZER (FFAZER) *v.t.* to do, make; to train; **FAZER VNA PREGUNTA** to sound the hunting horn
FAZERUELOS *m.pl.* binding, cords; 'sea juntada la llaga con *fazeruelos*' (fol. 23v)
FENEMJAMAN *m.* (?) a medicament; 'es un arbol que a çient rrayzes' (fol. 12v)
FERUIDO *adj.* boiled
FERUIR *v.t.* to boil
FIEL *f.* gall; **FIEL DE BUEY** ox gall
FIERRO *m.* cauterizing iron; **FIERRO ROSIO** red-hot iron
FIGADO *m.* liver; **FIGADO DEL VENADO** deer's liver
FINCAR (FYNCAR) *v.i./v.r.* to stay, remain
FINOIO *m.* fennel
FISICA *f.* medical science; the art of healing wounds and curing illnesses
FITO *adj.* fixed; **EN FITO** *adv.* fixedly; closely
FOETA *f.* neck (Aragonese)
FOZ (HOZ) (HOÇ) *f.* narrow pass of a deep valley, or that which a river forms that flows between two mountain ridges
FUELGO *m.* breath
FUERO *m.* law or legal privilege
[FUYR] *v.i.* to flee
FUYRAN *3rd pers. pl. fut. indic.* **[FUYR]**

G

GALDUNJE *f.* unidentified medicinal compound (caledonia?)
GALUANO *m.* galbanum, a brownish aromatic resin with unpleasant taste
GOMA *f.* gum; **GOMA ARAUICA** gum arabic; **GOMA GARGANTE** gum tragacanth
GRAMA *f.* medicinal plant of the gramineous family
GUARESÇER *v.t./v.i.* to return to health
GUIJO (GUYJO) (GUIIO) *m.* a gravelly area
GUISAMIENTO *m.* equipment; activity

H

HABARRAZ *f.* stavesacre, *Delphinium staphisagria*
HINCADO *adj.* imbedded
HUEUO *m.* egg

I

IBFAGE *f.* an unidentified medicine; 'son unos graniellos menudos et amargos' (fol. 11r)

J

[JNCHAR] [FINCHAR] (HINCHAR) [YNCHAR] *v.i./v.r.* to swell up
JNCHAZON (YNCHAZON) *f.* swelling

L

LABROS *m.pl.* lips
LADERA *f.* hillside
LADRAR ([LLADRARSE]) *v.i./v.r.* to bark; *v.t.* to pursue barking
LADRIDO *m.* dog's bark
[LAGRIMAR] *v.i.* to shed tears
LANÇA *f.* lance; signal post placed on high ground to indicate that game has been flushed
LANDRAS error for **LANDRES** (?)
LANDRE (LANDE) *m.* tumor the size of an acorn
LANDREZIELLA *f.* swelling
LANTEIAS see **LENTEIAS**
LAUADO *adj.* washed; clean
LAZERIA *f.* laceration
LAZRAR *v.t.* to lacerate
LEBRERA *f.* female hare hound
LEGADURA *f.* ligature (for binding wounds)
LENTEIAS *f.pl.* lentils
LEUADURA *f.* leaven, yeast
LEUANTADO *adj.* aroused; pursued
LEUAR ([LLEUAR]) *v.t.* to carry; **LEUAR EL RASTRO** *v.t.* to have the scent; **LEUAR A MONTE** *v.t.* to take hunting; **LEUAR LA YDA** *v.t.* to take up the chase
LIGUYA *f.* unidentified medicament
LIVIANO *m.* lung
LUENGO *adj.* long; **A POR LUENGAS** *adv.* lengthwise
LUZIERNEGA *f.* glowworm

LL

LLUUIA *f.* rain

M

MAESTRO *m.* the master of the hunt
[MAIAR] *v.t.* to beat, mix
MAGRO *adj.* thin
MALENCONJA (MALENCONIA) *f.* infirmity; **MALENCONIA QUEL DIZEN RAUIA** rabies
MALFECHOR *m.* culprit, offender
MANIAR (MANJAR) *m.* victual; morsel
MANO *f.* hand; paw of animals
MASLO *m.* male
MASTINA *f.* female mastiff
MASTUERÇO *m.* nasturtium
MAYORAL *m.* the principal group of the hunt, consisting of a *señor, cauallero,* or *escudero* and party
[MEÇER] *v.t.* to wag the tail (dog)
MELEZJNA (MELEZINA) *f.* medicine; remedy
MELEZINAMIENTO (MELEZINAMJENTO) (MELEZJNAMIENTO) (MELEZJNAMJENTO) *m.* medicament
MELEZJNAR (MELEZINAR) *v.t.* to administer medication
MIRRA *f.* myrrh
MONTE[1] *m.* mountain; forest
MONTE[2] *m.* location for hunting
MONTERIA *f.* hunting; **MONTERIA DERECHA** correct hunting following formal procedure, such as that provided in the *Libro de la monteria*
MONTERO *m.* huntsman; **MONTERO DE PIE** hunter on foot; **MONTERO DE CAUALLO** hunter on horseback
MUSTIO *adj.* parched, dry

N

[NASÇER] *v.i.* to be born
NAUA *f.* low-lying level piece of ground surrounded by mountains
NIEBLA (NJEBLA) *f.* fog

NJEUE (NIEUE) *f.* snow
NON *adv.* no
NUDOS *m.pl.* swellings
NUUES *f.pl.* spots on the cornea

O

O¹ *apocopated form of* **ONDE**
O² *conj.* or
OÇISA *f.* a signal made on the trumpet when approaching game
OIO (OJO) *m.* eye
OLLIO *m.* oil; **OLLIO ROSADO** rose oil
OMNE *m.* man
ONBRIA *f.* dark, wooded area
ONDE *adv.* whence
OPOPANAC *m.* opopanax, an antispasmodic
OREIA *f.* ear
ORINAS (ORJNAS) *f.pl.* urine; **ORINAS DE MULA** mule urine (used medicinally)
OROPIMENTE *m.* orpiment, arsenic sulphide
ORONDADO *adj.* glossy
ORONDADURA *f.* diversity of color in form of waves; glossiness (referring to the coat of dogs)
ORURA *f.* slag; **ORURA DEL PLOMO** lead residue
OSCAÑO *m.* bear cub
OSERA *f.* bear den
OSSO (OSO) *m.* bear
OTER (OTERO) *m.* hill
OTOÑADA *f.* fall
OTROSY (OTROSI) (OTROSSY) (OTROSSI) *adv.* also

P

[PAGARSE] *v.r.* to be satisfied
PALADAR *m.* palate
[PALADEAR] *v.t.* to clean the mouths of animals
PALMA *f.* paw, pads of dog
PAPA *f.* belly; **PAPA ARRIBA** *adv.* belly-side up
PARADA *f.* location where game is awaited (see **ARMADA**); **ESTAR PARADA** *v.i.* to be in heat
PAPER *m.* paper
[PECHAR] *v.t.* to pay a fine
PECHOS *m.pl.* breast
PERREZNOS *m.pl.* puppies
PIEDRA *f.* **PIEDRA DE ALUNBRE** alum salt; **PIEDRA SUFRE** sulphur

PITO *m.* hunting whistle
PODENCO *m.* hound
POSTIELLAS *f.pl.* scabs
PRIEGOS *m.pl.* folds
PRIETO *adj.* black
PRIMA *f. and adj.* first; **PRIMA ORA** first three hours of the day
PRO *m.* benefit; well-being
PUERCO *m.* wild boar

Q

QUARTIELLAS *f.pl.* hind quarters, haunches
[QUEBRANTAR] *v.t.* to break, fracture
QUEBRANTADURA *f.* break, fracture
QUEMAR *v.t.* to burn, cauterize
QUI *indef. pron.* who
QUINA *f.* galbanum, resin of *ferula galbaniflua*

R

RAÇA *f.* minium, red oxide of lead
RALO *adj.* thin
RANAQUAIO *m.* tadpole
RANCAIO *m.* splinter in the flesh
RASTRO (RRASTRO) *m.* trail; scent of an animal
RAUIA *f.* rabies
[RAUIAR] *v.i.* to be rabid
RAYZ (RRAYZ) *f.* root; *fig.* foot of a mountain
REAL¹ *adj.* royal; excellent; **REAL MONTE** hunting suitable for the monarch
REAL² *m.* land owned by the Crown; the site of the monarch's camp while hunting
RECODIR *v.i.* to set out again
RECUESTO *m.* hillside; declivity
REDRUÑA *f.* left hand or side in hunting
REMOIO *m.* dampness; **[ECHAR] A REMOIO** *v.t.* to soak
RENOUAR (RRENOUAR) *v.t.* to take up or renew the chase
RENUEUO (RRENUEUO) *m.* hunting party; location at which hunting party awaits game or resumes the chase
REQUERIR *v.t.* to provide with
RESCREBADURA *f.* laceration; perforation
RESTABRADO *adj.* restored
RETOÇAR *m.* friskiness
[ROÇIAR] [RUÇIAR] *v.i.* to be sprinkled with dew or water

ROÇIO (ROCIO) *m.* dew
ROMAZA *f.* sorrel; **ROMAZAS MONTESINAS** mountain sorrel
ROYO (RUUIO) (RUUJO) (RRUUJO) *adj.* red or blond
RUDA *f.* rue, *Ruta graveolens*

S

SABUESO (SSABUESO) *m.* hound
SAEN AL CATAR *m.* (?) refined animal fat
[SAFUMAR] *v.t.* to smoke, fumigate
SALIUA *f.* saliva
SALMORAR (SALMONAR) *v.t.* to treat with a salt solution
SALNJTRIO *m.* saltpeter
SALZE *m.* willow
SAMBUCUS *m.* elder tree
SANGUSUELA *f.* leech
SARNA *f.* mange
SAUANA *f.* sheet
SEDA *f.* hair of horse's tail or mane
SEMIENTE *f.* seed
SENO *m.* concavity
SENZIELLA *f.* call on the *bozina* to cease the hunt when game is not found
SENZIELLO *adj.* simple; **SANO ET SENZIELLO** *fig.* 'safe and sound'
SER ([SEYER]) (SEER) (SSEER) ([SSEYER]) *v.i.* to be
SERAPINO *m.* gum resin obtained from the fennel-giant plant
SINJESTRO *adj,* left
SOLTAR *v.t.* to release hunting dogs to pursue game
SORDEDAT *f.* deafness
SORRABAR *v.t.* to look beneath the tail of an animal; *m.* the punishment for the hunter who would steal the dogs of others
SO TECHO *adv.* under shelter
SOTO (SSOTO) *m.* thicket or grove
[SOUAR] *v.t.* to squeeze
[SUAR] *v.i.* to sweat
SUELTA *f.* act of releasing dogs to pursue game
SUEÑO *m.* sleep; **PRIMER SUEÑO** first sleep, with reference to animals that are hunted
SUZIO *adj.* dirty
SY (SI) (SSY) (SSI) *conj.* if; **SYS** *apocopation of* **SY** + **SE**

T

TABLIELLAS (TABLILLAS) *f.pl.* medicaments used as part of a plaster
TALLE *f.* form, shape; **TALLE DE CONGRIO** eel-shaped with reference to the shape of a dog's head); **TALLE DE CULUEBRA** in the shape of a snake (referring to a dog's head)
TAN *m.* tannin, tannic acid (derived from gallnuts, sumac, etc.)
TANXO *3rd pers. sing. pret.* **TAÑER¹**
TAÑER¹ *v.t.* to touch
TAÑER² *v.t.* to sound the hunting horn or whistle; **TAÑER DE RASTRO** to announce with the trumpet that dogs have found the scent of game
TARDIO *adj.* late; **LOS TARDIOS** *m.pl.* designation for dogs conceived in February under the sign of Aquarius
TAUANO *m.* horsefly
TAYAFIN *f.* medicine used to cure mange, taeniafuge (?)
TELA *f.* cloth; gauze; *fig.* fog; **TELA DE ARAÑA** spider web; **T. DE LA CABEÇA** the encasing membrane of the cerebral mass
TENPRANO *adj.* early; **LOS TENPRANOS** *m.pl.* designation for dogs conceived in January under the sign of Capricorn
TERÇIO *m.* third part; the share of the spoils of the chase that accrues to the hunter who arouses and pursues a bear, equal to a third of the value of its hide
TERMENTINA *f.* turpentine
TERRAZO *m.* medicinal clay
TIENPO (TIEMPO) *m.* time; **TIENPO DE PANES, T. DE HUUAS, T. DE BELLOTAS (VELLOTAS)** harvest time; **T. DE LA BRAMA** mating season of deer
TIENTO *m.* trace; track; **TOMAR TIENTO** *v.t.* to note the location where the scent of pursued game becomes weak or disappears
TIESTO *m.* earthenware; **TIESTO DE TERRAZO** clay pot
TIÑOSO *adj.* mangy
TISICA *f.* phthisis, pulmonary consumption
TOCA *f.* cloth; bandage
TOMADOR *m.* pursuit dog, with particular reference to the large alan breed
TOMAR¹ *v.t.* to take (e.g., medicine)
TOMAR² *v.t.* to overtake; to pursue game
TOMIELLO (TOMILLO) (TOMJELLO) *m.* thyme
TOÑADA *see* **OTOÑADA**
TOPADURA *f.* collision
TORCAZO *adj.* ringed; **PALOMA TORCAZA** *f.* ringed dove

TORNADO *adj.* turned; **TORNADO ES** *m.* signal given on the hunting horn that game is moving in a different direction
[TOSTAR] *v.t.* to roast
TRAER[1] *v.t.* to bring, carry; to maintain
TRAER[2] *v.t.* to gestate
TRASNOCHAR *v.i.* to hunt all night
TRASPUESTA *f.* signal made on the hunting horn to indicate that game being pursued has changed its direction of movement
TRASQUILAR (TRESQUILAR) *v.t.* to shear the area adjacent to a wound before performing surgery
TRAUIESA *f.* width of an animal track; trail of an animal
TROXIERE *3rd pers. sing. fut. subj.* **TRAER**[1]

V

VADO (UADO) *m.* ford
VAGAR *m.* freedom, free time; **ESTAR DE VAGAR** *v.i.* to have free time; **ANDAR DE VAGAR** *v.i.* to roam freely (animals)
VAGAROSO *adj.* leisurely; not intense
VAGO *m.* rest; **ESTAR EN VAGO** *v.i.* to rest, relax
VALDRES *m.* soft leather pouch or cloth filled with medicaments and used as a poultice
VANDA *f.* band of men or animals
VAYNA *f.* husk
VEGADA *f.* time; occasion; **A LAS VEGADAS** *adv.* occasionally
VEIEZ *f.* old age; *fig.* weariness
VELUNTAD *f.* will; a dog's hunting prowess
VENADO[1] *m.* large game (e.g., deer, wild boar, and bear)
VENADO[2] *m.* deer
VENA *f.* vein
VENDA *f.* bandage
VENERUELA *f.* small scallop shell
[VENTAR] *v.t.* to smell, sniff
VENTOSIDAT *f.* flatulence
VERANO (UERANO) *m.* summer
VERGAIO *m.* pizzle
VERROS *m.pl.* watercress
VERTER *v.t.* to expel; **VERTER LAS AGUAS** to urinate
VIANDA (UIANDA)[1] *f.* victuals
VIANDA[2] *f.* grass

VINAGRE (VJNAGRE) *m.* vinegar
VIOLETA *f.* violet
VISO *m.* aspect; **AL VISO** *adv.* apparently
VMORES (HUMORES) *m.pl.* the Galenic humors (blood, phlegm, choler, and melancholy)
VNGENTO *m.* unguent; ointment made from wax and oil; **UNGENTO DEL ESQUINANT** ointment prepared from this aromatic shrub
[VNTAR] *v.t.* to rub with ointment
[VSMAR] *v.t.* to sniff
VUA (HUUA) *f.* grape
[VUJAR] *v.i.* to arrive at, reach

X

XENABE *f.* mustard, *Sinapis alba*

Y

Y *adv.* there
YA (IA) *adv.* already
YAZER *v.i.* to lie in waiting; to hide (referring to hunted animals)
YDA *f.* a fresh trail
YERRO *m.* error made by hunting dogs while pursuing game, e.g., to be misled by different scents
YJADAS *f.pl.* flanks (of an animal)
YOGUIERE *3rd pers. sing. fut. subj.* **YAZER**
YSQUIERDO *adj.* left
YUIERNO (YUJERNO) (YNUJERNO) (YNUIERNO) (JNUIERNO) (YVIERNO) *m.* winter

Z

ZIREA *f.* an unidentified botanical specimen; 'tomen...corteza de z[ire]a, dos onças' (fol. 26r)

Bibliography

Libro de la Monteria

Manuscripts Consulted

Biblioteca de Palacio, Madrid. MS II.g.3/2105

—————. MS 1607.

Biblioteca de San Lorenzo de El Escorial. MS Y.II.16

—————. MS Y.II.19

Bibliothèque Nationale, Paris. MS Espagnol 216.

—————. MS Espagnol 217.

—————. MS Espagnol 218.

—————. MS Espagnol 286.

Oesterreichische Nationalbibliothek, Vienna. Cod. 10968.

The Hispanic Society of America, New York. MS B1274

Editions Consulted

"An Edition, Study, and Glossary of Escurialense MS Y.II.19: The *Libro de la monteria*." Ed. Dennis Paul Seniff. Unpublished doctoral dissertation, Univ. of Wisconsin-Madison, 1978.

Libro de la Montería de Alfonso XI. Introducción de Jesús E. Casariego, versión y notas de J. Gutiérrez de la Vega. Biblioteca española cinegética. Madrid: Editorial Velázquez, 1976.

Libro de la Montería de Alfonso XI [Prologue to Book I, MS Y.II.16; fragments from MS Y.II.19, Book III, chapter x]. Ed. Ramón Menéndez Pidal in *Crestomatía del español medieval. Tomo II.* Madrid: Editorial Gredos, 1965, pp. 420-424.

Libro de la Montería del rey D. Alfonso XI. Con un discurso y notas del Excmo. Señor D. José Gutiérrez de la Vega. Biblioteca venatoria. Vols. I-II. Madrid, 1877.

Libro de la Monteria qve mando escrevir el mvy alto y mvy poderoso Rey Don Alonso de Castilla, y de Leon, Vltimo deste nombre. Acrecentado por Gonçalo Argote de Molina. Sevilla, 1582.

General Bibliography

Albertus Magnus. *De Animalibus*. Ed. Hermann Stadler. *Beiträge zur Geschichte der Philosophie des Mittelalters*.... Vols. XV-XVI. Münster, 1916-1921.

Alfonso X, King of Castile and León. *Fuero real del rey Alonso el Sabio. Opúsculos legales del rey don Alfonso el Sabio*.... Tomo II. Madrid, 1836.

—————. *General estoria. Primera parte*. Ed. Antonio García Solalinde. Madrid: Centro de Estudios Históricos, 1930.

—————. *Las siete partidas. Partida segunda y tercera*. Ed. Real Academia de la Historia. Vol. II. Madrid, 1807.

Amador de los Ríos, José. *Historia crítica de la literatura española*. Vol. III. Madrid, 1863.

Andrés, Gregorio de (O.S.A). *La Real Biblioteca de El Escorial*. Madrid: Aldus, 1970.

Antonio, Nicolás. *Bibliotheca hispana vetus*. Vol. II. Madrid, 1788.

Antón Ramírez, Braulio. *Diccionario de bibliografía agronómica*. Madrid: M. Rivadeneyra, 1865.

Aquinas, Thomas. *Summa Theologica*. Translation of the English Dominican Fathers. 3 vols. New York: Benziger Bros., 1947.

Argote de Molina, Gonzalo. *Discurso sobre la Montería*. Ed. José Gutiérrez de la Vega. Biblioteca venatoria. Vol. IV. Madrid, 1882.

Beardsley, Jr., Theodore S. Letter to Dennis Paul Seniff. 18 February 1977.

Beer, Rudolf. *Die Handschriftenschenkung Philipp II an den Escorial vom Jahre 1576*. Vienna: F. Tempsky, 1903.

Benicio Navarro, Felipe. *El Libro de la Montería es el Tratado de Venación de Don Alfonso el Sabio*. Madrid: Aribau & Cía, 1878.

Borao, Jerónimo. *Diccionario de voces aragonesas*. 2nd ed. Zaragoza, 1908.

Borgognoni de Lucca, Teodorico. *The Surgery of Theodoric*. Translated from the Latin by Eldridge Campbell and James Colton. 2 vols. New York: Appleton-Century-Crofts, 1955-1960.

Cárdenas, Anthony J., et al. *Bibliography of Old Spanish Texts (Literary Texts, Edition - 2)*. Madison: The Hispanic Seminary of Medieval Studies, Ltd., 1977.

Castilian Vocabulary Files of the Seminary of Medieval Spanish Studies at the University of Wisconsin-Madison.

Catalán Menéndez Pidal, Diego. *Un cronista anónimo del siglo XIV (La gran crónica de Alfonso XI. Hallazgo, estilo, reconstrucción)*. La Laguna (Canarias): Universidad de La Laguna, 1957.

—————. *De Alfonso X al Conde de Barcelos. Cuatro estudios sobre el nacimiento de la historiografía romance en Castilla y Portugal*. Madrid: Editorial Gredos, 1962.

—————. *Poema de Alfonso XI. Fuentes, dialecto, estilo*. Madrid: Editorial Gredos, 1953.

―――――. *La tradición manuscrita en la Crónica de Alfonso XI.* Madrid: Editorial Gredos, 1974.

La Chace aus mesdisans. Ed. Alfred Mercier. In *Annales du Midi,* VI (Toulouse: Université de Toulouse, 1894), pp. 465-494.

Clemencín, Diego. *Elógio de la Réina Católica Doña Isabel.* Madrid: Sancha, 1820.

Corominas, Joan. *Diccionario crítico etimológico de la lengua castellana.* 4 vols. Madrid: Editorial Gredos, 1954.

Dancus Rex Guillelmus Falconarius Gerardus Falconarius. Ed. Gunnar Tilander. Cynegetica IX. Lund, 1963.

Dearing, Vinton A. *A Manual of Textual Analysis.* Berkeley and Los Angeles: The Univ. of California Press, 1959.

Deyermond, A. D. *A Literary History of Spain: The Middle Ages.* London: Ernest Benn Ltd. and New York: Barnes and Noble, Inc., 1971.

Douvier, Elisabeth. "L'évolution et la disparition de l'adverbe de lieu Y dans les manuscrits du 'Libro de la Montería.'" *Cahiers de linguistique hispanique médiévale,* No. 3, March 1978, pp. 33-50.

―――――. "L'introduction du 'Libro de la Montería': étude des différents procédés d'expression." *Cahiers de linguistique hispanique médiévale,* No. 1, March 1976, pp. 100-125.

Edward, second Duke of York. *The Master of Game.* Eds. Wm. A. and F. Baillie-Grohman. New York: Duffield & Co., 1909.

Eguílaz y Yanguas, Leopoldo de. *Glosario etimológico de las palabras españolas.* Granada, 1886; rpt. Hildesheim: Georg Olms Verlag, 1970.

Enrique II, King of Castile and León. *Coronica de D. Alfonso el Onceno....* Ed. Francisco Cerdá y Rico in *Crónica de D. Alfonso el Onceno.... Parte I. Segunda ed.* Colección de las crónicas y memorias de los reyes de Castilla. Tomo VII. Madrid: Sancha, 1787.

―――――. *Crónica del Rey Don Alfonso el Onceno.* In *Crónicas de los Reyes de Castilla desde Don Alfonso el Sabio hasta los Reyes Católicos Don Fernando y Doña Isabel. Colección ordenada por Don Cayetano Rosell.* Biblioteca de Autores Españoles. Vol. LXVI. Madrid: Biblioteca de Autores Españoles, 1875.

Entwistle, William J. *The Arthurian Legend in the Literatures of the Spanish Peninsula.* London: J. M. Dent & Sons, Ltd., 1925.

Frederick II, King of Sicily. *De Arte Venandi cum Avibus.* Ed. A. Restori. In "Peire de l'Astor: Recettes de fauconnerie." *Revue des langues romanes,* XXXIX (1896), pp. 289-301.

Gallardo, Bartolomé José. *Ensayo de una biblioteca española de libros raros y curiosos.* 4 vols. Madrid: M. Rivadeneyra, 1863-1869; rpt. (facsimile ed.) Madrid: Editorial Gredos, 1968.

García de Diego, Rafael. "El *Libro de la Montería* del Rey Alfonso XI." *Celtiberia,* XI (1961), 235-246.

García Villada, Zacarías. *Paleografía española.* 2 vols. Publicaciones de la Revista de Filología Española. Madrid: Fototipia de Hauser y Menet, 1923.

Gaston III, Comte de Foix. *La Chasse de Gaston Phébus, Comte de Foix*. Ed. Joseph Lavallée. Paris: Bureau de Journal des Chasseurs, 1854.

Gayangos y Arce, Pascual de. *Catalogue of the Manuscripts in the Spanish Language in the British Museum*. Vol. I. London: British Museum, Dept. of Manuscripts, 1875.

Gillet, Joseph E. "An Elliptical Construction in a Group of Spanish Proverbs." *Romance Philology*, I (1949), 235-242.

Godoy, Manuel. Duque de Alcudia. Letter to Francisco Javier de Santiago y Palomares. 22 September 1794. Egerton MS 588. British Library, London.

González Hurtebise, Eduardo. "Inventario de los bienes muebles de Alfonso V de Aragón como Infante y como Rey (1412-1424)." *Anuari de l'Institut d'Estudis Catalans, MCMVII*, pp. 148-185. Barcelona: Palau de la Diputació, [1908].

Gran Crónica de Alfonso XI. Ed. Diego Catalán. 2 vols. Madrid: Editorial Gredos, 1977.

Guerrero Lovillo, José. *Las Cántigas. Estudio arqueológico de sus miniaturas*. Madrid: C.S.I.C., 1949.

Gutiérrez de la Vega, José. *Para la enseñanza del perro de muestra*. Biblioteca venatoria. Vol. V. Madrid, 1899.

Harting, James Edmund. *Bibliotheca Accipitraria. A Catalogue of Books Ancient and Modern Relating to Falconry*. London: Bernard Quaritch, 1891; rpt. [London:] The Holland Press, [1963].

Haskins, Charles Homer. *Studies in the History of Mediaeval Science*. 2nd. ed. Cambridge: Harvard Univ. Press, 1927.

Holt., J. C. "The Origins and Audience of the Ballads of Robin Hood." *Past and Present*, No. 18 (Nov. 1960), pp. 89-110.

Iracheta, M. Cardenal de. "La geografía conquense del *Libro de la caza*." *Revista de archivos, bibliotecas y museos*, LIV (1948), 27-49.

João I, King of Portugal. *Livro da montaria*. Ed. Francisco Maria Esteves Pereira. Coimbra: Imprensa da Universidade, 1918.

Jullien, Ernest. *La Chasse: son histoire et sa législation*. Paris: Didier & Cie., 1868.

al-Kindī. *The Medical Formulary or Aqrābādhīn of Al-Kindī*. Translated with a study of its Materia Medica by Martin Levey. Madison: The Univ. of Wisconsin Press, 1966.

Kraft, Walter C. *Codices Vindobonenses Hispanici. A Catalog of the Spanish, Portuguese, and Catalan Manuscripts in the Austrian National Library in Vienna*. Bibliographic Series No. 4. Corvallis, Oregon: Oregon State College, 1957.

Lafuente Alcántara, Miguel. *Investigaciones sobre la montería y los demás ejercicios del cazador*. Madrid, 1849; rpt. Madrid: Fortanet, 1877.

Lo Libre del nudriment he de cura de ocells los quals se pertanyen a casa. In *HIERAKOSOPHION: Rei Accipitrariae Scriptores Nunc Primum Editi. Accessit KYNOSOPHION: Liber de Cura Canum*. Ed. Nicholas Rigault in Epistola Aguilae Symmachi et Theodotionis ad Ptolemaeum regem AEgypti: De Re Accipitraria, Catalanica lingua. Vol. II. Paris, 1612.

Libro de cetreria. Real Biblioteca de El Escorial. MS V.II.19, folios 1r-145r.

El libro de los caballos: tratado de albeitería del siglo XIII [an anonymous Spanish translation of the *Practica equorum* of Teodorico Borgognoni de Lucca]. Ed. Georg Sachs. Revista de Filología Española, Anejo XXIII. Madrid: Centro de Estudios Históricos, Publicaciones de Revista de Filología Española, 1936.

Lida de Malkiel, María Rosa. "El desenlace del *Amadís* primitivo." *Romance Philology,* VI (1952-1953), 283-289.

Les Livres de roy Modus et de la royne Ratio. Ed. Gunnar Tilander. 2 vols. Paris: Société des Anciens Textes Français, 1932.

Lökkös, Antal. "Les impressions de Macer Floridus parues à Genève sur les presses de Jean Belot, Louis Cruse et Jacques Vivian 1495-1517." In *Macer Floridus.* Genève: Typographie Génevoise, 1970.

López de Ayala, Pero. *Libro de la caza de las aves.* Ed. J. Gutiérrez de la Vega. In *Libros de cetrería de el Príncipe y el Canciller.* Biblioteca venatoria. Vol. III. Madrid, 1879.

—————. *El libro de las aves de caça.* Eds. Emilio Lafuente Alcántara and Pascual de Gayangos. Madrid: Sociedad de Bibliófilos, 1869.

López Serrano, Matilde. *Libro de la Montería del Rey de Castilla Alfonso XI: Estudio preliminar.* Madrid: Editorial Patrimonio Nacional, 1969.

Llacayo y Santa María, Augusto. *Antiguos manuscritos de historia, ciencia y arte militar, medicina y literarios existentes en la biblioteca del Monasterio de San Lorenzo del Escorial.* Sociedad de Bibliófilos Andaluces. Segunda Serie. Sevilla: F. Álvarez, 1878.

Macer Floridus. *De Viribus Herbarum.* [Second Ed.] Genève: Jean Belot, 1495-1498; rpt. (facsimile ed.) Genève: Typographie Genevoise, 1970.

Madoz, Pascual. *Diccionario geográfico-estadístico-histórico de España y sus posesiones de ultramar.* 16 vols. Madrid, 1845-1850.

Manuel, Juan. *El libro de la caza.* Ed. G. Baist. Halle: Max Niemeyer, 1880.

—————. *Libro de la caza.* Ed. José María Castro y Calvo. Barcelona: C.S.I.C., 1947.

—————. *Libro de la caza.* Ed. J. Gutiérrez de la Vega. In *Libros de cetrería de el Príncipe y el Canciller.* Biblioteca venatoria. Vol. III. Madrid, 1879.

Mariátegui y Pérez de Barradas, Alfonso de. Duque de Almazán. *Historia de la montería en España.* Madrid, 1934.

Mateu Ibars, Josefina. *Paleografía de Andalucía oriental.* Granada: Univ. de Granada, Departamento de Paleografía y Diplomática, 1973.

Menéndez Pidal, Ramón. *Manual de gramática histórica española.* 13th ed. Madrid: Espasa-Calpe, S.A., 1968.

—————. *Orígines del español.* 2nd. ed. Madrid: Casa Editorial Hernando, 1929.

—————. *Toponimia prerrománica hispana.* Madrid: Editorial Gredos, 1952.

Meyer-Lübke, W. *Romanisches Etymologisches Wörterbuch*. 3ᵉ. neu bearb. Heidelberg: C. Winter, 1935.

Millares Carlo, Agustín. *Tratado de paleografía española*. 2nd ed. 2 vols. Madrid: Librería y Casa Editorial Hernando, and Librería General de Victoriano Suárez, 1932.

Moamin et Ghatrif. Traités de fauconnerie et des chiens de chasse. Ed. Håkan Tjerneld. Stockholm [Paris]: Editions C. E. Fritze, 1945.

Morel-Fatio, M. Alfred. *Catalogue des manuscrits espagnols et des manuscrits portugais*. Paris: Imprimerie Nationale, 1892.

Mynsinger, Heinrich. *Das Puoch von Valcken, Habichten, Sperbern, Pfäriden vnd Hunden*. Ed. K. D. Hassler. Bibliothek des litterarischen Vereins in Stuttgart. Vol. LXXI. Stuttgart, 1863.

Neuvonen, Eero K. *Los arabismos del español en el siglo XIII*. Helsinki: Societas Orientalis Fennica, 1941.

Ochoa, Eugenio de. *Catálogo razonado de los manuscritos españoles existentes en la Biblioteca Real de París*. Paris: Imprimerie Real, 1844.

Payne, Stanley G. *A History of Spain and Portugal*. Vol. I. Madison: The Univ. of Wisconsin Press.

Penney, Clara Louisa. *An Album of Selected Bookbindings*. New York: The Hispanic Society of America, 1967.

Pliny the Elder. *The Natural History of Pliny*. Trans. John Bostock and H. T. Riley. 6 vols. London: Henry Bohn, 1855.

Pradas, Daude de. *The Romance of Daude de Pradas called Dels Auzels Cassadors*. Ed. A. H. Schutz. Contributions in Language and Literature. Vol. XI. Romance Language Series. Columbus: The Ohio State Univ. Press, 1945.

Roca y López, Pedro. *Catálogo de los manuscritos que pertenecieron a D. Pascual de Gayangos*. Madrid: Biblioteca Nacional, 1904.

Rodríguez de Castro, J. *Biblioteca española*. Vol. II. Madrid: Imprenta Real, 1786.

Rodríguez-Moñino, Antonio R. "El primer manuscrito del *Amadís de Gaula*." *Boletín de la Real Academia Española*, XXXVI (1956), 199-225.

Ruiz, Juan. *The Book of the Archpriest of Hita. (Libro de buen amor)*. Trans. Mack Singleton. Madison: The Hispanic Seminary of Medieval Studies, Ltd., 1975.

Sánchez Pérez, José. *La ciencia árabe en la edad media*. Madrid: C.S.I.C., 1954.

Sancho, King of Navarre. *Los paramientos de la caza* [c. 1180]. Trans. and ed. H. Castillon d'Aspet. Paris: Librairie Centrale d'Agriculture et de Jardinage, 1874.

Santiago y Palomares, Francisco Javier de. Letter to Manuel Godoy, Duque de Alcudia. 24 September 1794. Egerton MS 588. British Library, London.

—————. Letter to Duque de Alcudia. 20 February 1795. Egerton MS 588. British Library, London.

—————. "Observaciones sobre el *Libro de la Montería*...." Egerton MS 588. British Library, London.

Sarton, George. *Introduction to the History of Science.* Vol. II. Parts I and II: *from Rabbi Ben Ezra to Roger Bacon.* Baltimore: The Williams and Wilkins Company, 1931.

Schiff, Mario. *La Bibliothèque du Marquis de Santillane.* Paris: Librairie Emile Bouillon, 1905.

Semeiança del mundo. A Medieval Description of the World. Eds. William E. Bull and Harry F. Williams. Berkeley and Los Angeles: The Univ. of California Press, 1959.

Seniff, Dennis Paul. "All the King's Men and All the King's Lands: The Nobility and Geography of the *Libro de la caza* and the *Libro de la montería*." In *LA CHISPA '81: Selected Proceedings. The Second Louisiana Conference on Hispanic Languages and Literatures.* Ed. Gilbert Paolini. New Orleans: Tulane University, 1981, pp. 297-308.

Serís, Homero. *Nuevo ensayo de una biblioteca española de libros raros y curiosos.* Vol. I. New York: The Hispanic Society of America, 1964.

Sharrer, Harvey L. *A Critical Bibliography of Hispanic Arthurian Material, I. Texts: The Prose Romance Cycles.* London: Grant and Cutler, 1978.

Silva Neto, Serafim da. *Textos medievais portugueses e seus problemas.* [Rio de Janeiro:] Ministério da Educação e Cultura, Casa de Rui Barbosa, 1956.

Simón Díaz, José. *Bibliografía de la literatura hispánica.* Vol. III. Madrid: C.S.I.C., 1963.

Solalinde, Antonio García. "Las versiones españolas del *Roman de Troie*." *Revista de Filología Española,* III (1916), 121-165.

Tardif, Guillaume. *Le Livre de l'art de fauconnerie et des chiens de chasse.* Ed. Ernest Jullien. Paris, 1882.

Tedriquo [?]. *Libro de cirugia y recetario.* Real Biblioteca de El EScorial. MS. h.III.17.

Thiébaux, Marcelle. "The Mediaeval Chase." *Speculum,* XLII (1967), 260-274.

Ticknor, George. *History of Spanish Literature.* Vol. I. New York: Harper & Brothers, 1849.

Tjerneld, Håkan. "Una fuente desconocida del *Libro de la Montería* del Rey Alfonso el Sabio." *Studia Neophilologica,* XXII (1949-1950), 171-193.

Traducción española de Dancus rex y Guillelmus falconarius. Ed. Gunnar Tilander. Cynegetica XIV. Karlshamn, 1966.

Tratado de las enfermedades de las aves de caza. Ed. Bertil Maler. Filologiskt Arkiv 4. Stockholm [Lund]: Kungl. Vitterhets Historie och Antikvitets Akademien, 1957.

Tratado de montería del siglo XV. Based on British Library Add. MS 28709. Ed. Alfonso de Mariátegui y Pérez de Barradas, Duque de Almazán. Madrid, 1936.

Valls i Subirà, Oriol. *El papel y sus filigranos en Catalunya.* Monumenta Chartae Papyraceae.... Vol. XII. Amsterdam: Paper Publications Society, 1970.

Van Cleve, Thomas Curtis. *The Emperor Frederick II of Hohenstaufen.* Oxford: Clarendon Press, 1972.

Werth, Hermann. "Altfranzösische Jagdlehrbücher nebst Handschriftenbibliographie der abendländischen Jagdlitteratur überhaupt." *Zeitschrift für romanische Philologie,* XIII (Halle: Max Niemeyer, 1889

[1890]), pp. 1-34. [The first two installments of this article appear in Vol. XII (1888 [1889]), pp. 146-191 and 381-415]

Williams, G. S. "The *Amadís* Question." *Revue Hispanique*, XXI (1909), 1-167.

Yáñez, Rodrigo. *Poema de Alfonso XI*. Ed. Yo ten Cate. 2 vols. Amsterdam, 1942. Also in Revista de Filología Española, Anejo LXV. Madrid: C.S.I.C., 1956.

Zarco Cuevas, P. Fr. Julián. *Catálogo de los manuscritos castellanos de la Real Biblioteca de El Escorial*. Vol. III. San Lorenzo de El Escorial: Imprenta del Real Monasterio de El Escorial, 1929.

Ysopete-Zaragoza, 1489

**hic liber confectus est
Madisoni .mcmlxxxiii.**

DATE DUE